Chinesisch intensiv · Grundkurs

Chinesisch intensiv

Grundkurs

BUSKE

RUB

LSI

Das Landesspracheninstitut ist seit 1973 in Bochum tätig. Seine Kernkompetenz ist die Vermittlung von praktisch einsetzbaren kommunikativen Fertigkeiten in einem möglichst kurzen Zeitraum.

Das Programm des LSI umfasst die Sprachen Arabisch, Chinesisch, Japanisch und Russisch sowie in geringerem Umfang auch Koreanisch, Persisch und Dari.

Das zentrale Lernziel der Intensivkurse des LSI ist die sprachliche Handlungsfähigkeit in den genannten Sprachen. Dabei geht das LSI von der Grundüberzeugung aus, dass eine Sprache am erfolgreichsten erlernt wird, wenn ein expliziter Bezug zur kulturellen, politischen, wirtschaftlichen und gesellschaftlichen Realität der Zielgesellschaft ermöglicht wird.

> www.lsi-bochum.de

Bibliografische Information der Deutschen Nationalbibliothek

Die Deutsche Nationalbibliothek verzeichnet diese Publikation in der Deutschen Nationalbibliografie; detaillierte bibliografische Daten sind im Internet über ‹http://dnb.d-nb.de› abrufbar.
ISBN 978-3-87548-599-8

Die Auslieferung der Lehrmaterialien des LSI erfolgt in Kommission durch den Helmut Buske Verlag, Richardstraße 47, 22081 Hamburg (> www.buske.de).

© 2010 Landesspracheninstitut in der Ruhr-Universität Bochum (LSI).
Alle Rechte vorbehalten. Dies betrifft auch die Vervielfältigung und Übertragung einzelner Textabschnitte durch alle Verfahren wie Speicherung und Übertragung auf Papier, Transparente, Filme, Bänder, Platten und andere Medien, soweit es nicht §§ 53 und 54 URG ausdrücklich gestatten. Gedruckt auf alterungsbeständigem Werkdruckpapier (ANSI-Norm resp. DIN-ISO 9706), hergestellt aus 100% chlorfrei gebleichtem Zellstoff. Druck und Bindung: Druckhaus Cramer GmbH &Co., Greven.
Printed in Germany

Inhalt

Vorbemerkung zur Neuauflage	VII
Vorwort	VIII
Einleitung	IX
Zum Aufbau des Buches	XII
Einführung in die Aussprache (Phonetik)	XV

Lektion 1 第一课 Dì yī kè	*Wer ist er?* 他是谁？ Tā shi shéi?	1
Lektion 2 第二课 Dì èr kè	*Was machst du heute?* 你今天做什么？ Nǐ jīntiān zuò shénme?	27
Lektion 3 第三课 Dì sān kè	*Im Hotel* 在旅馆 Zài lǚguǎn	67
Lektion 4 第四课 Dì sì kè	*Geld umtauschen und einkaufen* 换钱买东西 Huàn qián mǎi dōngxi	105
Lektion 5 第五课 Dì wǔ kè	*Wie kommt man zum Mingxiaoling?* 到明孝陵怎么去？ Dào Míngxiàolíng zěnme qù?	139
Lektion 6 第六课 Dì liù kè	*Ein Tag im Büro* 办公室的一天 Bàngōngshì de yì tiān	175
Lektion 7 第七课 Dì qī kè	*Lihua feiert Geburtstag* 丽华过生日 Lìhuá guò shēngri	205
Lektion 8 第八课 Dì bā kè	*Telefonat – Einladung zum Essen* 打电话 • 请朋友吃饭 Dǎ diànhuà – qǐng péngyou chīfàn	239

Glossar / Shēngcíbiǎo 生 词 表

Deutsch – Chinesisch / Dé – Hàn 德 汉	277
Chinesisch – Deutsch / Hàn – Dé 汉 德	340
Liste der Eigennamen	391
Übersicht über die Zähleinheitswörter	398
Liste grammatischer Partikel	401
Liste der Fragewörter	405
Wegweiser durch die Audio-Dateien	408

Vorbemerkung

Das vorliegende Lehrbuch *Chinesisch intensiv – Grundkurs* wird seit einigen Jahren regelmäßig und mit großem Erfolg im Unterricht des LSI-Sinicum eingesetzt, wobei jedoch im Laufe der Zeit die Notwendigkeit der Überarbeitung einiger Passagen deutlich wurde. Diese Neuauflage sowie die damit einhergehenden Veränderungen in Format und Layout boten nun die Gelegenheit, das Lehrbuch zwar nicht komplett überarbeiten, aber doch an einigen Stellen Verbesserungen vornehmen zu können. Dabei wurden eine Reihe von Tippfehlern beseitigt, Ergänzungen im Wortschatz eingefügt und grammatische Erklärungen, die sich in der Unterrichtspraxis nicht bewährt haben, umformuliert. Unser Ziel ist es, mit dieser überarbeiteten Neuauflage den Zugang zum Chinesischen weiter zu erleichtern, und wir hoffen wieder auf Hinweise, Anregungen und Verbesserungsvorschläge von all denen, die mit großer Begeisterung Chinesisch lernen und lehren.

An der Überarbeitung des Lehrbuches waren beteiligt:
Manfred W. Frühauf
Ning-Ning Loh-John 罗宁宁
Anke Pieper
Dingxian Zhang 张定显
sowie Gastdozenten aus Nanking, Peking und Shanghai.

Setzt man den Inhalt des Lehrbuches *Chinesisch intensiv – Grundkurs* in Beziehung zum Gemeinsamen Europäischen Referenzrahmen für Sprachen (GERS), so erreicht man mit der Beherrschung des hier vermittelten Stoffes in etwa das sprachliche Niveau der GERS-Stufe A 2, teilweise auch B 1. Als eine nicht-europäische Sprache weist das Chinesische allerdings Besonderheiten auf, die die GERS-Einstufung nicht berücksichtigt. Überdies wird im Unterricht am LSI-Sinicum aus didaktischen Gründen auf die chinesische Originalschrift (*Hànzì*) verzichtet und ausschließlich die amtliche Lateinumschrift *Pīnyīn* verwendet, weswegen die schriftlichen Fertigkeiten, die Bestandteil der regulären GERS-Einstufung sind, nicht als bekannt vorausgesetzt werden können.

Bochum, im Sommer 2010   Manfred W. Frühauf

Vorwort

Das LSI-SINICUM (Institut für chinesische Sprache: Hànyǔ Zhōngxīn 汉语中心) im LANDESSPRACHENINSTITUT in der Ruhr-Universität Bochum (RUB) bietet seit dem Jahr 1980 Intensivkurse für Chinesisch an. Dies geschieht üblicherweise im Rahmen zwei- oder dreiwöchiger Kurse mit täglich bis zu sieben Unterrichtsstunden an fünf oder sechs Tagen pro Woche. Unter den Teilnehmern finden sich Berufstätige aus allen Branchen, Studierende, Wissenschaftler, Fach- und Führungskräfte der Wirtschaft, Diplomaten, Medienvertreter, Lektoren u.v.a. Sie alle eint ihr Interesse an China und an der chinesischen Sprache, sehr unterschiedlich hingegen sind die Voraussetzungen (z. B. Alter, Bildungsstand, eventuelle Vorkenntnisse), die sie mitbringen. Die Heterogenität der Kursteilnehmerschaft bei gleichzeitig sehr hoher Unterrichtsintensität führte schnell zu der Erkenntnis, daß die auf dem Büchermarkt verfügbaren Lehrwerke für die Bedürfnisse des LSI-SINICUM nicht ausreichen. Aus diesem Grunde wurden seit der Institutsgründung immer wieder eigene Lehrmaterialien neu erarbeitet und im Unterricht eingesetzt, Lehrmaterialien, die einer ständigen Überprüfung hinsichtlich ihrer sprachlichen und landeskundlichen Aktualität unterzogen wurden und werden. In diese permanente Überarbeitung und Aktualisierung des Unterrichtsmaterials flossen und fließen die Erfahrungen und Erkenntnisse jahrelanger, ja jahrzehntelanger Lehrtätigkeit hinsichtlich der Auswahl des präsentierten Lehrstoffes wie der Art seiner Vermittlung ein.

Viele Generationen von Dozenten und Gastdozenten wie auch Kursteilnehmern haben an diesem Lehrbuch auf unterschiedliche Art und Weise mitgewirkt. Sie alle namentlich aufzuführen ist unmöglich, dennoch sei ihnen an dieser Stelle herzlich gedankt. Den Löwenanteil der Arbeit an der hier vorgelegten Fassung des Lehrbuches haben die folgenden ehemaligen und jetzigen Dozenten des SINICUM geleistet:

Wolf BAUS
Manfred FRÜHAUF
Ning-ning LOH-JOHN 罗宁宁
Anke PIEPER
Dingxian ZHANG 张定显

sowie Gastdozenten aus Nanking, Peking und Shanghai.

Trotz aller Bemühungen sind in diesem Lehrbuch sicherlich auch jetzt noch Irrtümer, Fehler und sonstige Mängel enthalten. Die Autoren möchten deshalb ausdrücklich darauf aufmerksam machen, daß Hinweise, Anregungen und Verbesserungsvorschläge stets willkommen sind!

Bochum im Frühjahr 2003   Manfred W. Frühauf

Einleitung

Angesichts der im Vorwort skizzierten Zusammensetzung der Teilnehmer an den Intensivkursen des LSI-Sinicums bemüht sich dieser *Grundkurs Chinesisch*, im Rahmen der Möglichkeiten eines Einführungskurses eine breite Themenpalette aus dem Alltagsleben mit leicht verständlichen Erklärungen zu präsentieren. Es handelt sich also nicht um eine Einführung in die Fachsprache des einen oder anderen Berufes, und es ist kein Lehrbuch, das wegen der Perspektive und Diktion seiner Erläuterungen nur für Philologie-Studenten verständlich wäre. Ziel des Lehrbuches ist es, im Rahmen eines ca. dreiwöchigen Intensivkurses eine zuverlässige, praxisorientierte und ausbaufähige Grundlage in der Grammatik und im Wortschatz der heutigen chinesischen Hochsprache zu vermitteln – eine ausführliche oder gar erschöpfende linguistische Beschreibung des Chinesischen ist in einem Einführungskurs weder möglich noch sinnvoll.

Nach den Erfahrungen der LSI-Intensivkurse kann der hier angebotene Stoff binnen drei Wochen bei ca. 40 Wochenstunden bewältigt werden. Bei einer niedrigeren Wochenstundenzahl verlängert sich die benötigte Zeitspanne entsprechend.

Als Ergebnis vieler Jahre Unterrichtserfahrung und unterrichtspraktischer Erprobung ist dieser *Grundkurs* für den Einsatz im lehrergestützten Unterricht entwickelt und nicht eigens als Lehrbuch für das Selbststudium konzipiert worden, weswegen auf einen in das Lehrbuch integrierten Übungsteil verzichtet wurde.

Die Intention, dieses Lehrwerk einem möglichst breitgefächerten Publikum zur Verfügung zu stellen, erklärt gewisse Besonderheiten in der Beschreibung und Wiedergabe des Chinesischen wie im folgenden ausgeführt:

1. Strikte Trennung von Sprache und Schrift

Auf der Basis der vertrauten Lateinschrift (Pinyin) kann im selben Zeitraum ein wesentlich größerer Wortschatz vermittelt werden als bei der Verwendung der nichtalphabetischen chinesischen Schriftzeichen (Hànzì). Aus diesem Grund ist das Erlernen der chinesischen Schriftzeichen nicht integraler Bestandteil dieses Einführungskurses in die gesprochene chinesische Sprache.

2. Zur Pinyin-Orthographie

Die Aussprache eines jeden einzelnen Zeichens (Hànzì) ist von einer staatlichen Kommission in China festgelegt worden und eindeutig, auch wenn es in den letzten Jahren einige kleinere Änderungen gegeben hat. Trotz vielfältiger Bemühungen ist jedoch die Frage der Zusammenschreibung bzw. Trennung der einzelnen Wortsilben im Chinesischen noch immer nicht verbindlich geregelt. Während die Zusammenschreibung bei Nationalitätenangaben wie z. B. *Chinese = Zhōngguórén* oder *Deutscher = Déguórén* naheliegend erscheint, kann man dies im Falle von Begriffen wie beispielsweise *Omnibus* oder *Taxi* durchaus unterschiedlich sehen, und so finden sich denn auch in chinesischen Veröffentlichungen mindestens drei verschiedene Schreibungen: *gōnggòng qìchē, gōnggòng-qìchē, gōnggòngqìchē* und *chūzū qìchē, chūzū-qìchē, chūzūqìchē*. Wir ziehen die Schreibweise *gōnggòng-qìchē* vor, da sie auch ein ungeübtes Auge leicht erfassen und strukturieren kann, während gleichzeitig klar ist, daß es sich um *einen* zusammengesetzten Begriff handelt.

In der gesprochenen Sprache wird die Zusammengehörigkeit von Wortsilben durch den Sprachrhythmus signalisiert, beim visuellen Erfassen eines Textes hingegen entfällt dieses Hilfsmittel. Bei mehrfach besetzten Tonsilben (Beispiel: *kè* ⇨ 课、刻、客) hat deshalb gerade ein Anfänger oft Schwierigkeiten zu erkennen, um welches Wort es sich jeweils handelt, und es bleibt nur die Graphie, um für Eindeutigkeit zu sorgen. In Verbindungen wie *yíkè* und *sānkè* (*eine Viertelstunde; eine Dreiviertelstunde*) oder *shàngkè* und *xiàkè* (*den Unterricht besuchen; den Unterricht beenden*) führt der Wortteil *kè* zu weniger Verwirrung als wenn dieses *kè* auch graphisch als selbständige Silbe im Text erscheinen würde: *yí kè, sān kè, shàng kè, xià kè*. In anderen Fällen besteht dieses Problem nicht, so daß wir dann Prädikat und Objekt getrennt schreiben – Beispiel: *xiě zì* (*[Schriftzeichen] schreiben*). Hieraus ergibt sich eine gewisse Inkonsequenz in der Frage der Zusammenschreibung bzw. Getrenntschreibung, die jedoch didaktisch begründet ist.

Zur Transkription chinesischer Ortsnamen siehe die Einführung in die Phonetik.

3. Zur Beschreibung der chinesischen Sprache

Dieses Lehrbuch wurde für ein deutschsprachiges Publikum konzipiert, das über keine oder nur sehr begrenzte sprachwissenschaftliche Kenntnisse verfügt. Es wurde deshalb versucht, vor diesem Hintergrund die grammatischen Erläuterungen zum Chinesischen so allgemeinverständlich wie nur möglich zu formulieren, auch wenn einige Fachtermini nicht gänzlich vermieden werden konnten. In einigen Fällen wurde deshalb auch die vielleicht wünschenswerte linguistische Ausführlichkeit und Tiefe der Erklärungen den enger begrenzten Bedürfnissen eines Einführungskurses untergeordnet. Mit Rücksicht auch auf die muttersprachliche Disposition der Teilnehmer an einem zeitlich knapp bemessenen Intensivkurs wurde deshalb beispielsweise die aus linguistischer Sicht durchaus überlegenswerte unterschiedliche Zuordnung von gěi 给 oder zài 在 in die Kategorien Koverb oder Verbzusatz (abhängig von ihrer Funktion im jeweiligen Satz) nicht für das Lehrbuch in Erwägung gezogen.

Die Notwendigkeit der Vereinfachung der Sprachbeschreibung zugunsten größerer Allgemeinverständlichkeit ist auch der Grund dafür, daß im Schriftbild keine Unterscheidung nach der linguistischen Funktion eines Wortes vorgenommen wurde, wenn diese Differenzierung in der gesprochenen Sprache nicht hörbar ist. Deshalb wird beispielsweise *méiyŏu* (auch: *méiyou*) einheitlich in einem Wort geschrieben, gleichgültig ob es sich um die Verneinung des Verbs „haben" (*yŏu* = *haben*, *méiyŏu* = *nicht haben*) oder um die Verneinung des perfektiven Aspekts (Beispiel: *Tā méiyŏu lái* = *Sie ist nicht gekommen*) handelt.

Zum Aufbau des Buches

Das Lehrbuch umfaßt
– eine Einführung in die chinesische Aussprache,
– acht Lektionen mit Texten und grammatischen Erläuterungen und
– einen umfangreichen Glossarteil Chinesisch-Deutsch und Deutsch-Chinesisch, in denen der in diesem Lehrbuch präsentierte Wortschatz erfaßt ist.

Jede Lektion ist in sieben Teile gegliedert.

I. Shìfàn 示范 (Einführung)

Shìfàn kann man wörtlich als das „Aufzeigen von Mustern od. Strukturen" übersetzen. Hier werden die Lernenden in den neuen grammatischen wie lexikalischen Stoff einer Lektion eingeführt. Dies geschieht meist in der Form alltagssprachlicher Gesprächssituationen. Da die Dialoge möglichst authentisch sein sollen, muß sich die grammatische Progression dem natürlichen Gesprächsverlauf unterordnen.

II. Jùxíng 句型 (Satzmuster)

Die Mustersätze sind gemäß den Schwerpunkten der jeweiligen Lektion zusammengestellt. Hier wird der grammatische Stoff der Lektion in komprimierter Form präsentiert. Der systematische Ansatz dient der Verdeutlichung bestimmter Strukturen des Chinesischen und nicht als Übungsbeispiel für lebendige Dialoge.

III. und IV. Kèwén 课文 (Lektionstext)

Der Lektionstext firmiert unter den Lektionsabschnitten III. und IV. Inhaltlich sind III. und IV. identisch.
Im Lektionstext wird der Stoff der Lektion den Lernenden in neu gemischter Form präsentiert. Es werden dabei keine über die Abschnitte I. und II. hinausgehenden grammatischen Formen oder Strukturen verwendet. Auch mit Blick auf den Wortumfang ist in den meisten Lektionen die Einführung zusätzlichen Vokabulars auf ein Minimum reduziert.

Das Lehrbuch dient der Einführung in die gesprochene Sprache auf der Basis der amtlichen chinesischen Lateinschrift Pinyin. Trotzdem erschien es sinnvoll, in jeder Lektion wenigstens an *einer* Stelle daran zu erinnern, daß das Chinesische in seiner originalen Umgebung in der Regel nicht in dem uns vertrauten Alphabet geschrieben wird. So soll Abschnitt III. als Anreiz verstanden werden, sich zu einem späteren Zeitpunkt auf der Basis eines bereits sprachlich vertrauten Textes mit der chinesischen Schrift vertraut zu machen.

V. Zhùshì 注释 (Erläuterungen)

In den Erläuterungen werden die grammatischen Themen und sonstige Aspekte der betreffenden Lektion behandelt. Dieser Lektionsabschnitt dient vor allem der Nachbereitung des im lehrergestützten Unterricht eingeführten grammatischen Stoffes, Inhalte, die in den Unterrichtsstunden auf unterschiedliche Weise vertieft werden.

VI. Shēngcíbiǎo 生词表 (Vokabelliste)

In der Vokabelliste werden alle neuen Wörter der betreffenden Lektion aufgeführt, gelegentlich mit Querverweisen zu anderen Lektionen. In vielen Fällen sind die einzelnen Worteinträge mit Beispielsätzen ausgestattet worden, die ihrerseits normalerweise nur bereits bekannte Vokabeln verwenden. In dem einen oder anderen Falle werden nützliche *Ergänzungsvokabeln* eingeschoben, die allerdings nicht zum eigentlichen Wortschatz der betreffenden Lektion gehören.

Fùlù 附录 (Anhang)

Im Anhang einer jeden Lektion findet sich die deutsche Übersetzung der in den Lektionsabschnitten I. bis IV. vorgestellten chinesischen Texte und Satzbeispiele. Es sei hier darauf hingewiesen, daß das Chinesische eine besonders kontextabhängige Sprache ist. Für manche isolierten Satzbeispiele sind deshalb je nach sprachlichem und situationellem Kontext auch andere Übersetzungen als die hier angebotenen denkbar.

Einführung in die Aussprache des Hochchinesischen

1. Die Pinyin-Umschrift

Im Zuge der Schriftreform 1956/57 wurde neben einer Vereinfachung der chinesischen Schriftzeichen auch die lateinische Schrift als zweite Amtsschrift in der VR China eingeführt. Die lateinische Schrift findet man neben den chinesischen Schriftzeichen auf Bahnhöfen, Geldscheinen, Straßenschildern, Reklametafeln usw. Für diese lateinische Umschrift des Chinesischen verwendet man die Bezeichnung *Pinyin* (Pīnyīn 拼音). Die Pinyin-Umschrift hat sich weitestgehend gegenüber anderen konkurrierenden Umschriften durchgesetzt und wird auch in diesem Lehrbuch verwendet. Bei konsequenter Handhabung der Pinyin-Rechtschreibung kommt es allerdings bei einer Reihe von bekannten Eigennamen zu sehr ungewohnten Schreibformen, z. B.:

- Peking ⇔ Běijīng 北京
- Tschungking ⇔ Chóngqìng 重庆
- Hongkong ⇔ Xiānggǎng 香港
- Sun Yat-Sen ⇔ Sūn Yìxiān 孙逸仙

und viele andere mehr.

In den *deutschen* Übersetzungen der Lehrbuchtexte wird die Pinyin-Rechtschreibung für vertraute chinesische Orts- oder Personennamen nicht durchgängig verwendet, um den Zugang zum Text nicht unnötig zu erschweren, d. h. in den deutschen Übersetzungen schreiben wir weiterhin Peking oder Hongkong und nicht etwa Běijīng oder Xiānggǎng. Es sei hier daran erinnert, daß im Chinesischen völlig selbstverständlich von Fǎlánkèfú, Hànbǎo oder auch Niújīn und Bālí gesprochen wird, und niemand Frankfurt, Hamburg oder auch Oxford und Paris in den jeweiligen Originalsprachen mitten in einem chinesischen Satz erwartet.

Im folgenden werden die Besonderheiten der Pinyin-Rechtschreibung vorgestellt. Dabei sei angemerkt, daß die Klangfarbe einiger Laute vom Ton (s. u. II.) der jeweiligen Silbe beeinflußt wird, ohne daß hier im Detail darauf eingegangen werden kann. Die Erklärung der einzelnen Laute folgt der Reihenfolge der Buchstaben, mit denen diese Laute geschrieben werden, um dem nicht-philologischen Benutzer das Nachschlagen zu erleichtern.

1.	a, –a [a]	Ein stets offen gesprochenes a wie in „N*a*se", „P*a*pa".	má, là, fǎ, wā
2.	ai, –ai [ai]	Wie im deutschen „M*ai*", „K*ai*ser".	ài, lái, kāi, hǎi
3.	an, –an [an]	Wie in „*An*ton" mit offen gesprochenem a.	lán, bàn, dān
		Beachten Sie den Sonderfall –ian bzw. yan (s. u. Nr. 23).	
4.	ang, –ang [aŋ]	Ähnlich wie in „l*ang*", „Anf*ang*", jedoch mit offen gesprochenem a.	fàng, gāng, bāng
5.	ao, –ao [ɑʊ]	Wie au im deutschen „H*au*s", „M*au*s".	Máo, gāo, lǎo
6.	b [bʰ]	Dieser Konsonant wird ähnlich wie im Deutschen ausgesprochen, ist jedoch nie stimmhaft.	bà, bái, bān
7.	c [tʰs]	Stets wie der Buchstabe c im deutschen Alphabet bzw. wie ts in „*Ts*e*ts*e-Fliege", „er ha*ts*", „ste*ts*", jedoch stärker behaucht (aspiriert).	cānkǎo, cǎoméi, cèbǎi
8.	ch– [tʰʃ]	Ähnlich dem ch im englischen „*ch*air" oder dem tsch im deutschen „Kla*tsch*", jedoch stärker aspiriert, mit nach hinten gebogener (retroflexer) Zungenspitze.	chá, chē, Cháng Chéng
9.	chi [tʰʃʅ]	*Beachten Sie den Sonderfall –i (siehe unten Nr. 29).*	chīfàn
10.	ci [tʰsɿ]	*Beachten Sie den Sonderfall –i (siehe unten Nr. 30).*	cí'ài
11.	d [dʰ]	Dieser Konsonant wird ähnlich wie im Deutschen ausgesprochen, ist jedoch nie stimmhaft.	dà, dǎng

12.	–e [ə]	In tonlosen Silben im Auslaut ein Murmellaut ähnlich wie e am deutschen Wortende: „Hase", „keine", „Ende".	de, me, le
13.	e, –e [ɤ]	In tontragenden Silben ein sog. „entrundetes o", d. h. Zungenstellung wie bei o und Lippenstellung wie bei e.	è, lè, ègùn, lètǔ
14.	ei, –ei [ei]	Das e ist wie im deutschen „Esel", „eben", „elegant" zu lesen; die Kombination ei wird also wie im englischen „lay", „may" gesprochen, niemals wie im deutschen „kein", „mein" usw.	hēi, lèi, gěi, měilì
15.	en, –en [ən]	Etwa wie im deutschen „Hafen", „sagen".	mén, běn, fēn
16.	eng, –eng [əŋ]	Im Unterschied zu Nr. 15. (en, –en [ən]) nicht einfaches –n [n], sondern –ng [ŋ]. *Hinweis:* In Kombination mit f– und w– verändert sich die Aussprache von –eng [əŋ] oft in Richtung [ʊŋ], also nicht selten: feng [fʊŋ], weng [wʊŋ].	lěng, děng héng fēng, wèng
17.	er [əɹ]	Murmellaut [ə] mit retroflexem r, ähnlich wie im amerikan. Englisch „car", „where", „fur". Dabei nähert sich in nordchinesischer Aussprache das anlautende e– einem a [ɑ] an.	ér, ěrduō
18.	f	Dieser Konsonant wird wie im Deutschen gesprochen.	
19.	g– [gʰ]	Dieser Konsonant wird am Silben- bzw. Wortanfang ähnlich wie im Deutschen ausgesprochen, ist jedoch nie stimmhaft.	gàicài, gāocháo, gēnběn
20.	h	Die Aussprache des chinesischen h variiert deutlich nach Region und Person zwischen dem deutschen h (*h*aben) und ch (Na*ch*t, Wo*ch*e).	Hàndài, hǎodài, hěn hǎo

21.	i [i, ɪ]	In den meisten Fällen (Ausnahmen s.u. Nr. 29, Nr. 30 und Nr. 31 bzw. Nr. 50) wird das i wie im Deutschen gesprochen. Bildet der Vokal i eine eigene Silbe, schreibt man yi.	bǐ, tíng, dìdi, mínǐ; dì yī, yì fēn
22.	–ia, ya [ɪa]	Ein Diphthong (Verbindung von zwei Vokalen), in dem das a der silbentragende Vokal ist, während das i als sog. Gleit- oder Übergangsvokal fast wie ein deutsches j klingt. Bildet der Diphthong ia eine eigene Silbe, schreibt man ya.	liǎ, xià; bǎnyā, yáchǐ
23.	–ian, yan [ɪɛn]	Steht vor a ein i und dahinter lediglich ein n, wird der Buchstabe a ähnlich wie ein deutsches ä gesprochen. Steht vor –ian [ɪɛn] kein Konsonant, wird die Silbe yan geschrieben.	cídiǎn, Dàlián, diànyǐng yán, yánhǎi, yǎnjing
24.	–iang [ɪaŋ]	Wie –ia (s.o. Nr. 22) mit –ng im Auslaut.	liǎng, niáng
25.	–iao, yao [ɪaʊ]	Ein Triphthong (3 Vokale), in dem vor der Verbindung ao (s.o. Nr. 5) der Gleitvokal i steht. Bildet der Triphthong iao eine eigene Silbe, schreibt man yao.	miǎo, zhìliáo yào, yàoshi
26.	–ie, ye [ɪe]	Stets als zwei Vokale zu lesen, auf keinen Fall wie im deutschen „nie", „Lied"! Etwa wie im englischen „*ye*llow". Steht vor –ie [ɪe] kein Konsonant, wird diese Silbe ye geschrieben.	bié, diē, liè yě, yéye, yèli
27.	–iong [ɪʊŋ]	Die Verbindung von i und –ong [ʊŋ] (s.u. Nr. 40) findet sich nur hinter j-, q- und x-. Steht vor –iong kein Konsonant, wird diese Silbe yong geschrieben.	qióng, jiǒngpò, Xiōngnú, yòng

Nr.	Pinyin / IPA	Beschreibung	Beispiele
28.	–iu [ɪu], [ɪoʊ]	Die Verbindung von i und u, in der das i oft fast wie ein deutsches j klingt. Handelt es sich um eine Silbe im 3. oder 4. Ton ist zwischen i und u mehr oder weniger deutlich ein zusätzliches o zu hören. Steht vor –iu kein Konsonant, wird diese Silbe als you geschrieben.	niú, diū liǎn, liù yǒu, yōudiǎn
	Sonderfälle –i :		
29.	chi, shi, zhi [tʰʂɨ], [ʂɨ], [dʱʂɨ]	In diesen drei Fällen steht das –i für ein vokalisches r, ähnlich dem auslautenden r im amerikan. Englisch („ca*r*", „whe*re*", „fu*r*", vgl. oben Nr. 17: er), mit zurückgebogener (retroflexer) Zungenspitze.	shì, chī, zhǐ, shíyī, chīfàn, Dōngzhímén
30.	ci, si, zi [tʰsɨ], [sɨ], [dʱsɨ]	In diesen drei Fällen orientiere man sich für die Aussprache des –i zunächst an der Aussprache des e [ə] (→ ɯ), lasse aber die Zähne geschlossen. Die Zunge verharrt dabei in der Stellung, in der der Laut des Konsonanten artikuliert wird.	sì, cídiǎn, zīběn
31.	ri [ʐ̩]	*Siehe dazu unten Nr. 50.*	Rìběn
32.	j [dʱɕ] ji, ju	Ein Laut, der zunächst ähnlich wie ‚dsch' (*Dsch*ungel) klingt; dabei nähert sich die Aussprache des ‚sch' (in ‚d*sch*') dem ‚ch' im deutschen ‚ich' an (vgl. u. Nr. 70). *Hinweis:* Auf j– muß i [i] oder u (→ ü) [y] folgen.	jī, jiǔ, jīntiān, jiějie, jiànlì; jùdà, júbù
33.	ju [dʱɕy]	Folgt hinter j der Laut ü, werden die beiden Umlautpünktchen weggelassen. Diese Regel gilt auch dann, wenn hinter dem ü (hier u geschrieben) noch ein –e, –n oder –an folgt.	jùběn, jūmín, jùbàn
34.	juan [dʱɕyæn]	Hinter j (vgl. o. Nr. 32) hat –uan die Aussprache [yæn], ähnelt also einem deutschen ‚–üän'.	juànfǎng, chá juàn

Phonetik | XIX

35.	jue [dʰɕyɛ]	Hinter j wird der Laut –üe ohne die beiden Umlautpünktchen geschrieben.	juédìng, jiānjué
36.	jun [dʰɕyn]	Hinter j wird der Laut –ün ohne die beiden Umlautpünktchen geschrieben.	jūnděng, jùnměi
37.	k [kʰ]	Dieser Konsonant wird ähnlich wie im Deutschen ausgesprochen, ist jedoch stärker behaucht (aspiriert).	kāfēi, kǎchē
38.	l , m , n	Diese drei Konsonanten werden wie im Deutschen ausgesprochen.	
39.	–o [ᵘɔ]	Nach b , f , m , p ein halboffenes o , etwa wie in „M*o*rgen", vor dem ein unbetontes u flüchtig angedeutet wird.	bōli, Fó, móbài, pópo, wǒ
40.	–ong [ʊŋ]	Trotz der Schreibung mit o eher wie das deutsche „Leit*ung*", „Zeit*ung*", nicht wie „G*o*ng"!	lóng, dōng, gōngdiàn
41.	ou, –ou [oʊ]	Als zwei Vokale zu lesen, etwa wie das englische „g*o*", „sl*ow*", niemals wie im Französischen als einfaches u !	ǒufěn, ǒutù, ōudǎ
42.	p [pʰ]	Dieser Konsonant wird ähnlich wie im Deutschen ausgesprochen, ist jedoch stärker behaucht (aspiriert).	pīpíng, pífù, piànjú
43.	q [tʰɕ] qi, qu	Ein Laut, der zunächst ähnlich wie ‚ts*ch*' (Kla*tsch*) klingt; dabei nähert sich die Aussprache des ‚sch' (in ‚tsch') dem ‚ch' im deutschen ‚ich' an (vgl. u. Nr. 70). *Hinweis:* Auf q– muß i [i] oder u (→ ü) [y] folgen.	qián, qīnqī, qìchē, qióng; qúndǎo
44.	qu [tʰɕy]	Folgt hinter q der Laut ü , werden die beiden Umlautpünktchen weggelassen. Diese Regel gilt auch dann, wenn hinter dem ü (hier u geschrieben) noch ein –e, –n oder –an folgt.	Qūfù, qúláo, qúdào

45.	quan [tɕʰyæn]	Hinter q (vgl. o. Nr. 43) hat –uan die Aussprache [yæn], ähnelt also einem deutschen ‚–üän'.	quánguó, quànmiǎn
46.	que [tɕʰyɛ]	Hinter q wird der Laut –üe ohne die beiden Umlautpünktchen geschrieben.	quēdiǎn, díquè
47.	qun [tɕʰyn]	Hinter q wird der Laut –ün ohne die beiden Umlautpünktchen geschrieben.	qúndǎo, qúndài
48.	r– [ʐ]	Der Buchstabe r– am Silbenanfang ähnelt in seiner Aussprache einem französischen j (*J*ournalist, *J*alousie) oder dem g in „Blama*g*e", jedoch mit retroflexer Zungenspitze.	rén, ràng
49.	–r [ɹ]	Der Buchstabe –r am Silbenende ähnelt in seiner Aussprache sehr dem auslautenden r im amerikanischen Englisch, vgl. o. Nr. 17. In der Hochsprache folgt es auf e– (s.o. Nr. 17), im Peking-Dialekt wird es auch an andere Laute angehängt.	ér, érgē; huār, guōr, yúr, piáor, diǎ(n)r, wá(n)r, mé(n)r, há(i)r
50.	ri (rì) [ʐ̩]	Der Buchstabe i signalisiert hier lediglich, daß es sich bei dem r um ein anlautendes r– (s.o. Nr. 48) handelt. Dieses anlautende r hat hier vokalischen Charakter und wird in diesem einen einzigen Fall (rì) als vollwertige und selbständige Silbe aufgefaßt.	Rìběn, rìguāng, xīngqīrì, rìlì, rìchéng
51.	s– [s]	Stets stimmloses (scharfes) s wie am Wortende im deutschen „Hau*s*", „wa*s*?" oder wie ß in „Fu*ß*".	sān, sēnlín, sècǎi
52.	sh– [ʃ]	Ähnlich dem sch im deutschen „*Sch*uh" oder dem sh im englischen „*sh*oe", mit nach hinten gebogener (retroflexer) Zungenspitze.	shān, shéi, shēngyi
53.	shi [ʃɭ]	*Beachten Sie den Sonderfall* –i (siehe oben Nr. 29).	shìchǎng

54.	si [sɿ]	*Beachten Sie den Sonderfall* –i (siehe oben Nr. 30).	sīmǎ, sìliào
55.	t [tʰ]	Dieser Konsonant wird ähnlich wie im Deutschen ausgesprochen, ist jedoch stärker behaucht (aspiriert).	tā, tèbié, tóngmíng
56.	–u [u]	Sehr ähnlich dem deutschen u. Bildet der Vokal u eine eigene Silbe, schreibt man wu. *Beachten Sie den Sonderfall hinter* j- , q- , x- *und* y- !	lù, shū, dùn, Kūnlún; wǔ, wùdiǎn
57.	–ua [ua]	Ein Diphthong, in dem das a der silbentragende Vokal ist, während das u als sog. Übergangsvokal fast wie ein englisches w klingt. Als selbständige Silbe wa geschrieben.	guā, shuā yá; wáwa, wǎfáng
58.	–uai [uai]	Vgl. –ua (s. Nr. 57) mit zusätzlichem i. Als selbständige Silbe wai geschrieben.	guāi, shuài; wàiguó
59.	–uan [uan]	Vgl. –ua (s. Nr. 57) mit zusätzlichem n. Als selbständige Silbe wan geschrieben. *Beachte unten Nr. 66!*	luàn, nuǎnhuo; wándàn
60.	–uang [uaŋ]	Vgl. –ua (s. Nr. 57) mit zusätzlichem ng. Als selbständige Silbe wang geschrieben.	guāng, huáng; wáng
61.	–ue (← –üe) [yɛ]	Diphthong, der sich in dieser Schreibung nur hinter j- , q- , x- und y- findet. *Siehe dazu unten Nr. 67:* –üe (–ue).	jué, quēdiǎn, xià xuě, yuèliang
62.	–ui [uei]	Obwohl man nur zwei Vokale schreibt, ist zwischen u und i zusätzlich ein e zu hören. Der Buchstabe u wird hier eher wie ein englisches w gesprochen. Als selbständige Silbe wei geschrieben.	guì, cuìniǎo, suíbiàn, qìshuǐ; bǎowèi, Běi-Wèi

63.	–un [un]	Aussprache meist wie im Deutschen. *Beachten Sie den Sonderfall hinter j- , q- , x- und y- ! Siehe dazu unten Nr. 68: –ün .*	lùnbiàn, Kūnlún
64.	–uo [uɔ]	Die Verbindung von u und o , wobei das u als sog. Übergangsvokal fast wie ein englisches w klingt, und das o (vgl. o. Nr. 39) der silbentragende Vokal ist. Als selbständige Silbe wo geschrieben.	guò, luójí, nuòmǐ, tuōfú; wǒ, wòfáng
65.	ü, yu [y]	Sehr ähnlich dem deutschen ü . Bildet der Vokal ü eine eigene Silbe, schreibt man yu .	lǜ, nǚ, lǚxíng; yú, yùmǐ
66.	–üan, –uan [yæn]	Hinter j- , q- , x- und y- läßt man die Umlautpünktchen über ü weg. *Beachte oben Nr. 59!*	juàn, quán, xuǎn, yuán
67.	–üe [yɛ] (*auch:* –ue [yɛ])	Diphthong, der sich in dieser Schreibung nur hinter l- und n- findet. *Hinweis:* Hinter j- , q- , x- und y- entfallen die beiden Umlautpünktchen auf dem u , also: jue, que, xue, yue.	lüètú, qīnlüè, nüèdài, nüèji; jué, quēdiǎn, xià xuě, yuè-liang
68.	–ün, –un [yn]	Hinter j- , q- , x- und y- läßt man die Umlautpünktchen über ü weg. *Beachte oben Nr. 63!*	jūn, qún, xúnhuán, yúnyǔ
69.	w [w]	Das w ist nicht wie im Deutschen, sondern wie im Englischen mit starker Lippenrundung zu sprechen.	wǎ, wài, wàn, Wáng
70.	x [ɕ] xi, xu	Ein Laut, der für einen deutschsprachigen Lerner zwischen *ch* in *ich* und *s* in *das* zu liegen scheint. Die Zungenspitze berührt die unteren Zähne, der Zungenrücken bewegt sich weit nach vorn. (Manchmal vereinfacht mit ßj umschrieben.) *Hinweis:* Auf x– muß i [i] oder u (→ ü) [y] folgen.	xī, xiě, xián, xīngqīyī, xiǎojie; xūnǐ, xǔkě

71.	xu [ɕy]	Folgt hinter x der Laut ü , werden die beiden Umlautpünktchen weggelassen. Diese Regel gilt auch dann, wenn hinter dem ü (hier u geschrieben) noch ein –e, –n oder –an folgt.	nǔxù
72.	xuan [ɕyæn]	Hinter x (s.o. Nr. 70) hat –uan die Aussprache [yæn], ähnelt also einem deutschen ‚–üän'.	xuǎnjǔ, Yuán
73.	xue [ɕyɛ]	Hinter x wird der Laut –üe ohne die beiden Umlautpünktchen geschrieben.	xià xuě
74.	xun [ɕyn]	Hinter x wird der Laut –ün ohne die beiden Umlautpünktchen geschrieben.	xúnlǐ
75.	y [j]	Das y wird verwendet wie das deutsche anlautende j (*j*a, *J*ahr, *j*eder, *j*ung). Vor i ist das y nicht immer hörbar.	yáng, yǒu, yīnwèi
76.	z– [dʰs]	Ähnlich wie im Deutschen ds , jedoch nicht stimmhaft. Nie wie das deutsche z (> ts) und nie wie das englische z (> stimmhaftes s)!	zài, zǎoshang, cānzàn, zéi
77.	zh– [dʰʃ]	Ähnlich dem dsch im deutschen „*Dsch*ungel", mit retroflexer Zungenspitze.	Zhāng, zhè, zhēn, Zhōu
78.	zhi [dʰʃɭ]	*Beachten Sie den Sonderfall –i (siehe oben Nr. 29).*	yì zhāng zhǐ, shízhǐ
79.	zi [dʰsɭ]	*Beachten Sie den Sonderfall –i (siehe oben Nr. 30).*	zìdiǎn, zǐnǚ

2. Die vier Worttöne im Hochchinesischen

Sehr ungewohnt für einen deutschen Muttersprachler, der Chinesisch lernen möchte, ist die Tatsache, daß das Chinesische eine sog. Tonsprache ist, d.h. während im Deutschen Vokale und Konsonanten als Grundbausteine eines Wortes dienen, kommt im Chinesischen normalerweise ein weiterer Baustein hinzu: der Ton bzw. die Intonation. Das auf dem Dialekt von Peking basierende Hochchinesische kennt vier Worttöne, manche Dialekte im Süden Chinas weisen bis zu acht oder neun Tönen auf. Dabei verändert die Intonationskurve (steigend, fallend usw.) die Bedeutung einer Wortsilbe völlig – so bedeutet beispielsweise die Silbe *wang* im steigenden, „fragenden" Ton gesprochen (⇨ *wáng*) *König*, während dasselbe *wang* im fallenden, „bekräftigenden" Ton (⇨ *wàng*) die Bedeutung *vergessen* hat.

In den vier Pekinger Tönen verbinden sich beispielsweise mit der Silbe *ma* die folgenden Bedeutungen:

1. Ton:	mā	Mama, Mutter	妈
2. Ton:	má	Hanf	麻
3. Ton:	mǎ	Pferd	马
4. Ton:	mà	beschimpfen	骂

Die Silbe *hui* in den vier Worttönen:

1. Ton:	huī	Asche	灰
2. Ton:	huí	zurückkehren	回
3. Ton:	huǐ	zerstören	毁
4. Ton:	huì	können	会

Die Silbe *ai*:

1. Ton:	āi	traurig	哀
2. Ton:	ái	Krebs (*Krankheit*)	癌
3. Ton:	ǎi	(sehr) klein	矮
4. Ton:	ài	lieben	爱

Wie die beigefügten chinesischen Schriftzeichen und die deutsche Übersetzung zeigen, assoziiert ein Chinese mit diesen, für den Anfänger im Chinesischen so ähnlich klingenden Wortsilben sehr verschiedene Bedeutungen – es handelt sich also um Unterschiede, auf die es von Anfang an deutlich zu achten gilt.

Darüber hinaus gibt es auch Fälle, in denen eine Silbe ohne einen der vier Töne gesprochen wird. Dabei handelt es sich in der Regel um Wortsilben, die primär grammatisch-syntaktische Aufgaben erfüllen und nicht unbedingt wegen ihrer lexikalischen Eigenbedeutung auftreten (Beispiele: de 的 , ba 吧), oder auch um einzelne Silben in einem mehrsilbigen Wort (Beispiele: dōngxi 东西 , duìbuqǐ 对不起). Man sagt dazu „Silben im leichten Ton".

Wenn von Tönen gesprochen wird, ist darunter *nicht* zu verstehen, daß eine ganze bestimmte absolute Tonhöhe (beispielsweise der Kammerton A) als Orientierungspunkt dient, an dem sich alle vier Töne ausrichten müßten – es geht vielmehr um die jeweilige Ton*bewegung*, also wie bereits kurz erwähnt *steigend*, *fallend*, *eben* usw.

Im folgenden werden nun die vier Worttöne der chinesischen Hochsprache vorgestellt, wozu anzumerken ist, daß es sich hierbei um eine idealisierte Darstellung handelt, und es im Alltag zu individuell bedingten kleineren Abweichungen kommen kann.

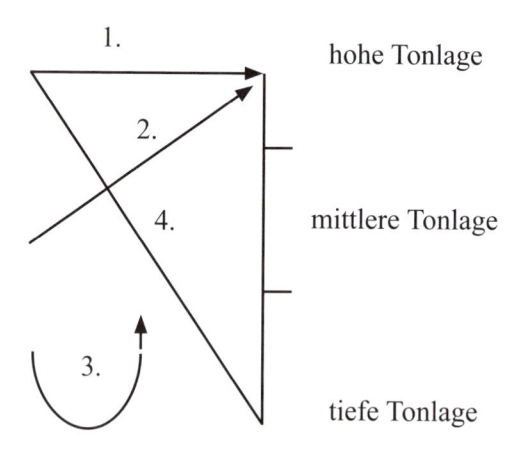

Die Tonzeichen

1. Ton (gleichbleibend hoch): —

2. Ton (ansteigend): /

3. Ton (absinkend-ansteigend): ∨

4. Ton (fallend): \

Leichter Ton: nicht markiert

Erläuterungen:

Der erste Ton (‾) ist hoch und eben, d. h. für die Tonlage wählt man das obere Ende des individuellen Stimmumfanges, ohne dabei die Stimme hochzuziehen oder zu senken.

Der zweite Ton (/) beginnt etwa in der Mitte des individuellen Stimmumfanges und steigt bis zum oberen Ende. Der chinesische 2. Ton erinnert sehr an das Hochziehen der Stimme in einer von Überraschung geprägten deutschen Frage: „Du?!?"

Der dritte Ton (∨) beginnt etwa in der Mitte des individuellen Stimmumfanges, fällt bis zum unteren Ende ab und steigt dann wieder hoch bis etwa zur Mitte. Diese volle Kurve wird jedoch nur dann gesprochen, wenn auf die Wortsilbe im 3. Ton keine weitere Silbe gleich welchen Tones mehr folgt.
— Folgen zwei Silben im 3. Ton aufeinander, so wird die erste Silbe im 2. Ton gesprochen: hěn hǎo ⇨ hén hǎo. Diese regelmäßige Tonverschiebung ist im Lehrbuch *nicht* markiert.[1]
— Folgt einer Silbe im dritten Ton eine Silbe im ersten, zweiten, vierten oder leichten Ton, so wird von der Silbe im dritten Ton nur der absinkende Teil artikuliert, weswegen man oft vom sog. „halben dritten Ton" spricht. Das leichte Absenken der Stimme darf jedoch keinesfalls dazu führen, daß es zu einer Verwechslung mit einem Wort im vierten Ton (\ ) kommen könnte – die Silbe im sog. „halben dritten Ton" klingt primär *tief*.

Der vierte Ton (\ ) beginnt am oberen Ende des individuellen Stimmumfanges und fällt bis zum unteren Ende ab. Der 4. Ton erinnert an die Stimmführung im deutschen Aussagesatz bzw. an die Unterstreichung und Bekräftigung einer Aussage („Jawoll! So ist es!").

Wir beschränken uns in dieser Einführung in das Chinesische auf die Vermittlung der vier Pekinger *Wort*töne. Darüber hinaus gibt es wie in jeder anderen Sprache auch im Chinesischen eine *Satz*intonation, die die konkrete Ausführung der Worttöne mit beeinflußt.

Bei der Angabe der Töne wurden die vor wenigen Jahren vorgenommenen Änderungen berücksichtigt, also beispielsweise *Cháoxiǎn* statt *Cháoxiān* 朝鲜 (Korea) und einheitlich *wǎng* 往 (hingehen; hin, gen) statt – funktionsabhängig – *wǎng* oder *wàng*.

---

[1] Hinweis: Andere Tonveränderungen wie im Falle der Zahl 1 (*yī* ‾ , auch: *yí*, *yì*) und des Verneinungswortes *bù* 不 (auch: *bú*) sind im Lehrbuch stets markiert.

1 Dì yī kè   Tā shi shéi?
第一课 他是谁?
Lektion   Wer ist er?

1. Shìfàn 示范 (Einführung)

1.1 Begrüßung und Vorstellung

A Nǐ hǎo!
你好！

B Nǐ hǎo!
你好！

A Nǐ jiào shénme míngzi?
你叫什么名字？

B Wǒ jiào Peter Müller.
我叫 Peter Müller 。

A Nǐ zuò shénme gōngzuò?
你做什么工作？

B Wǒ shi gōngchéngshī.
我是工程师。

1.2 Begrüßung und Vorstellung

A Nǐ hǎo!
你好！

B Nǐ hǎo!
你好！

A Nǐ jiào shénme míngzi?
你叫什么名字？

B Wǒ jiào Franziska Brandt.
我叫 Franziska Brandt 。

A Nǐ zuò shénme gōngzuò?
你做什么工作？

B Wǒ shi xuésheng.
我是学生。

A Nǐ xuéxí shénme?
你学习什么？

B Wǒ xuéxí Zhōngwén.
我学习中文。

1.3

Xiǎoyún 小云：	Lǐ lǎoshī 李老师：
Tā shi nǎ guó rén? 他是哪国人？	Tā shi Fǎguórén. 他是法国人。
Tā jiào shénme míngzi? 他叫什么名字？	Tā jiào Pierre Ledoux. 他叫 Pierre Ledoux 。
Tā duō dà (niánjì)? 他多大（年纪）？	Tā sānshí'èr suì. 他三十二岁。

Xiǎoyún 小云：	Lǐ lǎoshī 李老师：
Tā zuò shénme gōngzuò?	Tā shi lǎoshī.
他做什么工作？	他是老师。
Tā jiāo shénme?	Jiāo Yīngwén.
他教什么？	教英文。

1.4 Mǎ xiānsheng 马先生 (Herr Ma)

Tā xìng Mǎ. Mǎ xiānsheng shi Běijīngrén, zhù zài Shànghǎi.
他姓马。马先生是北京人，住在上海。

Tā shi lǎoshī, jiāo Zhōngwén.
他是老师，教中文。

Tā sìshíbā suì, jiéhūn le, yǒu sān ge háizi.
他四十八岁，结婚了，有三个孩子。

1.5 Brown nǚshì Brown 女士 (Frau Brown)

Tā jiào Mary Brown. Brown nǚshì shi Yīngguórén, zhù zài Lúndūn.
她叫 Mary Brown。Brown 女士是英国人，住在伦敦。

Tā shi jìzhě. Tā sānshí'èr suì, jiéhūn le, yǒu liǎng ge háizi,
她是记者。她三十二岁，结婚了，有两个孩子，

yí ge érzi, yí ge nǚ'ér.
一个儿子，一个女儿。

Personen in dieser Lektion:

Bái Démíng 白德明		Franziska Brandt
	Peter Müller	
Lǐ Yuèlán 李月兰		Bái xiānsheng 白先生
	Lǐ nǚshì 李女士	
Pierre Ledoux		Brown nǚshì 女士
	Mǎ xiǎojie 马小姐	
Xiǎoyún 小云		Mǎ xiānsheng 马先生
	Lǐ lǎoshī 李老师	
Wáng xiǎojie 王小姐		

2. Jùxíng 句型 (Satzmuster)

2.1
A	Wǒ shi lǎoshī.	我是老师。
B	Nǐ shi xuésheng.	你是学生。
C	Tā shi Bái Démíng.	他是白德明。
D	Wǒmen shi Déguórén.	我们是德国人。

2.2
A	Wǒ èrshí suì.	我二十岁。
B	Nǐ shíbā suì.	你十八岁。
C	Tā sānshíqī suì.	她三十七岁。

2.3
A	Wǒ jiāo Zhōngwén.	我教中文。
B	Nǐ xuéxí Zhōngwén.	你学习中文。
C	Tā yǒu háizi.	她有孩子。

2.4
A	Tā shi shéi?	他是谁？
↪	Tā shi Bái Démíng.	他是白德明。
B	Shéi jiāo Zhōngwén?	谁教中文？
↪	Lǐ nǚshì jiāo Zhōngwén.	李女士教中文。

2.5
A	Lǐ lǎoshī jiāo shénme?	李老师教什么？
↪	Lǐ lǎoshī jiāo Zhōngwén.	李老师教中文。
B	Nǐ xìng shénme?¹	你姓什么？¹
↪	Wǒ xìng Bái.	我姓白。
C	Nǐ jiào shénme míngzi?	你叫什么名字？
↪	Wǒ jiào Lǐ Yuèlán.	我叫李月兰。
D	Nǐ zuò shénme gōngzuò?	你做什么工作？
↪	Wǒ shi lǎoshī.	我是老师。

2.6
A	Bái xiānsheng shi nǎ guó rén?	白先生是哪国人？
B	Tā shi Déguórén.	他是德国人。

2.7
A	Mǎ xiǎojie zhù zài nǎr?	马小姐住在哪儿？
B	Tā zhù zài Shànghǎi.	她住在上海。

---

1 Höflicher: Nín guì xìng? 您贵姓? Etwa: „Wie lautet Ihr werter Familienname?"

Lektion 1

2.8	A	Bái Démíng yǒu jǐ ge háizi?	白德明有几个孩子？
	B	Tā yǒu liǎng ge háizi.	他有两个孩子。
2.9	A	Xiǎoyún jǐ suì?	小云几岁？
	B	Tā bā suì.	她八岁。
2.10	A	Lǐ lǎoshī duō dà? *	李老师多大？*
	B	Tā sìshísì suì.	她四十四岁。

* Etwas ältere Personen fragt man auf höfliche Weise folgendermaßen nach dem Alter:

        Lǐ lǎoshī duō dà niánjì?   李老师多大年纪？

Oder auch: Lǐ lǎoshī niánjì duō dà?   李老师年纪多大？
("Wie alt sind Sie, Herr Lehrer Li?" bzw. "Wie alt ist Lehrer Li?")

China-Info: Die häufigsten chinesischen Familiennamen

Nach einer Untersuchung der Pekinger *Academia Sinica* (Zhōngguó Kēxuéyuàn) tragen 7,9 % aller Chinesen (Hànzú) den Familiennamen (xìng)

    Lǐ 李   (Bedeutung: „Pflaume").

Die beiden nächsthäufigen Familiennamen sind

    Wáng 王   ("König") mit 7,4 % und
    Zhāng 张   (ursprüngliche Bedeutung wohl: „Bogenschütze") mit 7,1 %.

55,6 % aller Chinesen tragen einen der folgenden neunzehn Familiennamen:

    Lǐ 李, Wáng 王, Zhāng 张,

Chén	陈	Lín	林	Yáng	杨
Gāo	高	Liú	刘	Zhào	赵
Guō	郭	Mǎ	马	Zhōu	周
Hé	何	Sūn	孙	Zhū	朱
Hú	胡	Wú	吴		
Huáng	黄	Xú	徐		

3. Kèwén 课文 (Lektionstext)

3.1

白先生	李女士
我叫白德明，（我）是德国人，住在柏林。我三十二岁，结婚了，（我）有两个孩子，一个女儿，一个儿子。我是记者。	我姓李，叫月兰。我是中国人，住在北京。我四十四岁，（我）有一个女儿。她叫小云。我是老师，教中文

3.2

王小姐	李老师
他是谁？	他是白先生。
他叫什么名字？	他叫白德明。
他是哪国人？	他是德国人。
他做什么工作？	他是记者。
他多大？	他三十二岁。
他住在哪儿？	他住在北京大学。
他学什么？	他学中文。

4. Kèwén 课文 (Lektionstext)

4.1

Bái xiānsheng 白德明：	Lǐ nǚshì 李女士：
Wǒ jiào Bái Démíng, 我叫白德明。	Wǒ xìng Lǐ, jiào Yuèlán. 我姓李，叫月兰。
(wǒ) shi Déguórén, zhù zài Bólín. （我）是德国人，住在柏林。	Wǒ shi Zhōngguórén, zhù zài Běijīng. 我是中国人，住在北京。
Wǒ sānshí'èr suì, jiéhūn le, 我三十二岁，结婚了，	Wǒ sìshísì suì, (wǒ) yǒu yí ge 我四十四岁，（我）有一个
(wǒ) yǒu liǎng ge háizi, yí ge （我）有两个孩子，一个	nǚ'ér. Tā jiào Xiǎoyún. 女儿。她叫小云。
nǚ'ér, yí ge érzi. Wǒ shi jìzhě. 女儿，一个儿子。我是记者。	Wǒ shi lǎoshī, jiāo Zhōngwén. 我是老师，教中文。

4.2

Wáng xiǎojie 王小姐：	Lǐ lǎoshī 李老师：
Tā shi shéi? 他是谁？	Tā shi Bái xiānsheng. 他是白先生。
Tā jiào shénme míngzi? 他叫什么名字？	Tā jiào Bái Démíng. 他叫白德明。
Tā shi nǎ guó rén? 他是哪国人？	Tā shi Déguórén. 他是德国人。
Tā zuò shénme gōngzuò? 他做什么工作？	Tā shi jìzhě. 他是记者。
Tā duō dà? 他多大？	Tā sānshí'èr suì. 他三十二岁。
Tā zhù zài nǎr? 他住在哪儿？	Tā zhù zài Běijīng Dàxué. 他住在北京大学。
Tā xué shénme? 他学什么？	Tā xué Zhōngwén. 他学中文。

5. Zhùshì 注释 (Erläuterungen)

5.1 Wortstellung in einfachen Sätzen

5.1.1

Subjekt	Kopula (Verbindungswort)	Prädikatsnomen (z. B. Substantiv od. Personenname als Satzaussage)
Wǒ 我 Ich	shi 是 bin	xuésheng. 学生。 Student.
Tā 他 Er	shi 是 ist	Bái Démíng. 白德明。 Bai Deming

Die Kopula shi 是 trägt eigentlich den 4. Ton: shì. Im gesprochenen Satz hört man allerdings meist den sog. leichten Ton: shi.

Beachten Sie:

Die Kopula shi 是 erfüllt im chinesischen Satz oft die gleiche Aufgabe wie im Deutschen das Hilfsverb *sein* („Er *ist* Student", „Ich *bin* Deutscher"). Es gibt jedoch auch Fälle, wo im Unterschied zum Deutschen im Chinesischen die Kopula shi 是 nicht benötigt wird. Ein erstes Beispiel dafür findet sich hier in Lektion 1 bei der Altersangabe:

▶ Nǐ jǐ suì? 你几岁？ (bei einem Kind: *Wie alt [bist] du?*);
▶ Nǐ duō dà niánjì? 你多大年纪 (bei einem Erwachsenen: *Wie alt [sind] Sie?*).

5.1.2

Subjekt	Verbalprädikat (Tätigkeitswort)	Objekt
Tā 她 Sie	xué 学 lernt	Zhōngwén. 中文。 Chinesisch.

5.2 Zahlen unter Tausend

5.2.1 Die Zahlen von 1 bis 10:

1[2]	2	3	4	5	6	7	8	9	10
yī	èr (liǎng)	sān	sì	wǔ	liù	qī	bā	jiǔ	shí
一	二 (两)[3]	三	四	五	六	七	八	九	十

5.2.2 Zahlen von 11 bis 19:

Beispiel:

| **15** | = | 10 + 5 | ⇨ | shí + wǔ | = | shíwǔ |

5.2.3 Zahlen von 20 bis 99:

Beispiele:

| **20** | = | 2 x 10 | ⇨ | èr x shí | = | èrshí |
| **89** | = | 8 x 10 + 9 | ⇨ | bā x shí + jiǔ | = | bāshíjiǔ |

5.2.4 Zahlen von 100 bis 999:[4]

Hundert: bǎi 百

Beispiele:

100	=	1 x 100	⇨	yī x bǎi	=	yìbǎi
500	=	5 x 100	⇨	wǔ x bǎi	=	wǔbǎi
527	=	5 x 100 + 2 x 10 + 7	⇨	wǔ x bǎi + èr x shí + qī	=	wǔbǎi èrshíqī

5.2.5. Steht eine Null (líng 零 bzw. 0) auf der Zehnerstelle, muß sie mitgesprochen werden:

Beispiel: 108 = yìbǎi líng bā

5.2.6 Steht eine 1 auf der Zehnerstelle, wird sie meist mitgesprochen:

Beispiel: 111 = yìbǎi yīshíyī

---

2 Zu den Tonänderungen der Zahl 1 (yī, yí, yì) vgl. unten Punkt 5.7.
3 Zur Verwendung von èr 二 oder liǎng 两 für 2 siehe weiter unten unter 5.3.3.
4 Das chinesische Zahlwort für 1.000 lautet qiān 千.

Zahlentabelle:

0									
líng 零									

1	2	3	4	5	6	7	8	9	10
yī 一	èr 二	sān 三	sì 四	wǔ 五	liù 六	qī 七	bā 八	jiǔ 九	shí 十

11	15	18	20
shíyī 十一	shíwǔ 十五	shíbā 十八	èrshí 二十

24	30
èrshísì 二十四	sānshí 三十

92	99	100
jiǔshí'èr 九十二	jiǔshíjiǔ 九十九	yìbǎi 一百

101	106	110
yìbǎi líng yī 一百零一	yìbǎi líng liù 一百零六	yìbǎi yīshí 一百一十

111	120
yìbǎi yīshíyī 一百一十一	yìbǎi èrshí 一百二十

125	127
yìbǎi èrshíwǔ 一百二十五	yìbǎi èrshíqī 一百二十七

572	578
wǔbǎi qīshí'èr 五百七十二	wǔbǎi qīshíbā 五百七十八

5.3 Das Zähleinheitswort (ZEW)

5.3.1 Tritt eine Zahlenangabe zu einem Substantiv, müssen beide Elemente durch ein Zähleinheitswort (ZEW) verbunden werden. Die Wahl dieses ZEW ist durch das nachfolgende Substantiv bedingt. Ein vergleichbares Phänomen finden wir im Deutschen in Verbindungen wie „ein *Blatt* Papier", „ein *Laib* Brot", „ein *Stück* Kuchen", „ein *Eimer* Wasser" etc.

Zahl	ZEW	Substantiv	
sān 三	ge 个	rén 人	*drei Personen* (ge: z. B. für Menschen, Kinder, Söhne, Töchter, Schüler, Studenten)
yí 一	ge 个	bēizi 杯子	*eine Tasse, ein Becher, ein Glas* (ge: für viele verschiedene Gegenstände verwendet)
wǔ 五	běn 本	shū 书	*fünf Bücher* (běn: z. B. für Bücher, Lexika etc.)
bā 八	jiān 间	fángjiān 房间	*acht Zimmer* (jiān: z. B. für Zimmer, Küchen, Unterrichtsräume)

5.3.2 Das meistgebrauchte ZEW ist ge 个. Wenn man sich nicht ganz sicher ist, welches ZEW zu einem Substantiv gehört, sollte man provisorisch auf ge 个 zurückgreifen. Ursprünglich im 4. Ton (gè), wird es im Satz meist ohne Ton (ge) gesprochen.

5.3.3 Beachten Sie, daß man im Falle einer Mengenangabe für die Zahl 2 das Wort liǎng 两 statt èr 二 vor dem ZEW benutzt.

Beispiel:

liǎng 两	ge 个	nǚ'ér 女儿	*zwei Töchter*
liǎng 两	ge 个	bēizi 杯子	*zwei Tassen*

5.3.4 Ein bereits bekanntes, durch eine Zahlenangabe bestimmtes Substantiv kann ausgelassen werden, das ZEW jedoch nicht.

Beispiel:

Tāmen 他们	yǒu 有	jǐ ge 几个	háizi? 孩子?	*Wie viele Kinder haben sie?* (Wörtl.: *Sie haben wie viele Kinder?*)
		Liǎng ge. 两个。		*Zwei.*

5.3.5 Einige Substantive werden ohne ein ZEW gebraucht. Meist handelt es sich dabei um Substantive, die selbst als eine Maßeinheit angesehen werden können.

Beispiele:

èrshí suì	shí fēn zhōng	liǎng tiān
二十岁	十分钟	两天
zwanzig Jahre (alt sein)	zehn Minuten	zwei Tage

5.4 Das Substantiv

- Das Substantiv gibt im Chinesischen keinen Hinweis auf Numerus (Einzahl oder Mehrzahl) und Genus (grammatisches Geschlecht). So läßt sich beispielsweise
- xuésheng 学生 übersetzen als *Student, Studentin, Studenten, Studentinnen*

und

- Zhōngguórén 中国人 als *Chinese, Chinesin, Chinesen, Chinesinnen*.

Was jeweils gemeint ist, ergibt sich im allgemeinen problemlos aus dem Textzusammenhang. In der Vokabelliste beschränken wir uns im Deutschen fortan auf die maskuline Form im Singular.

5.5 Zur Pluralbildung

Der Plural wird im Chinesischen in den seltensten Fällen markiert. So bedeutet yí ge xuésheng 一个学生 „ein Schüler od. Student" und wǔ ge xuésheng 五个学生 „fünf Schüler od. Studenten", wobei sich an xuésheng 学生 nichts verändert und lediglich die Zahlenangabe „eins" oder „fünf" auf Singular oder Plural hinweist. Lediglich bei den Personalpronomen wird der Plural regelmäßig angegeben: dabei hängt man die Silbe -men 们 an die Grundform (Singular) an.

	Singular:				Plural:		
wǒ	我	*ich*	▶	wǒmen	我们	*wir*
nǐ	你	*du; Sie*	▶	nǐmen	你们	*ihr; Sie*
tā	他，她	*er, sie*	▶	tāmen	他们，她们	*sie*

Gelegentlich kommt es vor, daß das Pluralsuffix -men 们 auch an ein Substantiv angehängt wird, was jedoch nur möglich ist, wenn dieses Substantiv einen Menschen bezeichnet, also beispielsweise „Herr", „Frau", „Lehrer", „Journalist" usw. In solchen Fällen steht dann allerdings vor dem betreffenden Substantiv keine Zahl, also:

xiānshengmen	先生们	*Herren* (Herren allgemein, in ihrer Gesamtheit)
aber:		
sān wèi* xiānsheng	三位先生	*drei Herren*
nǚshìmen	女士们	*Damen* (Damen allgemein, in ihrer Gesamtheit)
aber:		
liǎng wèi* nǚshì	两位女士	*zwei Damen*

* wèi 位 : höfliches ZEW für Personen.

5.6 Fragesätze und Fragefürwörter

Im Deutschen steht das Fragefürwort (Interrogativpronomen) fast immer am Satzanfang, gleichgültig ob nach dem Subjekt, Objekt, einer Umstandsbestimmung o. a. gefragt wird:

- ❖ *Wer kommt?*
- ❖ *Wen unterrichten Sie?*
- ❖ *Womit schreibst du?*

Im Chinesischen hingegen steht das Interrogativpronomen an der Stelle im Satz, wo es seiner Funktion nach hingehört, einfach gesagt also am Satzanfang, wenn nach dem Subjekt gefragt wird, am Satzende, wenn nach dem Objekt gefragt wird usw.:

❖ **Shéi** jiāo nǐ?	谁教你？	*Wer unterrichtet dich?*
❖ Nǐ jiāo **shéi**?	你教谁？	*Wen unterrichtest du?*

Die Wortstellung im chinesischen Fragesatz unterscheidet sich also nicht von der des Antwortsatzes.

A	**Shéi** jiāo nǐmen?	谁教你们？	*Wer unterrichtet euch?*
B	**Wáng lǎoshī** jiāo wǒmen.	王老师教我们。	*Lehrer Wang unterrichtet uns.*
A	Nǐ jiāo **shéi**?	你教谁？	*Wen unterrichten Sie?*
B	Wǒ jiāo **Bái Démíng**.	我教白德明。	*Ich unterrichte [den] Bai Deming.*

Im folgenden einige Fragewörter:

5.6.1 shéi 谁: *wer* (sowie: *wem, wen*)

Tā shi	**shéi?**	*Wer ist er?*
他 是	谁 ?	(Wörtl.: *Er ist wer?*)
Tā shi	**Bái xiānsheng.**	*Er ist Herr Bai.*
他 是	白 先 生 。	
Shéi	jiāo Yīngwén?	*Wer unterrichtet Englisch?*
谁	教 英 文 ?	
Lín lǎoshī	jiāo Yīngwén.	*Lehrer Lin unterrichtet Englisch.*
林 老 师	教 英 文 。	

5.6.2 shénme 什么:

a) *was*

Nǐ xué	**shénme?**	*Was lernen / studieren Sie?*
你 学	什 么 ?	(Wörtl.: *Sie lernen / studieren was?*)
Wǒ xué	**Fǎwén.**	*Ich lerne / studiere Französisch.*
我 学	法 文 。	

b) *was für ein (als Attribut vor einem Substantiv stehend)*

Tā jiào	**shénme míngzi?**	*Wie heißt sie?* (Wörtl.: *Sie heißt*
她 叫	什 么 名 字 ?	*was für ein Name?*)
(Tā) jiào	**Lǐ Yuèlán.**	*(Sie) heißt Li Yuelan.*
（她）叫	李 月 兰 。	
Chén xiānsheng zuò	**shénme gōngzuò?**	*Als was arbeitet Herr Chen?* (Wörtl.:
陈 先 生 做	什 么 工 作 ?	*Herr Chen tut was für eine Arbeit?*)
Tā shi	**gōngchéngshī.**	*Er ist Ingenieur.*
他 是	工 程 师 。	

5.6.3 jǐ 几: *wie viele*

Hinter dem Fragewort jǐ 几 muß in der Regel ein Zähleinheitswort (ZEW) stehen. Das Fragewort jǐ 几 wird benutzt, wenn man vermutet, daß in der Antwort die Zahl 10 nicht wesentlich überschritten wird.

Nǐ yǒu	**jǐ** ge	háizi?	***Wie viele** Kinder haben Sie?*
你 有	**几** 个	孩 子？	(Wörtl.: *Sie haben **wie viele** Kinder?*)
Wǒ yǒu	**wǔ** ge	háizi.	*Ich habe **fünf** Kinder.*
我 有	**五** 个	孩 子。	

Mit jǐ 几 bildet man auch den Ausdruck jǐ suì 几岁, mit dem man ein Kind nach seinem Alter fragt.

Xiǎoyún, nǐ	**jǐ** suì?	*Xiaoyun, **wie alt** [bist] du?*
小云，你	**几** 岁？	(Wörtl.: *Xiaoyun, du [bist] **wie viele** Jahre?*)
Wǒ	**bā** suì.	*Ich [bin] **acht** (Jahre alt).*
我	八 岁。	

Fragt man nach dem Alter eines Erwachsenen, verwendet man duō dà 多大 oder höflicher duō dà niánjì 多大年纪.

Wáng lǎoshī	**duō dà** (niánjì)?	***Wie alt** [ist] Lehrerin Wang?*
王 老 师	**多 大**（年 纪）？	
Tā	sìshíqī suì.	*Sie [ist] **siebenundvierzig** (Jahre alt).*
她	四 十 七 岁。	

Beachten Sie:
Vor suì 岁 wird kein ZEW verwendet, da man suì 岁 („Lebensjahre") selbst als eine Zähleinheit ansehen kann.

5.7 Zur Aussprache von yī 一 (eins / 1)

Laut Lexikon trägt die Zahl 1 (yī 一) den 1. Ton. Tatsächlich wird sie jedoch in unterschiedlichen Tönen gesprochen, beeinflußt vom Ton der jeweils nachfolgenden Wortsilbe.

Im 1. Ton:	yī	bei einer Aufzählung, in Zahlenkolonnen und Jahreszahlen ⇨ yī, èr, sān, sì, wǔ, ... ; 1997: yī jiǔ jiǔ qī
Im 2. Ton:	yí	vor einer Silbe im 4. Ton und vor einer tonlosen Silbe, die ursprünglich den 4. Ton trug ⇨ yí jiàn chènshān 一件衬衫 *ein Hemd* yí ge rén 一个人 *ein Mensch*
Im 4. Ton:	yì	vor einer Silbe im 1., 2. oder 3. Ton ⇨ yìxiē 一些 *einige, ein paar, etwas;* yì nián 一年 *ein Jahr;* yì běn shū 一本书 *ein Buch*

Diese Tonveränderungen sind im Lehrbuch stets angegeben.

5.8 Auslassung des Subjekts

Ein bereits erwähntes oder durch den Zusammenhang ersichtliches Subjekt wird gerne ausgelassen.

A	Tāmen yǒu háizi. 他们有孩子。	*Sie haben Kinder (od.: ein Kind).*
B	Yǒu jǐ ge? 有几个？	*Wie viele haben (sie)?*
A	Yǒu yí ge érzi, liǎng suì. 有一个儿子，两岁。	*(Sie) haben einen Sohn, (er) ist zwei Jahre alt.*

5.9 Anrede, Titel

Anredebezeichnungen und Titel (Herr, Frau, Lehrer, Professor, Doktor, Genosse etc.) werden dem Namen nachgestellt. Also:

Bái xiānsheng 白先生 *Herr Bai*	Máo zhǔxí 毛主席 *Vorsitzender Mao*	Liú nǚshì 刘女士 *Frau Liu*
Lǐ bóshì 李博士 *Dr. Li*	Kǒng jīnglǐ 孔经理 *Manager Kong*	Zhāng tóngzhì 张同志 *Genosse Zhang*

Die Anrede *Genosse, Genossin* (tóngzhì 同志), die viele Jahre lang für jede Person und jeden Anlaß üblich war, wird im Alltag immer weniger verwendet. Statt dessen kann man wieder die alten Anredeformen wie *Herr, Frau, Fräulein* etc. hören, wiewohl ein verbindliches System von Anreden noch immer nicht fest etabliert ist und man deshalb mit Varianten rechnen muß.

Als formelle Anredeformen für Damen dienen heute vor allem nǚshì 女士, fūren 夫人, tàitai 太太 und xiǎojie 小姐.

Zu ihrer Anwendung:

nǚshì 女士	*Beispiel:* Liú nǚshì 刘女士, Wāng nǚshì 汪女士
	Höfliche Anrede für erwachsene Frauen; kaum für sich alleine, d.h. ohne Familienname, benutzt; wird im allgemeinen bei eher formellen Anlässen verwendet, häufig auch in Einrichtungen, die regelmäßigen Kontakt mit dem Ausland pflegen. Sollte nicht verwendet werden als Anrede für Dienstpersonal, Bedienung usw.
xiǎojie 小姐 (lies: xiáojie)	*Beispiel:* Zhāng xiǎojie 张小姐, Lǐ xiǎojie 李小姐
	Entspricht in etwa dem im Deutschen etwas aus der Mode gekommenen *Fräulein*. In der VR China wieder verbreitete Anrede für Frauen jüngeren Alters, manchmal auch für Damen mittleren Alters. Verwendbar auch als Anrede für Frauen, deren Alter nur schwer einzuschätzen ist. Häufig ohne Namensnennung, also einfach nur: xiǎojie. Hinweis: Die Anrede xiǎojie wird gelegentlich auch für verheiratete Frauen verwendet. War bislang die gängige Anrede für weibliches Bedienungspersonal in Restaurants, Hotels usw.[5]
fūren 夫人	*Beispiel:* Schmitt fūren 夫人, Lín fūren 林夫人
	Häufig als Anredeform für die Gattin einer höhergestellten Persönlichkeit benutzt; dann häufig ohne Namensnennung, also lediglich: fūren. Im Alltag kann man auch einfache Leute sagen hören: „Zhè shi wǒ fūren" 这是我夫人 („Dies ist meine Frau."), oder: „Nǐ fūren zài nǎr gōngzuò?" 你夫人在哪工作？ („Wo arbeitet Ihre Frau?"), ohne daß man in diesem Personenkreis fūren als direkte Anrede verwenden würde.

---

5 In den letzten Jahren – möglicherweise unter westlichem Einfluß – vor allem bei Städterinnen und Akademikerinnen wieder weniger beliebte Anrede, die darin einen Anklang an nicht ganz so honorige Dienstleistungsbereiche wahrnehmen wollen.

| tàitai 太太 | *Beispiel:* Chén tàitai 陈太太 , Dèng tàitai 邓太太 |

Häufig als Anrede für die Ehefrauen von Ausländern, Auslandschinesen (Huáqiáo 华侨) sowie Hongkong- und Taiwan-Chinesen verwendet. Als Anredeform auch unter den Festlandchinesen allmählich wieder häufiger zu hören.

Häufig ohne Namensnennung, also einfach nur: tàitai.

Für Herren lautet die übliche Anrede xiānsheng 先生 . Gelegentlich hört man auch den Ausdruck shīfu 师傅 , was wörtlich „Meister" (Handwerksmeister) bedeutet, aber auch als Anrede für jede Art von Handwerker (incl. Köche, Chauffeure usw.) dient. Die alltagssprachliche Anrede für den Chef einer Firma oder beispielsweise eines Restaurants ist lǎobǎn 老板 (früher sehr bildhaft 老闆 , *drei Münder in der Tür ⇨ derjenige, der in dem Haus das Sagen hat*, geschrieben).

6. Shēngcíbiǎo 生词表 (Vokabelliste)

wǒ	我	ich	wǒmen	我们	wir
nǐ	你	du; Sie	nǐmen	你们	ihr; Sie
tā	他，她	er, sie	tāmen	他们	sie (Plural)
nín	您	Sie (höfliche Anrede, vor allem für ältere und gesellschaftlich höher stehende Personen; wird gelegentlich auch innerhalb einer Familie als Anredeform für die Großeltern etc. verwendet; besonders häufig im Raum Peking zu hören; nicht völlig deckungsgleich mit dem deutschen „Sie".)			

hǎo	好	gut
Nǐ hǎo!	你好	„Guten Tag!" *Beachte: Diese Grußformel ist unabhängig von der Tageszeit – man könnte sie wörtlich übersetzen als „Es möge Ihnen gut gehen!"*

míngzi	名字	Name	
Bái	白	*ein Familienname (wörtl.: weiß)*	Bái Démíng *(ein Personenname)*
Démíng	德明	*ein Vorname (meist m.)*	
Lǐ	李	*ein Familienname (wörtl.: Pflaume)*	Lǐ Yuèlán *(ein Personenname)*
Yuèlán	月兰	*ein Vorname (f.) (wörtl.: Mond-Orchidee)*	
Mǎ	马	*ein Familienname (wörtl.: Pferd)*	Mǎ xiānsheng Herr Ma
Wáng	王	*ein Familienname (wörtl.: König)*	Wáng Xiǎoyún *(ein Personenname)*
Xiǎoyún	小云	*ein Vorname (meist f.) (wörtl.: Kleine Wolke)*	

nǚshì	女士	Frau, Dame	Lǐ nǚshì
xiānsheng	先生	Herr; *in gehobener Sprache auch:* Ehemann	Bái xiānsheng
		Ergänzungsvokabel: zhàngfu 丈夫 *,* Ehemann	
xiǎojie	小姐	Fräulein; *auch:* Frau	Chén xiǎojie
tàitai	太太	(verheiratete) Frau, Ehefrau	Zhāng tàitai
lǎoshī	老师	Lehrer	Mǎ lǎoshī
		Ergänzungsvokabel: lǎo 老 (alt; auch als ehrende Vorsilbe verwendet: lǎoshī 老师, *wörtl.:* „alter Meister"; häufig auch unter Kollegen und Freunden benutzt: Lǎo Wáng 老王)	
tóngzhì	同志	Genosse	Wáng tóngzhì
shì, shi	是	sein (*Verbindungswort / Kopula: oft ohne Ton gesprochen*)	Tā shi Bái Démíng. Wǒ shi lǎoshī.
xìng	姓	Familienname; (*mit Familiennamen*) ... heißen	Tā xìng Mǎ.
jiào	叫	heißen; (*mit Vornamen*) ... heißen	Tā jiào Bái Démíng. Tā xìng Bái, jiào Démíng.

Einige Ländernamen:

Àodàlìyà	澳大利亚	Australien		Hánguó	韩国	(Süd-)Korea
Zhōngguó	中国	China		Àodìlì	奥地利	Österreich
Déguó	德国	Deutschland		Bōlán	波兰	Polen
Yīngguó	英国	England (GB)		Éluósī	俄罗斯	Rußland
Fǎguó	法国	Frankreich		Ruìshì	瑞士	Schweiz
Yìdàlì	意大利	Italien		Xīnjiāpō	新加坡	Singapur
Rìběn	日本	Japan		Xībānyá	西班牙	Spanien
Cháoxiǎn*	朝鲜	(Nord-)Korea		Měiguó	美国	U.S.A.

* *Auch* Cháoxiān *gelesen.*

Nationalitäten und Sprachen:

rén	人	Mensch, Person	-wén	文	Text; Sprache
Zhōngguórén	中国人	Chinese	Zhōngwén	中文	Chinesisch
Déguórén	德国人	Deutscher	Déwén	德文	Deutsch
Yīngguórén	英国人	Engländer, Brite	Yīngwén	英文	Englisch
Fǎguórén	法国人	Franzose	Fǎwén	法文	Französisch
Rìběnrén	日本人	Japaner	Rìwén	日文	Japanisch
Bōlánrén	波兰人	Pole	Bōlánwén	波兰文	Polnisch
Éluósīrén	俄罗斯人	Russe	Éwén	俄文	Russisch

jiāo 教 + *Objekt*	lehren, unterrichten	Smith xiānsheng shi lǎoshī, jiāo Yīngwén.
xué 学 + *Obj.*(*)	lernen; studieren	Wáng xiǎojie xué Fǎwén.
xuéxí 学习 (*)	lernen; studieren	Wǒ xuéxí Zhōngwén.

* Am Satzende und in Sätzen ohne Objekt besser nur xuéxí 学习 und nicht xué 学 verwenden!

| *Ergänzungsvokabel:* | tóngxué | 同学 | (Mitschüler; Kommilitone) |

Zahlen:

líng	零	null / 0
yī	一	eins / 1
èr *	二	zwei / 2
liǎng *	两	zwei / 2
sān	三	drei / 3
sì	四	vier / 4
wǔ	五	fünf / 5
liù	六	sechs / 6
qī	七	sieben / 7

bā	八	acht / 8
jiǔ	九	neun / 9
shí	十	zehn / 10
shíwǔ	十五	fünfzehn / 15
èrshí **	二十	zwanzig / 20
qīshíyī **	七十一	einundsiebzig / 71
yìbǎi	一百	einhundert / 100
jiǔbǎi	九百	neunhundert / 900

Beachten Sie:
* In zusammengesetzten Zahlen ist „zwei" auch vor dem ZEW als èr 二 zu sprechen, also heißt „12 Studenten" auf Chinesisch: shí'èr ge xuésheng 十二个学生.
** In zusammengesetzten Zahlen (z. B.: èrshíwǔ 二十五, bāshijiǔ 八十九) wird die Zehnerstelle (shí 十) sehr oft ohne Ton gesprochen, also: èrshiwǔ 二十五, bāshijiǔ 八十九.

gè, ge	个	ZEW (Zähleinheitswort): für Menschen, für viele Gegenstände; das am häufigsten gebrauchte ZEW, auch als provisorisches „Ersatz-ZEW" verwendbar.	
háizi	孩子	Kind	sān ge háizi
érzi	儿子	Sohn	yí ge érzi
nǚ'ér	女儿	Tochter	liǎng ge nǚ'ér
gōngchéngshī	工程师	Ingenieur	
jìzhě	记者	Journalist, Reporter	wǔ ge jìzhě
xuésheng	学生	Schüler; Student	èrshíbā ge xuésheng
dàxué	大学	Universität	Běijīng Dàxué
yǒu	有	haben	Yuèlán yǒu yí ge nǚ'ér, jiào Xiǎoyún. Bái xiānsheng yǒu liǎng ge háizi.
zhù zài ...	住在 ...	wohnen in ...	Wǒ zhù zài Shànghǎi.
~ suì	~ 岁	~ Jahre alt sein	Wǒ èrshí suì.
jiéhūn le	结婚了	verheiratet sein	Wǒ jiéhūn le.
gōngzuò	工作	Arbeit; arbeiten	
zuò	做	tun, machen	Tā zuò shénme gōngzuò?
niánjì	年纪	Alter, Lebensalter	

jì	纪	order, discipline, age
jié	结	knot
hūn	婚	to marry, marriage, wedding
jí	吉	lucky, auspicious, propitious (opp 凶)
shì	氏	family, clan
jì	记	notes, record; to remember; to record
gōng chéng	工程	engineering
jǐ	己	PRON oneself

Lektion 1 | 21

Einige Fragewörter:

shéi (shuí)*	谁	wer, wem, wen	Tā shi shéi? Shéi jiāo Déwén?
shénme	什么	was, was für ein	Nǐ xuéxí shénme? Tā jiào shénme míngzi? Nǐ zuò shénme gōngzuò?
nǎ + ZEW	哪 + ZEW	welch-	Nǎ ge xuésheng jiéhūn le?
nǎ guó rén	哪国人	*Frage nach der Nationalität, wörtl.:* welches-Land-Mensch	Brown nǚshì shi nǎ guó rén? Tā shi Yīngguórén.
nǎr	哪儿	wo (*auch:* wohin, *vgl. dazu Lektion 2*), *wörtl.:* welcher Ort	Nǐ zhù zài nǎr? Wǒ zhù zài Bochum. Nǐ qù nǎr?**
jǐ + ZEW	几 + ZEW	wie viele	Nǐ yǒu jǐ ge háizi?
~ jǐ suì	~ 几岁	Wie alt ist ~ ?	Xiǎoyún jǐ suì? Bā suì.
~ duō dà? ~ duō dà niánjì?***	~ 多大 ~ 多大年纪?***	Wie alt ist ~ ?	Bái xiānsheng duō dà? Bái xiānsheng duō dà niánjì?*** Tā sānshi'èr suì.

*   Außerhalb von Peking wird das Fragepronomen shéi 谁 („wer?" etc.) oft shuí ausgesprochen.
**   Nǐ qù nǎr? 你去哪儿? = „Wohin gehst du?", „Wohin gehen Sie?", vgl. Lektion 2.
***   Die Frageform duō dà niánjì 多大年纪 wird verwendet, wenn man sich höflich nach dem Alter einer etwas älteren Person erkundigt.

Einige Ortsnamen:

Àomén	澳门	Aomen, Macau, Macao
Bālí	巴黎	Paris
Běijīng	北京	Beijing, Peking
Bō'ēn	波恩	Bonn
Bōhóng	波鸿	Bochum
Bólín	柏林	Berlin
Dàbǎn	大阪	Osaka, Ôsaka
Dōngjīng	东京	Tokyo, Tôkyô
Fǎlánkèfú	法兰克福	Frankfurt
Guǎngzhōu	广州	Guangzhou, Kanton, Canton
Hànbǎo	汉堡	Hamburg
Huáshèngdùn	华盛顿	Washington
Jīngdū	京都	Kyoto, Kyôto
Láibǐxī	莱比锡	Leipzig
Lúndūn	伦敦	London
Mùníhēi	慕尼黑	München
Nánjīng	南京	Nanjing, Nanking
Niǔyuē	纽约	New York
Qīngdǎo	青岛	Qingdao, Tsingtau
Shànghǎi	上海	Shanghai, Schanghai
Shēnzhèn	深圳	Shenzhen, Shum-chum
Sītújiātè	斯图加特	Stuttgart
Táiběi	台北	Taibei, Taipei, Taipeh
Xī'ān	西安	Xi'an, Hsi-an, Si-an
Xiānggǎng	香港	Xianggang, Hongkong

hǎi = See

Anhang (Fùlù) zur Lektion 1
„Wer ist er?"

Übersetzungen

1. Shìfàn (Einführung)

1.1

A	Guten Tag.	B	Guten Tag.
A	Wie heißen Sie?	B	Ich heiße Peter Müller.
A	Was sind Sie von Beruf?	B	Ich bin Ingenieur.

1.2

A	Guten Tag.	B	Guten Tag.
A	Wie heißen Sie?	B	Ich heiße Franziska Brandt.
A	Was sind Sie von Beruf?	B	Ich bin Studentin.
A	Was studieren Sie?	B	Ich studiere Chinesisch.

1.3

A	Aus welchem Land kommt er?	B	Er ist Franzose.
A	Wie heißt er?	B	Er heißt Pierre Ledoux.
A	Wie alt ist er?	B	Er ist 32 (Jahre alt).
A	Was ist er von Beruf?	B	Er ist Lehrer.
A	Was unterrichtet er?	B	Er unterrichtet Englisch.

1.4

Er heißt mit Familiennamen Ma. Herr Ma ist Pekinger, wohnt (aber) in Shanghai. Er ist Lehrer und unterrichtet Chinesisch. Er ist 48 Jahre alt, verheiratet und hat drei Kinder.

1.5

Sie heißt Mary Brown. Frau Brown ist Engländerin und wohnt in London. Sie arbeitet als Journalistin. Sie ist 32 Jahre alt und verheiratet. Sie hat zwei Kinder, einen Sohn und eine Tochter.

2. Jùxíng (Satzmuster)

2.1
A Ich bin Lehrer.
B Du bist Student.
C Er ist Bai Deming.
D Wir sind Deutsche.

2.2
A Ich bin 20 (Jahre alt).
B Du bist 18 (Jahre alt).
C Sie ist 37 (Jahre alt).

2.3
A Ich unterrichte Chinesisch.
B Du lernst Chinesisch.
C Sie hat Kinder.

2.4
A Wer ist er?
↪ Er ist Bai Deming.
B Wer unterrichtet Chinesisch?
↪ Frau Li unterrichtet Chinesisch.

2.5
A Was unterrichtet Lehrerin Li?
↪ Lehrerin Li unterrichtet Chinesisch.
B Wie lautet Ihr Familienname?
↪ Mein Familienname ist Bai.
C Wie heißen Sie?
↪ Ich heiße Li Yuelan.
D Was sind Sie von Beruf?
↪ Ich bin Lehrerin.

2.6
A Aus welchem Land kommt Herr Bai?
B Er ist Deutscher.

2.7
A Wo wohnt Frl. (od.: Frau) Ma?
B Sie wohnt in Shanghai.

2.8
A Wie viele Kinder hat Bai Deming?
B Er hat zwei Kinder.

2.9
A Wie alt ist Xiaoyun?
B Sie ist acht (Jahre alt).

2.10
A Wie alt ist Lehrerin Li?
B Sie ist 44 (Jahre alt).

3. Kèwén (Lektionstext)
4. Kèwén (Lektionstext)

3.1/4.1

Herr Bai:	*Frau Li:*
Ich heiße Bai Deming; ich bin Deutscher und wohne in Berlin. Ich bin 32 Jahre alt und verheiratet; ich habe zwei Kinder, eine Tochter und einen Sohn. Ich bin Journalist.	Mein Familienname ist Li, mit Vornamen heiße ich Yuelan. Ich bin Chinesin und wohne in Peking. Ich bin 44 Jahre alt und habe eine Tochter. Sie heißt Xiaoyun. Ich bin Lehrerin und unterrichte Chinesisch.

3.2/4.2

Frl. / Frau Wang:	*Lehrerin Li:*
Wer ist er?	Er ist Herr Bai.
Wie heißt er (mit vollem Namen)?	Er heißt Bai Deming.
Was für ein Landsmann ist er?	Er ist Deutscher.
Was macht er beruflich?	Er ist Journalist.
Wie alt ist er?	Er ist 32 (Jahre alt).
Wo wohnt er?	Er wohnt in der Peking-Universität.
Was studiert er?	Er studiert Chinesisch.

Kein Vorbild:

> Der Däne hat mir einmal auf meine Frage, wie er sich denn in China ohne die Kenntnis der Sprache beholfen habe, gesagt: »Nur so geht es. Dann stören einen die Leute nicht.«
>
> *Tucholsky, am 27.09.1931*

2 Lektion

Dì èr kè   Nǐ jīntiān zuò shénme?
第二课 你今天做什么？
Was machst du heute?

1. Shìfàn 示范 (Einführung)

1.1 Alexander fragt im Studentenheim seinen chinesischen Freund nach der Uhrzeit:

A Lǐ Chūnyuán, xiànzài jǐ diǎn (zhōng)?
李春园，现在几点（钟）？

B Bā diǎn.
八点。

A Aiyo, bā diǎn le. Wǒ děi qù shàngkè le.
哎哟，八点了。我得去上课了。

B Nǐ jǐ diǎn shàngkè?
你几点上课？

A Bā diǎn bàn.
八点半。

1.2 Ein Chinese, der in Bochum studiert, und ein Deutscher aus Frankfurt begegnen sich zufällig in Bochum. Beide kennen sich von früher.

A À, Peter, shì nǐ a!
啊，Peter，是你啊！

B À, Wáng Dé, nǐ hǎo, nǐ hǎo!
啊，王德，你好，你好！

A Nǐ lái Bochum zuò shénme?
你来 Bochum 做什么？

B Wǒ lái xué Zhōngwén.
我来学中文。

A Nǐ zài nǎr xuéxí?
你在哪儿学习？

B Zài Sinicum. Aiyo, bā diǎn le. Duìbuqǐ, wǒ děi qù shàngkè le.
在 Sinicum。哎哟，八点了。对不起，我得去上课了。

A Nǐ jǐ diǎn shàngkè?
你几点上课？

B Bā diǎn yíkè.
八点一刻。

A Nàme, nǐ zhōngwǔ yǒu kòng ma?
那么，你中午有空吗？

B Yǒu kòng. Wǒmen shí'èr diǎn bàn zài Sinicum jiànmiàn, hǎo ma?
有空。我们十二点半在 Sinicum 见面，好吗？

A Hǎo.
好。

B Zàijiàn.
再见。

A Zàijiàn.
再见。

1.3 Zwei Kursteilnehmer treffen sich zum Frühstück in der Kantine. Stefan hat seinen Stundenplan vergessen.

A Esther, wǒmen jīntiān jǐ diǎn shàngkè?
Esther，我们今天几点上课？

B Bā diǎn èrshí kāishǐ.
八点二十开始。

A Shàngwǔ shàng shénme kè?
上午上什么课？

B Shàngwǔ yǒu sān jié kè. Dì yī jié fùxí, dì èr jié hé dì sān jié shàng xīn kè.
上午有三节课。第一节复习，第二节和第三节上新课。

A Xiàwǔ ne?
下午呢？

B Xiàwǔ yě yǒu sān jié kè: tīng lùyīn, xiě Hànzì hé liànxí huìhuà.
下午也有三节课：听录音，写汉字和练习会话。

A Wǒmen jǐ diǎn xiàkè?
我们几点下课？

B Sì diǎn chà shí fēn xiàkè.
四点差十分下课。

Unterrichtszeiten:

zǎoshang bā diǎn
08:00

fùxí
复习

shàngwǔ jiǔ diǎn
09:00

shàng dì èr kè
上第二课

zhōngwǔ shí'èr diǎn
12:00

xiūxi
休息

xiàwǔ yī diǎn
13:00

tīng lùyīn
听录音

xiàwǔ liǎng diǎn
14:00

xiě Hànzì
写汉字

xiàwǔ sān diǎn
15:00

huìhuà
会话

1.4 Uwe trifft an einem Freitag seine Bekannte Zhang Meihua, die am Abend mit ihm ins Kino gehen möchte.

A Uwe, nǐ jīntiān wǎnshang yǒu kòng ma? Wǒmen qù kàn diànyǐng, hǎo ma?
Uwe, 你今天晚上有空吗？我们去看电影，好吗？

B Duìbuqǐ, wǎnshang wǒ děi fùxí shēngcí, méiyǒu kòng.
对不起，晚上我得复习生词，没有空。

Míngtiān qù, zěnmeyàng?
明天去，怎么样？

A Hǎo. Diànyǐng liù diǎn sānkè kāishǐ.
好。电影六点三刻开始。

B Nàme, wǒmen liù diǎn qù.
那么，我们六点去。

A Hǎode.
好的。

B Míngtiān jiàn.
明天见。

A Míngtiān jiàn.
明天见。

1.5 **Die Wochentage**

amtlich:			regional:	
xīngqī-			lǐbài-	
xīngqīyī	星期一	Montag	lǐbàiyī	礼拜一
xīngqī'èr	星期二	Dienstag	lǐbài'èr	礼拜二
xīngqīsān	星期三	Mittwoch	lǐbàisān	礼拜三
xīngqīsì	星期四	Donnerstag	lǐbàisì	礼拜四
xīngqīwǔ	星期五	Freitag	lǐbàiwǔ	礼拜五
xīngqīliù	星期六	Samstag	lǐbàiliù	礼拜六
xīngqītiān	星期天	Sonntag	lǐbàitiān	礼拜天
xīngqīrì	星期日	Sonntag	lǐbàirì	礼拜日

In Terminkalendern, Arbeitsplänen u. ä. oft auch:

zhōuyī	周一	Montag
zhōu'èr	周二	Dienstag
zhōusān	周三	Mittwoch
zhōusì	周四	Donnerstag
zhōuwǔ	周五	Freitag
zhōuliù	周六	Samstag*
(*selten:* zhōurì)	周日	Sonntag*)

* Anmerkung:
In den Großstädten sagt man nach westlichem Vorbild für Samstag und Sonntag zusammenfassend jetzt häufig auch: zhōumò 周末 = „Wochenende".

Abzählreim für Kinder

1. Jī jī jī , jī jī jī ,
   叽叽叽，叽叽叽，

2. yī èr sān sì wǔ liù qī.
   一二三四五六七。

3. Qī zhī xiǎojī páiduì zǒu,
   七只小鸡排队走，

4. qī liù wǔ sì sān èr yī.
   七六五四三二一。

1. Piep piep piep, piep piep piep,
2. eins zwei drei vier fünf sechs sieben.
3. Sieben Küken marschieren in einer Reihe hintereinander,
4. sieben sechs fünf vier drei zwei eins.

Vokabeln:
xiǎojī	小鸡	*Küken* (Zähleinheitswort/ZEW: zhī 只)
páiduì	排队	*sich in einer Reihe aufstellen, Schlange stehen*
zǒu	走	*gehen, laufen, marschieren*

2. Jùxíng 句型 (Satzmuster)

2.1

Wǒ 我					lái kàn nǐ. 来看你。
	xīngqīyī 星期一	zǎoshang 早上	qī diǎn 七点	wǔ fēn 五分	
	xīngqī'èr 星期二	shàngwǔ 上午	shí diǎn 十点	èrshí (fēn) 二十（分）	
	xīngqīsān 星期三	zhōngwǔ 中午	shí'èr diǎn 十二点	yíkè 一刻	
	xīngqīsì 星期四	xiàwǔ 下午	sì diǎn 四点	bàn 半	
	xīngqīwǔ 星期五	wǎnshang 晚上	jiǔ diǎn 九点	sānkè 三刻	
	xīngqīliù 星期六	yèli 夜里	liǎng diǎn 两点	chà yíkè 差一刻	
	xīngqītiān 星期天 (xīngqīrì) （星期日）				

2.2

zǎoshang	▶ bā diǎn (zhōng)	早上	▶ 八点（钟）
wǎnshang		晚上	

zǎoshang	▶ bā diǎn (líng) wǔ fēn	早上	▶ 八点（零）五分
wǎnshang		晚上	

shàngwǔ	▶ shíyī diǎn yíkè ▶ shíyī diǎn shíwǔ fēn	上午	▶ 十一点一刻 ▶ 十一点十五分
wǎnshang		晚上	

zhōngwǔ		中午	
	▶ shí'èr diǎn èrshí (fēn)		▶ 十二点二十（分）
yèli		夜里	

xiàwǔ		下午	
	▶ liǎng diǎn bàn		▶ 两点半
yèli		夜里	

xiàwǔ		下午	
	▶ chà yíkè sān diǎn		▶ 差一刻三点
	▶ sān diǎn chà yíkè		▶ 三点差一刻
	▶ liǎng diǎn sānkè		▶ 两点三刻
yèli		夜里	

2.3
A	Xiànzài jǐ diǎn?	现在几点？
B	Xiànzài bā diǎn.	现在八点。
A	Nǐmen jǐ diǎn qǐchuáng?	你们几点起床？
B	Wǒmen qī diǎn bàn qǐchuáng.	我们七点半起床。

2.4
A	Jīntiān xīngqījǐ?	今天星期几？
B	Jīntiān xīngqīsān.	今天星期三。
A	Nǐ xīngqījǐ yǒu kòng?	你星期几有空？
B	Wǒ xīngqīliù yǒu kòng.	我星期六有空。

2.5
A	Tāmen shénme shíhou lái?	他们什么时候来？
B	Tāmen míngtiān liǎng diǎn lái.	他们明天两点来。

2.6
Wǒmen qī diǎn yíkè zài dàxué kàn diànyǐng.	我们七点一刻在大学看电影。
Wǒmen xīngqīsì wǎnshang liù diǎn zài cāntīng jiànmiàn.	我们星期四晚上六点在餐厅见面。

2.7		Wǒ wǎnshang děi fùxí dì èr kè.	我晚上得复习第二课。
		Qī diǎn wǒ děi qù shàngkè.	七点我得去上课。
2.8		Xiànzài bā diǎn le. Wǒ děi qù shàngkè le.	现在八点了。我得去上课了。
		À, wǔ diǎn bàn le!	啊,五点半了!
		À, tā lái le!	啊,他来了!
2.9	A	Bái Démíng shi Déguórén ma?	白德明是德国人吗?
	B	Shì.	是。
	A	Nǐ míngtiān wǎnshang yǒu kòng ma?	你明天晚上有空吗?
	B	Yǒu kòng. (*kurz:* Yǒu.)	有空。(*kurz:* 有。)
2.10	A	Wǒmen wǎnshang qù kàn diànyǐng, hǎo ma?	我们晚上去看电影,好吗?
	A	Wǒmen wǎnshang qù kàn diànyǐng, zěnmeyàng?	我们晚上去看电影,怎么样?
	B	Hǎode.	好的。
2.11	A	Wǒ jiāo Zhōngwén, nǐ ne?	我教中文,你呢?
	B	Wǒ jiāo Déwén.	我教德文。
	A	Tā qù yóuyǒng, nǐ ne?	他去游泳,你呢?
	B	Wǒ yě qù.	我也去。
	A	Tā xìng Lǐ, nǐ ne?	他姓李,你呢?
	B	(Wǒ) yě xìng Lǐ.	(我)也姓李。
2.12	A	Nǐ xīngqīliù xiàwǔ yǒu kè ma?	你星期六下午有课吗?
	B	Méiyǒu.	没有。
	A	Nǐ míngtiān wǎnshang yǒu kòng ma?	你明天晚上有空吗?
	B	Méi(yǒu) kòng.	没(有)空。

2.13			
	A	Nǐ qù nǎr?	你去哪儿?
	B	Wǒ qù dàxué.	我去大学。
	A	Nǐ qù zuò shénme?	你去做什么?
	B	Wǒ qù shàngkè.	我去上课。
	A	Nǐ lái Bochum zuò shénme?	你来 Bochum 做什么?
	B	Wǒ lái Bochum xué Zhōngwén.	我来 Bochum 学中文。

2.14			
	A	Tā zài nǎr?	她在哪儿?
	B	Tā zài Shànghǎi.	她在上海。
	A	Tā zài Shànghǎi zuò shénme?	她在上海做什么?
	B	Tā zài Shànghǎi jiāo Déwén.	她在上海教德文
	A	Nǐ zài nǎr gōngzuò?	你在哪儿工作?
	B	Wǒ zài dàxué gōngzuò.	我在大学工作。

3. Kèwén 课文 (Lektionstext)

3.1

白德明是德国记者,现在在北京大学学习中文。他早上六点半起床,七点钟吃早饭。上午八点一刻上课,差十分十二点下课,中午十二点吃午饭。下午他看书、写字。晚上十点半睡觉。

3.2

白德明：	王明：
王明,你好!	啊,德明,是你啊!
你去哪儿?	去大学上课,我有两节英文课。
你下午有课吗?	没有,你呢?
我也没有。我们去游泳,怎么样?	对不起,我得去看一个英国朋友。
那么,你晚上有时间吗?	有。我们去看电影,好吗?
好,看什么电影?	看中国电影,叫《少林寺》。
电影几点开始?	七点半开始。
那么,我们在哪儿见面?	七点差一刻在餐厅见面,好吗?
好的。	啊,十点二十了!我得去上课了。晚上见!
晚上见!	

4. Kèwén 课文 (Lektionstext)

4.1

Bái Démíng shi Déguó jìzhě, xiànzài zài Běijīng Dàxué xuéxí Zhōngwén.
白德明是德国记者,现在在北京大学学习中文。

Tā zǎoshang liù diǎn bàn qǐchuáng, qī diǎn zhōng chī zǎofàn.
他早上六点半起床,七点钟吃早饭。

Shàngwǔ bā diǎn yíkè shàngkè, chà shí fēn shí'èr diǎn xiàkè,
上午八点一刻上课,差十分十二点下课,

zhōngwǔ shí'èr diǎn chī wǔfàn.
中午十二点吃午饭。

Xiàwǔ tā kànshū, xiězì. Wǎnshang shí diǎn bàn shuìjiào.
下午他看书、写字。晚上十点半睡觉。

4.2

Bái Démíng 白德明:	Wáng Míng 王明:
Wáng Míng, nǐ hǎo! 王明,你好!	À, Démíng, shì nǐ a! 啊,德明,是你啊!
Nǐ qù nǎr? 你去哪儿?	Qù dàxué shàngkè, wǒ yǒu liǎng jié 去大学上课,我有两节 Yīngwén kè. 英文课。
Nǐ xiàwǔ yǒu kè ma? 你下午有课吗?	Méiyǒu, nǐ ne? 没有,你呢?
Wǒ yě méiyǒu. Wǒmen qù yóuyǒng, 我也没有。我们去游泳, zěnmeyàng? 怎么样?	Duìbuqǐ, wǒ děi qù kàn yí ge Yīngguó 对不起,我得去看一个英国 péngyou. 朋友。

Nàme, nǐ wǎnshang yǒu shíjiān ma?
那么，你晚上有时间吗？

Hǎo, kàn shénme diànyǐng?
好，看什么电影？

Diànyǐng jǐ diǎn kāishǐ?
电影几点开始？

Nàme, wǒmen zài nǎr jiànmiàn?
那么，我们在哪儿见面？

Hǎode.
好的。

Wǎnshang jiàn!
晚上见！

Yǒu. Wǒmen qù kàn diànyǐng, hǎo ma?
有。我们去看电影，好吗？

Kàn Zhōngguó diànyǐng, jiào „Shàolín Sì".
看中国电影，叫《少林寺》。

Qī diǎn bàn kāishǐ.
七点半开始。

Qī diǎn chà yíkè zài cāntīng jiànmiàn,
七点差一刻在餐厅见面，
hǎo ma?
好吗？

À, shí diǎn èrshí le! Wǒ děi qù shàngkè le.
啊，十点二十了！我得去上课了。

Wǎnshang jiàn!
晚上见！

Ein chinesisches Sprichwort

Huó dào lǎo, xué dào lǎo.
活到老，学到老。

„Es lernt der Mensch, so lang' er lebt [und lernt doch nie aus]."

5. Zhùshì 注释 (Erläuterungen)

5.1 Ortsbestimmungen

Die aus dem Deutschen vertraute Wortart der Präpositionen (*in, an, bei, auf, unter, neben* etc.) gibt es im Chinesischen nicht: dafür verwendet das Chinesische Verben. Aus diesem Grunde treten in chinesischen Sätzen häufig *zwei* Verben auf: zum einen das chinesische Gegenstück zu einer deutschen Präposition (wir bezeichnen es als *Koverb*), zum anderen das Verb in der Satzaussage (*Verbalprädikat*).

Wir lernen hier als erstes das Verb bzw. Koverb zài 在 kennen, das wörtlich „sich aufhalten", „sich befinden" bedeutet.

5.1.1 Als Verb steht zài 在 vor der Angabe des Ortes, an dem sich jemand aufhält oder an dem sich etwas befindet:

Subjekt	Verb zài 在	Ortsangabe
Zhōu lǎoshī	zài	cāntīng.
周老师	在	餐厅。
Lehrer Zhou	*sich aufhalten [in]*	*Mensa*

Lehrer Zhou hält sich in der Mensa auf. (Oder: Lehrer Zhou befindet sich in der Mensa.)

Subjekt	Verb zài 在	Ortsangabe
Lǐ xiǎojie	zài	Shànghǎi.
李小姐	在	上海。
Frl. Li	*sich aufhalten [in]*	*Shanghai*

Frl. (od.: Frau) Li ist in Shanghai.

Subjekt	Verb zài 在	Ortsangabe
Tiān'ānmén	zài	Běijīng.
天安门	在	北京。
Tian'anmen	*sich befinden [in]*	*Peking*

Das Tian'anmen-Tor befindet sich in Peking.

5.1.2 Als Koverb leitet zài 在 die Angabe des Ortes ein, an dem etwas geschieht oder an dem ein bestimmter Zustand[1] herrscht. Diese Art der Ortsangabe (statisch) steht in der Regel vor dem Prädikat des Satzes.

---

1 Hierfür finden Sie Beispiele in späteren Lektionen.

Subjekt	Koverb zài 在 + Ortsangabe	(Verbal-)Prädikat ± Objekt	
Wǒ	zài Běijīng	gōngzuò.	*Ich arbeite in Peking.* (Wörtl.: *Ich halte mich in Peking auf und arbeite.*)
我	在北京	工作。	
Ich	*sich in Peking aufhalten*	*arbeiten*	
Wǒmen	zài Sinicum	xué Zhōngwén.	*Wir lernen am Sinicum Chinesisch.*
我们	在 Sinicum	学中文	
Wir	*sich am Sinicum aufhalten*	*Chinesisch lernen*	

Diese Regeln gelten auch für die entsprechenden Fragesätze.

Zhōu lǎoshī	zài	nǎr?	*Wo ist Lehrer Zhou?* (Oder: *Wo hält sich Lehrer Zhou auf?*)
周老师	在	哪儿？	
Lehrer Zhou	*sich befinden*	*wo?*	
Běijīng	zài	nǎr?	*Wo liegt Peking?*
北京	在	哪儿？	
Peking	*sich befinden*	*wo?*	
Nǐ	zài nǎr	gōngzuò?	*Wo arbeitest du? Wo arbeiten Sie?*
你	在哪儿	工作？	
Du / Sie	*sich wo? aufhalten*	*arbeiten*	
Nǐmen	zài nǎr	xué Zhōngwén?	*Wo lernt ihr Chinesisch? Wo lernen Sie Chinesisch?*
你们	在哪儿	学中文？	
Ihr / Sie	*sich wo? aufhalten*	*Chinesisch lernen*	

5.2 Die Uhrzeiten

Im allgemeinen drückt man im Chinesischen die Uhrzeiten im 12-Stunden-System ähnlich wie im Englischen aus, statt 15:00 Uhr also „drei Uhr nachmittags". Die Benutzung des 24-Stunden-Systems findet man jedoch immer öfter bei offiziellen bzw. öffentlichen Zeitangaben, z. B. Fahrplänen oder Rundfunkansagen. So kann man beispielsweise für 16:00 Uhr statt xiàwǔ sì diǎn 下午四点 („vier Uhr nachmittags") auch shíliù diǎn 十六点 („16:00 Uhr") hören.

Lernen Sie nun, wie man nach der Uhrzeit fragt und darauf antwortet.

Xiànzài 现在 Jetzt		Uhrzeit bzw. Frage nach der Uhrzeit	
Xiànzài 现在	jǐ diǎn (zhōng)? 几点（钟）？	Wieviel Uhr ist es jetzt? (Wörtl.: Jetzt [ist es] wieviel Uhr?)	

Beachten Sie:
Hier wird die Kopula shì 是 nicht verwendet! Vergleichen Sie dazu den Hinweis in den grammatischen ERLÄUTERUNGEN zur Lektion 1.

	yī diǎn (zhōng). 一点（钟）。		ein Uhr.
Xiànzài 现在	liǎng diǎn (zhōng). 两点（钟）。	Es ist jetzt	zwei Uhr.
	sān diǎn (zhōng). 三点（钟）。		drei Uhr.

Beachten Sie:
Für 2 Uhr sagt man liǎng diǎn 两点. Bei einer vollen Stunde, auf die keine Minutenangabe folgt, verwendet man auch ~ diǎn zhōng 点钟. So kann man für 5 Uhr sowohl wǔ diǎn 五点 als auch wǔ diǎn zhōng 五点钟 sagen.

Hinweis:

Die Verwendung von shàngwǔ 上午 und xiàwǔ 下午 im Sinne des englischen a.m. und p.m. unterbleibt in der Alltagssprache oft, da aus der Situation heraus meist eindeutig ist, von welcher Tageszeit die Rede ist.

	wǔ diǎn (líng)* liù fēn. 五点（零）*六分。		*sechs Minuten nach fünf.*
	bā diǎn èrshí (fēn). 八点二十（分）。		*acht Uhr zwanzig.*
Xiànzài 现在	sì diǎn bàn. 四点半。	*Es ist jetzt*	*halb fünf.*
	qī diǎn yíkè. 七点一刻。		*Viertel nach sieben.*
	shí'èr diǎn sānkè. 十二点三刻。		*12:45 (wörtl.: zwölf Uhr und drei Viertelstunden).*

Bei der Minutenangabe kann fēn 分 („Minute") entfallen, wenn die Minutenzahl zweisilbig ist, deshalb statt bā diǎn èrshí fēn 八点二十分 oft kurz bā diǎn èrshí 八点二十.

* Die Verwendung von líng 零 für „Null" bei einer einstelligen Minutenangabe ist regional unterschiedlich. So sagt man beispielsweise für 5:06 Uhr bzw. 17:06 Uhr in manchen Gegenden wǔ diǎn liù fēn 五点六分, in anderen wǔ diǎn líng liù fēn 五点零六分.

Zur Verwendung von chà 差 bei der Zeitangabe:

Das Verb chà 差 bedeutet wörtlich „fehlen". Bei der Zeitangabe wird es verwendet wie im Deutschen „vor", dabei kann es vor oder hinter die volle Stunde gestellt werden.

Beispiel:

	liǎng diǎn chà wǔ fēn. 两点差五分。		*fünf vor zwei.* (wörtl.: *[bis] 2 Uhr fehlen 5 Minuten*)
Xiànzài 现在	chà wǔ fēn liǎng diǎn. 差五分两点。	*Es ist jetzt*	*fünf vor zwei.*
	jiǔ diǎn chà yíkè. 九点差一刻。		*Viertel vor neun.*
	chà yíkè jiǔ diǎn. 差一刻九点。		*Viertel vor neun.*

Chà 差 wird normalerweise nur bis zu einer Viertelstunde verwendet. Eine im Deutschen übliche Uhrzeitangabe wie „zwanzig vor 9" lautet deshalb im Chinesischen meist: bā diǎn sìshí 八点四十.

Beachten Sie:

Folgen mehrere Zeitpunktangaben aufeinander, geht die größere der kleineren voraus:

Xīngqīliù xiàwǔ sì diǎn èrshí (fēn) 星期六下午四点二十（分）	Samstag | Nachmittag | 4 Uhr 20 (Min.) ⇨ Samstag, 16:20 Uhr

5.3 Angaben zum Zeitpunkt

Die Angaben zum Zeitpunkt stehen in der Regel vor dem Prädikat.

Subjekt	Zeitpunkt	Handlung (Prädikat) (± Objekt)	
Diànyǐng 电影	liù diǎn bàn 六点半	kāishǐ. 开始。	*Der Film beginnt um halb sieben.*
Wǒ 我	míngtiān 明天	yǒu kòng. 有空。	*Ich habe morgen Zeit.*
Tā 她	qī diǎn 七点	qǐchuáng. 起床。	*Sie steht um sieben Uhr auf.*
Tāmen 他们	xīngqītiān 星期天	jiéhūn. 结婚。	*Sie heiraten am Sonntag.*

Diese Regel gilt auch für die entsprechenden Fragesätze – siehe unten!

Die Angabe des Zeitpunktes kann auch noch weiter vorverlegt werden und zwar vor das Subjekt an den Satzanfang.

Beispiel:

Frage:

	Subjekt	Zeitpunkt	Handlung (Prädikat) (± Objekt)	
	Nǐ 你	wǎnshang 晚上	yǒu kòng ma? 有空吗？	*Hast du am Abend Zeit?*

Antwort:

	Zeitpunkt	Subjekt	Handlung (Prädikat) (± Objekt)	
Duibuqǐ, 对不起，	wǎnshang 晚上	wǒ 我	děi fùxí shēngcí, 得复习生词， méiyǒu kòng. 没有空。	*Entschuldige bitte, am Abend muß ich die neuen Vokabeln wiederholen, ich habe [deshalb] keine Zeit.*

5.4 Fragen nach dem Zeitpunkt

Wie bisher gelernt, fragt man nach dem Zeitpunkt auf folgende Weise:
- jǐ diǎn 几点 = „um wieviel Uhr?"
- shénme shíhou 什么时候 = „wann?"
- xīngqījǐ 星期几 = „welcher Wochentag?", „an welchem Wochentag?"

Beispiele:

Subjekt	Frage nach dem Zeitpunkt	Handlung (Prädikat) (± Objekt)	
Diànyǐng 电影	jǐ diǎn 几点	kāishǐ? 开始？	*Um wieviel Uhr beginnt der Film?*
Nǐ 你	shénme shíhou 什么时候	yǒu kòng? 有空？	*Wann hast du (od.: haben Sie) Zeit?*
Tā 她	jǐ diǎn 几点	qǐchuáng? 起床？	*Um wieviel Uhr steht sie auf?*
Tāmen 他们	xīngqījǐ 星期几	jiéhūn? 结婚？	*An welchem Wochentag heiraten sie?*

5.5 Zeitangaben (Zeitpunkt) stehen vor Ortsangaben

Subjekt	Zeitpunkt	Ort	Handlung (Prädikat) (± Objekt)	
Bái Démíng 白德明	xiànzài 现在	zài Běijīng 在北京	xué Zhōngwén. 学中文。	*Bai Deming lernt jetzt in Peking Chinesisch.*
Wǒmen 我们	xīngqītiān 星期天	zài nǎr 在哪儿	jiànmiàn? 见面？	*Wo treffen wir uns am Sonntag?*

5.6 Adverbien

Adverbien (*auch, zuerst, nur* usw.) stehen meistens vor dem Prädikat oder in dessen Vorfeld. Sie können nie alleine, sondern müssen immer zusammen mit dem Prädikat auftreten.

Beispiel: yě 也 (*auch*):

Wáng lǎoshī jiāo Déwén, yě jiāo Fǎwén. 王老师教德文，也教法文。	*Lehrer Wang unterrichtet Deutsch und (unterrichtet) auch Französisch.*
A Wǒ xìng Zhāng. 我姓张。	*Ich heiße* (mit Familiennamen) *Zhang.*
B Wǒ yě xìng Zhāng. 我也姓张。	*Ich (heiße) auch (Zhang).*

5.7 Die Verben qù 去 (*hingehen*) und lái 来 (*kommen*)

Das Verb qù 去 bedeutet „(zu einem bestimmten Ziel) hinfahren od. hingehen", das Verb lái 来 bedeutet „kommen, herkommen".

Qù 去 signalisiert das Verlassen des jetzigen Aufenthaltsortes des Sprechers und die Bewegung hin zum genannten oder ungenannten Zielort.

Lái 来 kennzeichnet das Herbeikommen bzw. die Bewegung hin zum Sprecher.

In der deutschen Übertragung findet sich gelegentlich für qù 去 auch die Übersetzung (*dort*)*hin* und für lái 来 (*hier*)*her, herbei*.

去 qù → → zum Ziel *hin*führend → → →

| 来 lái | ← ← ← zum Ziel *her(bei)*führend ← ← |

| Wǒ yě qù. 我也去。 | *Ich gehe / fahre auch [dort]hin.* |
| Tā lái Bōhóng (Bochum). 她来波鸿 (Bochum)。 | *Sie kommt [hierher] nach Bochum.* |

Wird der Zielort genannt, steht er unmittelbar hinter qù 去 bzw. lái 来:

| qù / lái + Ort |

| Tā xīngqīsān qù Běijīng. 他星期三去北京。 | *Er reist am Mittwoch nach Peking.* |
| Nǐ jǐ diǎn lái Sinicum? 你几点来 Sinicum？ | *Um wieviel Uhr kommst du zum Sinicum? Um wieviel Uhr kommen Sie zum Sinicum?* |

5.7.1 Beide Verben werden auch in Verbindung mit anderen Verben gebraucht, um eine Absicht auszudrücken.

| qù / lái + Tätigkeit |

Wǒ xiàwǔ qù yóuyǒng. 我下午去游泳。	*Am Nachmittag gehe ich schwimmen.*
A Tā lái zuò shénme? 她来做什么？	*Was führt sie hierher? (Wörtl.: Sie kommt, um was zu tun?)*
B Tā lái kàn wǒ. 她来看我。	*Sie kommt mich besuchen.*

| qù / lái + Ort + Tätigkeit |

| Tā qù Zhōngguó gōngzuò. 他去中国工作。 | *Er geht nach China, um [dort] zu arbeiten.* |

| Nǐ qù nǎr chīfàn? | *Wohin gehen Sie essen?* |
| 你去哪儿吃饭？ | *Wohin gehst du essen?* |

5.8 Satz mit Nominalprädikat

Während im Deutschen kein Satz ohne Verb, Hilfsverb oder Kopula (Verbindungswort) auskommt, kann im Chinesischen bei Informationen über Alter, Datum, Uhrzeit, Preise etc. das Prädikat allein aus Nomen, oft aus Zahl + Nomen, bestehen. Wir bezeichnen dies als *Nominalprädikat*.

Subjekt / Thema[2]	Nominalprädikat	
Xiǎoyún 小云	shí'èr suì. 十二岁。	*Xiaoyun ist zwölf Jahre alt.* (Wörtl.: *Xiaoyun, zwölf Jahre.*)
Xiànzài 现在	liǎng diǎn. 两点。	*Jetzt ist es zwei Uhr.* (Wörtl.: *Jetzt, zwei Uhr.*)
Jīntiān 今天	xīngqījǐ? 星期几？	*Welcher Wochentag ist heute?* (Wörtl.: *Heute, welcher Wochentag?*)

5.9 Das Fragewort ma 吗

Wir haben bereits einige Fragewörter im Chinesischen kennengelernt: shéi 谁 (wer?), shénme 什么 (was, was für ein?), jǐ 几 (wieviel(e)?) usw. Es gibt im Deutschen jedoch auch die Möglichkeit, Fragesätze ohne besondere Fragewörter zu bilden, indem man beispielsweise die Satzstellung verändert:

- *Er kommt.* (Aussagesatz)
- *Kommt er?* (Fragesatz ohne Fragewort)

Diese Möglichkeit gibt es im Chinesischen nicht. In solchen Fällen bleibt generell die Satzstellung des Aussagesatzes erhalten, und die Fragepartikel ma 吗 wird ans Ende des Satzes – wie ein „gesprochenes Fragezeichen" – angehängt:

- Tā lái. 他来。 (Aussagesatz: *Er kommt.*)
- Tā lái ma? 他来吗？ (Fragesatz: *Kommt er?* Wörtl.: *Er kommt Fragepartikel?*)

---

2 „Thema" ist das Satzglied, zu dem man eine Aussage trifft oder eine Frage stellt. Das „Thema" muß nicht mit dem grammatischen Subjekt des Satzes identisch sein.

Im Chinesischen gibt es kein Wort für *ja*, statt dessen beschränkt man sich in der verkürzten bejahenden Antwort auf die Wiederholung des Prädikats, wenn die Frage auf das Prädikat zielte.

Fragesatz	bejahende Antwort	bejahende Kurzantwort
Tā lái ma? 她来吗？ *Kommt sie?*	Tā lái. 她来。 *Ja, sie kommt.*	Lái. 来。 *Ja.*
Tāmen yǒu háizi ma? 他们有孩子吗？ *Haben sie Kinder?*	(Tāmen) yǒu háizi. （他们）有孩子。 *Ja, sie haben Kinder.*	Yǒu. 有。 *Ja.*

Beachte:

| Nǐ xìng Wáng ma?
你姓王吗？
Heißen Sie Wang? | Shì. *Auch:* Shìde.
是。*Auch:* 是的。
Ja. | |

5.10 Frage nach dem Einverständnis

Ein Satz, der durch hǎo ma 好吗 oder zěnmeyàng 怎么样 abgeschlossen wird, fragt nach dem Einverständnis des Gesprächspartners.

Wǒmen xiànzài qù chīfàn, hǎo ma? 我们现在去吃饭，好吗？	*Gehen wir jetzt essen, O. K.?* (Wörtl.: *Wir gehen jetzt essen, ist das gut?*)
Míngtiān zěnmeyàng? 明天怎么样？	*Wie wäre es mit morgen?* (Wörtl.: *[Und] morgen, wie steht's damit?*)

Man antwortet darauf zustimmend mit hǎo 好 oder hǎode 好的.

5.11 Die Verwendung des Verbs yǒu 有 *(haben)*

Das Verb yǒu 有 bedeutet „haben", auch: „es gibt ...". Die verneinte Form („nicht haben") lautet méiyǒu (*auch:* méiyou) 没有. Dieses méiyǒu 没有 kann zu méi 没 verkürzt werden, sofern es nicht am Satzende steht.

| Wǒ méi(yǒu) nǚ'ér, Yuèlán yǒu. 我没（有）女儿，月兰有。 | Ich habe keine Tochter, Yuelan hat eine. |

| Nǐ xiàwǔ yǒu kè ma? 你下午有课吗？ | Hast du am Nachmittag Unterricht? |

| Méi(yǒu) kè. / Méiyǒu. 没（有）课。／ 没有。 | Nein, ich habe keinen Unterricht. / Nein. |

5.12 Verb+Objekt-Gefüge (V+O-Gefüge)

Für manche Tätigkeiten, die im Deutschen durch ein einfaches Verb (z. B. *essen*, *lesen*, *schreiben*) ausgedrückt werden, verwendet man im Chinesischen ein Verb+Objekt–Gefüge. So heißt *lesen* kànshū 看书 (wörtl.: *ins Buch gucken*), *essen* chīfàn 吃饭 (wörtl.: *Reis essen*), *schreiben* xiězì 写字 (wörtl.: *Zeichen schreiben*), *schlafen* shuìjiào 睡觉 (wörtl.: *einen Schlaf schlafen*) usw.

Also:

| Nǐ zhōngwǔ shí'èr diǎn bàn chīfàn ma? 你中午十二点半吃饭吗？ | Ißt du mittags um halb eins? |

| Wǒmen xiànzài kànshū. 我们现在看书。 | Wir lesen jetzt. |

Die Objekte in diesen Verb+Objekt–Verbindungen werden oft durch vorangestellte nähere Bestimmungen (Attribute) erweitert.

	Verb	Attribut	Objekt	
Wǒ wǎnshang 我晚上	kàn 看	Rìwén 日文	shū. 书。	Ich lese abends japanische Bücher (Bücher in japanischer Sprache).
Tā měitiān 他每天	shuì 睡	wǔ 午	jiào. 觉。	Er hält jeden Tag Mittagsschlaf.
Tā liù diǎn 她六点	chī 吃	zǎo 早	fàn. 饭。	Sie frühstückt um sechs Uhr. (Wörtl.: Sie ißt um 6 Uhr die frühe Mahlzeit.)

Beachten Sie:

Es ist sehr wichtig, daß Sie sich des Verb+Objekt–Charakters von Tätigkeiten wie chīfàn 吃饭 (essen), kànshū 看书 (lesen) etc. bewußt sind, weil Ihnen das plausibel macht, warum allgemeine Objekte wie fàn 饭 (Speise), shū 书 (Buch) usw. jederzeit durch spezifische ersetzt werden können, d. h. die allgemeinen entfallen dann.

Also:

essen ▸ chīfàn 吃饭 (chī fàn);   *lesen* ▸ kànshū 看书 (kàn shū);
aber: **aber:**
Fleisch essen ▸ chī ròu 吃肉,   *Zeitung lesen* ▸ kàn bào 看报,
Nudeln essen ▸ chī miàn 吃面,   *Brief lesen* ▸ kàn xìn 看信,
frühstücken ▸ chī zǎofàn 吃早饭.   *Roman lesen* ▸ kàn xiǎoshuō 看小说.

Hinweis:
Können in eine Verb+Objekt–Fügung sowohl ein Attribut als auch eine grammatische Partikel eingeschoben werden, wird darauf in der Vokabelliste mit einem Schrägstrich in der Pinyin-Umschrift hingewiesen: shàng/kè 上课.
Schiebt man dazwischen üblicherweise nur eine grammatische Partikel ein, wird dies mit einem Bindestrich gekennzeichnet: xià-kè 下课.

5.13 Die Partikel le 了

Die Partikel le 了 am Satzende kann u. a. anzeigen, daß der Sprecher eine Situation als <u>verändert bzw. neu</u> wahrnimmt – damit verknüpft ist nicht selten ein Gefühl subjektiv empfundener <u>Dringlichkeit</u>.

Nǐ lái le! 你来了！	*Da kommst du ja!* (Na endlich!)
Xiànzài jǐ diǎn? Aiyo, bā diǎn le! 现在几点？哎哟，八点了！	*Wieviel Uhr ist es jetzt? Oje, (es ist) schon acht Uhr!* (Jetzt habe ich wirklich keine Zeit mehr!)
Nǐ děi qǐchuáng le! 你得起床了！	*Jetzt mußt du aber aufstehen!* (Es ist jetzt höchste Zeit; du kannst nicht länger im Bett liegen bleiben!)

5.14 Ordinalzahlen (Ordnungszahlen)

Die Ordinalzahlen (Ordnungszahlen) werden gebildet, indem man vor die Kardinalzahlen (Grundzahlen) die Silbe dì 第 setzt.

Wǒmen dì yī jié kè shàng Yīngwén. 我们第一节课上英文。	In der ersten (Unterrichts-)Stunde haben wir Englisch.
(Wǒmen) dì èr jié shàng shénme? （我们）第二节上什么？	Was haben wir in der zweiten (Unterrichts-)Stunde?

Beachten Sie:

Als Ordinalzahl wird stets èr 二 und niemals liǎng 两 benutzt!

dì èr jié kè 第二节课	die zweite Unterrichtsstunde

aber:

liǎng jié kè 两节课	zwei Unterrichtsstunden

> Ānquán dì yī!
> 安全第一
> *Safety first!*

安全 ānquán: Sicherheit.

5.15 Die verkürzte Frage mit ne 呢

Eine weitere Fragepartikel am Satzende ist das Wort ne 呢. Trifft man eine Feststellung und richtet anschließend eine <u>inhaltlich gleiche Frage</u> an eine andere Person, so kann man diesen Fragesatz verkürzen auf das Personalpronomen oder ein anderes – im jeweiligen Zusammenhang sinnvolles – Wort und ne 呢.

Beispiele:

A	Wǒ shi Déguórén, nǐ ne? 我是德国人，你呢？	Ich bin Deutscher, und Sie?
B	Wǒ shi Zhōngguórén. 我是中国人。	Ich bin Chinese.

A	Tāmen qù Xiānggāng, nǐmen ne? 他们去香港，你们呢？	*Sie fahren nach Hongkong, und ihr?*
B	Wǒmen yě qù Xiānggāng! 我们也去香港！	*Wir (fahren) auch (nach Hongkong)!*
A	Nǐ jīntiān qù yóuyǒng ma? 你今天去游泳吗？	*Gehst du heute schwimmen?*
B	Qù. 去。	*Ja.*
A	Nàme, tā ne? 那么，她呢？	*Na, und was ist mit ihr?*
B	Tā yě qù. 她也去。	*Sie (geht) auch [schwimmen].*
C	Tā jīntiān méiyǒu kòng; nàme, míngtiān ne? 他今天没有空；那么，明天呢？	*Er hat heute keine Zeit; na, und was ist mit morgen?*
D	Míngtiān tā yě méiyǒu kòng. 明天他也没有空。	*Morgen hat er auch keine Zeit.*

6. Shēngcíbiǎo 生词表 (Vokabelliste)

xīngqī	星期	Woche (*mit und ohne ZEW*)
xīngqīyī	星期一	Montag; am Montag; montags
xīngqī'èr	星期二	Dienstag; am Dienstag; dienstags
xīngqīsān	星期三	Mittwoch; am Mittwoch; mittwochs
xīngqīsì	星期四	Donnerstag; am Donnerstag; donnerstags
xīngqīwǔ	星期五	Freitag; am Freitag; freitags
xīngqīliù	星期六	Samstag; am Samstag; samstags
xīngqītiān	星期天	Sonntag, am Sonntag (*alltagssprachlich*)
xīngqīrì	星期日	Sonntag, sonntags (*schriftsprachlich*)
xīngqījǐ	星期几	welcher Wochentag; an welchem Wochentag
tiān	天	Himmel; Tag (*ohne ZEW*)
jīntiān	今天	heute
míngtiān	明天	morgen

zǎo	早	früh	shàngwǔ	上午	(am) Vormittag
zǎoshang	早上	(am) Morgen	zhōngwǔ	中午	(am) Mittag
wǎn	晚	spät	xiàwǔ	下午	(am) Nachmittag
wǎnshang	晚上	(am) Abend	yèli	夜里	nachts

zhōng	钟	Uhr (*Standuhr, Wanduhr usw., nicht Armbanduhr*)
~ diǎn (zhōng)	~点（钟）	~ Uhr (*bei Uhrzeitangabe*)
🕙 shí diǎn (zhōng)	十点（钟）	zehn Uhr
~ diǎn zhōng	~点钟	~ Uhr (*bei Angabe der vollen Stunde*)
fēn	分	Minute
kè	刻	Viertelstunde
bàn	半	Hälfte; (*bei Uhrzeitangabe:*) halb

chà	差	fehlen; (*bei Uhrzeitangabe:*) vor
yíkè	一刻	ein Viertel (eine Viertelstunde)
sānkè	三刻	drei Viertel (Dreiviertelstunde)
xiǎoshí	小时	Stunde

Beispiele:

03:00 Uhr	sān diǎn (zhōng)
15:10 Uhr	(xiàwǔ) sān diǎn shí fēn
01:50 Uhr	chà shí fēn liǎng diǎn
	liǎng diǎn chà shí fēn
02:15 Uhr	liǎng diǎn yíkè
20:30 Uhr	(wǎnshang) bā diǎn bàn

jǐ diǎn	几点	(um) wieviel Uhr	
shénme shíhou	什么时候	wann	
xiànzài	现在	jetzt	Xiànzài jǐ diǎn (zhōng)?
yǒu kòng	有空	(freie) Zeit haben	Nǐ shénme shíhou yǒu kòng?
yǒu shíjiān	有时间	Zeit haben	Wǒ méiyǒu shíjiān.
jiàn/miàn	见面	sich treffen	Wǒmen xīngqījǐ jiànmiàn?
Zàijiàn!	再见!	Auf Wiedersehen!	
Míngtiān jiàn!	明天见!	Bis morgen!	
Wǎnshang jiàn!	晚上见!	Bis [heute] abend!	
zài	在	sich befinden (in), sich aufhalten; in, an *usw.* (*Zur Verwendung von* zài *vgl. die grammatischen* ERLÄUTERUNGEN *in dieser Lektion.*)	Yuèlán zài dàxué gōngzuò. Tā zài Běijīng, wǒ zài Shànghǎi. Wáng lǎoshī zài nǎr? Wǒmen zài nǎr jiànmiàn?

chuáng	床	Bett (ZEW: zhāng 张)	
qǐ-chuáng	起床	aufstehen (vom Bett)	Nǐ jǐ diǎn qǐchuáng?
shuì/jiào	睡觉	schlafen *jiào - Schlaf*	Tā zǎoshang qī diǎn qǐchuáng, wǎnshang shíyī diǎn shuìjiào. shuì wǔjiào (*Mittagsschlaf halten*)
cāntīng	餐厅	Speisesaal; Restaurant; Mensa; Kantine	Wǒmen xīngqī'èr zǎoshang jiǔ diǎn zài cāntīng jiànmiàn.
		Ergänzungsvokabel: Für Mensa *und* Kantine *hört man häufig auch* shítáng 食堂 .	
chī	吃	essen	Nǐ chī shénme?
chī/fàn	吃饭	essen (*wörtl.:* Reis essen)	
fàn	饭	(gekochter) Reis; Mahlzeit (ZEW: dùn 顿)	
zǎofàn	早饭	Frühstück	Wǒmen zài cāntīng chī zǎofàn.
wǔfàn	午饭	Mittagessen	Nǐ zài nǎr chī wǔfàn?
wǎnfàn	晚饭	Abendessen	Wǒmen jǐ diǎn chī wǎnfàn?
lái	来	kommen; (nach ...) kommen	Nǐ jǐ diǎn lái? Tā lái Nánjīng xué Zhōngwén.
qù	去	(hin)gehen, (hin)fahren; (nach ...) gehen *od.* fahren	Nǐ qù nǎr? Tā qù dàxué jiāo Yīngwén.
dì ~	第 ~	*Hilfswort für die Bildung der Ordinalzahlen*	dì yī, dì èr ge háizi, dì èr tiān, dì sān ge xīngqī
kè	课	Unterricht; Unterrichtsstunde; Lektion	dì sān kè, Déwén kè, Yīngwén kè Wǒmen míngtiān yǒu kè.
jié	节	*hier: ZEW für Unterrichtsstunde*	Wǒmen zǎoshang yǒu liǎng jié Zhōngwén kè.
shàng/kè	上课	Unterricht besuchen, Unterricht haben; eine Lektion durchnehmen	Wǒmen xiànzài shàngkè. Nǐmen xiàwǔ shàng shénme kè? Míngtiān wǒmen shàng dì wǔ kè.
qù shàng/kè 去 上 课		zum Unterricht gehen	Wǒ xiàwǔ qù shàngkè.
tīng	听	hin-, an-, zuhören	

Lektion 2

lùyīn	录音	Tonbandaufnahme; (*jede Art von*) Tonaufnahme	Xiàwǔ dì yī jié wǒmen tīng lùyīn.
lù / yīn	录音	(auf einen Tonträger) aufnehmen	
xiě	写	schreiben	
zì	字	Schriftzeichen	
xiě / zì	写字	(Schriftzeichen) schreiben	
Hànzì	汉字	chinesische Schriftzeichen	Dì èr jié wǒmen xiě Hànzì.
huìhuà	会话	Konversation, Konversation führen; Konversationsstunde (*Unterricht*)	shàng huìhuà kè
liànxí	练习	üben; Übung	Tāmen xiànzài liànxí huìhuà.
fùxí	复习	(*Gelerntes*) wiederholen, Wiederholung(súbung)	Wǒmen míngtiān fùxí dì èr kè.
shēngcí	生词	(neue) Vokabeln	fùxí shēngcí
kāishǐ	开始	anfangen, beginnen	Nǐmen bā diǎn kāishǐ shàngkè.
xīn	新	neu	
xià-kè	下课	den Unterricht beenden, der Unterricht ist zu Ende	Wǒmen jǐ diǎn xiàkè?
xiūxi	休息	sich ausruhen, Pause machen	
kàn	看	hin-, an-, nachsehen; betrachten; lesen	
shū	书	Buch (ZEW: běn 本)	sān běn Fǎwén shū
kàn / shū	看书	(Bücher) lesen	Wǎnshang wǒ kànshū.
péngyou	朋友	Freund; Bekannter	yí ge Déguó péngyou
kàn péngyou 看朋友		Freunde besuchen	
qù kàn péngyou 去看朋友		Freunde besuchen gehen	Wǒ jīntiān wǎnshang qù kàn yí ge Yīngguó péngyou.
diàn	电	Blitz; Elektrizität	
diànyǐng	电影	(Kino-, TV-)Film (ZEW: ge 个, bù 部)	Rìběn diànyǐng Diànyǐng jǐ diǎn kāishǐ?

Handwritten margin note: xiū = beenden, mit etw aufhören; xi = rasten, sich ausruhen; Atem

kàn diànyǐng 看电影		sich einen Film ansehen	
qù kàn diànyǐng 去看电影		sich einen Film ansehen gehen, ins Kino gehen	Wǒmen qù kàn shénme diànyǐng?
yóu/yǒng	游泳	schwimmen	
méi	没	*Negationsadverb, verneint das Verb* yǒu 有 (haben)	Wǒ méiyǒu Fǎwén shū. Tā xiàwǔ méi(yǒu) kòng.
yě	也	auch	Wǒ yě qù yóuyǒng. Tāmen yě méi(yǒu) kè.
děi	得	*Modalverb:* müssen	Wǎnshang wǒ děi fùxí dì èr kè.
ma	吗	*Fragewort am Satzende*	★ Nǐ yě lái ma? ➙ Wǒ yě lái.
..., hǎo ma? ..., 好吗?		..., einverstanden? O.K.?	Wǒmen qù yóuyǒng, hǎo ma?
..., zěnmeyàng? ..., 怎么样?		Wie wäre es, wenn ...? Wäre ... O.K.? Wie findest du ... ? Wie finden Sie ... ?	Wǒmen qù yóuyǒng, zěnmeyàng?
Hǎo	好。	Gut.	★ Wǒmen qù yóuyǒng, hǎo ma?
Hǎode. 好的。		Gut. O.K. Schön.	➙ Hǎo. / Hǎode.
nàme	那么	also dann, tja	★ Wǒ xiànzài méi(yǒu) kòng. ➙ Nàme, nǐ shénme shíhou yǒu kòng?
hé	和	und (*beachte: verbindet nicht Sätze!*)	Wǒ hé tā qù kàn diànyǐng.
~ ne?	~呢?	*Kurzfrage:* „ ... , und ~ ?"	★ Wǒ xiànzài yǒu kè, nǐ ne? ➙ Wǒ méi(yǒu) kè.
À! Ā!	啊!	*Interjektion:* Ach! Oh!	
Āiyō! Aiyo! 哎哟!		*Interjektion:* Oh je! , Oje! ; (*manchmal auch:*) Aua! (*In Interjektionen muß mit Variationen der Töne gerechnet werden.*)	
Duìbuqǐ! 对不起!		Entschuldigung!	

le	了	eine Modalpartikel, vgl. dazu die ERLÄUTERUNGEN zu dieser Lektion	Lǎoshī lái le! À, bā diǎn le! Duìbuqǐ, wǒ děi qù shàngkè le!
zhè	这	Demonstrativpronomen: dies, dieser, diese, dieses	Zhè shi Běijīng Dàxué. Zhè shi Bái xiānsheng.
Shàolín Sì 少林寺		„Der Shaolin-Tempel" (in der Provinz Hé'nán, gilt als Geburtsstätte der chinesischen Kampfsportarten; hier der Titel eines chinesischen Films)	
Wáng Míng 王明		Wang Ming (ein Personenname)	

Kinderreim

Frösche zählen 数青蛙 *shǔ qīngwā*

Yì zhī qīngwā, yì zhāng zuǐ, Ein Frosch, ein Maul,
一只青蛙，一张嘴，

liǎng zhī yǎnjing, sì tiáo tuǐ, zwei Augen, vier Beine,
两只眼睛，四条腿，

pūtōng, tiàoxià shuǐ. Plumps-platsch, ins Wasser gesprungen.
扑通，跳下水。

Liǎng zhī qīngwā, liǎng zhāng zuǐ, Zwei Frösche, zwei Mäuler,
两只青蛙，两张嘴，

sì zhī yǎnjing, bā tiáo tuǐ, vier Augen, acht Beine,
四只眼睛，八条腿，

pūtōng, pūtōng, tiàoxià shuǐ. Plumps-platsch, plumps-platsch, ins Wasser gesprungen.
扑通，扑通，跳下水。

Sān zhī qīngwā, ... Drei Frösche, ...
三只青蛙，...

Hinweis:
Zhī 只, zhāng 张 und tiáo 条 sind die Zähleinheitswörter (ZEW) für die jeweils nachfolgenden Substantive (Frosch, Maul usw.).
Shuǐ 水 bedeutet „Wasser".

Anhang (Fùlù) zur Lektion 2
„Was machst du heute?"

Übersetzungen

1. Shìfàn (Einführung)

1.1

A Alexander	L Li Chunyuan
Wieviel Uhr ist es jetzt, Li Chunyuan?	Acht Uhr.
Oh je! Schon acht! Jetzt muß ich aber zum Unterricht gehen!	Um wieviel Uhr hast du Unterricht?
Um halb neun.	

1.2

W Wang De	P Peter
Oh, Peter, du bist es!	Oh, Wang De, guten Tag, guten Tag!
Was führt dich nach Bochum? (*Wörtl.:* Du kommst hierher nach Bochum, um was zu tun?)	Ich will (hier) Chinesisch lernen. (*Wörtl.:* Ich komme hierher, um Chinesisch zu lernen.)
Wo lernst du (Chinesisch)?	Im Sinicum. Oh je, es ist schon acht! Entschuldige, ich muß nun zum Unterricht.
Um wieviel Uhr hast du Unterricht?	Um Viertel nach acht.
Na, hast du mittags Zeit?	Ja, treffen wir uns (doch) um halb eins im Sinicum, O.K.?
Ja gut. Auf Wiedersehen!	Auf Wiedersehen!

1.3

S Stefan	E Esther
Um wieviel Uhr haben wir heute Unterricht, Esther?	Er beginnt zwanzig nach acht.

Was für Stunden haben wir am Vormittag?	Vormittags haben wir drei Stunden: In der ersten wiederholen wir, in der zweiten und dritten nehmen wir die neue Lektion durch.
Und am Nachmittag?	Nachmittags haben wir auch drei Stunden: Bänder abhören, Zeichen schreiben und Konversation üben.
Um wieviel Uhr ist Unterrichtsschluß?	Um zehn vor vier ist der Unterricht zu Ende.

Unterrichtszeiten

08:00　fùxí Wiederholung	09:00　dì èr kè Lektion 2	12:00　xiūxi Pause
13:00　tīng lùyīn Tonaufnahmen anhören	14:00　xiě Hànzì Chinesische Zeichen schreiben	15:00　huìhuà Konversation

1.4

Z　Zhang Meihua	U　Uwe
Hast du heute abend Zeit, Uwe? Wollen wir ins Kino gehen?	Tut mir leid, heute abend muß ich die neuen Vokabeln wiederholen, ich habe keine Zeit. Wie wäre es mit morgen?
In Ordnung. Das Kino fängt um Viertel vor sieben an.	Na, dann laß uns um sechs losgehen.
In Ordnung.	[Dann] bis morgen!
Bis morgen!	

2. Jùxíng (Satzmuster)

2.1
Ich komme dich [am / um ... ▶ ...] besuchen.

- ▶ am Montagfrüh um 07:05 Uhr
- ▶ am Dienstagvormittag um 10:20 Uhr
- ▶ am Mittwochmittag um 12:15 Uhr
- ▶ am Donnerstagnachmittag um 16:30 Uhr
- ▶ am Freitagabend um 21:45 Uhr
- ▶ Samstagnacht um 01:45 Uhr
- ▶ am Sonntag

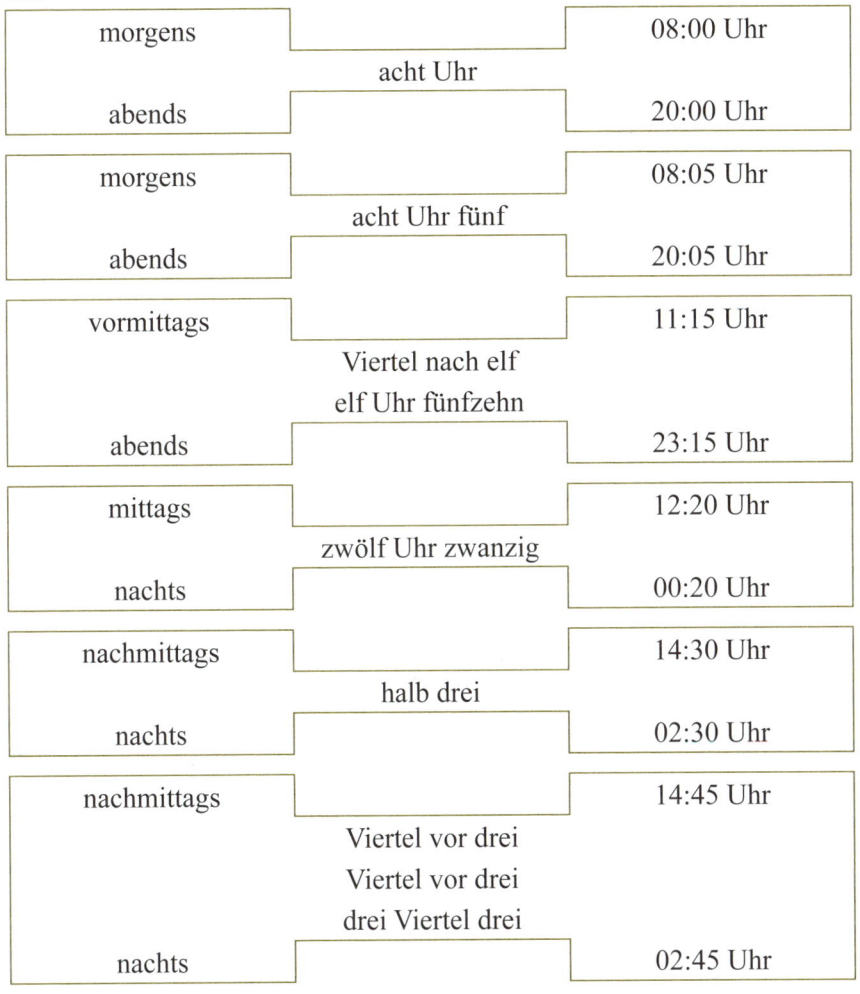

2.2

morgens		08:00 Uhr
	acht Uhr	
abends		20:00 Uhr

morgens		08:05 Uhr
	acht Uhr fünf	
abends		20:05 Uhr

vormittags		11:15 Uhr
	Viertel nach elf	
	elf Uhr fünfzehn	
abends		23:15 Uhr

mittags		12:20 Uhr
	zwölf Uhr zwanzig	
nachts		00:20 Uhr

nachmittags		14:30 Uhr
	halb drei	
nachts		02:30 Uhr

nachmittags		14:45 Uhr
	Viertel vor drei	
	Viertel vor drei	
	drei Viertel drei	
nachts		02:45 Uhr

2.3 Wieviel Uhr ist es jetzt?
Jetzt ist es acht Uhr.
Um wieviel Uhr steht ihr auf?
Wir stehen um halb acht (Uhr) auf.

2.4 Welcher Wochentag ist heute?
Heute ist Mittwoch.
An welchem Wochentag haben Sie Zeit?
Ich habe am Samstag Zeit.

2.5 Wann kommen sie?
Sie kommen morgen um zwei (Uhr).

2.6 Wir sehen uns um Viertel nach sieben in der Universität einen Film an.
Wir treffen uns am Donnerstagabend um sechs an* der Mensa.

Anmerkung:
Die durch zài *gekennzeichnete räumliche Positionierung ist nicht immer eindeutig. Je nach Textzusammenhang könnte hier „in der Mensa", „an der Mensa" oder auch „bei der Mensa" gemeint sein.*

2.7 Ich muß am Abend die zweite Lektion wiederholen.
Um sieben Uhr muß ich zum Unterricht (gehen).

2.8 Jetzt ist es schon acht (Uhr)! Da muß ich aber zum Unterricht!
Oh, es ist schon halb sechs!
Ah, da kommt er ja!

2.9 Ist Bai Deming Deutscher?
Ja.
Hast du morgen abend Zeit?
Ja (, ich habe Zeit).

2.10 Wollen wir am Abend ins Kino gehen?
Wie wär's, gehen wir am Abend ins Kino?
Ja, gut.

2.11 Ich unterrichte Chinesisch, und Sie?
Ich unterrichte Deutsch.
Sie geht schwimmen, und du?
Ich (gehe) auch [schwimmen].
Er heißt mit Familiennamen Li, und Sie?
Ich heiße ebenfalls Li.

2.12 Haben Sie am Samstagnachmittag Unterricht?
Nein.
Haben Sie morgen abend Zeit?
Nein.

2.13 Wohin gehst du?
Ich gehe zur Universität.
Was machst du dort? (*Wörtl.:* Du gehst dorthin, um was zu tun?)
Ich gehe zum Unterricht.
Was führt dich nach Bochum? (*Wörtl.:* Du kommst hierher nach Bochum, um was zu tun?)
Ich will (hier) Chinesisch lernen. (*Wörtl.:* Ich komme hierher, um Chinesisch zu lernen.)

2.14 Wo ist sie? (Wo hält sie sich auf?)
Sie ist in Shanghai. (Sie hält sich in Shanghai auf.)
Was macht sie in Shanghai?
Sie unterrichtet in Shanghai Deutsch.
Wo arbeiten Sie?
Ich arbeite an der Universität.

3.   Kèwén (Lektionstext)
4.   Kèwén (Lektionstext)

3.1/4.1

Bai Deming ist ein deutscher Journalist, er studiert zur Zeit an der Universität Peking Chinesisch. Morgens steht er um halb sieben auf, um sieben (Uhr) frühstückt er. Vormittags hat er um Viertel nach acht Unterricht, zehn vor zwölf ist der Unterricht aus. Um zwölf Uhr ißt er zu Mittag. Nachmittags liest er (und) schreibt Zeichen. Abends geht er um halb elf schlafen.

3.1/4.1

Bai Deming	Wang Ming
Guten Tag, Wang Ming.	Ach, Deming, du bist es!
Wohin gehst du?	Zum Unterricht in die Universität. Ich habe zwei Stunden Englisch.
Hast du nachmittags Unterricht?	Nein. Und du?
Ich auch nicht. Wollen wir schwimmen gehen?	Entschuldige bitte, [aber] ich muß einen englischen Freund besuchen.
Na, hast du (denn) abends Zeit?	Ja. Wollen wir ins Kino gehen?
Gut. Und was für einen Film sehen wir uns an?	(Wir sehen uns) einen chinesischen Film (an), er heißt „Der Shaolin-Tempel".
Um wieviel Uhr fängt der Film an?	Er fängt um halb acht an.
Und wo wollen wir uns treffen?	Wir treffen uns Viertel vor sieben an der Mensa, O.K.?
Gut.	Oh, schon zwanzig nach zehn! Ich muß jetzt zum Unterricht. Bis heute abend!
Bis heute abend!	

Die chinesischen Provinzen, autonomen Regionen, regierungsunmittelbaren Städte und einige andere Gebiete einschließlich der jeweiligen Verwaltungssitze

	Provinz usw.	Verwaltungssitz	Häufige Umschriftvarianten
1.	Ānhuī 安徽	Héféi 合肥	Hofei
2.	Àomén 澳门	Àomén 澳门	Macau, Macao
3.	Běijīng 北京	Běijīng 北京	Peking
4.	Chóngqìng 重庆	Chóngqìng 重庆	Tschungking
5.	Fújiàn 福建	Fúzhōu 福州	Fukien, Hokkien
6.	Gānsù 甘肃	Lánzhōu 兰州	Kansu
7.	Guǎngdōng 广东	Guǎngzhōu 广州	Kwangtung, Kanton
8.	Guǎngxī 广西	Nánníng 南京	Kwangsi
9.	Guìzhōu 贵州	Guìyáng 贵阳	Kweitschou
10.	Hǎinán 海南	Hǎikǒu 海口	
11.	Héběi 河北	Shíjiāzhuāng 石家庄	Hopeh
12.	Hé'nán 河南	Zhèngzhōu 郑州	Ho'nan, Honan
13.	Hēilóngjiāng 黑龙江	Hā'ěrbīn 哈尔滨	Heilungkiang; Harbin
14.	Húběi 湖北	Wǔhàn 武汉	Hupeh
15.	Hú'nán 湖南	Chángshā 长沙	Hunan; Tschangscha
16.	Jílín 吉林	Chángchūn 长春	Kilin, Kirin
17.	Jiāngsū 江苏	Nánjīng 南京	Kiangsu; Nanking
18.	Jiāngxī 江西	Nánchāng 南昌	Kiangsi
19.	Liáoníng 辽宁	Shěnyáng 沈阳	Schenyang, Mukden
20.	Nèi Měnggǔ 内蒙古	Hohhot, Hūhéhàotè 呼和浩特	Innere Mongolei; Huhehot
21.	Níngxià 宁夏	Yínchuān 银川	Ning-hsia
22.	Qīnghǎi 青海	Xīníng 西宁	Tschinghai, Tsinghai
23.	Shāndōng 山东	Jǐ'nán 济南	Schantung; Tsinan
24.	Shānxī 山西	Tàiyuán 太原	Shanxi, Schansi

25.	Shǎnxī 陕西	Xī'ān 西安	Shaanxi, Schensi; Hsi-an
26.	Shànghǎi 上海	Shànghǎi 上海	Schanghai
27.	Sìchuān 四川	Chéngdū 成都	Szetsuan, Szu-tschuan
28.	Táiwān 台湾	Táiběi 台北	Taipei, Taipeh
29.	Tiānjīn 天津	Tiānjīn 天津	Tientsin
30.	Tibet > Xīzàng 西藏	Lāsà 拉萨	Lhasa
30.	Xīzàng 西藏	Lāsà 拉萨	Tibet; Lhasa
31.	Xiānggǎng 香港	Xiānggǎng 香港	Hongkong, Hong Kong
32.	Xīnjiāng 新疆	Ürümqi, Wūlǔmùqí 乌鲁木齐	Sinkiang; Ürümtschi, Urumtschi
33.	Yúnnán 云南	Kūnmíng 昆明	Yünnan
34.	Zhèjiāng 浙江	Hángzhōu 杭州	Tschekiang; Hangchow

Wirtschaftssonderzonen (jīngjì tèqū 经济特区):

35.	Shàntóu 汕头	Shàntóu 汕头	Swatow
36.	Shēnzhèn 深圳	Shēnzhèn 深圳	Shum-chum
37.	Xiàmén 厦门	Xiàmén 厦门	Hsiamen, Amoy
38.	Zhūhǎi 珠海	Zhūhǎi 珠海	

3 Dì sān kè　Zài lǚguǎn
第三课　在旅馆
Lektion　Im Hotel

1.　Shìfàn 示范 (Einführung)

1.1　Udo Stein erkundigt sich am Informationsschalter im Pekinger Flughafengebäude nach dem Peking Hotel.

Stein xiānsheng 先生:	wènxùnchù 问讯处:
Qǐng wèn, Běijīng Fàndiàn zài nǎr?	Zài Cháng'ān Jiē.
请问，北京饭店在哪儿？	在长安街。
Lù yuǎn ma?	Hěn yuǎn.
路远吗？	很远。
Nàme, wǒ zěnme qù?	Nǐ zuì hǎo zuò chūzū-qìchē qù.
那么，我怎么去？	你最好坐出租汽车去。
Nǎr yǒu chūzū-qìchē?	Jiù zài nàr.
哪儿有出租汽车？	就在那儿。
Hǎo, xièxie.	Bú xiè.
好，谢谢。	不谢。

1.2　Herr Stein ist nun an der Rezeption ([zǒng]fúwùtái) des Peking Hotels.

Stein xiānsheng 先生:	fúwùtái 服务台:
Nǐ hǎo!	Nǐ hǎo!
你好！	你好！
Wǒ yào dìng yí ge fángjiān.	Wǒ kàn yíxià nǐ de hùzhào.
我要订一个房间。	我看一下你的护照。
Hǎo. Yì tiān duōshao qián?	Sānbǎi Kuài.
好。一天多少钱？	三百块。

Stein xiānsheng 先生	fúwùtái 服务台
Nà, bú guì. 那，不贵。	Qǐng xiān tián biǎo! 请 先 填 表！
Hǎode. 好的。	Nǐ de fángjiān shi sān bā wǔ líng hào. 你的房间是三八五零号。
	Zhè shi nǐ de yàoshi. 这是你的钥匙。
Xièxie! 谢谢！	

1.3 Susanne Specht ist im Nanking Hotel, in dem sie sich ein Zimmer hat reservieren lassen, angekommen. Sie erkundigt sich an der Rezeption nach ihrem Zimmer.

A Nǐ hǎo. Wǒ xìng Specht, jiào Susanne. Zuótiān wǒ zài zhèr dìng le yí ge
你好。我姓 Specht, 叫 Susanne。 昨天我在这儿订了一个

fángjiān. Qǐng wèn, shì jǐ hào?
房间。请问，是几号？

B Qǐng děng yíxià, wǒ kànkan. Nǐ de fángjiān shi wǔ sān èr hào, zài wǔ lóu.
请等一下，我看看。你的房间是五三二号，在五楼。

Qǐng xiān tián biǎo!
请 先 填 表！

A Yì tiān duōshao qián?
一 天 多 少 钱？

B Sānbǎi qīshí Kuài.
三 百 七 十 块。

A Hǎo. Wǒ qù ná xíngli.
好。我去拿行李。

B Diàntī zài nàr. Nǐ kěyi zuò diàntī shàngqu.
电梯在那儿。你可以坐电梯上去。

A Xièxie.
谢谢。

1.4 Frau Specht hat den Aufzug im 5. Stock deutscher Zählung verlassen und erkundigt sich bei der Bedienung nach ihrem Zimmer.

Specht xiǎojie 小姐	fúwùyuán 服务员
Qǐng wèn, wǔ sān èr hào fángjiān zài nǎr? 请问，五三二号房间在哪儿？	
	Nǐ zǒucuò le. Zhè shi liù lóu, bú shi wǔ lóu. Wǒ péi nǐ xiàqu. 你走错了。这是六楼，不是五楼。我陪你下去。
Xièxie. 谢谢。	

(*Im 5. Stock chinesischer Zählung:*)

Specht xiǎojie 小姐	fúwùyuán 服务员
	Zhè shi nǐ de fángjiān. Qǐng jìn! 这是你的房间。请进！
Xièxie. Zhè ge fángjiān hěn dà! 谢谢。这个房间很大！	
	Yīguì hé diànshìjī zài zhèr, xǐzǎojiān hé wèishēngjiān zài nàr. Nǐ kàn, zhèr yǒu nuǎnshuǐpíng; nǐ kěyi pào chá. 衣柜和电视机在这儿，洗澡间和卫生间在那儿。你看，这儿有暖水瓶；你可以泡茶。
Hěn hǎo! Wǒ hěn xǐhuan hē chá. 很好！我很喜欢喝茶。	

Chinesisches Sprichwort

Sì hǎi wéi jiā.
四海为家。

Etwa: sich überall zurecht finden, sich überall einleben können, überall zu Hause sein.

2. Jùxíng 句型 (Satzmuster)

2.1
Wǎnshang wǒ děi fùxí Zhōngwén.	晚上我得复习中文。
Wǒ xiǎng hē chá.	我想喝茶。
Tā yào mǎi kāfēi.　(mǎi = *kaufen*)	他要买咖啡。
Nǐ kěyi (kěyǐ) zuò chūzū-qìchē qù.	你可以坐出租汽车去。

2.2
Wǒ yào qù Nánjīng Dàxué, zěnme qù?	我要去南京大学，怎么去？
Wǒ yào qù Běijīng Fàndiàn, qǐng wèn, zěnme qù?	我要去北京饭店，请问，怎么去？

2.3
Zhèr yǒu cèsuǒ ma?	这儿有厕所吗？
Qǐng wèn, nǎr yǒu lǚguǎn?	请问，哪儿有旅馆？

2.4
A	Běijīng Fàndiàn zài nǎr?	北京饭店在哪儿？
B	Zài Cháng'ān Jiē.	在长安街。
	Cèsuǒ zài zhèr, xǐzǎojiān zài nàr.	厕所在这儿，洗澡间在那儿。

2.5
Zhè ge nuǎnshuǐpíng duōshao qián?	这个暖水瓶多少钱？
Zhè jiān fángjiān yì tiān duōshao qián?	这间房间一天多少钱？

2.6
Xiǎoyún hěn piàoliang.	小云很漂亮。
Cháng'ān Jiē hěn yuǎn.	长安街很远。
Zhè ge fángjiān hěn guì.	这个房间很贵。

2.7
Wáng xiānsheng bú shi jìzhě.	王先生不是记者。
Tā jīntiān bù gōngzuò.	他今天不工作。
Nánjīng Dàxué bù yuǎn.	南京大学不远。
Tā bú shi èrshí suì.	她不是二十岁。
Wǒ hái bù xiǎng shuìjiào.	我还不想睡觉。

2.8
Bái xiānsheng dào le.	白先生到了。
Tā dìng fángjiān le.	他订房间了。
Tā dìng le yí ge fángjiān.	他订了一个房间。
Zuótiān wǎnshang wǒmen zài dàxué kàn le diànyǐng.	昨天晚上我们在大学看了电影。

2.9
Wáng Dé méi(yǒu) lái.	王德没（有）来。
Tā méi(yǒu) dìng fángjiān.	她没（有）订房间。
Wǒ hái méi(yǒu) kāishǐ.	我还没（有）开始。

2.10	**A**	Nǐ chī wǎnfàn le ma?	你吃晚饭了吗？
	↪	Chī le.	吃了。
	↪	Méiyǒu.	没有。
	↪	Hái méiyǒu.	还没有。
2.11		Zhè shi shéi de yàoshi?	这是谁的钥匙？
		Zhè shi tā de yàoshi.	这是他的钥匙。
		Tā shi shéi de péngyou?	她是谁的朋友？
		Tā shi wǒ (de) péngyou.	她是我（的）朋友。
2.12		Tāmen zài èr lóu.	他们在二楼。
		Tāmen zài èr lóu kàn diànyǐng.	他们在二楼看电影。
		Wǒ zuò chūzū-qìchē.	我坐出租汽车。
		Wǒ zuò chūzū-qìchē lái.	我坐出租汽车来。
		Wǒ péi nǐ.	我陪你。
		Wǒ péi nǐ shàngqu.	我陪你上去。

Ein Rätsel:

1. Báisè huā, wú rén zāi,
   白色花，无人栽，

2. yíyè běifēng biàn dì kāi.
   一夜北风遍地开。

3. Wú gēn wú zhī yòu wú yè,
   无根无枝又无叶，

4. bù zhī shì shéi sòng huā lái.
   不知是谁送花来。

1. Weiße Blumen, [doch] niemand hat sie gepflanzt,
2. [nachdem] die ganze Nacht der Nordwind [blies], erblühen sie allerorten.
3. Sie haben keine Wurzeln, keine Äste und auch keine Blätter,
4. ich weiß nicht, wer [uns] diese Blumen geschickt (*od.:* geschenkt) hat.

Die Lösung finden Sie auf Seite 100.

3. Kèwén 课文 (Lektionstext)

3.1

白德明要去南京看一个朋友。他在南京饭店订了一间房间。南京饭店很大，在中山路。

今天（是）星期五。中午十二点一刻，白德明下了飞机。一点半，他坐出租汽车到了南京饭店。

白德明住在四五二号房间。这间房间很漂亮，一天418（四百一十八）块 。

3.2

服务员	白先生
这是你的房间。请进！	谢谢。这个房间很漂亮。
你吃饭了吗？	我还没有吃饭。餐厅在哪儿？
在楼下。有中餐厅和西餐厅。楼下还有咖啡屋。	明天早上我要去看一个中国朋友。请你早上六点半叫醒我！
好的。这是你的钥匙。你有事情，请叫服务员！	好，谢谢你。
不客气。	

4. Kèwén 课文 (Lektionstext)

4.1

Bái Démíng yào qù Nánjīng kàn yí ge péngyou. Tā zài Nánjīng Fàndiàn dìng le yì jiān
白德明要去南京看一个朋友。他在南京饭店订了一间

fángjiān. Nánjīng Fàndiàn hěn dà, zài Zhōngshān Lù.
房间。南京饭店很大，在中山路。

Jīntiān (shi) xīngqīwǔ. Zhōngwǔ shí'èr diǎn yíkè, Bái Démíng xià le fēijī.
今天（是）星期五。中午十二点一刻，白德明下了飞机。

Yī diǎn bàn, tā zuò chūzū-qìchē dào le Nánjīng Fàndiàn.
一点半，他坐出租汽车到了南京饭店。

Bái Démíng zhù zài 452 (sì wǔ èr) hào fángjiān. Zhè jiān fángjiān hěn piàoliang,
白德明住在四五二号房间。这间房间很漂亮，

yì tiān 418 (sìbǎi yìshíbā) Kuài.
一天 418（四百一十八）块。

4.2

fúwùyuán 服务员：	Bái xiānsheng 白先生：
Zhè shi nǐ de fángjiān. Qǐng jìn! 这是你的房间。请进！	Xièxie. Zhè ge fángjiān hěn piàoliang. 谢谢。这个房间很漂亮。
Nǐ chīfàn le ma? 你吃饭了吗？	Wǒ hái méiyǒu chīfàn. Cāntīng zài nǎr? 我还没有吃饭。餐厅在哪儿？
Zài lóuxià. Yǒu Zhōngcāntīng hé xī-cāntīng. Lóuxià hái yǒu kāfēiwū. 在楼下。有中餐厅和西餐厅。楼下还有咖啡屋。	Míngtiān zǎoshang wǒ yào qù kàn yí ge Zhōngguó péngyou. Qǐng nǐ zǎoshang liù diǎn bàn jiàoxǐng wǒ! 明天早上我要去看一个中国朋友。请你早上六点半叫醒我！
Hǎode. Zhè shi nǐ de yàoshi. 好的。这是你的钥匙。	
Nǐ yǒu shìqing, qǐng jiào fúwùyuán! 你有事情，请叫服务员！	Hǎo, xièxie nǐ. 好，谢谢你。
Bú kèqi. 不客气。	

5. Zhùshì 注释 (Erläuterungen)

5.1 Angabe des Besitzverhältnisses

Das Possessivpronomen (besitzanzeigendes Fürwort) wird gebildet durch die Verbindung des Personalpronomens mit dem Hilfswort de 的.

Personalpronomen				Possessiv	Pronomen + Hilfswort de 的	
ich	wǒ	我	▶	*mein*	wǒ de	我的
du; Sie	nǐ	你	▶	*dein; Ihr*	nǐ de	你的
er	tā	他	▶	*sein*	tā de	他的
sie (fem. sing.)	tā	她	▶	*ihr*	tā de	她的

usw.

Das Fragepronomen „wessen" wird gebildet durch die Verbindung von shéi 谁 und de 的: shéi de 谁的.

Zhè shì 这是	shéi de 谁的	fángjiān? 房间?	*Dies ist*	*wessen*	*Zimmer?*
				(Wessen Zimmer ist das?)	
	wǒ de 我的			*mein*	
	nǐ de 你的			*dein; Ihr*	
	tā de 他的			*sein*	
Zhè shì 这是	tā de 她的	fángjiān. 房间。	*Dies ist*	*ihr*	*Zimmer.*
	wǒmen de 我们的			*unser*	
	nǐmen de 你们的			*euer; Ihr*	
	tāmen de 他们的			*ihr*	

Im Falle einer persönlichen oder verwandtschaftlichen Beziehung entfällt häufig das Hilfswort de 的 hinter dem Personalpronomen.
Beispiel:

Tā (de) érzi zài lǚguǎn gōngzuò. 他（的）儿子在旅馆工作。	*Sein Sohn arbeitet im Hotel.*

Wǒ qù kàn wǒ (de) péngyou. 我 去 看 我 （的） 朋 友 。	*Ich gehe meinen Freund besuchen.*

5.2 Sätze mit Modalverben

5.2.1 Die Modalverben (*können, dürfen, müssen, wollen* u.a.) stehen im Chinesischen vor dem Vollverb.

Beispiel:

Wǒ xiǎng xué Zhōngwén. 我 想 学 中 文 。	*Ich möchte Chinesisch lernen.*

5.2.2 Enthält der Satz weitere Angaben zu den Umständen der Handlung (z. B. eine Umstandsbestimmung des Ortes oder der Zeit) entscheidet die beabsichtigte Aussage über die Stellung des Modalverbs.

Beispiel 1:

A	Wǒ nǚ'ér xiǎng qù Fǎguó. 我女儿想去法国。	*Meine Tochter möchte nach Frankreich gehen.*
B	Tā zài nàr xiǎng zuò shénme? 她在那儿想做什么？	*Was möchte sie dort machen?*
A	Tā zài nàr xiǎng xué Fǎwén. 她在那儿想学法文。	*Sie möchte dort Französisch lernen.* (Also nicht etwa Kochen oder Malerei.)

Hier steht das Modalverb direkt vor dem Vollverb, weil das Augenmerk auf die *Handlung* (hier: *Französisch lernen*) gerichtet ist.

Beispiel 2:

A	Wǒ xiǎng xué Fǎwén. 我 想 学 法 文 。	*Ich möchte Französisch lernen.*
B	Nǐ xiǎng zài nǎr xué? 你 想 在 哪儿 学 ？	*Wo möchtest du es lernen?*
A	Wǒ xiǎng zài Fǎguó xué. 我 想 在 法 国 学 。	*Ich möchte es in Frankreich lernen.* (Also nicht etwa in Kanada oder in der Schweiz.)

Hier steht das Modalverb vor der Ortsbestimmung, weil sich das Augenmerk auf den *Ort* der Handlung (hier: *in Frankreich*) richtet.

Weitere Beispiele dieser Art:

Wǒ xiǎng bā diǎn qù kàn diànyǐng. 我想八点去看电影。	*Ich möchte um 8 Uhr ins Kino gehen.*(Und nicht etwa schon um 6 Uhr.)
Tā xiǎng zuò chūzū-qìchē qù. 她想坐出租汽车去。	*Sie möchte mit dem Taxi hinfahren.*(Und nicht etwa zu Fuß gehen.)

5.2.3 Soll das Modalverb durch das Adverb hěn 很 („sehr") verstärkt werden, dann steht dieses Adverb vor dem Modalverb.

Beispiel:

Wǒ hěn xiǎng xué Rìwén. 我很想学日文。	*Ich würde sehr gerne Japanisch lernen.*

Das Adverb yě 也 („auch") steht ebenfalls vor dem Modalverb.

Beispiel:

Tā yě xiǎng xué Rìwén. 他也想学日文。	*Er möchte auch Japanisch lernen.* (Und: *Auch er möchte Japanisch lernen.*)

Das Adverb xiān 先 („zuerst") steht hinter dem Modalverb.

Beispiel:

Wǒ xiǎng xiān xué Éwén. 我想先学俄文。	*Ich möchte zuerst Russisch lernen.*

5.2.4 Zu xiǎng 想:

Xiǎng 想 kann als Vollverb und als Modalverb gebraucht werden.
Als Vollverb bedeutet xiǎng 想 : *denken, vermuten; überlegen; denken (an), sich sehnen (nach)*.

Wǒ xiǎng tā shi Yīngguórén. 我想他是英国人。	*Ich denke* (od.: *vermute*), *er ist Engländer.*
Háizi xiǎng māma ma? 孩子想妈妈吗？	*Sehnt sich das Kind nach seiner Mutter?*

Als <u>Modalverb</u> drückt xiǎng 想 einen Wunsch, ein Vorhaben aus: *(ich) möchte* od. *würde gerne ...*

Wǒ xiǎng xiūxi yíxià. 我想休息一下。	*Ich würde mich gerne mal ausruhen.*
Tā hěn xiǎng chī Zhōngcān. 她很想吃中餐。	*Sie möchte sehr gerne chinesisch essen.*
Nǐ xiǎng zuò chūzū-qìchē qù ma? 你想坐出租汽车去吗？	*Möchtest du mit dem Taxi hinfahren?*

5.2.5 Zu yào 要:

Das Wort yào 要 hat im Chinesischen mehrere Bedeutungen. Als Vollverb bedeutet es meist: *etwas haben wollen*. Hier drückt es einen nachdrücklichen Wunsch, ein Verlangen, einen Entschluß, ein festes Vorhaben aus: *(ich) will ..., (ich) werde ...*

A Nǐ yào* shénme? 你要什么？	*Was wollen Sie? / Was wünschen Sie?*
B Wǒ yào* kāfēi. 我要咖啡。	*Ich will (→ möchte, hätte gerne) Kaffee.*
Wǒ yào xué Zhōngwén. 我要学中文。	*Ich will (od.: werde) Chinesisch lernen.*
Jīntiān xiàwǔ tā yào lái. 今天下午她要来。	*Heute nachmittag will sie kommen.*
A Nǐ yào* hē shénme? 你要喝什么？	Im Café: *Was möchten* Sie trinken?*
B Wǒ yào* hē kāfēi. 我要喝咖啡。	*Ich möchte* Kaffee (trinken).*

* Die Verwendung von yào 要 gilt hier nicht als unhöflich!

5.2.6 Zu kěyi 可以 (*lies:* kéyi):

Kěyi 可以 drückt aus, daß etwas möglich bzw. machbar ist: *können*.

Wǒ jīntiān méi kòng, wǒ kěyi míngtiān lái. 我今天没空，我可以明天来。	*Ich habe heute keine Zeit, ich kann (aber) morgen kommen.*
Wǒ míngtiān yǒu kòng, wǒ míngtiān kěyi lái. 我明天有空，我明天可以来。	*Morgen habe ich Zeit, morgen kann ich kommen.*

Beachte:
Die verneinte Form bù kěyi 不可以 bedeutet: *nicht dürfen, verboten sein.*

5.2.7 Zu děi 得:

Děi 得 bedeutet „müssen" und kann **nicht** in verneinter Form gebraucht werden. Beim Modalverb děi 得 darf das Vollverb des Satzes nicht ausgelassen werden. Děi 得 ist ein Pekinger Dialektausdruck und wird nicht überall verwendet.

Shí'èr diǎn le, nǐ děi qù shuìjiào le! 十二点了，你得去睡觉了！	*Es ist schon 12 Uhr, jetzt mußt du aber schlafen gehen!*
Nǐ děi xiān tián biǎo. 你得先填表。	*Sie müssen zuerst das Formular ausfüllen.*

5.2.8 In der bejahenden Kurzantwort wird das Modalverb allein oder zusammen mit dem Vollverb gebraucht.

Beispiel:

A	Nǐ xiǎng hē kāfēi ma? 你想喝咖啡吗？	*Möchten Sie Kaffee trinken?*
B	Xiǎng. 想。	*Ja.*

Oder:

B	Xiǎng hē. 想喝。	*Ja.*

Zur Erinnerung (vgl. Punkt 5.2.7):
Das Modalverb děi 得 muß stets zusammen mit dem Vollverb gebraucht werden.

Beispiel:

A	Nǐ yě děi qù ma? 你也得去吗？	*Müssen Sie auch hingehen (od.: hinfahren)?*
B	Yě děi qù. 也得去。	*Ja (, ich muß auch dahin).*

5.3 Sätze mit Adjektivprädikat

Wie im Deutschen können auch im Chinesischen Adjektive (Eigenschaftswörter: *groß, klein, teuer, billig* etc.) in der Satzaussage (Prädikat) verwendet werden. Wir nennen dies „Adjektivprädikat". Wie im Deutschen benötigt auch im Chinesischen das Adjektiv in diesem Falle einen „Begleiter"; im Deutschen ist dies das Hilfsverb „sein" (⇨ *Das Zimmer* ist *groß*), das Chinesische nutzt verschiedene Möglichkeiten. Sehr häufig verwendet man das Adverb hěn 很 (wörtlich: „sehr"), das hierbei seine verstärkende Bedeutung einbüßt und nur noch als „Begleiter", als Füllwort dient, es sei denn, man spricht es mit besonderem Nachdruck aus. Die uns bereits aus Lektion 1 vertraute Kopula shi (shì) 是 (*Beispiel:* Tā shi Déguórén = *Er ist Deutscher*) muß also durchaus nicht immer dann verwendet werden, wenn im entsprechenden deutschen Satz das Hilfsverb „sein" auftritt.

Beispiele:

Subjekt	Adverb („Begleiter")	Adjektiv-prädikat	
Xiǎoyún 小 云	hěn 很	piàoliang. 漂 亮 。	*Xiaoyun ist [sehr] hübsch.*
Běijīng Dàxué 北 京 大 学	hěn 很	yuǎn. 远 。	*Die Universität Peking ist [sehr] weit (weg).*
Zhè ge fángjiān 这 个 房 间	hěn 很	dà. 大 。	*Dieses Zimmer ist [sehr] groß.*

In Fragesätzen und in negierten Sätzen (s.u.) wird hěn 很 nicht als Füllwort verwendet.

Beispiele:

Tā de fángjiān dà ma? 他 的 房 间 大 吗 ？	*Ist sein Zimmer groß?*

Nà ge diànyǐng hǎo ma? 那个电影好吗？	Ist der (wörtl.: jener) Film gut?

Zhè ge fángjiān guì ma? 这个房间贵吗？	Ist dieses Zimmer teuer?

Tritt in solchen Sätzen das Adverb hěn 很 doch auf, hat es die verstärkende Bedeutung „sehr".

Beispiele:

Tā de fángjiān hěn dà ma? 她的房间大吗？	Ist ihr Zimmer sehr groß?

Nà ge fángjiān hěn guì ma? 那个房间很贵吗？	Ist jenes Zimmer sehr teuer?

Fehlt in einem Aussagesatz ein Füllwort wie hěn 很, gilt der Satz als unvollendet, und man denkt dann beispielsweise an einen – oft unausgesprochen bleibenden – Gegensatz.

Beispiel:

Tā de fángjiān dà. (Wǒ de xiǎo.) 他的房间大。（我的小。）	Sein Zimmer ist groß. (Aber meins ist klein.)

5.4 Die Verneinung mit bù 不

Das Negationswort bù 不 trägt laut Lexikon den vierten Ton. Beachten Sie aber, daß es im zweiten Ton (bú) gesprochen wird, wenn eine Silbe folgt, die ihrerseits im vierten Ton gesprochen wird oder wurde wie beispielsweise die Kopula shì bzw. shi 是. Diese Tonveränderung wird im Lehrbuch stets angegeben.

Bù 不 verneint

5.4.1 alle Vollverben außer yǒu 有 („haben"), sofern es sich nicht um den perfektiven Aspekt handelt (siehe dazu weiter unten)

Beispiele:

Tā míngtiān qù Shànghǎi. 她明天去上海。	Sie fährt morgen nach Shanghai.

Wǒ míngtiān bú qù Shànghǎi. 我明天不去上海。	Ich fahre morgen nicht nach Shanghai.

Im Unterschied zu deutschen verkürzten Sätzen darf im Chinesischen hinter dem Verneinungswort bù 不 das Verb nicht weggelassen werden.
Beispiele:

Tā míngtiān bù lái, wǒ yě bù lái. 他明天不来，我也不来。	*Er kommt morgen nicht – [und] ich (komme) auch nicht.*
Wǒmen xué Zhōngwén, bù xué Yīngwén. 我们学中文，不学英文。	*Wir lernen Chinesisch, [wir] (lernen) nicht Englisch.*

5.4.2 die Modalverben (außer děi 得), wobei das Negationswort bù 不 vor dem Modalverb steht
Beispiel:

Wǒ péngyou bù xiǎng qù kàn diànyǐng. 我朋友不想去看电影。	*Mein Freund möchte nicht ins Kino gehen.*

5.4.3 die Adjektivprädikate
Beispiele:

Jīnlíng Fàndiàn bù yuǎn. 金陵饭店不远。	*Das Jinling Hotel ist nicht weit (entfernt).*
Nánjīng Dàxué bù hěn yuǎn. 南京大学不很远。	*Die Nanking Universität ist nicht sehr weit (entfernt).*

5.4.4 die Kopula shì (shi) 是
Beispiele:

Wǒ érzi bú shi gōngchéngshī. 我儿子不是工程师。	*Mein Sohn ist kein Ingenieur.*
Tā bú shi Déguórén ma? 她不是德国人吗？	*Sie ist keine Deutsche? (Ist sie keine Deutsche?)*

5.4.5 zusammen mit shì (shi) 是 Nominalprädikate
Beispiel:

Tā de nǚ'ér shíbā suì. 他的女儿十八岁。	*Seine Tochter ist 18 Jahre alt.*

Tā de érzi bú shi shíbā suì. 他的儿子不是十八岁。	*Sein Sohn ist nicht 18 Jahre alt.*
Míngtiān xīngqīsān. 明天星期三。	*Morgen ist Mittwoch.*
Jīntiān bú shi xīngqīsān. 今天不是星期三。	*Heute ist nicht Mittwoch.*

5.5 Die Partikel le 了 zum Ausdruck des perfektiven Aspekts

Das Deutsche kennzeichnet die Zeit einer Handlung – wie z. B. die Vergangenheit – durch eigene Verbformen, zum Beispiel:

- *2008* bin *ich nach Peking* gefahren, *um die Olympiade zu sehen.*
- *Heute abend* mache *ich zuhause Wiederholungsübungen und* gehe *nicht ins Kino.*
- *Gestern abend* habe *ich mir in der Universität einen Film* angesehen *und* [habe] *nicht Chinesisch* wiederholt.

Im Chinesischen ist die Zeitebene einer Handlung nicht von primärem Interesse, sie wird hinreichend deutlich durch Zeitangaben wie *gestern*, *vor zwei Wochen*, *im letzten Jahr* usw. ausgedrückt, am Prädikat ändert sich deshalb nicht unbedingt etwas:

- Wǒ 2008 nián qù Běijīng kàn Àoyùnhuì le.[1]
  我 2008 年去北京看奥运会了。
  2008 bin ich nach Peking gefahren, um die Olympischen Spiele zu sehen.

- Wǒ jīntiān wǎnshang zài jiā fùxí, bú qù kàn diànyǐng.
  我今天晚上在家复习，不去看电影。
  Heute abend mache ich zuhause Wiederholungsübungen und gehe nicht ins Kino.

- Wǒ zuótiān wǎnshang zài dàxué kàn diànyǐng, méiyou fùxí Hànyǔ.
  我昨天晚上在大学看电影，没有复习汉语。
  Gestern abend habe ich mir in der Universität einen Film angesehen und [habe] nicht Chinesisch wiederholt.

---

[1] Àoyùnhuì 奥运会, kurz für: Àolínpǐkè Yùndònghuì 奥林匹克运动会, die Olympischen Spiele, die Olympiade.

Wichtig ist im Chinesischen vielmehr der Aspekt einer Handlung, der uns beispielsweise darüber informiert, ob eine Handlung in diesem Moment stattfindet, kurz vor ihrem Abschluß steht, bereits abgeschlossen ist etc. In dieser Lektion begegnet uns wieder das Hilfswort le 了, das wir bereits in den Lektionen 1 und 2 kurz kennengelernt haben. In *dieser* Lektion kennzeichnet die Partikel le 了 den perfektiven Aspekt einer Handlung oder eines Zustandes, d.h. le 了 unterstreicht, daß die besagte Handlung etc. abgeschlossen ist. In den meisten Fällen wählen wir dabei für die Übersetzung ins Deutsche eine Vergangenheitsform, auch wenn es abgeschlossene Handlungen in der Zukunft geben kann (vgl. im Deutschen Futur II). Vor einer *ausschließlichen* Wiedergabe in einer deutschen Vergangenheitsform muß aber auch deshalb gewarnt werden, weil im Chinesischen noch andere sprachliche Faktoren eine Rolle spielen, die in einem einführenden Grundkurs nicht alle behandelt werden können. Im folgenden einige grundlegende Beispiele:

5.5.1 In Sätzen ohne Objekt steht das Hilfswort le 了 hinter dem Verb am Satzende.

Tā lái le. 他来了。	*Er ist gekommen.*
Fēijī dào le. 飞机到了。	*Das Flugzeug ist eingetroffen.*
Tāmen shàngqu le. 他们上去了。	*Sie sind nach oben gegangen.*

5.5.2 In Sätzen mit einfachem Objekt (Objekt ohne Erweiterung) steht le 了 meist hinter dem Objekt.

Wǒ pào chá le. 我泡茶了。	*Ich habe Tee gekocht.*
Nǐ qù Shànghǎi le ma? 你去上海了吗？	*Sind Sie nach Shanghai gefahren?*
Tā dìng fángjiān le. 她订房间了。	*Sie hat ein Zimmer gebucht.*

Hinweis:
Das Hilfswort le 了 kann auch vor ein einfaches Objekt gestellt werden, wenn dieses Objekt den Schwerpunkt der Aussage bildet.

| Wǒ pào le chá.
我泡了茶。 | *Ich habe Tee gekocht* (und nicht etwa Kaffee). |

Ergänzender Hinweis:

Steht in Sätzen mit einfachem Objekt vor dem Verb beispielsweise eine Zeitbestimmung oder eine Bestimmung der Art und Weise, findet sich das Hilfswort le 了 meist direkt hinter dem Verb bzw. vor dem Objekt.

Zhōngwǔ shí'èr diǎn yíkè, Bái Démíng xià le fēijī. 中午十二点一刻，白德明下了飞机。	Mittags um 12:15 Uhr stieg Bai Deming aus dem Flugzeug.
Tā zuò chūzū-qìchē dào le Nánjīng Fàndiàn. 他坐出租汽车到了南京饭店。	Er traf mit einem Taxi am Nanking Hotel ein.

5.5.3 In Sätzen mit erweitertem Objekt steht le 了 meist direkt hinter dem Verb bzw. vor dem betreffenden Objekt.

Wǒ dìng le sān ge fángjiān. 我订了三个房间。	Ich habe drei Zimmer gebucht.
Tā jiào le liǎng liàng chūzū-qìchē. 她叫了两辆出租汽车。	Sie hat zwei Taxis gerufen.
Wǒmen qǐng le hěn duō péngyou. 我们请了很多朋友。	Wir haben viele Freunde eingeladen.*

* einladen = qǐng 请, (sehr) viele = hěn duō 很多.

5.5.4 In Sätzen, in denen qù 去 und lái 来 einem Verb vorangehen, darf le 了 nicht an qù 去 oder lái 来 angehängt werden.

Tā qù pào chá le. 她去泡茶了。	Sie ist Tee kochen gegangen.
Tā lái ná xíngli le. 他来拿行李了。	Er ist das Gepäck holen gekommen.
Nǐ qù kàn le nà ge* Fǎguó péngyou ma? 你去看了那个法国朋友吗？	Bist du jenen* französischen Freund besuchen gegangen?

* Zu nà ge 那个 siehe unten!

5.5.5 Für die Verneinung des perfektiven Aspektes (le 了) verwendet man méiyǒu (méiyou) 没有, das Hilfswort le 了 entfällt dabei. Dieses méiyou 没有 kann zu méi 没 verkürzt werden, wenn es dabei nicht an das Satzende gerät.

Tā zuótiān méi(yǒu) děng wǒ. 他昨天没（有）等我。	*Er hat gestern nicht auf mich gewartet.*
Wǒ hái méi(you) chīfàn. 我还没（有）吃饭。	*Ich habe noch nicht gegessen.*
Fēijī hái méi(you) dào. 飞机还没（有）到。	*Das Flugzeug ist noch nicht eingetroffen.*

5.5.6 Kurze bejahende und verneinende Antworten

Es gibt im Chinesischen keine generell verwendbare Entsprechung zum deutschen „ja" oder „nein". Statt dessen dient in der Regel das positive oder verneinte Prädikat des jeweiligen Fragesatzes als chinesisches Äquivalent für „ja" bzw. „nein". Gelegentlich findet sich shi (shì) 是, shìde 是的 oder duì 对 im Sinne von „ja" und bù 不, búshi 不是 oder bú duì 不对 im Sinne von „nein" verwendet.

Beispiele:

A	Tā lái le ma? 她来了吗？	*Ist sie (schon) gekommen?*
B	Lái le. 来了。	*Ja.*
C	Diànyǐng kāishǐ le ma? 电影开始了吗？	*Hat der Film (schon) angefangen?*
D	Méiyǒu. 没有。	*Nein.*

Oder:

D	Hái méiyǒu. 还没有。	*Nein, noch nicht.*
E	Tā xìng Lǐ ma? 他姓李吗？	*Heißt er (mit Familiennamen) Li?*
F	Bú shi. 不是。	*Nein.*

Oder:

F	Bù, tā xìng Liú. 不，他姓刘。	*Nein, er heißt Liu.*

G	Nǐ yě zhù zài Tiānjīn ma? 你也住在天津吗？	*Wohnen Sie auch in Tianjin?*
H	Shìde. 是的。	*Ja. / Jawohl.*
H	Duì. 对。	*Richtig. / Stimmt. / Ja.*

5.6 Zum Gebrauch von jiù 就 (I)

Mit dem Adverb jiù 就 kann unter anderem die räumliche Nähe des Sprechers oder Angesprochenen zu einem bestimmten Ort hervorgehoben werden. Es wird auch gerne dann benutzt, wenn auf einen Ort Bezug genommen wird, der dem Angesprochenen bekannt ist oder von dem gerade die Rede war. Die deutsche Übersetzung richtet sich nach dem Textzusammenhang, nicht selten bleibt jiù 就 auch unübersetzt.
Beispiele:

A	Qǐng wèn, cāntīng zài nǎr? 请问，餐厅在哪儿？	*Entschuldigen Sie die Frage, wo ist der Speisesaal?*
B	Jiù zài nàr! 就在那儿！	*Gleich da drüben!*
A	Tā zhù zài nǎr? 她住在哪儿？	*Wo wohnt sie?*
B	Tā jiù zhù zài Cháng'ān Jiē. 她就住在长安街。	*Sie wohnt in der (Ihnen bekannten oder gerade eben schon mal erwähnten) Chang'an-Straße.*

5.7 Die Demonstrativpronomen zhè 这 und nà 那

Die beiden häufigsten Demonstrativpronomen (hinweisenden Fürwörter) im Chinesischen lauten zhè 这 („dies") und nà 那 („jenes").

Zhè shi shénme? 这是什么？	*Was ist das (wörtl.: dies)?*
Zhè shi shū. 这是书。	*Das (wörtl.: Dies) ist ein Buch.* *Das (wörtl.: Dies) sind Bücher.*

Steht das Demonstrativpronomen unmittelbar vor einem Substantiv, muß im Chinesischen in der Regel das jeweilige Zähleinheitswort (ZEW; vgl. Lektion 1) dazwischen gesetzt werden.

Beispiele:

Zhè běn shū hěn hǎo. 这 本 书 很 好 。	*Dieses Buch ist (sehr) gut.*
Wǒ bù xiǎng kàn zhè ge diànyǐng! 我 不 想 看 这 个 电 影 ！	*Diesen Film möchte ich mir nicht ansehen!*
Nà ge fángjiān hěn guì. 那 个 房 间 很 贵 。	*Jenes Zimmer ist sehr teuer.*

(Weitere Beispiele für das Demonstrativpronomen nà 那 siehe in Lektion 4.)

5.8 Zum Gebrauch von nà 那 und nàme 那么

Nà 那 greift eine vorhergehende Aussage auf und leitet eine Art Resümee ein.

Beispiele:

A	Zhè ge nuǎnshuǐpíng duōshao qián? 这 个 暖 水 瓶 多 少 钱 ？	*Was kostet diese Thermoskanne?*
B	Wǔshí Kuài. 五 十 块 。	*Fünfzig Kuai.*
A	Nà, hěn guì! 那, 很 贵 ！	*Na, das ist aber ganz schön teuer!*

C	Nǐ qù kàn diànyǐng ma? 你 去 看 电 影 吗 ？	*Gehst du ins Kino?*
D	Wǒ bú qù. 我 不 去 。	*Nein.*
C	Nà, wǒ yě bú qù. 那, 我 也 不 去 。	*Na, dann geh' ich auch nicht.*

Lektion 3

E	Jǐ diǎn le? 几点了？	*Wieviel Uhr ist es jetzt?*
F	Sān diǎn sìshí. 三点四十。	*3 Uhr 40. (15:40 Uhr.)*
E	Nà, wǒmen xiànzài jiù xiàkè! 那，我们现在就下课！	*Na, dann beenden wir jetzt den Unterricht!*

Wenn nà 那 lediglich als Füllwort gebraucht wird, das eine Gedankenpause überbrücken soll, dann ist es mit nàme 那么 austauschbar.

A	Wǒ xiànzài méi kòng. 我现在没空。	*Ich habe jetzt keine Zeit.*
B	Nàme (od. kurz: Nà), nǐ shénme shíhou yǒukòng? 那么 (od. kurz: 那)，你什么时候有空？	*Na, wann hast du denn (mal) Zeit?*

5.9   Zur Verwendung von yíxià 一下 und zur Verdoppelung des Verbs

Wenn sich hinter einem Verb die Fügung yíxià 一下 findet, dann soll damit meist zum Ausdruck gebracht werden, daß eine Tätigkeit nur kurze Zeit in Anspruch nimmt, daß etwas nur eine kurze Zeitspanne dauert. Man kann dies mit „mal", „mal eben", „kurz mal" ins Deutsche übertragen.

Nǐ lái yíxià! 你来一下！	*Komm mal (kurz)!*
Wǒ xiǎng kàn yíxià zhè běn shū. 我想看一下这本书。	*Ich möchte mir dieses Buch mal (kurz) ansehen.*

Bei Verben, die aus einem Verb+Objekt–Gefüge (shàng/kè 上课, shuì/jiào 睡觉, yóu/yǒng 游泳 etc.) bestehen, wird yíxià 一下 unmittelbar an den Verbteil angehängt:

Wǒ hái xiǎng yóu yíxià yǒng. 我还想游一下泳。	*Ich möchte noch ein bißchen schwimmen.*

Hinweis:
Gelegentlich wird die Fügung yíxià 一下 auch verwendet, ohne daß damit die zeitliche Kürze der Handlung impliziert wäre. In diesem Falle verleiht die Fügung dem Satz einen informellen, zwanglosen Ton oder deutet an, daß die besagte Tätigkeit versuchsweise unternommen wird. Dies läßt sich dann jedoch nur aus der konkreten Gesprächssituation erkennen.

Die gleiche Aufgabe wie die Fügung yíxià 一下 kann im Satz auch die Verdoppelung des Verbs erfüllen. Handelt es sich dabei um ein einsilbiges Verb (jiào, kàn, děng usw.), wird auf der wiederholten Wortsilbe der Ton meist weggelassen.

Wǒ kànkan nǐ de hùzhào. 我看看你的护照。	Ich schau' mir mal Ihren Paß an. (⇨ Ich möchte mir mal Ihren Paß ansehen!)
Wǒ xiǎng kànkan zhè běn shū. 我想看看这本书。	Ich möchte mir dieses Buch mal (kurz) ansehen.

Nicht selten wird im Falle der Verdoppelung eines einsilbigen Verbs die Zahl 1 (yī 一, meist ohne Ton) eingeschoben.
Beispiel:

kàn yi kàn	看一看	sich mal etw. ansehen
shuō yi shuō	说一说	mal kurz etw. sagen

Hinweis:
Die Richtungsverben lái 来 und qù 去 werden in der Regel nicht verdoppelt, statt dessen verwendet man die Fügung yíxià 一下.
Beispiel:

Nǐ lái yíxià! 你来一下！	Komm [doch] mal (her)!

Zweisilbige Verben können ebenfalls verdoppelt werden, es tritt dann jedoch kein yī 一 dazwischen.
Beispiel:

Nǐ xiān xiūxi xiūxi! 你先休息休息！	Mach' du nur erst mal eine Pause!

Oder:

Nǐ xiān xiūxi yíxià! 你先休息一下！	Mach' du nur erst mal eine Pause!

5.10 Das Verb zuò 坐 (*sitzen*)

Wie wir bereits in Lektion 2 im Falle des Verbs zài 在 („sich aufhalten", „sich befinden") gelernt haben, übernehmen im Chinesischen manche Verben als sog. Koverben die Aufgaben, die im Deutschen von Präpositionen erledigt werden. Dies gilt auch für das Verb zuò 坐, das „sitzen" oder auch „sich setzen" bedeutet. Es wird verwendet im Sinne von „in einem Verkehrsmittel (sitzen)" bzw. „mit einem Verkehrsmittel (fahren)" und kann für fast alle Verkehrsmittel benutzt werden. Die Verwendung von zuò 坐 impliziert, daß der Betreffende **Fahrgast** ist und **nicht** selbst **am Steuer** sitzt.

Beispiele:

zuò fēijī	坐飞机	*im Flugzeug sitzen* ⇨ *mit dem Flugzeug reisen*
zuò chē	坐车	*im Wagen sitzen* ⇨ *mit dem Wagen fahren*
zuò chūzū-qìchē	坐出租汽车	*im Taxi sitzen* ⇨ *mit dem Taxi fahren*
zuò gōnggòng-qìchē	坐公共汽车	*im Bus sitzen* ⇨ *mit dem Bus fahren*
zuò diànchē [2]	坐电车	*in der Straßenbahn sitzen* ⇨ *mit der Straßenbahn fahren*
zuò diàntī	坐电梯	*im Fahrstuhl bzw. Aufzug sitzen* ⇨ *mit dem Fahrstuhl bzw. Aufzug fahren*

Ergänzender Hinweis:

Ein wichtiges Verkehrsmittel für die einfachen Leute ist nach wie vor das Fahrrad: zìxíngchē 自行车. Nach angelsächsischem Vorbild wird ein Fahrrad nicht „gefahren", sondern „geritten": qí zìxíngchē 骑自行车. Auch in der verkürzenden Alltagssprache ist es deshalb immer eindeutig, ob Sie mit einem Auto oder einem Fahrrad unterwegs sind:

⇨ zuò chē	坐车	=	in einem Räderfahrzeug ⇔ Wagen bzw. Auto sitzen, mit dem Wagen bzw. Auto (fahren)
⇨ qí chē	骑车	=	ein Räderfahrzeug ⇔ Fahrrad reiten, mit dem Fahrrad (fahren); mit dem Motorrad[3] fahren

---

2 diànchē 电车: Straßenbahn; *auch:* Oberleitungsbus, O-Bus, Trolley-Bus
3 Motorrad: mótuōchē 摩托车, – auch das Motorrad wird „geritten".

Wǒ zuò chē lái kàn nǐ. 我坐车来看你。	*Ich komme mit dem Wagen zu dir.* (Wörtl.: *Ich komme mit dem Wagen[4] dich besuchen.*)
Wǒ qí chē lái kàn nǐ. 我骑车来看你。	*Ich komme mit dem Fahrrad zu dir.* (Wörtl.: *Ich reite auf dem Fahrrad herbei, dich zu besuchen.*)

5.11   Das Fragewort zěnme 怎么 (wie?)

Die Frage zěnmeyàng 怎么样 („wie?") kennen wir bereits aus Lektion 2. Die Form zěnme 怎么 steht vor einem Verb und fragt danach, wie die betreffende Tätigkeit ausgeführt wird.

Beispiel:

Nǐmen míngtiān zěnme lái? 你们明天怎么来？	*Wie kommt ihr morgen (hierher)?*
Nǐ zěnme liànxí shēngcí? 你怎么练习生词？	*Wie übst du die neuen Vokabeln (ein)?*
Dào Běijīng Fàndiàn zěnme qù? 到北京饭店去怎么去？	*Wie komme ich zum Peking Hotel?*

---

4   chē 车 : Wagen ⇨ PKW, Taxi, Bus etc.

6. Shēngcíbiǎo 生词表 (Vokabelliste)

xiǎng	想	*Modalverb:* mögen (⇨ ich möchte ...), gerne tun wollen	Wǒ xiǎng shuìjiào. Tā xiǎng lái kàn nǐ. Tāmen yě xiǎng xué Zhōngwén.
yào	要	*Modalverb:* wollen, müssen; (*Zukunft:*) werden; *Verb:* etwas haben wollen, verlangen	Wǒ yào shuìjiào. Tā xiàwǔ yào qù dàxué. Nǐ yào wǒ lái ma?
kěyi (*lies:* kěyǐ; *auch:* kéyi)	可以	*Modalverb:* (*auf eine bestehende Möglichkeit bezogen*) können	Míngtiān wǒ kěyi lái. Wǒmen kěyi zài dàxué jiànmiàn.
xǐhuan	喜欢	(*mit Substantiv:*) gern haben, mögen, gefallen; (*mit Verb:*) gern tun, mögen	Nǐ xǐhuan zhè ge rén ma? Xiǎoyún xǐhuan qù yóuyǒng.
de	的	*grammatisches Hilfswort, hier für die Bildung des Possessivs*	Zhè shi wǒ de shū. Nǐmen de cāntīng zài nǎr?
shéi de	谁的	wessen	Zhè shi shéi de shū? Tā shi shéi de péngyou?
piàoliang	漂亮	hübsch, schön	Tā nǚ'ér hěn piàoliang.
yuǎn	远	weit, weit entfernt	Dàxué hěn yuǎn.
dà	大	groß	Wǒmen de fángjiān hěn dà.
guì	贵	teuer	Fǎwén shū hěn guì.
xiǎo	小	klein	Nà ge cāntīng hěn xiǎo.
bù (bú)	不	*Negationswort, s. dazu die grammatischen* ERLÄUTERUNGEN *zu dieser Lektion*	Wǒ bù xiǎng qù shàngkè. Tā bú shi xuésheng. Nǐ bù lái ma? Zhè ge fángjiān bú guì.
bú shi	不是	*verneint Nominalprädikat (vgl. Lektion 2,* ERLÄUTERUNGEN*)*	Bái xiānsheng sānshí suì, tā bú shi sìshí suì.

le	了	*grammatisches Hilfswort zur Kennzeichnung des perfektiven Aspekts (s. Erläuterungen)*	Tā qù shàngkè le. Wǒmen fùxí le dì èr kè. ★ Yuèlán lái le ma? ➥ Lái le.
méiyǒu (méiyou; méi)	没有 (没)	*verneint Prädikat in Sätzen mit perfektivem Aspekt (s. Erläuterungen)*	Tā méi(yǒu) qù shàngkè. Yuèlán méi(yǒu) lái ma? Tā méi(yǒu) lái.
zěnme	怎么	wie (*in Verbindung mit Verb:* etwas wie *od.* auf welche Art und Weise tun)	Wǒ xiǎng qù Běijīng Dàxué, zěnme zǒu? Nǐmen zěnme liànxí huìhuà?
qǐng	请	bitten, einladen; bitte	
Qǐng jìn!	请进	Treten Sie bitte ein! Herein, bitte!	
Qǐng wèn, ...	请问，...	*höfliche Einleitung einer Frage:* Darf ich (mal) fragen...	Qǐng wèn, nǐmen míngtiān zěnme lái? Wǒ xiǎng qù Běijīng Dàxué, qǐng wèn, zěnme qù?
wèn	问	fragen, befragen	Nǐ wèn shéi?
chē	车	Wagen; Auto (ZEW: liàng 辆)	
qìchē	汽车	Auto (ZEW: liàng 辆)	
zū	租	mieten	
chūzū	出租	vermieten	
chūzūqìchē	出租汽车	Taxi (ZEW: liàng 辆) (*häufig verkürzt zu* chūzūchē 出租车)	
		Ergänzungsvokabel: dǎ dī 打的, *auch:* dā dí 打的, mit dem Taxi fahren, das Taxi benutzen – *ein verbreiteter Slang-Ausdruck*	
fēi	飞	fliegen	
fēijī	飞机	Flugzeug (ZEW: jià 架)	
diàntī	电梯	Fahrstuhl, Aufzug	

zuò	坐	sich setzen, sitzen; (*mit einem Verkehrsmittel, incl. Fahrstuhl:*) fahren, fliegen; mit	Nǐ zuò chūzū-qìchē qù ma? Tā zuò fēijī lái Déguó le. Wǒmen zuò diàntī shàngqu.
dào	到	ankommen (in), eintreffen (in)	Bái xiānsheng yě dào le. Wǒmen dào Běijīng le.
shàngqu	上去	hinaufgehen	Tā zuò diàntī shàngqu le.
xiàqu	下去	hinuntergehen	Wǒmen zuò diàntī xiàqu, hǎo ma?
xià	下	(*in Verbindung mit einem Verkehrsmittel:*) aussteigen (aus)	Xià chē! Xià chē! Nǐ zài nǎr xià fēijī?
zǒucuò le	走错了	sich verlaufen haben, falsch gegangen sein	Nǐ zǒucuò le, zhè bú shi cāntīng!
cháng	长	lang	
jiē	街	Straße (ZEW: tiáo 条)	
Cháng'ān Jiē 长安街		*die* Chang'an-Straße *in* Peking	Qǐng wèn, Cháng'ān Jiē zài nǎr?
lù	路	Straße, Weg (ZEW: tiáo 条); Wegstrecke	Nánjīng Lù zài nǎr? Lù yuǎn ma?
Zhōngshān Lù 中山路		*die* Zhongshan-Straße* („Sun-Yat-Sen-Straße"*)	Nǐ zǒucuò le, zhè bú shi Cháng'ān Jiē, shi Zhōngshān Lù.

* Zhōngshān 中山: *Kurz für* Sūn Zhōngshān 孙中山 (1866–1925), *Gründer der Republik China; im Westen meist in der Namensform* Sun Yat-Sen (*Dialekt für* Sūn Yìxiān 孙逸仙) *bekannt.*

zhè	这	dieser, diese, dieses, dies (s. ERLÄUTERUNGEN)	Zhè shi shénme? Nǐ yě kàn le zhè ge diànyǐng ma?
zhèr	这儿	*hier*	Zhèr méiyou kāfēi.
im Süden Chinas meist:			
zhèli	这里		Zhèli méiyou kāfēi.
zài zhèr	在这儿	sich hier aufhalten(d), sich hier befinden(d), hier	Nǐ kěyi zài zhèr xiūxi. Tā bú zài zhèr.

nà	那	jener, jene, jenes (s. ERLÄUTERUNGEN)	
nàr	那儿	dort	Diàntī zài nàr. Nàr méiyǒu chūzū-qìchē.
im Süden Chinas meist:			
nàli	那里		
zài nàr	在那儿	sich dort aufhalten(d), sich dort befinden(d), dort	Tā zài nàr gōngzuò.
jiù	就	gleich, direkt, unmittelbar (bei) (s. ERLÄUTERUNGEN)	★ Qǐng wèn, cāntīng zài nǎr? ↪ Jiù zài nàr.
yǒu	有	haben; vorhanden sein (⇨ es gibt ...)	Nǐ yǒu jǐ běn Zhōngwén shū? Nàr yǒu Déwén shū. Qǐng wèn, zhèr yǒu cāntīng ma?
děng	等	warten, warten auf	Wǒ míngtiān jiù zài zhèr děng nǐ. Tā děng chē.
(qù / lái) ná	(去/来) 拿	(hingehen *od.* herkommen, *um etwas zu*) holen	Tā qù ná shū le. Nǐ shénme shíhou lái ná nǐ de yàoshi?
péi	陪	begleiten; (*jemanden begleitend:*) mit	Nǐ péi wǒ qù kàn diànyǐng ma? Wǒ péi nǐ qù.
hē	喝	trinken	Nǐ yào hē shénme? Wǒ yào hē kāfēi.
shuǐ	水	Wasser	Wǒ xiǎng hē shuǐ.
nuǎnhuo	暖和	warm	Jīntiān hěn nuǎnhuo.
píngzi	瓶子	Flasche; Krug	
nuǎnshuǐpíng	暖水瓶	Thermoskanne, Thermosflasche	Zhè ge nuǎnshuǐpíng hěn guì. Zhèr méiyǒu nuǎnshuǐpíng.

chá	茶	Tee	
pào	泡	(*in Wasser od. andere Flüssigkeit*) einlegen, einweichen	
pào chá	泡茶	Tee aufbrühen, Tee kochen, Tee machen	Wǒ qù pào chá.
kāfēi	咖啡	Kaffee	
qián	钱	Geld	
~ duōshao qián?	~ 多少钱？	Wieviel kostet ~ ? Wie teuer ist ~ ?	Zhè ge nuǎnshuǐpíng duōshao qián?
Kuài	块	*umgangssprachliche Bezeichnung für die Grundeinheit der chinesischen Währung* Yuan	liǎng Kuài shí Kuài yìbǎi Kuài
lǚguǎn	旅馆	(*einfacheres*) Hotel, Pension (ZEW: jiā 家, ge 个)	
fàndiàn	饭店	Restaurant (ZEW: jiā 家, ge 个); *in Eigennamen häufig auch im Sinne von* Hotel	Zhè jiā fàndiàn hǎo ma? Běijīng Fàndiàn zài Chāng'ān Jiē.
		Hinweis: Für Hotel *finden sich häufig auch die Ausdrücke* bīnguǎn 宾馆 *(vgl. Lektion 6) und* jiǔdiàn 酒店.	
		Für Restaurant *kann man auch* fànguǎn 饭馆 *hören.*	
hùzhào	护照	Reisepaß, Paß (ZEW: běn 本)	Tā yǒu Déguó hùzhào.
xíngli	行李	Gepäck (ZEW: jiàn 件)	Zhè bú shi wǒ de xíngli.
yàoshi	钥匙	Schlüssel (ZEW: bǎ 把)	Zhè shi nǐ de yàoshi.
		Hinweis: In den Hotels erhält man heute meist elektronisch programmierte Chipkarten bzw. Türkarten, auf Chinesisch fángkǎ 房卡 *oder* ménkǎ 门卡 *genannt.*	
dìng	订	bestellen, reservieren, buchen	Wǒ yào dìng yí ge fángjiān.
tián	填	(*Formular o. ä.*) ausfüllen	
biǎo	表	Liste, Formular (ZEW: zhāng 张, fèn 份)	
		Ergänzungsvokabel: biǎogé 表格 (Formular; ZEW: zhāng 张, fèn 份)	

tián biǎo	填表	ein Formular ausfüllen	Qǐng xiān tián biǎo!
jiān	间	*ZEW für* Zimmer, Raum	
fángjiān	房间	Zimmer (ZEW: jiān 间 ; *oft einfach* ge 个)	Zhè jiān fángjiān hǎo ma?
		Ergänzungsvokabeln: dānrénjiān 单人间 (Einzelzimmer), shuāngrénjiān 双人间 (Doppelzimmer), biāozhǔnjiān 标准间 (Standardzimmer)	
hàomǎ	号码	Nummer	
oft kurz: hào	号	Nummer	
~ hào	~号	Nummer ~	shíjiǔ hào
jǐ hào	几号	welche Nummer	Nǐ de fángjiān (shi) jǐ hào? Sān bā wǔ líng hào.
		Ergänzungsvokabel: fángjiān hàomǎ 房间号码 , *oder kurz:* fánghào 房号 (Zimmernummer)	
lóu	楼	mehrstöckiges Gebäude; Etage, Stockwerk	
~ lóu	~楼	~ter Stock, ~te Etage	Nǐ de fángjiān zài wǔ lóu.
yī lóu	一楼	Erdgeschoß, Parterre**	Wǒ zhù zài sān lóu.
èr lóu	二楼	1. Stock, 1. Etage**	
lóuxià	楼下	untere Etage (*von einem höheren Stockwerk aus gesehen*)	Cāntīng bú zài zhèr, zài lóuxià. Tā qù lóuxià hē kāfēi le.

** In China werden die Stockwerke im Normalfall „amerikanisch" gezählt, d. h. das Erdgeschoß gilt als 1. Etage, der deutsche 1. Stock zählt als 2. Etage usw.
„Wǒ zhù zài sān lóu" heißt also wörtlich „Ich wohne im 3. Stock", bedeutet sinngemäß jedoch „Ich wohne im 2. Stock". Um Verwirrung bei den Zahlen zu vermeiden, wird in den Lektionen die Stockwerkangabe wörtlich übersetzt und nicht sinngemäß übertragen.

wèishēngjiān 卫生间		Toilette (*beispielsweise im Hotelzimmer*) (ZEW: ge 个 , jiān 间)	wèi, guard
cèsuǒ	厕所	Klo, (z. B. öffentliche) Toilette (ZEW: ge 个 , jiān 间)	Zhèr méiyǒu cèsuǒ.

cè : Toilette, Abort
suǒ : Sitz, Wohnort, Stelle

xǐshǒujiān	洗手间	Toilette (z. B. im Restaurant, im Museum, in der Hotellobby o. ä.)	
xǐ/zǎo	洗澡	ein Bad nehmen, baden, sich waschen; *umgangssprachlich auch:* sich duschen	Tāmen qù xǐzǎo le.
xǐzǎojiān	洗澡间	Badezimmer, Bad (ZEW: ge 个, jiān 间)	Nǐ de fángjiān yǒu xǐzǎojiān ma?
		Hinweis: Zu einem Badezimmer sagt man heute oft auch yùshì 浴室.	
diànshìjī	电视机	Fernsehapparat, TV-Gerät (ZEW: tái 台)	
kàn diànshì	看电视	fernsehen	
yīguì	衣柜	Kleiderschrank	
cāntīng	餐厅	Speisesaal; Restaurant; Mensa; Kantine (ZEW: ge 个, jiān 间)	
Zhōngcāntīng 中餐厅		Speisesaal für chinesisches Essen (Zhōng- ⇨ Zhōngguó)	★ Zhōngcāntīng zài jǐ lóu? ➔ Zhōngcāntīng zài yī lóu.
Zhōngcān	中餐	chinesisches Essen, chinesische Küche	Nǐ xǐhuan chī Zhōngcān ma?
xīcāntīng	西餐厅	Speisesaal für westliches Essen (xī- ⇨ xīfāng = „Westen")	Zhèr yǒu xīcāntīng ma?
xīcān	西餐	westliches Essen, westliche Küche	Zhōngguórén xǐhuan chī xīcān ma?
kāfēiwū	咖啡屋	Café, Cafeteria, Coffeeshop	Tā qù kāfēiwū hē kāfēi le.
		Hinweis: Für Café *finden sich im Chinesischen oft auch die Ausdrücke* kāfēitīng 咖啡厅 *und* kāfēijiān 咖啡间.	
fúwùyuán	服务员	Bedienungspersonal, Kellner, Hotelpage *usw.*	

fúwùtái	服务台	Auskunftsschalter; Rezeption; Service Counter	
zǒngfúwùtái	总服务台	(Haupt-)Rezeption (*oft abgekürzt als* zǒngtái)	
jiào	叫	rufen, schreien (*vgl. auch Lektion 1*)	Wǒ qù jiào fúwùyuán. Nǐ jiào chūzū-qìchē le ma?
jiàoxǐng	叫醒	wecken; Weckruf („morning call" *im Hotel*)	Wǒ qù jiàoxǐng tā. Qǐng nǐ míngtiān zǎoshang liù diǎn jiàoxǐng wǒ.
shìqing (*oft verkürzt zu:* shì 事 *od.:* shìr 事儿)	事情	Angelegenheit, Anliegen, Sache (ZEW: jiàn 间, ge 个 *u. a.*)	Nǐ yǒu shénme shìqing? Nǐ yǒu shì(qing), kěyi jiào fúwùyuán!
zuótiān	昨天	gestern	Zuótiān tā lái kàn wǒ le.
zuì	最	*Adverb zur Bildung des Superlativs*	Nǎ jiā lǚguǎn zuì guì? Zhè ge nuǎnshuǐpíng zuì piàoliang. Tā zuì xǐhuan chī Zhōngcān.
zuì hǎo	最好	am besten (*als Vorschlag*)	Tā jīntiān méi kòng, nǐ zuì hǎo míngtiān lái. ★ Wǒ zěnme qù? → Nǐ zuì hǎo zuò fēijī qù.
xiān	先	zuerst, als erster, als erstes (*Adverb*)	Qǐng xiān tián biǎo! Tāmen xiān xiàqu le.
hái	还	noch (*Adverb*)	Wǒmen hái yǒu sān jié kè. Tā hái yào qù ná xíngli. ★ Nǐ chīfàn le ma? → Hái méiyǒu.
nà *oft auch:* nàme	那 那么	*satzeinleitendes Füllwort, ähnlich wie im Deutschen* „Na ...", „Tja ..." *usw.* (*s.* ERLÄUTERUNGEN)	★ Zhè ge fángjiān yǒu xǐzǎojiān; yì tiān sìbǎi jiǔshí Kuài. → Nà bú guì. A Xiànzài jǐ diǎn zhōng? B Sì diǎn bàn le. A Nà, wǒmen xiànzài xiàkè le.

yíxià	一下	hinter Verb: mal eben, kurz mal (etwas tun) (s. Erläuterungen)	Wáng lǎoshī hái méi dào, qǐng děng yíxià. Wǒ kàn yíxià nǐ de hùzhào. Wǒ xiǎng yóu yíxià yǒng.
Zur Verdoppelung des Verbs im gleichen Sinne wie die Fügung yíxià 一下 *vgl. die Erläuterungen zu dieser Lektion.*			Nǐ zuì hǎo xiān xiūxi xiūxi! ★ Mǎ xiānsheng lái le ma? ↪ Qǐng děng yíxià, wǒ qù kànkan.
Xièxie!	谢谢！	Danke!	
Búxiè!	不谢！	Nichts zu danken!	
kèqi	客气	höflich, zuvorkommend	
Bú kèqi!	不客气！	*Wörtl.:* Seien Sie nicht so höflich *od.* so formell! *Hier sinngemäß:* Nichts zu danken!, Gern geschehen!, Nicht der Rede wert!	

Ein Rätsel (vgl. oben Seite 71):

1. Báisè huā, wú rén zāi,
   白色花，无人栽，
2. yíyè běifēng biàn dì kāi.
   一夜北风遍地开。
3. Wú gēn wú zhī yòu wú yè,
   无根无枝又无叶。
4. bù zhī shì shéi sòng huā lái.
   不知是谁送花来。

Worthilfen:

Zeile 1: Wú 无 , *nicht haben, nicht vorhanden sein* (⇨ méiyǒu 没有)
zāi 栽 , *pflanzen, anpflanzen*

Zeile 2: yíyè 一夜 , *die ganze Nacht hindurch,* běifēng 北风 , *Nordwind,* biàn dì 遍地 , *überall, an allen Orten*

Zeile 3: gēn 根 , *Wurzel;* zhī 枝 , *Ast;* yè 叶 , *Blatt*

Zeile 4: bù zhī 不知 ⇨ bù zhīdao 不知道 , *nicht wissen;* sòng 送 , *schicken, schenken*

Lösung: xuěhuā 雪花 , *wörtl.:* „Schneeblumen" ⇨ Schneeflocken

Anhang (Fùlù) zur Lektion 3
„Im Hotel"

Übersetzungen

1. Shìfàn (Einführung)

1.1

Herr Stein:	Auskunft:
Entschuldigen Sie die Frage, wo ist das Peking Hotel?	In der Chang'an-Straße.
Ist es weit dorthin?	Sehr weit. (*oder nur:* Ja.)
Na, wie komme ich dahin?	Sie fahren am besten mit dem Taxi hin.
Wo gibt es ein Taxi?	Gleich da (drüben).
Gut, danke schön.	Nichts zu danken.

1.2

Herr Stein:	Rezeption:
Guten Tag!	Guten Tag!
Ich möchte ein Zimmer buchen.	Kann ich mal Ihren Paß sehen?
Bitte sehr. Was kostet (das Zimmer) pro Tag?	300 Kuai. (*auch:* 300 Yuan.)
Na, das ist nicht teuer.	Füllen Sie bitte erst einmal das Formular aus!
Ja gut.	Sie haben das Zimmer Nr. 3850. (*Wörtl.:* Ihr Zimmer ist die Nr. 3850.) Dies ist Ihr Schlüssel.
Danke.	

1.3

A Guten Tag. Ich heiße mit Familiennamen Specht, mein Vorname ist Susanne. Ich habe hier gestern ein Zimmer gebucht. Ich würde gerne wissen, welche (Zimmer-)Nummer es ist.

B Bitte warten Sie einen Moment, ich sehe mal nach. Ihr Zimmer ist die Nr. 532, im fünften Stock. Bitte füllen Sie zuerst das Formular aus!

A	Was kostet das Zimmer pro Tag?
B	370 Kuai. (*auch:* 370 Yuan.)
A	Gut. Ich gehe mein Gepäck holen.
B	Der Fahrstuhl ist dort (drüben). Sie können mit dem Fahrstuhl hinauffahren.
A	Danke.

1.4

Frl. od. Frau Specht:	*Bedienung:*
Entschuldigen Sie, wo ist Zimmer Nr. 532?	Sie haben sich verlaufen. Dies ist die sechste Etage[5], nicht die fünfte. Ich begleite Sie hinunter.
Danke.	
(*Im 5. Stock chinesischer Zählung:*)	Dies ist Ihr Zimmer. Bitte treten Sie ein.
Danke. Das Zimmer ist [aber] groß!	Der Kleiderschrank und der Fernsehapparat befinden sich hier. Das Bad und die Toilette sind dort. Schauen Sie (*mal*), hier steht (*wörtl.:* gibt es) eine Thermoskanne; Sie können sich [damit] Tee aufgießen.
Sehr gut! Ich trinke [nämlich] sehr gerne Tee.	

2. Jùxíng (Satzmuster)

2.1 Abends muß ich Chinesisch wiederholen.
Ich möchte Tee trinken.
Er will Kaffee kaufen.
Sie können mit dem Taxi hinfahren.

2.2 Ich möchte zur Nanking Universität – wie komme ich dahin?
Ich möchte zum Peking Hotel. Darf ich Sie fragen, wie man dahin kommt?

---

5 Zur Zählweise der Stockwerke beachten Sie bitte Lektion 3, Abschnitt *Zhùshì* (ERLÄUTERUNGEN).

2.3 Gibt es hier eine Toilette (ein Klo)?
Entschuldigen Sie die Frage, wo gibt es [hier] ein Hotel?

2.4 **A** Wo ist das Peking Hotel?
B (Es ist) in der Chang'an-Straße.
Die Toilette (Das Klo) ist hier, das Bad ist dort.

2.5 Wieviel kostet diese Thermoskanne?
Wieviel kostet dieses Zimmer pro Tag?

2.6 Xiaoyun ist (sehr) hübsch.
Die Chang'an-Straße ist (sehr) weit [von hier].
Dieses Zimmer ist (sehr) teuer.

2.7 Herr Wang ist nicht Journalist.
Er arbeitet heute nicht.
Die Nanking Universität ist nicht weit [von hier].
Sie ist nicht 20 (Jahre alt).
Ich möchte noch nicht schlafen.

2.8 Herr Bai ist angekommen (*od.:* eingetroffen).
Er hat (ein) Zimmer gebucht.
Er hat *ein* Zimmer gebucht.
Gestern abend haben wir in der Universität einen Film gesehen.

2.9 Wang De ist nicht gekommen.
Sie hat kein Zimmer gebucht.
Ich habe noch nicht angefangen.

2.10 **A** Hast du zu Abend gegessen?
↪ Ja.
↪ Nein.
↪ Noch nicht.

2.11 Wessen Schlüssel ist das?   (*Oder:* Wem gehört dieser Schlüssel?)
Das ist sein Schlüssel.
Wessen Freundin ist sie?
Sie ist meine Freundin.
Sie ist meine Freundin.

2.12 Sie befinden sich im zweiten Stock. (*Oder:* Sie halten sich im zweiten Stock auf.)
Sie sehen sich im zweiten Stock einen Film an.
Ich sitze im Taxi. (*auch:* Ich benutze ein Taxi.)
Ich komme mit dem Taxi.
Ich begleite dich.
Ich begleite dich hinauf. (*Oder:* Ich gehe mit dir hinauf.)

3.   Kèwén (Lektionstext)
4.   Kèwén (Lektionstext)

3.1/4.1

Bai Deming will nach Nanking reisen, um einen Freund zu besuchen. Er hat [deshalb] ein Zimmer im Nanking Hotel gebucht. Das Nanking Hotel ist (sehr) groß; es liegt in der Sun-Yat-Sen-Straße.
Heute ist Freitag. Bai Deming ist mittags um 12.15 Uhr aus dem Flugzeug ausgestiegen. Um 13.30 Uhr ist er mit dem Taxi im Nanking Hotel eingetroffen.
Bai Deming wohnt in Zimmer Nr. 452. Dieses Zimmer ist (sehr) hübsch, [es kostet] pro Tag 418 Kuai (*od.:* Yuan).

3.2/4.2

Bedienung:	*Herr Bai:*
Dies ist Ihr Zimmer. Bitte treten Sie ein!	
	Danke. Dieses Zimmer ist (sehr) hübsch.
Haben Sie schon [etwas] gegessen?	Nein, ich habe noch nicht[s] gegessen. Wo ist der Speiseraum?
Unten. Es gibt [dort] einen Speiseraum für chinesisches und einen für westliches Essen. Außerdem gibt es unten noch eine Cafeteria.	
	Morgen früh will ich einen chinesischen Freund besuchen gehen. Bitte wecken Sie mich [deshalb] um halb sieben (morgens).
Geht in Ordnung. Dies ist Ihr Schlüssel. Wenn Sie einen Wunsch haben, rufen Sie bitte [einfach] die Bedienung.	
	Gut. Ich danke Ihnen.
Keine Ursache.	

4 Dì sì kè   Huàn qián mǎi dōngxi
第四课 换钱买东西
Lektion   Geld umtauschen und einkaufen

1. Shìfàn 示范 (Einführung)

1.1 Im Hotel erkundigt sich Herr Stein, wo er Geld tauschen kann.

Stein xiānsheng 先生：	fúwùyuán 服务员：
Xiānsheng, duìbuqǐ, ... 先生，对不起，…	Nǐ yǒu shénme shìqing? 你有什么事情？
Wǒ xiǎng huàn qián. Qǐng wèn, zài nǎr kěyi huàn? 我想换钱。请问，在哪儿可以换？	Nǐ kěyi zài zhèr huàn. Zhèr jiù yǒu yínháng. 你可以在这儿换。这儿就有银行。
Yínháng zài jǐ lóu? 银行在几楼？	Zài yī lóu. 在一楼。
Tāmen jǐ diǎn kāi mén? 他们几点开门？	Shàngwǔ jiǔ diǎn kāi mén, xiàwǔ wǔ diǎn guān mén. 上午九点开门，下午五点关门。
Zhōngwǔ xiūxi ma? 中午休息吗？	Bù xiūxi. 不休息。
Nà, wǒ zhōngwǔ qù huàn. 那，我中午去换。	

1.2 Wang De gibt Petra Auskunft, wie sie zur Bank kommt.

Wáng Dé 王德：	Petra:
Nǐ xiàkè yǐhòu zuò shénme? 你下课以后做什么？	Wǒ xiǎng qù huàn qián. 我想去换钱。

Wáng Dé 王德：	Petra：
Nǐ zhīdao yínháng zài nǎr ma? 你知道银行在哪儿吗？	Bù zhīdao. Fùjìn yǒu yínháng ma? 不知道。附近有银行吗？
Yǒu. Búguò nàr bú huàn wàibì. 有。不过那儿不换外币。	
Nǐ zuìhǎo qù Tiān'ānmén fùjìn de 你最好去天安门附近的	
Zhōngguó Yínháng. 中国银行。	Lù yuǎn ma? 路远吗？
Lù bú jìn. 路不近。	Wǒ zěnme qù ne? 我怎么去呢？
Nǐ kěyi zuò 332 lù gōnggòng-qìchē, 你可以坐332路公共汽车，	
zài dòngwùyuán huàn 103 lù diànchē. 在动物园换103路电车。	332 lù chēzhàn zài nǎr? 332路车站在哪儿？
Jiù zài dàxué ménkǒu. Huàn chē 就在大学门口。换车	
yǐhòu, zài Tiān'ānmén xià chē. 以后，在天安门下车。	

1.3 Petra wechselt Geld in der Bank.

Petra zài yínháng huàn qián.
Petra 在银行换钱。

A：yíngyèyuán 营业员	B：Petra

A Nǐ yǒu shénme shì?
你有什么事？

B Wǒ yào huàn yìbǎi Ōuyuán.
我要换一百欧元。

A Jīntiān yì Ōuyuán huàn bā Kuài Rénmínbì. Qǐng xiān tián biǎo!
今天一欧元换八块人民币。请先填表！

B Hǎode.
好的。

A Zhè shi nǐ de bābǎi Kuài Rénmínbì.
这是你的八百块人民币。

B Hǎo, xièxie nǐ. Zàijiàn!
好，谢谢你。再见！

A Zàijiàn!
再见！

1.4 Petra kauft in einem Laden Zigaretten.

Petra zài yì jiā shāngdiàn mǎi xiāngyān.
Petra 在一家商店买香烟。

Petra:	shòuhuòyuán 售货员：
Wǒ yào mǎi 'Zhōnghuá' xiāngyān. 我要买'中华'香烟。	
Yì bāo duōshao qián? 一包多少钱？	Èrshi'èr Kuài liù. Nǐ yào jǐ bāo? 二十二块六。你要几包？
Liǎng bāo. 两包。	Hǎo. Sìshiwǔ Kuài èr. 好。四十五块二。
Wǒ hái yào yí ge dǎhuǒjī. 我还要一个打火机。	Yí ge yí Kuài jiǔ Máo wǔ. 一个一块九毛五。
Hǎo. 好。	Yígòng sìshiqī Kuài yì Máo wǔ. 一共四十七块一毛五。

1.5 Herr Smith kauft im Kaufhaus ein.

Smith xiānsheng zài yì jiā shāngchǎng mǎi dōngxi.
Smith 先生在一家商场买东西。

Smith xiānsheng 先生：	shòuhuòyuán 售货员：
Nǐ hǎo! 你好！	Nǐ hǎo! Nǐ yào shénme? 你好！你要什么？

Smith xiānsheng 先生：	shòuhuòyuán 售货员：
Wǒ xiǎng mǎi yí ge huāpíng; kěyi 我想买一个花瓶；可以	
yòng Měiyuán mǎi ma? 用美元买吗？	Duìbuqǐ, bù xíng. Wǒmen zhǐ shōu 对不起，不行。我们只收
	Rénmínbì. 人民币。
Nà, wǒ děi xiān qù huàn qián. 那，我得先去换钱。	Yínháng jiù zài duìmiàn. 银行就在对面。

(*kommt zurück in den* shāngchǎng 商场：)

	Nǐ huàn qián le ma? 你换钱了吗？
Huàn le. 换了。	Nǐ yào nǎ ge huāpíng? 你要哪个花瓶？
Wǒ kànkan nà ge hóng de. 我看看那个红的。	Hǎo. Qǐng kàn! 好。请看！
Búcuò. Zhè shi Jǐngdézhèn de cíqì ma? 不错。这是景德镇的瓷器吗？	Shìde. Zhè shi Jǐngdézhèn de. 是的。这是景德镇的。
Nǐmen yě yǒu báisè de huāpíng ma? 你们也有白色的花瓶吗？	Yǒu. Nǐ kàn, zhè ge bái huāpíng 有。你看，这个白花瓶
	zěnmeyàng? 怎么样？
Zhēn piàoliang! Wǒ jiù yào zhè ge. 真漂亮！我就要这个。	Hǎode. 好的。
Duōshao qián? 多少钱？	Èrbǎi èrshiwǔ Kuài. 二百二十五块。
Hǎo. 好。	

2. Jùxíng 句型 (Satzmuster)

2.1
Zhè shi dòngwùyuán.	这是动物园。
Nà shi shénme?	那是什么？
Zhè ge huāpíng hěn piàoliang.	这个花瓶很漂亮。
Tā zhù zài nà ge fángjiān.	她住在那个房间。
Wǒ kěyi kànkan nà ge ma?	我可以看看那个吗？

2.2
A Nǐ yào nǎ ge nuǎnshuǐpíng?	你要哪个暖水瓶？
B Nà ge.	那个。
Nǎ ge fángjiān zuì dà?	哪个房间最大？

2.3
Tā zhīdao Lǐ lǎoshī zhù zài nǎr.	她知道李老师住在哪儿。
Wǒ bù zhīdao diànyǐng jǐ diǎn kāishǐ.	我不知道电影几点开始。
Nǐ zhīdao tā jīntiān lái ma?	你知道他今天来吗？
Nǐ zhīdao yínháng zài nǎr ma?	你知道银行在哪儿吗？

2.4
Zhè běn shū duōshao qián?	这本书多少钱？
→ Shí Kuài sān Máo wǔ Fēn.	十块三毛五分。
→ Shí Kuài sān Máo wǔ.	十块三毛五。
Nà ge huāpíng duōshao qián?	那个花瓶多少钱？
→ Sānshiliù Kuài bā Máo.	三十六块八毛。
→ Sānshiliù Kuài bā.	三十六块八。
Zhè ge duōshao qián?	这个多少钱？
→ Liù Máo sān Fēn.	六毛三分。
→ Liù Máo sān.	六毛三。

2.5
Nǐ kàn, zhè zhǒng sīchóu zěnmeyàng?	你看，这种丝绸怎么样？
Zhè ge fángjiān zěnmeyàng?	这个房间怎么样？

2.6
Zhè ge zì zěnme xiě?	这个字怎么写？
„Vase" Zhōngwén zěnme shuō?	„Vase" 中文怎么说？
Zhè zhǒng chá zěnme pào?	这种茶怎么泡？

2.7
Zhè shi Wáng lǎoshī de yàoshi.	这是王老师的钥匙。
Zhèr de sīchóu hěn piányi.	这儿的丝绸很便宜。
Tā shi wǒ de hǎo péngyou.	他是我的好朋友。
Wǒ kàn le yí ge hěn hǎo de diànyǐng.	我看了一个很好的电影。
Tā yǒu liǎng ge piàoliang de nǚ'ér.	他有两个漂亮的女儿。

	Wǒ xǐhuan hē Zhōngguó chá.	我喜欢喝中国茶。
2.8	Zhè bú shi tā de yàoshi, shi wǒ de!	这不是他的钥匙，是我的！
	Lán de nuǎnshuǐpíng shi tā de, hóng de shi wǒ de.	蓝的暖水瓶是他的，红的是我的。
2.9	Dàxué zài dòngwùyuán fùjìn.	大学在动物园附近。
	Yǒuyì Shāngdiàn zài yínháng duìmiàn.	友谊商店在银行对面。
	Chūzū-qìchē zài lǚguǎn ménkǒu.	出租汽车在旅馆门口。
2.10	Chīfàn yǐhòu, wǒ yào xiūxi yíxià.	吃饭以后，我要休息一下。
	Huàn le qián yǐhòu, tā mǎi le yí ge Zhōngguó huāpíng.	换了钱以后，他买了一个中国花瓶。
2.11	Wǒ méi(yǒu) qián le.	我没(有)钱了。
	Méi(yǒu) kāfēi le.	没(有)咖啡了。
2.12	Wǒmen yòng zhè běn shū.	我们用这本书。
	Wǒmen yòng zhè běn shū xué(xí) Zhōngwén.	我们用这本书学(习)中文。

Die chinesischen Zahlenzeichen:

Die chinesischen Zahlenzeichen sind sehr einfach zu schreiben und deshalb auch sehr leicht manipulierbar. Aus diesem Grunde gibt es von allen Zahlenzeichen verwechslungs- und fälschungssichere Varianten, die beispielsweise auf den Geldscheinen Verwendung finden. Bei diesen Varianten spricht man von *dàxiě* 大写 „Großschreibung", was verständlich wird, wenn man beide Zahlenformen nebeneinander stellt:

1	一	yī	壹	6	六	liù	陆
2	二	èr	贰	7	七	qī	柒
3	三	sān	叁	8	八	bā	捌
4	四	sì	肆	9	九	jiǔ	玖
5	五	wǔ	伍	10	十	shí	拾
100	百	bǎi	佰	1000	千	qiān	仟
10000	万	wàn	萬				

3. Kèwén 课文 (Lektionstext)

北京有很多中国银行。最大的在天安门附近。这家银行上午九点开门，下午六点关门，中午不休息。很多人去那儿取钱和换钱。白德明也常常去那儿换钱。

今天是星期天，白德明要去友谊商店买东西。他没有人民币了。他先去银行换了五百欧元。今天一欧元是七块人民币，还不错。

换了钱以后，白德明坐一路公共汽车到了友谊商店。

售货员：	白先生：
你买什么？	我想买那个 ... 我不知道中文怎么说？
哪个？啊，那个，那个叫'丝绸'。	啊，对了，对了！丝绸！这种蓝的真漂亮！多少钱？
一米六十八块四，是杭州的。	哎哟，不便宜！
你看，这种怎么样？	这也是杭州的吗？
是的。你喜欢吗？	喜欢。一米多少钱？
三十六块八。	那不贵。我要五米。
好。一共一百八十四块。	

4. Kèwén 课文 (Lektionstext)

Běijīng yǒu hěn duō Zhōngguó Yínháng. Zuì dà de zài Tiān'ānmén fùjìn. Zhè jiā
北京有很多中国银行。最大的在天安门附近。这家
yínháng měitiān shàngwǔ jiǔ diǎn kāimén, xiàwǔ liù diǎn guānmén, zhōngwǔ
银行每天上午九点开门，下午六点关门，中午
bù xiūxi. Hěn duō rén qù nàr qǔ qián hé huàn qián.
不休息。很多人去那儿取钱和换钱。

Bái Démíng yě chángcháng qù nàr huàn qián.
白德明也常常去那儿换钱。

Jīntiān shi xīngqītiān, Bái Démíng yào qù Yǒuyì Shāngdiàn mǎi dōngxi. Tā méiyou
今天是星期天，白德明要去友谊商店买东西。他没有
Rénmínbì le. Tā xiān qù yínháng huàn le wǔbǎi Ōuyuán. Jīntiān yì Ōuyuán shi qī
人民币了。他先去银行换了五百欧元。今天一欧元是七
Kuài Rénmínbì, hái búcuò.
块人民币，还不错。

Huàn le qián yǐhòu, Bái Démíng zuò yī lù gōnggòng-qìchē dào le Yǒuyì Shāngdiàn.
换了钱以后，白德明坐一路公共汽车到了友谊商店。

shòuhuòyuán 售货员：	Bái xiānsheng 白先生：
Nǐ mǎi shénme? 你买什么？	Wǒ xiǎng mǎi nà ge ... wǒ bù zhīdao 我想买那个…我不知道 Zhōngwén zěnme shuō? 中文怎么说？
Nǎ ge? À, nà ge, nà ge jiào 'sīchóu'. 哪个？啊，那个，那个叫'丝绸'。	À, duì le, duì le! Sīchóu! Zhè zhǒng 啊，对了，对了！丝绸！这种 lán de zhēn piàoliang. Duōshao qián? 蓝的真漂亮。多少钱？
Yì mǐ liùshibā Kuài sì, shi Hángzhōu de. 一米六十八块四，是杭州的。	Aiyo, bù piányi! 哎哟，不便宜！
Nǐ kàn, zhè zhǒng zěnmeyàng? 你看，这种怎么样？	Zhè yě shi Hángzhōu de ma? 这也是杭州的吗？
Shìde. Nǐ xǐhuan ma? 是的。你喜欢吗？	Xǐhuan. Yì mǐ duōshao qián? 喜欢。一米多少钱？
Sānshiliù Kuài bā. 三十六块八。	Nà, bú guì. Wǒ yào wǔ mǐ. 那，不贵。我要五米。
Hǎo. Yígòng yìbǎi bāshisì Kuài. 好。一共一百八十四块。	

5. Zhùshì 注释 (Erläuterungen)

5.1 Die chinesische Währung

Die Währung der VR China heißt Rénmínbì 人民币 („Volkswährung", RMB). Die größte Einheit ist der Yuán 元 (RMB￥). Ein Yuán hat 10 Jiǎo 角 bzw. 100 Fēn 分. In der Alltagssprache sagt man statt Yuán meist Kuài 块 und statt Jiǎo meist Máo 毛.

Während man im Deutschen beispielsweise € 1,75 als *ein Euro fünfundsiebzig (Cent)* spricht, muß man im Chinesischen immer schrittweise von der größeren zur nächstkleineren Währungseinheit gehen, also: ein 'Euro' – sieben 'Euro-Groschen' (od. 'Zehn-Cent-Einheiten') – fünf 'Cent' ⇨ yí Kuài qī Máo wǔ Fēn.

Beispiele:

126,00	yìbǎi èrshiliù Kuài	一百二十六块
126,70	yìbǎi èrshiliù Kuài qī Máo	一百二十六块七毛
126,75	yìbǎi èrshiliù Kuài qī Máo wǔ Fēn	一百二十六块七毛五分
0,50	wǔ Máo	五毛
0,06	liù Fēn	六分
0,36	sān Máo liù Fēn	三毛六分

- Wird keine Währungseinheit übersprungen, kann bei der jeweils letzten die Bezeichnung weggelassen werden, also:

  126,75 ⇨ *kurz:* yìbǎi èrshiliù Kuài qī Máo wǔ
  一百二十六块七毛五

  0,36 ⇨ *kurz:* sān Máo liù
  三毛六

- Steht die Zahl 2 alleine vor einer Währungseinheit oder auf der hunderter oder einer noch höheren Stelle, dann wird die Zahl 2 bevorzugt liǎng 两 gelesen.

0,02 RMB	liǎng Fēn	两分
2,00 RMB	liǎng Kuài	两块
222,00 RMB	liǎngbǎi èrshí'èr Kuài	两百二十二块

- Wird die Bezeichnung Máo 毛 bzw. Jiǎo 角 oder Fēn 分 weggelassen, dann darf die Zahl 2 nur als èr 二 gelesen werden.

  | 2,20 RMB | liǎng Kuài èr | 两块二 |
  | 2,22 RMB | liǎng Kuài liǎng Máo èr | 两块两毛二 |

- Folgt auf die Währungseinheit Yuán 元 bzw. Kuài 块 direkt die kleinste Einheit Fēn 分 (also ohne daß Jiǎo 角 bzw. Máo 毛 dazwischen steht), darf Fēn 分 nicht weggelassen werden. Gelegentlich wird zwischen die beiden Währungseinheiten zusätzlich das Zahlwort líng 零 („Null") eingeschoben; auch in diesem Falle sollte Fēn 分 nicht weggelassen werden.

11,05 RMB	shíyī Kuài wǔ Fēn	十一块五分
	shíyī Kuài líng wǔ Fēn	十一块零五分

- Nennt der Geldbetrag nur eine Währungseinheit, folgt auf Yuán bzw. Kuài, auf Jiǎo bzw. Máo oder auf Fēn nicht selten noch das Wort qián 钱 („Geld").

5,00 RMB	wǔ Kuài (qián)	五块（钱）
0,80 RMB	bā Máo (qián)	八毛（钱）
0,07 RMB	qī Fēn (qián)	七分（钱）

5.2 Die Attributivpartikel de 的 (I)

Ein Attribut (Ergänzung, nähere Bestimmung) beschreibt das Substantiv oder Bezugswort näher, bei dem es steht. Dieses Attribut steht im Deutschen oft vor dem Wort, das auf diese Weise näher bestimmt wird, im Chinesischen steht es **immer** davor.

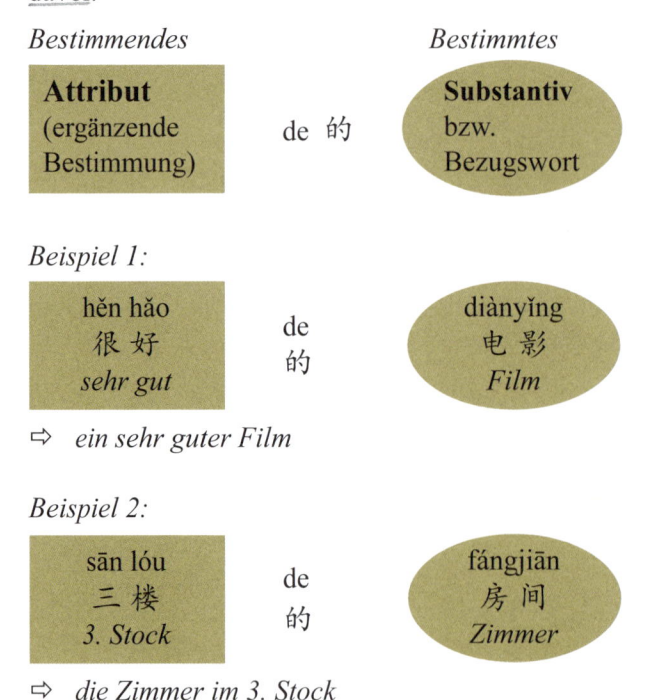

Bestimmendes   *Bestimmtes*

Attribut   de 的   **Substantiv**
(ergänzende   bzw.
Bestimmung)   Bezugswort

Beispiel 1:

hěn hǎo   de   diànyǐng
很好   的   电影
sehr gut   *Film*

⇨ *ein sehr guter Film*

Beispiel 2:

sān lóu   de   fángjiān
三楼   的   房间
3. Stock   *Zimmer*

⇨ *die Zimmer im 3. Stock*

○ Das Attribut kann im Chinesischen bestehen aus

▶ einem Adjektiv (Eigenschaftswort)

Yǒuyì Shāngdiàn méiyǒu piányi de dōngxi. 友谊商店没有便宜的东西。	*In den Freundschaftsläden gibt es keine billigen Waren.*
Tā mǎi le yí ge hěn guì de huāpíng. 她买了一个很贵的花瓶。	*Sie hat eine sehr teure Vase gekauft.*
Zhè shi zuì hǎo de sīchóu. 这是最好的丝绸。	*Dies ist die beste Seide.*

▶ einem Pronomen (Fürwort)

| Zhè shi wǒ de qián.
这是我的钱。 | *Dies ist mein Geld.* |
| Nàr de lǚguǎn hěn hǎo.
那儿的旅馆很好。 | *Die Hotels dort sind sehr gut.*
(Wörtl.: *Die dortigen Hotels sind sehr gut.*) |

▶ einem Substantiv (Hauptwort)

| Wáng xiānsheng de nǚ'ér zài yínháng gōngzuò.
王先生的女儿在银行工作。 | *Die Tochter von Herrn Wang* (wörtl.: *Herrn Wangs Tochter*) *arbeitet in einer Bank.* |
| Lǎoshī de yàoshi zài nǎr?
老师的钥匙在哪儿？ | Wo ist der Schlüssel des Lehrers?
(Wo ist des Lehrers Schlüssel?) |

▶ einem Fragewort

| Nǐ qù kàn jǐ diǎn de diànyǐng?
你去看几点的电影？ | *Den Film* um wieviel Uhr *gehst du dir ansehen?* |
| Wǒ kàn bā diǎn de (diànyǐng).
我看八点的（电影）。 | *Ich sehe mir den (Film)* um 8 Uhr *an.* (... nicht etwa den um 10 Uhr.) |

○ Die Attributivpartikel de 的 kann weggelassen werden

▶ bei manchen Adjektiven, die nicht durch ein Adverb näher bestimmt sind

| Tā shi ge hǎo xuésheng.
他是个好学生。 | *Er ist ein* guter *Schüler.* |

Wǒ xǐhuan hóng sīchóu. 我喜欢红丝绸。	*Ich mag* rote *Seide.*

Xiǎo fángjiān bú guì. 小房间不贵。	*Kleine* Zimmer *sind nicht teuer.*

Nicht selten vermitteln solche Sätze den Eindruck einer allgemeingültigen Aussage. Wird auch bei einem solchen Adjektiv das Hilfswort de 的 gebraucht, dann denkt man oft eher an den konkreten Einzelfall, bei dem die betreffende Eigenschaft besonders hervorgehoben und damit von anderen abgesetzt wird.

Wǒ xǐhuan xiǎo de fángjiān. 我喜欢小的房间。	*Ich mag das* kleine *Zimmer.* (... und nicht etwa das große, das ich auch hätte haben können.)

Beachten Sie:
Wenn das Substantiv od. Bezugswort bereits durch eine andere Ergänzung näher bestimmt ist, darf das Hilfswort de 的 hinter dem Adjektiv nicht weggelassen werden. Vergleichen Sie:

yí ge	xīn	diànyǐng	*ein neuer Film*
一个	新	电影	

yí ge	xīn de	Měiguó[1] diànyǐng	*ein neuer US-amerikanischer*[1] *Film*
一个	新的	美国[1] 电影	

▶ bei Attributen, die eine verwandte oder auch gut bekannte Person, eine Sprache, die Herkunft oder die Nationalität bezeichnen

tā nǚ'ér 她女儿	*ihre* Tochter

Zhōngwén shū 中文书	*chinesische* Bücher (⇨ Bücher *in chinesischer Sprache*)

Déguó chē 德国车	*deutsche* Autos (⇨ Autos *aus Deutschland*)

---

1 Měiguó 美国 : U.S.A.; vgl. Měiyuán 美元 : US-Dollar ($).

▶ wenn das Attribut eine Maßangabe ist

shí mǐ sīchóu 十米丝绸	*10 Meter* Seide

Hinweise:

- Bei längeren Attributen (ab drei Silben) sollte man das Hilfswort de 的 nicht weglassen.

Liú fūren de érzi 刘夫人的儿子	der Sohn *von Frau Liu*

zhè jiā shāngdiàn de shòuhuòyuán 这家商店的售货员	die Verkäufer *in diesem Laden*

- In der Regel kann man davon ausgehen, daß bei einem zusammengesetzten Wort im Deutschen in der chinesischen Entsprechung das Hilfswort de 的 entfällt.

cíqì shāngdiàn 瓷器商店	Porzellangeschäft

- Einige Adjektive können als Attribut nicht allein, sondern nur in Verbindung mit einem Adverb (z. B.: hěn 很 „sehr", bù 不 „nicht") gebraucht werden. Achten Sie vorerst auf die Adjektive „viel(e)" = duō 多 und „wenig(e)" = shǎo 少 . Hierbei läßt man in der Regel das Hilfswort de 的 weg.

Tā yǒu hěn duō (de) Yīngwén shū. 她有很多（的）英文书。	*Sie hat* viele (od.: sehr viele) *englische Bücher.* (⇨ *Bücher in englischer Sprache*)

Wenn aus dem Textzusammenhang klar hervorgeht, worauf sich das Attribut (die näher beschreibende Ergänzung) bezieht, dann kann das Bezugswort ausgelassen werden. In diesem Fall muß auf das Attribut jedoch stets die Attributivpartikel de 的 folgen!

Beispiel:

Tā mǎi le shí mǐ sīchóu, liǎng mǐ hóng de, bā mǐ lán de. 她买了十米丝绸，两米红的，八米蓝的。	*Sie hat zehn Meter Seide gekauft, zwei Meter* rote, *acht Meter* blaue.

Xiǎo fángjiān shi wǒ de, dà de shi tā de. 小房间是我的，大的是他的。	*Das kleine Zimmer ist* meines, *das* große *seines.*

Lektion 4

Hinweis:

Wohl aus Gründen des Wohlklanges vermeidet man möglichst die Häufung von de 的 in einem Satz.

Beispiele:

tā de fángjiān	Liú fūren de érzi
他 的 房 间	刘 夫 人 的 儿 子
sein Zimmer	*der Sohn der Frau Liu*

tā de fángjiān de yàoshi	Liú fūren de érzi de qìchē
他 的 房 间 的 钥 匙	刘 夫 人 的 儿 子 的 汽 车
➝ tā fángjiān de yàoshi	➝ Liú fūren érzi de qìchē
他 房 间 的 钥 匙	刘 夫 人 儿 子 的 汽 车
der Schlüssel zu seinem Zimmer	*das Auto des Sohnes von Frau Liu*

5.3 Aussage- und Fragesatz mit zhīdao 知道 (*wissen*)

Das Verb zhīdao 知道 bedeutet: wissen, Kenntnis haben (von), informiert sein (über). Es wird in Aussage- und in Fragesätzen verwendet.

5.3.1 In Aussagesätzen kann auf zhīdao 知道 als Objekt folgen

▶ ein Substantiv

| Wǒ bù zhīdao tā de míngzi. | |
| 我 不 知 道 他 的 名 字 。 | *Ich kenne seinen* Namen *nicht.* |

▶ ein weiterer Aussagesatz

| Wǒ zhīdao tā jīntiān méi kòng. | |
| 我 知 道 她 今 天 没 空 。 | *Ich weiß, daß sie heute keine Zeit hat.* |

▶ ein Fragesatz (indirekte Frage)

| Tā zhīdao Lǐ lǎoshī zhù zài nǎr. | |
| 他 知 道 李 老 师 住 在 哪 儿 。 | *Er weiß, wo Lehrerin Li wohnt.* |

5.3.2 zhīdao 知道 in Fragesätzen

| Subjekt + zhīdao 知道 + ... + Frageform mit ma 吗 am Satzende |

Beispiel:

| Nǐ zhīdao tā jiéhūn le ma?
你知道她结婚了吗？ | *Weißt du, ob sie verheiratet ist?*
Oder: *Weißt du, daß sie verheiratet ist?* |
| Tā zhīdao yínháng liù diǎn guān mén ma?
他知道银行六点关门吗？ | *Weiß er, ob die Bank um 6 Uhr schließt?*
Oder: *Weiß er, daß die Bank um 6 Uhr schließt?* |

Beachten Sie:

Ohne sprachlichen oder situationellen Kontext ist es manchmal nicht ohne weiteres klar, ob sich das Fragewort ma 吗 auf zhīdao 知道 oder auf das Prädikat des nachfolgenden Teilsatzes bezieht. Will man eindeutig fragen „Weißt du, daß ...?", dann stellt man „Nǐ zhīdao ma?" oft ans Satzende.

Beispiel:

| Lìyún jiéhūn le, nǐ zhīdao ma?
丽云结婚了，你知道吗？ | *Weißt du, daß Liyun geheiratet hat?* |

In einem Satz mit zhīdao 知道 und ma 吗 kann auch ein weiteres Fragewort stehen, was den Satz dann eindeutig macht.

Beispiel:

| Nǐ zhīdao tā érzi zài nǎr gōngzuò ma?
你知道他儿子在哪儿工作吗？ | *Wissen Sie, wo sein Sohn arbeitet?* |
| Tā zhīdao shāngdiàn jǐ diǎn kāi mén ma?
她知道商店几点开门吗？ | *Weiß sie, um wieviel Uhr die Geschäfte öffnen?* |

5.4 Die Demonstrativpronomen zhè 这, nà 那 und das Fragewort nǎ 哪 in Verbindung mit einem Substantiv

Die Demonstrativpronomen (hinweisenden Fürwörter) zhè 这 (*dies*) und nà 那 (*jenes*) haben wir bereits in Lektion 2 bzw. 3, das Fragewort nǎ 哪 (*welch-*) schon in Lektion 1 kennengelernt. Zwischen diesen drei Wörtern und einem nachfolgenden Substantiv steht in der Regel ein Zähleinheitswort (ZEW). Zwischen diese drei Wörter und das jeweilige ZEW können Zahlenangaben treten, wobei man im Falle des Singulars die Zahl 1 (yī 一) gerne ausläßt.

Demonstrativpronomen	Zahl	ZEW	Substantiv	
Singular	zhè 这	(yí) (一)	ge 个	fángjiān 房间	*dieses Zimmer*
bestimmter Plural	zhè 这	sān 三	ge 个	fángjiān 房间	*diese drei Zimmer*
Fragewort	nǎ 哪	(yí) (一)	wèi 位	xiānsheng 先生	*welcher Herr?*

Ist der Textzusammenhang eindeutig, kann das Bezugswort zu zhè 这, nà 那 und nǎ 哪 ausgelassen werden, jedoch nicht das ZEW.

Zhè ge fángjiān yǒu xǐzǎojiān, nà jiān méiyǒu. 这个房间有洗澡间，那间没有。	*Dieses Zimmer hat ein Bad, das da (wörtl.: jenes) hat keins.*

5.5 Die Fügung „*Negationswort* ... le 了"

Die Fügung „*Negationswort* ... le 了" kennzeichnet eine veränderte Situation, in der man etwas „nicht länger, nicht mehr, nicht weiter ..." tut oder hat.
So drückt die Fügung méi(yǒu) 没(有) ... le 了 aus,

▶ daß man etwas **nicht mehr** hat.

Wǒ méi(yǒu) qián le. 我没(有)钱了。	*Ich habe kein Geld mehr.*
A Nǐ hái yǒu kè ma? 你还有课吗？	*Hast du noch Unterricht?*
B Méiyǒu le. 没有了。	*(Habe ich) nicht mehr.*

▶ daß etwas **nicht mehr** vorhanden ist. Solche Aussagen werden meist unpersönlich, d. h. ohne Subjektabgabe, formuliert.

Méiyǒu kāfēi le. 没有咖啡了。	*Es gibt keinen Kaffee mehr.* Od.: *Es ist kein Kaffee mehr da.*
Méiyǒu fángjiān le. 没有房间了。	*Es gibt kein [freies] Zimmer mehr.*

5.6 Ortsbestimmungen, Positionswörter (I)

Ortsbestimmungen, die im Deutschen als Präpositionen (*in, an, gegenüber, neben, auf, unter* etc.) auftreten, werden im Chinesischen als Substantive empfunden. Diese ortsbezeichnenden Substantive wie zum Beispiel duìmiàn 对面 (wörtl.: *gegenüberliegende Seite* ⇨ *gegenüber* [*von*]), fùjìn 附近 (*Nähe, in der Nähe von*) oder auch ménkǒu 门口 (wörtl.: *Eingang* ⇨ *am Eingang* [*von / zu*]) können im Chinesischen für sich alleine stehen oder sie werden im Gegensatz zum Deutschen hinter das Wort gestellt, auf das sie sich beziehen. Diese Ortssubstantive, die meist deutschen Präpositionen entsprechen, im Chinesischen jedoch nachgestellt werden (Deutsch: „*neben* der Tür" ⇨ Chinesisch: „Tür *neben*"), nennen wir **Positionswörter**.

Beispiele:

Tā zhù zài		duìmiàn.	*Er wohnt gegenüber (auf der gegenüberliegenden Seite).*
他 住 在		对 面 。	
Tā zhù zài		Rìxīn Fàndiàn duìmiàn.	*Er wohnt gegenüber dem Rixin Hotel.*
他 住 在		日 新 饭 店 对 面 。	
Tā zhù zài		wǒ duìmiàn.	*Er wohnt mir gegenüber.*
他 住 在		我 对 面 。	
Fùjìn		yǒu lǚguǎn ma?	*Gibt es in der Nähe ein Hotel?*
附 近		有 旅 馆 吗 ?	
Dòngwùyuán fùjìn		yǒu lǚguǎn ma?	*Gibt es ein Hotel in der Nähe des Zoos?*
动 物 园 附 近		有 旅 馆 吗 ?	
Wǒ zài	ménkǒu	děng nǐ.	*Ich warte am Eingang auf dich.*
我 在	门 口	等 你 。	
Wǒ zài	dàxué ménkǒu	děng nǐ.	*Ich warte am Eingang der (od. zur) Universität auf dich.*
我 在	大 学 门 口	等 你 。	

5.7 Zum Gebrauch von ... yǐhòu 以后 (nachdem, nach)

Als Konjunktion (Sätze verbindendes Hilfswort) wird die Fügung ... yǐhòu 以后 im Sinne von „nachdem (*etwas vollzogen ist bzw. getan wurde*)" verwendet. Während im Deutschen die Konjunktion „nachdem" am Anfang des betreffenden Nebensatzes steht, steht ... yǐhòu 以后 im Chinesischen am Ende dieses Nebensatzes.

Im Deutschen kann der Nebensatz vor oder hinter dem Hauptsatz stehen:

▶ Nachdem wir den Unterricht beendet haben, wollen wir schwimmen gehen.
(*Kurz:* Nach dem Unterricht wollen wir schwimmen gehen.)
Oder:
▶ Wir wollen schwimmen gehen, nachdem der Unterricht beendet ist.

Im Chinesischen steht der Nebensatz stets **vor** dem Hauptsatz:

| Xiàkè yǐhòu, wǒmen yào qù yóuyǒng.
下课以后，我们要去游泳。 | *Nach dem Unterricht wollen wir schwimmen gehen.* |

Die Handlung des Nebensatzes mit yǐhòu 以后 ist abgeschlossen, bevor die Handlung des Hauptsatzes beginnt, deshalb tritt nicht selten direkt hinter das Verb des Nebensatzes die Aspektpartikel le 了 (vgl. Lektion 3):

| Xià le kè yǐhòu, wǒmen yào qù yóuyǒng.
下了课以后，我们要去游泳。 | *Nach dem Unterricht wollen wir schwimmen gehen.* |

Tritt in dem Nebensatz die Aspektpartikel le 了 auf, entfällt häufig yǐhòu 以后:

| Xià le kè, wǒmen yào qù yóuyǒng.
下了课，我们要去游泳。 | *Nach dem Unterricht wollen wir schwimmen gehen.* |

Weiteres zu yǐhòu 以后 siehe in Lektion 5.

5.8 Die Partikel ne 呢 am Satzende

Die Partikel ne 呢 für die Bildung einer verkürzten Frage haben wir bereits in Lektion 2 kennengelernt. Diese Partikel wird auch in vollständigen Fragesätzen verwendet und signalisiert dann oft einen informellen Gesprächston. Es kann im Deutschen meist mit „denn" wiedergegeben werden.

Beispiele:

| Wǒ zěnme qù ne?
我怎么去呢？ | *Wie komme ich denn dahin?* |

| Nǐ shénme shíhou lái ne?
你什么时候来呢？ | *Wann kommen Sie denn?* |

| Tā shuō shénme ne?
她说什么呢？ | *Was sagt sie denn?* |

5.9 Das Verb yòng 用 („benützen", „verwenden")

In den Lektionen 2 und 3 haben wir die Verben zài 在 und zuò 坐 behandelt, die als Koverben im chinesischen Satz ähnliche Aufgaben erfüllen wie im Deutschen bestimmte Präpositionen. Auch das Verb yòng 用 mit der Bedeutung „benützen", „verwenden" dient häufig als Koverb und entspricht im Deutschen dem instrumentalen „mit", „mittels", „mit Hilfe von ...".

Beispiel:

Wǒ kěyi yòng Ōuyuán ma? 我可以用欧元吗？	*Kann ich Euro benutzen?*
Wǒ kěyi yòng Ōuyuán mǎi ma? 我可以用欧元买吗？	*Kann ich in Euro zahlen?* (Wörtl.: *Kann ich Euro benutzen, um [das] zu kaufen?*)
Wǒmen yòng tā de shū. 我们用他的书。	*Wir benutzen sein Buch.*
Wǒmen yòng tā de shū xué Rìwén. 我们用他的书学日文。	*Wir lernen mit seinem Buch Japanisch.* (Wörtl.: *Wir benutzen sein Buch, um Japanisch zu lernen.*)
Tāmen yòng kuàizi.² 他们用筷子²。	*Sie benutzen Eßstäbchen.*
Tāmen yòng kuàizi chīfàn. 他们用筷子吃饭。	*Sie essen mit Eßstäbchen.* (Wörtl.: *Sie benutzen Eßstäbchen, um zu essen.*)

5.10 Weiteres zur Verwendung des Fragewortes zěnme 怎么 (wie?)

Das Fragewort zěnme 怎么, das wir bereits in Lektion 3 näher kennengelernt haben, wird auch bei der Bildung von unpersönlich formulierten Fragen nach der Art und Weise einer Tätigkeit verwendet. In solchen Sätzen steht im Chinesischen das eigentliche Objekt als Satzthema am Anfang der Frage.

Beispiel:

Zhè ge zì zěnme xiě? 这个字怎么写？	*Wie wird dieses Schriftzeichen geschrieben?* (Wörtl.: *Dieses Zeichen – wie schreibt man (das)?*)

---

2 kuàizi 筷子: chinesische Eßstäbchen.

'Vase' Zhōngwén (od.: Hànyǔ) zěnme shuō? 'Vase' 中文 (od.: 汉语) 怎么说？	*Wie sagt man 'Vase' auf Chinesisch? (Wörtl.: 'Vase' – auf Chinesisch wie sagt man (das)?)*

Auch:

'Vase' yòng Zhōngwén (od.: Hànyǔ) zěnme shuō? 'Vase' 用中文 (od.: 汉语) 怎么说？	

5.11 Zum Gebrauch von jiù 就 (II)

Das Adverb jiù 就 haben wir ebenfalls bereits in Lektion 3 kennengelernt. Es wird auch gerne dann benutzt, wenn auf einen Gegenstand usw. Bezug genommen wird, der dem Angesprochenen bekannt ist oder von dem gerade die Rede war, also eine Art <u>gedanklicher Nähe</u> besteht. Die deutsche Übersetzung richtet sich nach dem Textzusammenhang, nicht selten bleibt jiù 就 auch unübersetzt.

Beispiel:

Wǒ jiù yào zhè ge! 我就要这个！	[Kundenreaktion auf Vorschlag od. Empfehlung des Verkäufers:] *Ja, genau das will ich (haben)!*
A Lín xiānsheng zài ma? 林先生在吗？	[Telefonanruf:] *Ist Herr Lin da?*
B Wǒ jiù shi! 我就是！	*Selbst am Apparat!*
Zhèr jiù shi wǒmen dàxué. 这儿就是我们大学。	*Das hier ist unsere [bereits erwähnte] Universität.*
Tā jiù shi Bái xiānsheng. 他就是白先生。	*Er ist (der) Herr Bai [, von dem ich Ihnen bereits erzählt habe].*

Chinesisches Sprichwort

àn bù jiù bān
按部就班

Etwa: etwas gemäß der üblichen Reihenfolge erledigen, routinemäßig vorgehen, ordnungsgemäß Schritt für Schritt erledigen; *gelegentlich auch mit kritischem Unterton:* nach Schema F vorgehen, schematisch bzw. unflexibel handeln.

6. Shēngcíbiǎo 生词表 (Vokabelliste)

zhè	这	dieser (vgl. Lektion 3)	Zhè shi Hànzì.
nà	那	jener (vgl. Lektion 3)	Nà ge rén shi shéi?
nǎ	哪	welcher? (Vgl. auch die Vokabelliste der Lektion 1.)	Nǎ ge fángjiān hǎo?

Ergänzungsvokabeln:			
zhèxiē (*auch:* zhèxie)	这些	diese (*Plural*)	Zhèxiē rén shi shéi? Wǒ bú rènshi zhèxiē xuésheng.
nàxiē	那些	jene (*Plural*)	Nàxiē huāpíng bú guì.
nǎxiē	哪些	welche? (*Plural*)	Nǎxiē fángjiān yǒu xǐzǎojiān? Nǎxiē shū shi nǐ de?

zhīdao	知道	wissen, Bescheid wissen, informiert sein (über), Kenntnis haben (von), kennen	Tā zhīdao wǒ jiéhūn le. Nǐ zhīdao cāntīng zài nǎr ma? Nǐmen zhīdao lù ma? Bù zhīdao.
shuō	说	sprechen, sagen, reden	Nǐ shuō shénme? Tā shuō tā bù xiǎng lái.
~ zěnmeyàng? ~ 怎么样？		Wie ist ~ (Ihrer Meinung nach)? Wie finden Sie ~?	Zhè ge fángjiān zěnmeyàng? Tā de Zhōngwén zěnmeyàng?
... ne	... 呢	*Abtönungspartikel am Satzende, s. die* ERLÄUTERUNGEN *zu dieser Lektion, ähnlich dem deutschen „denn"*	Nǐ jǐ diǎn lái ne? Tā dào nǎr qù ne?
rénmín	人民	Volk (*politischer, nicht ethnischer Begriff*)	Déguó rénmín, Zhōngguó rénmín
Rénmínbì 人民币		„Volkswährung", RMB (¥) (*die Währung der VR China*)	
wàibì	外币	Devisen, ausländische Währungen	

Yuán	元 (圆)	Yuan (¥), *die größte RMB-Währungseinheit*	
Kuài	块	*umgangssprachlich für* Yuan	
Jiǎo	角	Jiao (10 Jiao = 1 Yuan)	
Máo	毛	*umgangssprachlich für* Jiao	
Fēn	分	Fen (10 Fen = 1 Jiao bzw. 1 Mao)	
Mǎkè	马克	(Deutsche) Mark, DM	(Déguó) Mǎkè
Ōuyuán	欧元	Euro (€)	
		Ergänzungsvokabeln: Ōuzhōu 欧洲, *Europa*; Ōuzhōurén 欧洲人, *Europäer*	
Měiyuán	美元	US-Dollar (US $)	Jīntiān yì Měiyuán shi duōshao Rénmínbì?
yínháng	银行	Bank, Geldinstitut (ZEW: jiā 家, ge 个)	Tā zài yínháng gōngzuò.
huàn	换	wechseln, umtauschen	huàn shū, huàn Rénmínbì
huàn qián	换钱	Geld wechseln, Geld umtauschen	Wǒ míngtiān yào qù yínháng huàn qián.
qǔ	取	(ab)holen, (weg)nehmen	qǔ xíngli
qǔ qián	取钱	Geld (*von der Bank*) abheben	Nǐ yào qǔ duōshao qián?
shāngdiàn	商店	Laden, Geschäft (ZEW: jiā 家, ge 个)	Nà ge shāngdiàn bù hǎo.
		Ergänzungsvokabel: shūdiàn 书店, *Buchhandlung*	
shāngchǎng	商场	Kaufhaus (ZEW: jiā 家, ge 个)	Nǎ jiā shāngchǎng zuì dà?
yíngyèyuán	营业员	Angestellter (*vor allem an Schalter mit Publikumsverkehr*)	
shòuhuòyuán	售货员	Verkäufer	Nà ge shòuhuòyuán hěn kèqi.
		Ergänzungsvokabel: gùkè 顾客, *Kunde*	

kāi	开	öffnen, aufmachen; eröffnen; einschalten	
mén	门	Tür, Tor	Qǐng kāi mén!
kāi / mén	开门	(*Laden, Bank usw.*) aufmachen, geöffnet haben; eröffnen	Zhè ge shāngdiàn xīngqītiān yě kāi mén.
guān	关	schließen, zumachen; ausschalten	Nǐ guān mén zuò shénme?
guān / mén	关门	(*Laden, Bank usw.*) schließen	Zhè ge shāngdiàn zǎoshang shí diǎn kāi mén, wǎnshang jiǔ diǎn guān mén.
mǎi	买	kaufen	Nǐ yào mǎi shénme?
mài	卖	verkaufen	Tā xiǎng mài tā de chē.
dōngxi	东西	Gegenstand, Ding, Sache	Zhè shi shénme dōngxi?
mǎi dōngxi	买东西	Sachen einkaufen, Einkäufe erledigen, einkaufen	★ Nǐ qù nǎr? ➙ Wǒ qù mǎi dōngxi.
piányi	便宜	billig	Zhè ge nuǎnshuǐpíng hěn piányi.
shōu	收	entgegennehmen, annehmen; kassieren	Duìbuqǐ, wǒmen bù shōu wàibì.
shōu qián	收钱	Geld entgegennehmen, (Geld) kassieren	Wǒmen jīntiān shōu le duōshao qián?
yígòng	一共	insgesamt (*Summe*)	Wǒmen yígòng shi èrshí ge xuésheng.
xiāng	香	gut riechen, wohlriechend, duften	Zhè hěn xiāng. xiāngshuǐ (*Parfüm*)
yān	烟	Rauch, Qualm; Zigaretten	Nǐ yǒu yān ma?
xiāngyān	香烟	Zigaretten (ZEW: zhī 支 *oder* gēn 根, *einzeln*; bāo 包, *Schachtel*; tiáo 条, *Stange*)	
bāo	包	Paket, Packen, Packung, Schachtel	

Radikal 26 einpacken + Radikal 72 selbst, persönlich, bereits

huǒ	火	Feuer	Qǐng wèn, nǐ yǒu huǒ ma?
dǎ	打	schlagen	Tā dǎ wǒ le!
dǎhuǒjī	打火机	Feuerzeug (ZEW: ge 个, zhī 只)	
sīchóu	丝绸	Seide (ZEW: kuài 块, pǐ 匹, zhǒng 种)	Hángzhōu sīchóu zuì hǎo.
mǐ	米	*hier Längenmaß, phonet. für:* Meter (*veraltet:* gōngchǐ 公尺)	Wǒ mǎi le shí mǐ sīchóu.
zhǒng	种	Sorte, Art, Typ (*häufig als ZEW in der Bedeutung „so ein …", „solch' ein …" benutzt*)	Wǒ bù xǐhuan zhè zhǒng chē. Nǎ zhǒng sīchóu zuì hǎo?
cíqì	瓷器	Porzellan (ZEW: jiàn 件, tào 套, zhǒng 种)	Zhè shi nǎ zhǒng cíqì?
huā	花	Blume (ZEW: duǒ 朵, *Blüte*; shù 束, *Strauß*)	Nǐ xǐhuan nǎ zhǒng huā?
		Ergänzungsvokabel: huādiàn 花店, *Blumenladen*	
huāpíng	花瓶	Blumenvase	Nǐ kàn, zhè ge huāpíng zěnmeyàng?

yánsè	颜色	*Ergänzungsvokabel:* Farbe	Nǐ xǐhuan zhè zhǒng yánsè ma?
bái	白	weiß	
hēi	黑	schwarz	
hóng	红	rot	
huáng	黄	gelb	
lán	蓝	blau	
lǜ	绿	grün	

báisè	白色	weiß, weiße Farbe	Wǒ xǐhuan báisè, tā xǐhuan lánsè.

de	的	grammatisches Hilfswort (*Attributivpartikel*), vgl. dazu die ERLÄUTERUNGEN *in dieser Lektion*	Zhèr de dōngxi hěn guì. Wǒ kàn le yì běn hěn hǎo de shū. Zhè bú shi wǒ de yàoshi, shi nǐ de. Nǐ zuò xīngqījǐ de fēijī qù?
dòngwù	动物	Tier (ZEW: zhī 只)	
dòngwùyuán	动物园	Tierpark, zoologischer Garten, Zoo	Běijīng Dòngwùyuán jǐ diǎn kāi mén?
jìn	近	nah	Dòngwùyuán hěn jìn. ★ Wǒ yào qù Běijīng Dàxué, lù yuǎn ma? ➥ Lù bú jìn!
fùjìn	附近	Nähe, in der Nähe (von)	Tā zhù zài Xī'ān fùjìn. Zhèr fùjìn yǒu yínháng ma?
duìmiàn	对面	die gegenüberliegende Seite, gegenüberliegend, gegenüber (von)	Dàxué duìmiàn jiù yǒu yínháng. Duìmiàn yǒu cāntīng.
ménkǒu	门口	Eingang, Tür; am Eingang, an der Tür	Wǒ qù ménkǒu děng tā. lǚguǎn ménkǒu, dàxué ménkǒu, cāntīng ménkǒu
lù	路	Straße, Weg, Route; *hier:* Linie (*Bus, U-Bahn usw.*)	★ Nǐmen zuò jǐ lù diànchē qù dàxué? ➥ Wǒmen zuò 3 lù qù.
		Ergänzungsvokabel: hàoxiàn 号线, gelegentlich verwendete Variante für lù 路 im Sinne von *Linie* z.B. bei U-Bahn	
diànchē	电车	Straßenbahn; *auch:* O-Bus, Trolley-Bus (ZEW: *Fahrzeug* > liàng 辆; *Linie* > lù 路)	Nǐ kěyi zuò diànchē qù. 9 lù diànchē qù nǎr?
gōnggòng-qìchē 公共汽车		Omnibus, Bus (ZEW: liàng 辆; *Linie:* lù 路)	
		Ergänzungsvokabeln: gōngjiāochē 公交车, *Omnibus, Bus*; kōngtiáochē 空调车, *klimatisierter Bus*	

shàng / chē	上车	in einen Wagen (auch Bus, Bahn usw.) einsteigen	
shàng + Verkehrs-mittel 上		in ein Verkehrsmittel einsteigen	shàng gōnggòng-qìchē, shàng fēijī, shàng chuán* (*chuán = Schiff)
xià / chē	下车	aus einem Wagen (auch Bus, Bahn usw.) aussteigen	Nǐ zài nǎr xià chē?
xià + Verkehrs-mittel 下		aus einem Verkehrsmittel aus-steigen	Wǒ zài Lúndūn xià fēijī.
huàn / chē	换车	den Wagen wechseln, (in einen anderen Bus, in eine andere Straßenbahn usw.) umsteigen	★ Wǒ zài Tiān'ānmén yào huàn chē ma? ↪ Nǐ děi huàn 1 lù gōnggòng-qìchē.
yòng	用	benützen, gebrauchen, verwenden	Wǒ kěyi yòng nǐ de chē ma?
yòng + Mittel + Verb 用 + Mittel + Verb		mittels / mit etwas eine Tätigkeit ausführen	Zài Zhōngguó kěyi yòng Měiyuán mǎi dōngxi ma? Qǐng nǐ yòng Hànyǔ shuō!
... yǐhòu	... 以后	nachdem ..., nach ...	Kàn le diànyǐng yǐhòu, wǒ hái yào qù yínháng huàn qián. Chīfàn yǐhòu, tā jiù qù shuì-jiào le.
méiyǒu ... le	没有 ... 了	(... etwas) nicht mehr haben, nichts mehr ... haben, nicht mehr vorrätig sein	Wǒ méiyǒu qián le. Wǒmen xiàwǔ méiyǒu kè le. Méiyǒu fángjiān le.
zhēn	真	echt; wirklich (sehr) (Adverb)	zhēn hǎo, zhēn piàoliang; Wǒ zhēn xiǎng shuìjiào le!
búcuò	不错	nicht schlecht, recht gut	Zhè zhǒng sīchóu zhēn bú-cuò.
hái	还	noch (vgl. Lektion 3)	Tā hái méi(yǒu) lái.

hái + Adjektiv 还 + Adjektiv		Abtönungspartikel, schwächt vor allem positive Aussagen ab, etwa: recht, noch	Tā de Zhōngwén hái búcuò. Zhè zhǒng sīchóu hái piányi.
búguò	不过	jedoch, allerdings, aber	Zhè ge huāpíng zhēn piàoliang, búguò hěn guì! Wǒ yě xiǎng qù kànkan tā, búguò méiyǒu kòng.
měi	每	jeder, jede, jedes (*meist mit ZEW*)	měi ge rén, měi běn shū, měi (ge) xīngqī
měitiān	每天	täglich, jeden Tag	Wǒ měitiān zǎoshang liù diǎn bàn qǐchuáng.
cháng(cháng)	常（常）	oft, sehr oft, häufig	Xiàkè yǐhòu, wǒ cháng(-cháng) qù yóuyǒng. Tā cháng lái.
bù cháng	不常	nicht oft	Tā bù cháng zài cāntīng chī wǔfàn.
zhǐ	只	nur, lediglich	Tāmen zhǐ yǒu yí ge háizi. Wǒ zhǐ hē kāfēi, bù hē chá.
duō	多	viel, viele	hěn duō rén; Wǒ de qián bù duō. Tā shàngwǔ qù mǎi le hěn duō dōngxi.
shǎo	少	wenig, wenige	Zhè tiáo jiē de chē bù shǎo. Hěn shǎo rén zhīdao wǒ hé tā shi hǎo péngyou.
duōshǎo (duōshao)	多少	wieviel, wie viele	Běijīng Dàxué yǒu duōshao xuésheng? Nǐ měitiān hē duōshao kāfēi?
duì	对	richtig, korrekt	★ Zhè lù chē qù dòngwùyuán ma? ↪ Duì! Shuōduì le! („Richtig gesagt!") Zuòduì le! („Richtig getan!", „Richtig gemacht!")

Lektion 4 | 131

Duì le ...	对了	Ja, richtig, ... ; Ach, richtig, ... (*als einleitende Interjektion*)	
xíng	行	*Grundbedeutung:* gehen, fahren, reisen; *auch:* Das geht! In Ordnung! Einverstanden.	★ Wǒ kěyi yòng nǐ de chē ma? ➥ Xíng.
Bù xíng.	不行	Das geht nicht. *Auch:* Das darf man (Darfst du / Dürfen Sie) nicht.	★ Nǐ xīngqī'èr lái, xíng ma? ➥ Bù xíng, xīngqī'èr wǒ méi kòng.
shì	事	⇨ shìqing 事情 (*s. Lektion 3:* Angelegenheit, Anliegen, Sache)	Nǐ yǒu shì, kěyi jiào fúwùyuán.
shìr	事儿	⇨ shìqing 事情	Nǐ yǒu shénme shìr? Wǒ xiànzài yǒu shìr, méiyǒu kòng.
~r	~儿	ein im Peking-Dialekt an viele Substantive angehängtes, meist bedeutungsloses Suffix; endet das Wort auf -n oder -ng, hat das Anhängen des -r zur Folge, daß das ursprüngliche auslautende -n bzw. -ng nicht mehr gesprochen wird. Analog fällt auch das auslautende -i beispielsweise in dem Wort „Kind" = hai ⇨ ha(i)r ⇨ har *aus*.	huā / huār 花儿 (Blume); mén / ménr 门儿 (Tür) kòng / kòngr 空儿 (Muße, freie Zeit) u.v.a. ménr 门儿 ⇨ mér kòngr 空儿 ⇨ kòr wánr 玩儿 ⇨ wár háir 孩儿 ⇨ hár
yǒuyì	友谊	Freundschaft	Dé-Zhōng yǒuyì
Yǒuyì Shāngdiàn 友谊商店		„Freundschaftsladen" (*Englisch:* „Friendship Store")	
Tiān'ānmén 天安门		„Tor des Himmlischen Friedens" (Tiän-an-men, *Südeingang zum Kaiserpalast in Peking*)	
Zhōngguó Yínháng 中国银行		„Bank of China"	
Jǐngdézhèn 景德镇		eine Kreisstadt in der Provinz Jiāngxī (Kiangsi), weltberühmt wegen ihres Porzellans	

Handschriftliche Notiz: yǒu = Freund, befreundet; yì = Freundschaft, Kameradschaft

Hángzhōu	杭州	Hauptstadt der Provinz Zhèjiāng *(Tschekiang)*, berühmt u.a. wegen des Xīhú („Westsee")
'Zhōnghuá' xiāngyān '中华'香烟		'Zhonghua'-Zigaretten, Zigaretten der Marke 'Zhonghua' („China")

Währungen:

Britisches Pfund, GBP (£)	Yīngbàng 英镑
Deutsche Mark, DM	Déguó Mǎkè 德国马克
Euro, €	Ōuyuán 欧元
Hongkong Dollar, HK $	Gǎngbì 港币
Indische Rupie, INR	Yìndù Lúbǐ 印度卢比
Japanischer Yen (En 円), JPY (¥)	Rìyuán 日圆 (*auch:* 日元)
Renminbi (Yuan), RMB, CNY (¥)	Rénmínbì (Yuán) 人民币 (元)
Russischer Rubel, RUB	Éluósī Lúbù 俄罗斯卢布
Schweizer Franken, CHF, SFr.	Ruìshì Fǎláng 瑞士法郎
(New) Taiwan Dollar, NT $	Táibì (Xīn Táibì) 台币 (新台币)
US Dollar, US $	Měiyuán 美元

Anhang (Fùlù) zur Lektion 4
„Geld umtauschen und einkaufen"

Übersetzungen

1. Shìfàn (Einführung)

1.1

Herr Stein:	Bediensteter:
Entschuldigen Sie, mein Herr ...	Was für ein Anliegen haben Sie?
Ich möchte Geld umtauschen. Könnten Sie mir sagen, wo ich wechseln kann?	Sie können *hier* umtauschen. Gleich hier gibt es eine Bank.
In welcher Etage befindet sich die Bank?	Im 1. Stock. (⇨ Im Parterre.)
Um wieviel Uhr öffnen sie?	Sie öffnen vormittags um 9 Uhr und schließen um 5 Uhr nachmittags.
Machen sie mittags eine Pause?	Sie machen keine [Mittags-]Pause.
Na, dann geh' ich mittags zum Umtausch.	

1.2

Wang De:	Petra:
Was machst du nach dem Unterricht?	Ich möchte Geld umtauschen gehen.
Weißt du, wo eine Bank ist?	Nein (, das weiß ich nicht). Gibt es eine Bank in der Nähe?
Ja. Allerdings tauscht man dort keine Devisen um. Du gehst am besten zur [Filiale der] Bank of China in der Nähe des Tian'anmen.	
Nah ist es nicht.	Ist das weit?
	Wie komme ich denn dahin?
Du kannst mit dem Bus der Linie 332 fahren und am Zoo in die O-Bus-Linie 103 umsteigen.	
	Wo ist die Haltestelle der Linie 332?
Gleich am Eingang zur Universität. Und nachdem du umgestiegen bist, steigst du [dann] am Tian'anmen aus.	

1.3

A: Angestellter **B**: Petra

- **A** Was für ein Anliegen haben Sie? (*freier:* Was für einen Wunsch haben Sie?)
- **B** Ich möchte 100 Euro umtauschen.
- **A** 1 Euro ist heute 8 Yuan in RMB. Bitte füllen Sie zuerst das Formular aus!
- **B** Ja gut.
- **A** Das sind Ihre 800 Yuan RMB.
- **B** Gut, danke. Auf Wiedersehen!
- **A** Auf Wiedersehen!

1.4

Petra:	Verkäufer:
Ich möchte Zigaretten der Marke 'Zhonghua' („China") kaufen. Was kostet eine Schachtel?	[Eine Schachtel kostet] 22,60 ¥uan. Wie viele Schachteln wollen Sie?
Zwei Schachteln.	Gut. [Das macht] 45,20 ¥uan.
Ich brauche (*wörtl.:* will) auch noch ein Feuerzeug.	Ein [Feuerzeug kostet] 1,95 ¥uan.
O.K.	[Das macht] insgesamt 47,15 ¥uan.

1.5

Herr Smith:	Verkäuferin:
Guten Tag!	Guten Tag! Was möchten Sie?
Ich möchte eine Vase kaufen; kann ich mit US Dollars zahlen (*wörtl.:* kaufen)?	Das tut mir leid, das geht nicht. Wir nehmen nur Renminbi (RMB, „Volkswährung") an.
Na, dann muß ich zuerst Geld umtauschen gehen.	Die Bank ist gleich gegenüber!
(*wieder im Kaufhaus*)	
Ja (, ich habe umgetauscht).	Haben Sie (das Geld) umgetauscht?
Ich schaue mir mal die rote da an.	Welche Vase möchten Sie?
	Gut. Bitte schauen Sie!

Herr Smith:	Verkäuferin:
Nicht schlecht. Ist das Porzellan aus Jingdezhen?	Jawohl. Das ist [Porzellan] aus Jingdezhen.
Haben Sie auch Vasen in weißer Farbe?	Ja. Schauen Sie, wie finden Sie diese weiße Vase?
Wirklich hübsch! Genau die will ich. Was kostet sie?	Sehr wohl.
O. K.	225,- ¥uan.

2. Jùxíng (Satzmuster)

2.1 Dies ist der Zoo.
Was ist das?

Diese Vase ist (sehr) hübsch.
Sie wohnt in jenem Zimmer.
Kann ich das mal sehen?

2.2 **A** Welche Thermoskanne wollen Sie?
B Die da (*wörtl.:* Jene).

Welches Zimmer ist das größte?

2.3 Sie weiß, wo Lehrer Li wohnt.
Ich weiß nicht, um wieviel Uhr der Film anfängt.
Weißt du, ob (*oder:* daß) er heute kommt?
Weißt du, wo die Bank ist?

2.4 Was kostet dieses Buch?
↪ 10,35 ¥uan.
↪ 10,35 ¥uan.

Wieviel kostet die Vase da (*wörtl.:* jene Vase)?
↪ 36,80 ¥uan.
↪ 36,80 ¥uan.

Was kostet das (*wörtl.:* dies)?
↪ 0,63 ¥uan.
↪ 0,63 ¥uan.

2.5 Schauen Sie, wie finden Sie diese (Sorte / Art) Seide?
Wie ist (*oder:* Wie finden Sie) dieses Zimmer?

2.6 Wie schreibt man dieses [Schrift-]Zeichen?
Wie sagt man „Vase" auf Chinesisch?
Wie brüht man diesen Tee (*wörtl.:* diese Sorte Tee) auf?

2.7 Dies ist Lehrer Wang's Schlüssel.
Die Seide hier ist billig. (*Wörtl.:* Die hiesige Seide ist billig.)
Er ist mein guter Freund.
Ich habe [mir] einen sehr guten Film angesehen.
Er hat zwei hübsche Töchter.
Ich trinke gerne chinesischen Tee (*od.:* Tee aus China).

2.8 Dies ist nicht sein Schlüssel, [das] ist meiner!
Die blaue Thermoskanne ist seine (*freier:* gehört ihm), die rote ist meine (*freier:* gehört mir).

2.9 Die Universität liegt in der Nähe des Zoos.
Der Freundschaftsladen ist gegenüber der Bank.
Taxis stehen am Eingang zum Hotel.

2.10 Nachdem ich gegessen habe (*freier:* Nach dem Essen), will ich kurz ruhen.
Nachdem er das Geld umgetauscht hatte, kaufte er eine chinesische Vase.

2.11 Ich habe kein Geld mehr.
Es gibt keinen Kaffee mehr. (*Oder:* Es ist kein Kaffee mehr da.)

2.12 Wir verwenden (*oder:* benützen) dieses Buch.
Wir verwenden dieses Buch, um Chinesisch zu lernen. (*Freier:* Wir lernen mit diesem Buch Chinesisch.)

3. Kèwén (Lektionstext)
4. Kèwén (Lektionstext)

In Peking gibt es viele [Filialen der] Bank of China. Die größte befindet sich in der Nähe des Tian'anmen. Diese Bank öffnet jeden Tag um 9 Uhr vormittags und schließt nachmittags um 6 Uhr; mittags machen sie keine Pause. Viele Leute gehen dorthin, um Geld abzuheben oder umzutauschen. Auch Bai Deming geht oft dorthin, um Geld umzutauschen.

Heute ist Sonntag, [und] Bai Deming will zum Freundschaftsladen gehen, um einzukaufen. Er hat [allerdings] keine Renminbi (RMB) mehr. Er geht zuerst zur Bank und tauscht 500 Euro um. 1 Euro ist heute 7 Yuan RMB, gar nicht mal so schlecht.

Nachdem er das Geld umgetauscht hat, ist Bai Deming nun mit dem Bus der Linie 1 am Freundschaftsladen angekommen.

Verkäuferin:	*Herr Bai:*
Was möchten Sie kaufen?	Ich möchte das ... kaufen ... Ich weiß nicht, wie man das auf Chinesisch sagt!
Was denn? Ach, das da, dazu sagt man 'sīchóu' („Seide").	Ach, richtig, richtig! 'Sīchóu' („Seide")! Diese blaue [Seide] ist wirklich hübsch! Wieviel kostet sie?
68,40 ¥ pro Meter; es ist [Seide] aus Hangzhou.	Oh je, ist [ja] nicht [gerade] billig!
Sehen Sie mal, wie gefällt Ihnen die(se)?	Ist dies auch [Seide] aus Hangzhou?
Jawohl. Gefällt sie Ihnen?	Ja (, gefällt mir). Was kostet die pro Meter?
36,80 ¥.	Na, das ist nicht teuer. Ich möchte 5 Meter.
Gut. Das macht zusammen 184 ¥.	

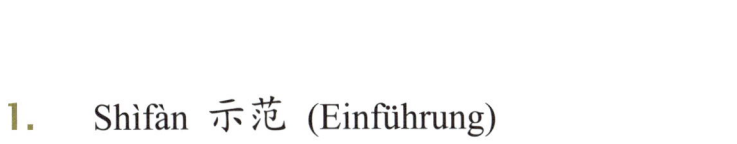

5 Dì wǔ kè　Dào Míngxiàolíng zěnme qù?
第五课　到明孝陵怎么去？
Lektion　Wie kommt man zum Mingxiaoling?

1.　Shìfàn 示范 (Einführung)

1.1　In der Zhongshan-Straße fragt Frau Specht einen Passanten nach einer Bank.

Specht xiǎojie 小姐：	xíngrén 行人：
Qǐng wèn, zhèr fùjìn yǒu yínháng ma?	Yǒu, hěn jìn. Jiù zài Xīnjiēkǒu.
请问，这儿附近有银行吗？	有，很近。就在新街口。
Dào Xīnjiēkǒu zěnme zǒu?	Nà, hěn róngyì. Yìzhí wǎng qián zǒu,
到新街口怎么走？	那，很容易。一直往前走，
	zǒu shí fēn zhōng, jiù dào le.
	走十分钟，就到了。
Xièxie!	Bú kèqi!
谢谢！	不客气！

1.2　Frau Specht erkundigt sich auf der Straße nach dem Weg zum Mingxiaoling (Míngxiàolíng 明孝陵).

Beim ersten Passanten:

A　Xiānsheng, qǐng wèn, dào Míngxiàolíng zěnme qù?
先生，请问，到明孝陵怎么去？

B　Duìbuqǐ, wǒ bú shi Nánjīngrén, wǒ yě bù zhīdao.
对不起，我不是南京人，我也不知道。

A　Ò….
哦….

Beim zweiten Passanten:

Frau Specht:	Zweiter Passant:
Wǒ xiǎng qù Míngxiàolíng, qǐng wèn, 我想去明孝陵，请问，	
zěnme qù? 怎么去？	Nǐ kěyi zuò jiǔ lù gōnggòng-qìchē qù. 你可以坐九路公共汽车去。
Yào huàn chē ma? 要换车吗？	Bú yòng. 不用。
Jiǔ lù chēzhàn zài nǎr? 九路车站在哪儿？	Jiù zài duìmiàn. 就在对面。
Zài nǎr xiàchē? 在哪儿下车？	Zài zhōngdiǎnzhàn xià. 在终点站下。
Xièxie! Zàijiàn. 谢谢！再见。	Zàijiàn. 再见。

1.3 Esther und Taiko wollen ihre Lehrerin in der Guangzhou-Straße besuchen. Sie haben sich verlaufen und erkundigen sich bei einem Passanten nach dem Weg.

A Zāogāo! Wǒmen zǒucuò lù le!
糟糕！我们走错路了！

B Zhēnde? ..... Nà, nǐ qù wèn yíxià!
真的？… 那，你去问一下！

A Xiānsheng, wǒmen zǒucuò lù le ...
先生，我们走错路了…

C Nǐmen yào qù nǎr?
你们要去哪儿？

A (Dào) Guǎngzhōu Lù.
(到) 广州路。

C Nǐmen xiǎng zǒu lù háishi zuò chē qù?
你们想走路还是坐车去？

A Wǒmen xiǎng zǒu lù qù.
我们想走路去。

C Nàme, nǐmen xiān wǎng qián zǒu, guò liáng tiáo dà mǎlù; dào le dì sān ge
那么，你们先往前走，过两条大马路；到了第三个

shízì-lùkǒu, wǎng yòu guǎi, zài wǎng qián zǒu, jīngguò yì jiā
十字路口，往右拐，再往前走，经过一家

diànyǐngyuàn, dào le dì èr ge hónglǜdēng, wǎng zuǒ guǎi, jiù dào le.
电影院，到了第二个红绿灯，往左拐，就到了。

A Duìbuqǐ, wǒ méi tīngdǒng. Qǐng nǐ zài shuō yíbiàn!
对不起，我没听懂。请你再说一遍！

C Nǐmen xiān wǎng qián zǒu, guò liǎng tiáo dà mǎlù; dào le dì sān ge
你们先往前走，过两条大马路；到了第三个

shízì-lùkǒu wǎng yòu guǎi, zài wǎng qián zǒu, jīngguò yì jiā diànyǐngyuàn,
十字路口往右拐，再往前走，经过一家电影院，

dào le dì èr ge hónglǜdēng, wǎng zuǒ guǎi, jiù dào le.
到了第二个红绿灯，往左拐，就到了。

1.4 **Stefan will in Nanking die erste Große Brücke über den Yangzi (Chángjiāng, auch: Cháng Jiāng) besichtigen. Er wartet auf den Bus. Der Bus kommt.**

> 🚌 shòupiàoyuán 售票员　　　　　　　　🚶 Stefan
> (Fahr-)Kartenverkäufer

🚌 Yī lù chē, dào Nánjīng Zhàn. Qǐng shàngchē! Qǐng mǎi piào!
一路车，到南京站。请上车！请买票！

🚶 Yì zhāng dào Chángjiāng Dàqiáo de piào!
一张到长江大桥的票！

🚌 Nǐ zuòcuò le! Zhè lù chē bú qù Dàqiáo. Nǐ kěyǐ zài Dàxínggōng huàn
你坐错了！这路车不去大桥。你可以在大行宫换

sānshíyī lù. Xiān mǎi zhāng sān Kuài de piào.
三十一路。先买张三块的票。

🚶 Hǎo, dào zhàn de shíhou, qǐng gàosu wǒ yíxià.
好，到站的时候，请告诉我一下。

🚌 Hǎo, hái yǒu liǎng zhàn, jiù dào le.
好，还有两站，就到了。

2. Jùxíng 句型 (Satzmuster)

2.1

Qǐng wèn, dào Nánjīng Fàndiàn zěnme zǒu?	请问，到南京饭店怎么走？
Qǐng wèn, dào Nánjīng Fàndiàn zěnme qù?	请问，到南京饭店怎么去？

2.2

Dào Zhōngshān Běilù zěnme zǒu? 　到中山北路怎么走？

→ Wǎng qián zǒu, zǒu shí fēn zhōng, jiù dào le. 　往前走，走十分钟，就到了。

→ Wǎng qián zǒu, guò liǎng tiáo mǎlù, jiù dào le. 　往前走，过两条马路，就到了。

→ Wǎng qián zǒu, guò Jiāngsū Lù, zài wǎng qián zǒu, jīngguò Chángjiāng Lǚguǎn, zài zǒu wǔ fēn zhōng, jiù dào le. 　往前走，过江苏路，再往前走，经过长江旅馆，再走五分钟，就到了。

→ Wǎng qián zǒu, dào le dì sān tiáo mǎlù, wǎng yòu guǎi, jiù dào le. 　往前走，到了第三条马路，往右拐，就到了。

→ Wǎng qián zǒu, dào le dì èr ge hónglǜdēng, wǎng zuǒ guǎi, jiù dào le. 　往前走，到了第二个红绿灯，往左拐，就到了。

→ Wǎng qián zǒu, dào le dì sān ge shízìlùkǒu, wǎng yòu guǎi, jiù dào le. 　往前走，到了第三个十字路口，往右拐，就到了。

2.3

A Qǐng wèn, dào Míngxiàolíng zuò nǎ lù chē? 　请问，到明孝陵坐哪路车？
B Zuò jiǔ lù chē. 　坐九路车。

A Qǐng wèn, dào Nánjīng Fàndiàn zuò jǐ lù chē? 　请问，到南京饭店坐几路车？
B Zuò sānshiyī lù diànchē. 　坐三十一路电车。

2.4

Wáng Dé hái méi(yǒu) dào.	王德还没(有)到。
Tāmen yǐjīng dào lǚguǎn le.	他们已经到旅馆了。
Nánjīng Zhàn dào le.	南京站到了。
Tā qù nǎr?	她去哪儿？
Tā dào nǎr qù?	她到哪儿去？
Tā yào qù dàxué yóuyǒng.	她要去大学游泳。

	Tā yào dào dàxué qù yóuyǒng.	她要到大学去游泳。
	Dào Nánjīng Dàxué zěnme zǒu?	到南京大学怎么走？
	Wǒ dìng le yì zhāng dào Běijīng de fēijīpiào.	我订了一张到北京的飞机票。
2.5	**A** Nǐ hē kāfēi háishi hē chá?	你喝咖啡还是喝茶？
	B Hē kāfēi.	喝咖啡。
	A Nǐ xǐhuan zhè zhǒng hóng sīchóu háishi nà zhǒng bái sīchóu?	你喜欢这种红丝绸还是那种白丝绸？
	B Nà zhǒng bái sīchóu.	那种白丝绸。
	A Tā zhù zài wǔ lóu háishi liù lóu?	他住在五楼还是六楼？
	B Wǔ lóu.	五楼。
2.6	Tā qī diǎn qǐchuáng.	她七点起床。
	Wǒ zǒu le èrshí fēn zhōng.	我走了二十分钟。
2.7	Lù tài yuǎn le, wǒmen háishi zuò chē ba!	路太远了，我们还是坐车吧！
	A Wǒmen xiànzài qù mǎi dōngxi háishi xiàwǔ qù?	我们现在去买东西还是下午去？
	B Wǒ xiànzài xiǎng xiūxi, háishi xiàwǔ qù ba!	我现在想休息，还是下午去吧！
2.8	Wǒ dào chēzhàn de shíhou, chē yǐjīng kāi le.	我到车站的时候，车已经开了。
	Wǒmen xiě Hànzì de shíhou, tāmen tīng lùyīn.	我们写汉字的时候，他们听录音。
2.9	Qù Míngxiàolíng yǐqián, tā mǎi le yì zhāng dìtú.	去明孝陵以前，他买了一张地图。
	Wǔ fēn zhōng yǐqián, tā hái zài zhèr.	五分钟以前，她还在这儿。
2.10	Chīfàn yǐhòu, wǒ yào xiūxi yíxià.	吃饭以后，我要休息一下。
	Sān fēn zhōng yǐhòu, chē jiù lái le.	三分钟以后，车就来了。
2.11	Xué Zhōngwén de Déguórén bù duō.	学中文的德国人不多。
	Tā dìng de fángjiān hěn guì.	他订的房间很贵。

	Wǒ rènshi yí ge cóng Dōngjīng lái de jìzhě.	我认识一个从东京来的记者。
	Wǒ zài lǚguǎn gōngzuò de érzi èrshí suì le.	我在旅馆工作的儿子二十岁了。
2.12	Wǒ cóng jiǔ diǎn dào shíyī diǎn yǒu kòng.	我从九点到十一点有空。
	Cóng zhèr dào èr lù chēzhàn hěn jìn.	从这儿到二路车站很近。
	Wǒ rènshi yí ge cóng Nánjīng lái de xuésheng.	我认识一个从南京来的学生。
	A Nǐ cóng nǎr lái?	你从哪儿来？
	B Wǒ cóng Mùníhēi[1] lái.	我从慕尼黑来。
2.13	Zàijiàn!	再见！
	Qǐng (nǐ) zài shuō yíbiàn!	请（你）再说一遍！
	Tā shénme shíhou zài lái?	她什么时候再来？
	Wǒ zài yào sān mǐ lánsè de sīchóu.	我再要三米蓝色的丝绸。
	Wǒmen háishi zài děng wǔ fēn zhōng ba!	我们还是再等五分钟吧！
2.14	Diàntī jiù zài nàr.	电梯就在那儿。
	Tā jiù shi Bái xiānsheng.	他就是白先生。
	Wǒ chī le zǎofàn jiù zǒu le.	我吃了早饭就走了。

---

1 Mùníhēi 慕尼黑：München

3. Kèwén 课文 (Lektionstext)

白德明在南京饭店认识了一个日本人,她是从东京来的记者,叫小山花子。她也住在八楼。白德明第一次来南京,他很想去明孝陵玩儿。中午吃饭的时候,他问小山女士:

> 白:"小山女士,你今天下午有空吗?"
> 小山:"有空。你有什么事儿?"
> 白:"我想去明孝陵玩儿。你也想去吗?"
> 小山:"好啊!我们一起去!"

走以前,白德明在小卖部买了一张英文的南京市地图。明孝陵很远,应该坐车去。
南京是个很大、很漂亮的城市。来南京玩儿的人很多。
去明孝陵得在大行宫换9路公共汽车。上车以后,白德明买了两张到大行宫的票。 坐了五站,就到了大行宫。他们两个人下了车。9路车站就在马路对面。两个人还没过马路,9路车就来了。他们到车站的时候,车已经开了。

> 白德明说:"小山女士,现在才两点。我们走路去,怎么样?"
> 小山:"你知道路吗?"
> 白:"不知道。没关系。我们有地图,你看!"
> 小山:"哎哟,路太远了。我们还是等车吧!"

4. Kèwén 课文 (Lektionstext)

Bái Démíng zài Nánjīng Fàndiàn rènshi le yí ge Rìběnrén, tā shi cóng Dōngjīng
白德明在南京饭店认识了一个日本人，她是从东京

lái de jìzhě, jiào Xiǎoshān Huāzǐ. Tā yě zhù zài bā lóu. Bái Démíng dì yī cì lái
来的记者，叫小山花子。她也住在八楼。白德明第一次来

Nánjīng, tā hěn xiǎng qù Míngxiàolíng wánr.
南京，他很想去明孝陵玩儿。

Zhōngwǔ chīfàn de shíhou, tā wèn Xiǎoshān nǚshì:
中午吃饭的时候，他问小山女士：

> Bái: „Xiǎoshān nǚshì, nǐ jīntiān xiàwǔ yǒu kòng ma?"
> 白："小山女士，你今天下午有空吗？"
>
> Xiǎoshān: „Yǒu kòng. Nǐ yǒu shénme shìr?"
> 小山："有空。你有什么事儿？"
>
> Bái: „Wǒ xiǎng qù Míngxiàolíng wánr. Nǐ yě xiǎng qù ma?"
> 白："我想去明孝陵玩儿。你也想去吗？"
>
> Xiǎoshān: „Hǎo a! Wǒmen yìqǐ qù!"
> 小山："好啊！我们一起去！"

Zǒu yǐqián, Bái Démíng zài xiǎomàibù mǎi le yì zhāng Yīngwén de Nánjīng Shì dìtú.
走以前，白德明在小卖部买了一张英文的南京市地图。

Míngxiàolíng hěn yuǎn, yīnggāi zuò chē qù.
明孝陵很远，应该坐车去。

Nánjīng shi ge hěn dà, hěn piàoliang de chéngshì. Lái Nánjīng wánr de rén hěn duō.
南京是个很大、很漂亮的城市。来南京玩儿的人很多。

Qù Míngxiàolíng děi zài Dàxínggōng huàn 9 lù gōnggòng-qìchē. Shàngchē yǐhòu,
去明孝陵得在大行宫换9路公共汽车。上车以后，

Bái Démíng mǎi le liǎng zhāng dào Dàxínggōng de chēpiào. Zuò le wǔ zhàn, jiù
白德明买了两张到大行宫的车票。坐了五站，就

dào le Dàxínggōng. Tāmen liǎng ge rén xià le chē. 9 lù chēzhàn jiù zài mǎlù
到了大行宫。他们两个人下了车。9路车站就在马路

duìmiàn. Liǎng ge rén hái méi guò mǎlù, 9 lù chē jiù lái le. Tāmen dào chēzhàn
对面。两个人还没过马路,9路车就来了。他们到车站

de shíhou, chē yǐjīng kāi le. Bái Démíng shuō:
的时候,车已经开了。白德明说:

> Bái: „Xiǎoshān nǚshì, xiànzài cái liǎng diǎn. Wǒmen zǒulù qù, zěnmeyàng?"
> 白:"小山女士,现在才两点。我们走路去,怎么样?"
>
> Xiǎoshān: „Nǐ zhīdao lù ma?"
> 小山:"你知道路吗?"
>
> Bái: „Bù zhīdao. Méi guānxi. Wǒmen yǒu dìtú, nǐ kàn!"
> 白:"不知道。没关系。我们有地图,你看!"
>
> Xiǎoshān: „Aiyo, lù tài yuǎn le. Wǒmen háishi děng chē ba!"
> 小山:"哎哟,路太远了。我们还是等车吧!"

Chinesisches Sprichwort

Qiān Lǐ zhī xíng, shǐ yú zú xià.
千里之行,始于足下。

„Auch eine Reise von tausend Li (od.: Meilen) beginnt mit einem ersten Schritt."

Gemeint ist damit, daß man auch vor einer großen Aufgabe nicht zurückschrecken muß, sondern sie ruhig und gelassen in Angriff nehmen soll, um sie schrittweise und beharrlich zu einem erfolgreichen Ende zu führen.

Das Sprichwort ist ein Zitat aus dem Daodejing 道德经 *(„Tao Te King") des antiken Philosophen* Lao Zi 老子 *(der Überlieferung nach 6. Jahrhundert vor unserer Zeitrechnung).*

5. Zhùshì 注释 (Erläuterungen)

5.1 Zur Verwendung des Hilfswortes de 的 (Attributivpartikel) (II)

Das grammatische Hilfswort de 的 haben wir bereits in den Lektionen 3 und 4 kennengelernt.

Im Chinesischen gilt die Regel, daß das Bestimmende (eine nähere Beschreibung, Ergänzung) stets vor dem auf diese Weise Bestimmten (das betreffende Bezugswort) steht – vergleiche dazu ausführlicher die Erläuterungen in Lektion 4. Dies gilt im Chinesischen auch für diejenigen näheren Bestimmungen bzw. Ergänzungen, in denen ein Verb enthalten ist, und die das Deutsche in die Form eines Nebensatzes (insbesondere Relativsatzes) faßt.

Deutsches Beispiel:

Das Zimmer, *das ich gebucht habe*, ist teuer.

Hier beschreibt *der als Ergänzung eingeschobene Relativsatz („das ich gebucht habe")*, welches Zimmer teuer ist.

Im Chinesischen wird diese Art von Ergänzung (wir verwenden für diese Satzkonstruktion den Terminus *Attributivsatz*) wie alle anderen Ergänzungen **vor das Bezugswort** gestellt. Zwischen diese Ergänzung und das Bezugswort tritt die Partikel de 的. Wir bezeichnen das Hilfswort de 的 in dieser Funktion als *Attributivpartikel*.

Chinesische Entsprechung:

Wǒ dìng de fángjiān hěn guì. 我 订 的 房 间 很 贵。	Das Zimmer, *das ich gebucht habe*, ist teuer.

Hier lautet der Kernsatz: Fángjiān hěn guì. = *Das Zimmer ist teuer.*
Die Fügung wǒ dìng de 我订的 besteht aus dem Attributivsatz: wǒ dìng 我订 („ich bestelle od. buche", „ich habe bestellt od. gebucht") und der Attributivpartikel de 的. Während im Deutschen der Relativsatz dem Kernsatz bzw. Hauptsatz nachgestellt oder in diesen eingeschoben wird, muß im Chinesischen der Attributivsatz immer **vor** das Bezugswort gesetzt werden.

Beispiele:
a)

1. Shuō Zhōngwén de Déguórén bù duō. 说 中 文 的 德 国 人 不 多。	*Deutsche, die Chinesisch sprechen, gibt es nicht viele.* Oder: *Es gibt nicht viele Deutsche, die Chinesisch sprechen.*

Hier lautet der Kernsatz: Déguórén bù duō = *Deutsche sind* (od.: *gibt es*) *nicht viele.*
Von welchen Deutschen die Rede ist, erklärt der Attributivsatz: shuō Zhōngwén 说中文 („[sie] sprechen Chinesisch"), der im Chinesischen mit de 的 **vor** das Bezugswort (hier: Déguórén) gestellt wird, während im Deutschen diese zusätzliche Information in Form eines Relativsatzes („die Chinesisch sprechen") **nach**geliefert wird.

Man kann diese chinesische Satzkonstruktion im Deutschen nachahmen, indem man für die Übersetzung ein Partizip verwendet:

Shuō Zhōngwén de Déguórén bù duō.	*Deutsche, die Chinesisch sprechen, gibt es nicht viele.*
⇨ *Chinesisch sprechende Deutsche (sind) nicht viele.*	Oder: *Es gibt nicht viele Deutsche, die Chinesisch sprechen.*
2. Nǐ yě xǐhuan tā kàn de shū ma? 你也喜欢她看的书吗？	*Magst du* (oder: *Gefallen dir*) *auch die Bücher, die sie liest?*

Hier lautet der Kernsatz: Nǐ yě xǐhuan shū ma? = *Magst du auch Bücher?*
Von welchen Büchern die Rede ist, erklärt der Attributivsatz: tā kàn 她看 („sie liest"), der sich in diesem Fall auf das Objekt des Satzes (shū = *Buch, Bücher*) bezieht und wieder mit de 的 **vor** das Bezugswort (hier das Objekt shū = *Buch*) gestellt wird, während das Deutsche diese Information im Relativsatz („die sie liest") **nach**reicht.

b)

1. Wǒ zuótiān huàn de qián zài nǎr? 我昨天换的钱在哪儿？	*Wo ist das Geld, das ich gestern umgetauscht habe?*

Hier lautet der Kernsatz: Qián zài nǎr? = *Wo ist das Geld?*
Von welchem Geld die Rede ist, erklärt der Attributivsatz: wǒ zuótiān huàn 我昨天换 („ich habe gestern umgetauscht"), der im Chinesischen mit de 的 **vor** das Bezugswort (hier: qián = *Geld*) gestellt wird, während im Deutschen diese zusätzliche Information im Relativsatz („das ich gestern umgetauscht habe") **nach**geliefert wird.
In nachahmender deutscher Übersetzung:

Wǒ zuótiān huàn de qián zài nǎr?	*Wo ist das Geld, das ich gestern umgetauscht habe?*
⇨ *Das von mir gestern umgetauschte Geld befindet sich wo?*	
2. Méiyou kè de xuésheng kěyi qù chīfàn! 没有课的学生可以去吃饭！	*Die Schüler, die keinen Unterricht haben, können essen gehen!*

Hier lautet der Kernsatz:

> Xuésheng kěyi qù chīfàn! = *Die Schüler können essen gehen!*

Welche Schüler die Erlaubnis erhalten, essen zu gehen, erklärt der Attributivsatz: méiyou kè 没有课 („[sie] haben keinen Unterricht"). Im Chinesischen steht dieser Attributivsatz mit de 的 **vor** dem Bezugswort (hier: xuésheng = *Schüler, Studenten*), während im Deutschen diese nähere Erklärung mittels eines eingeschobenen Relativsatzes („die keinen Unterricht haben") **nach**gereicht wird.

In nachahmender deutscher Übersetzung:

Méiyou kè de xuésheng kěyi qù chīfàn!	*Die Schüler, die keinen Unterricht haben, können essen gehen!*
⇨ *Die keinen Unterricht habenden Schüler können essen gehen!*	

c)

Tā bù zhīdao wǒmen míngtiān yào zuò de shìqing. 他不知道我们明天要做的事情。	*Er ist nicht informiert über die Dinge, die wir morgen tun müssen* (od.: *wollen*).

Hier lautet der Kernsatz:

> Tā bù zhīdao shìqing = *Er ist nicht über die Dinge informiert.*

Welche Dinge gemeint sind, erklärt der Attributivsatz: wǒmen míngtiān yào zuò 我们明天要做 („wir müssen morgen ... tun / erledigen"). Der chinesische Attributivsatz steht **vor** dem Bezugswort (hier: shìqing = *Angelegenheiten, Dinge*), während das Deutsche die nähere Information im Relativsatz („die wir morgen tun müssen") **nach**reicht.

In nachahmender deutscher Übersetzung:

Tā bù zhīdao wǒmen míngtiān yào zuò de shìqing.	*Er ist nicht informiert über die Dinge, die wir morgen tun müssen* (od.: *wollen*).
⇨ *Er ist nicht informiert über die von uns morgen zu tuenden Dinge.*	

Verfolgen Sie am nachfolgenden Beispiel, wie im Chinesischen das Attribut immer mehr erweitert werden kann, ohne daß sich etwas an der Satzstellung ändert:

Nǐ kěyi yòng	**wǒ de**	dìtú.
你可以用	我的	地图。
„Du kannst **meine Landkarte** benutzen."		

Nǐ kěyi yòng	wǒ mǎi de	dìtú.
你可以用	我买的	地图。
„Du kannst die Landkarte benutzen, **die ich gekauft habe**."		

Nǐ kěyi yòng	wǒ zuótiān mǎi de	dìtú.
你可以用	我昨天买的	地图。
„Du kannst die Landkarte benutzen, **die ich gestern gekauft habe**."		

Nǐ kěyi yòng	wǒ zuótian zài lǚguǎn mǎi de	dìtú.
你可以用	我昨天在旅馆买的	地图。
„Du kannst die Landkarte benutzen, **die ich gestern im Hotel gekauft habe**."		

Beachten Sie, daß die Zeitstufe der Handlung im chinesischen Attributivsatz sehr häufig nicht eindeutig markiert ist und die für die Übersetzung ins Deutsche zu wählende Zeitform oft nur aus dem Gesprächszusammenhang erschließbar ist. So ist auch in Attributivsätzen mit vollendeter Handlung die Verwendung von le 了 (vgl. Beispiel b., 1. Satz) durchaus nicht zwingend vorgeschrieben.

5.2 Auslassung von yī 一 vor einem Zähleinheitswort (ZEW)

In der Verbindung yī + ZEW + Substantiv kann yī 一 (wörtl.: *eins*) entfallen, wenn diese Verbindung nicht am Satzanfang steht und yī 一 dabei eher als eine Art 'unbestimmter Artikel' (*ein, eine, ein*) zu verstehen ist.

Wenn yī 一 jedoch eindeutig im Sinne der Zahl bzw. des Zahlenwerts 1 gemeint ist, darf es nicht weggelassen werden.

Beispiel:

Nánjīng shi (yí) ge dà chéngshì.	*Nanking ist eine* (od.: *'ne*) *große Stadt.*
南京是（一）个大城市。	

Wǒ yào mǎi (yí) ge dǎhuǒjī.	*Ich will ein* (od.: *'n*) *Feuerzeug kaufen.*
我要买（一）个打火机。	

Aber:

Wǒmen zhǐ dìng le yì jiān fángjiān.	*Wir haben **nur ein** Zimmer gebucht.* (*Und nicht etwa zwei.*)
我们只定了一间房间。	

5.3 Zum Gebrauch von dào 到 (*ankommen, erreichen*)

5.3.1 Als Verb bedeutet dào 到 : <u>ankommen, ankommen in, eintreffen, erreichen</u>.
Beispiel:

Bái xiānsheng dào le ma? 白先生到了吗？	*Ist Herr Bai eingetroffen?*
Tāmen yǐjīng dào diànyǐngyuàn le. 他们已经到电影院了。	*Sie sind bereits am Kino angekommen.*
Běijīng Zhàn dào le! 北京站到了！	In der Ansage: *Hier Peking Hauptbahnhof!* (Wörtl.: *Hauptbahnhof Peking ist angekommen!*)

Im Deutschen ist das Verb dào 到 häufig auch übersetzbar als: <u>sich begeben, fahren, fliegen nach / hin / zu ...</u>

Beispiel:

Yī lù diànchē bú dào huǒchēzhàn. 一路电车不到火车站。	*Die Straßenbahn* (oder: *Der O-Bus*) *Linie 1 fährt nicht zum Bahnhof.*
Dào Zhōngguó Yínháng zěnme zǒu? 到中国银行怎么走？	*Wie kommt man zur Bank of China?* (Wörtl.: *Um sich zur Bank of China zu begeben, wie geht man?*)

5.3.2 Wie wir bereits in Lektion 2 gelernt haben, erfüllen in vielen chinesischen Sätzen Verben die Aufgaben, die im Deutschen von Präpositionen erfüllt werden. Diese Verben nennen wir Koverben. Auch dào 到 wird sehr häufig als <u>Koverb</u> verwendet: es <u>leitet den Zielort ein</u>. Die Fügung dào 到 + Zielort wird im Deutschen meist wiedergegeben mit: <u>nach / zu / bis + Zielort</u>.

Beispiel:

Wǒ dào dàxué qù. 我到大学去。	*Ich gehe zur Universität.*
⇔ Wǒ qù dàxué. ⇔ 我去大学。	*Ich gehe zur Universität.*

Nǐ dào nǎ ge shāngdiàn qù mǎi dōngxi? 你到哪个商店去买东西？	*In welches Geschäft (wörtl.: Zu welchem Geschäft) gehst du einkaufen?*
⇔ Nǐ qù nǎ ge shāngdiàn mǎi dōngxi? ⇔ 你去哪个商店买东西？	*In welches Geschäft gehst du einkaufen?*

5.3.3 Auch die Fügung dào 到 + Zielort kann wie ein Attributivsatz (siehe oben 5.1) verwendet werden.

Beispiel:

Dào dòngwùyuán de chē hái méi kāi. 到动物园的车还没开。	*Der Bus zum Zoo ist noch nicht abgefahren.*
Tā mǎi le sān zhāng dào Míngxiàolíng de piào. 他买了三张到明孝陵的票。	*Er hat drei Fahrkarten zum Mingxiaoling gekauft.*

5.4 Subjektangabe in Haupt- und Nebensatz

Im Chinesischen steht der Nebensatz immer vor dem Hauptsatz. Haben beide Sätze ein identisches Subjekt, so wird es nur einmal – entweder im Hauptsatz oder im Nebensatz – genannt.

Beispiel:

Nebensatz	Hauptsatz	
Guò qiáo yǐhòu, 过桥以后，	wǒmen yīnggāi wǎng zuǒ guǎi. 我们应该往左拐。	*Nachdem wir die Brücke überquert haben, müssen wir links abbiegen.*
Wǒmen guò qiáo yǐhòu, 我们过桥以后，	yīnggāi wǎng zuǒ guǎi. 应该往左拐。	*Nachdem wir die Brücke überquert haben, müssen wir links abbiegen.*

5.5 Zum Gebrauch des Adverbs jiù 就 (III)

Das Adverb jiù 就 haben wir bereits in den Lektionen 3 und 4 kennengelernt. Dieses Adverb wird auch *zeitlich* verwendet. Das temporal gebrauchte jiù 就 drückt aus:

▶ daß zwei Handlungen unmittelbar aufeinander folgen: **gleich nach** der Handlung 1 vollzieht sich die Handlung 2. Während im Deutschen dieses „gleich (nach / nachdem)" meist am Satzanfang steht, findet sich das chinesische jiù 就 erst im Hauptsatz vor dem Prädikat (Verb; Adjektivprädikat) oder dem Modalverb.

Beispiel:

| Guò qiáo yǐhòu, wǒmen jiù děi wǎng yòu guǎi. 过桥以后，我们就得往右拐。 | *Nachdem wir die Brücke überquert haben, müssen wir gleich rechts abbiegen.* |

| Tā chī le fàn jiù zǒu le. 她吃了饭就走了。 | *Gleich nach dem Essen ist sie weggegangen.* |

▶ daß eine Handlung – früher als erwartet – **schon, bereits** stattgefunden hat.

Beispiel:

| Diànyǐng wǔ diǎn jiù kāishǐ le! 电影五点就开始了！ | *Der Film hat schon um 5 Uhr begonnen!* |

| Yì fēn zhōng yǐhòu, chē jiù lái le. 一分钟以后，车就来了。 | *Nach einer Minute kam der Wagen (oder: der Bus) schon.* |

Beachten Sie, daß ein Satz mit jiù 就 in dieser Verwendung immer einen Zeithinweis enthalten muß, der sich auch aus dem Gesprächszusammenhang ergeben kann.

Beispiel:

| ★ Nǐ shénme shíhou qù? 你什么时候去？ | *Wann gehst du hin?* |

| → Wǒ jiù qù. 我就去。 | *Ich gehe gleich hin.* |

Oder:

| → Wǒ xiànzài jiù qù. 我现在就去。 | *Ich gehe jetzt gleich hin.* |

5.6 Ausdruck der Vorzeitigkeit (*nach, danach, nachdem*)

5.6.1 Als Sätze verbindenden Ausdruck haben wir die Fügung ... yǐhòu 以后 mit der Bedeutung **nach, nachdem** bereits in Lektion 4 kennengelernt. Hier einige weitere Beispiele dieser Art:

Handlung 1	Handlung 2	
Xǐzǎo yǐhòu, 洗澡以后，	wǒ jiù qù shuìjiào le. 我就去睡觉了。	*Nachdem ich gebadet hatte, bin ich gleich schlafen gegangen.*
Xǐ le zǎo (yǐhòu), 洗了澡（以后），	wǒ jiù qù shuìjiào le. 我就去睡觉了。	*Nachdem ich gebadet hatte, bin ich gleich schlafen gegangen.*
Wǒmen fùxí shēngcí yǐhòu, 我们复习生词以后，	yào yìqǐ qù wánr. 要一起去玩儿。	*Nachdem* (oder: *Wenn*) *wir die neuen Vokabeln wiederholt haben, wollen wir uns zusammen amüsieren gehen.*
Wǒmen fùxí le shēngcí (yǐhòu), 我们复习了生词（以后），	yào yìqǐ qù wánr. 要一起去玩儿。	

Beachten Sie, daß es hierbei um die *Reihenfolge* zweier Handlungen geht: es wird klargestellt, welche Handlung *nach* welcher Handlung erfolgt. Die Verwendung von yǐhòu 以后 sagt zunächst nichts darüber aus, *wann* diese Handlungen stattfinden, stattgefunden haben oder stattfinden werden.

5.6.2 Die Fügung ... yǐhòu 以后 kann auch hinter einer Zeitangabe stehen.
Beispiel:

Liǎng fēn zhōng yǐhòu, chē jiù lái le. 两分钟以后，车就来了。	*Nach zwei Minuten kam der Wagen* (oder: *der Bus*) *schon.*
Wǒ liù diǎn yǐhòu cái yǒu kòng. 我六点以后才有空。	*Ich habe erst nach 6 Uhr Zeit.*

5.7 Ausdruck der Nachzeitigkeit (*vor, bevor, ehe*)

5.7.1 Analog zu ... yǐhòu 以后 dient die Fügung ... yǐqián 以前 als <u>Sätze verbindender</u> Ausdruck im Sinne von **vor, bevor, ehe**.

Beispiel:

Tā lai Bōhóng yǐqián, wǒmen jiù rènshi le. 她来波鸿以前，我们就认识了。	*Wir kannten uns schon, bevor sie nach Bochum kam.*
Guò mǎlù yǐqián, děi kàn hónglǜdēng! 过马路以前，得看红绿灯！	*Bevor man die Straße überquert, muß man auf die Ampel schauen!*

5.7.2 Die Fügung ... yǐqián 以前 kann auch <u>hinter einer Zeitangabe</u> stehen.

Beispiel:

Yí kè zhōng yǐqián, tā hái zài zhèr. 一刻钟以前，他还在这儿。	*Vor einer Viertelstunde war er noch hier.*
Nǐ zuì hǎo xīngqīsān yǐqián qù kàn tā. 你最好星期三以前去看他。	*Am besten gehen Sie ihn vor Mittwoch besuchen.*

5.8 Ausdruck der Gleichzeitigkeit (*während, wenn, als*)

Analog zu ... yǐhòu 以后 und ... yǐqián 以前 dient die Fügung ... de shíhou 的时候 als <u>Sätze verbindende</u> Konjunktion im Sinne von **während, wenn, als**.

Beispiel:

Chīfàn de shíhou, tā xǐhuan kàn bào.* 吃饭的时候，他喜欢看报。	*Während er ißt* (od. freier: *Während des Essens*), *liest er gerne Zeitung.*
Tā shàngkè de shíhou, wǒ qù mǎi dōngxi le. 他上课的时候，我去买东西了。	*Als er den Unterricht besuchte, bin ich einkaufen gegangen.*
Wǒ qǐchuáng de shíhou, yǐjīng bā diǎn le. 我起床的时候，已经八点了。	*Als ich aufstand, war es schon 8 Uhr.*

* bào 报 : Zeitung; kàn bào 看报 : Zeitung lesen.

5.9 Die Angabe der Zeitdauer

Angaben zur Zeit**dauer** stehen (anders als solche zum Zeitpunkt, vgl. Lektion 2) immer **hinter** dem Verb bzw. Prädikat. In dieser Lektion berücksichtigen wir zunächst nur Sätze ohne Objekt; auch Verben, die aus einer Verb+Objekt–Konstruktion (Beispiel: shàng/kè 上课) bestehen, sind hier ausgeklammert.

Beispiel:

Wǒmen zǒu le èrshí fēn zhōng, jiù dào le. 我们走了二十分钟，就到了。	*Wir gingen nur zwanzig Minuten, und schon waren wir da. (Freier: Nach nur zwanzig Minuten Fußmarsch waren wir angekommen.)*
Wǒmen zài Hángzhōu yào wánr liǎng tiān. 我们在杭州要玩儿两天。	*Wir wollen uns zwei Tage lang in Hangzhou amüsieren.*

5.10 Die Auswahlfrage mit háishi 还是 (*oder*)

Die Konjunktion háishi 还是 bedeutet ***oder*** und wird in der Auswahl- bzw. Alternativfrage im Sinne von „A oder B?" verwendet. Diese Konjunktion steht vor dem Satzteil, auf den sich die Frage bezieht. Ein weiteres Fragewort tritt in diesem Fragesatz nicht auf.

Beispiel:

Nǐ hē chá háishi hē kāfēi? 你喝茶还是喝咖啡？	*Trinken Sie Tee oder (trinken Sie) Kaffee?*
Zhōngwén kè bā diǎn (kāishǐ) háishi bā diǎn bàn kāishǐ? 中文课八点（开始）还是八点半开始？	*Beginnt die Chinesisch-Stunde um acht Uhr oder um halb neun?*
Tā qù háishi bú qù? 她去还是不去？	*Geht sie hin, oder geht sie nicht hin? (Kurz: Geht sie hin oder nicht?)*
Nǐ qù háishi tā qù? 你去还是她去？	*Gehst du hin, oder geht sie hin?*

Hinweis:

Beachten Sie, daß in Sätzen wie „Du kannst Tee oder Kaffee haben" und „Tee oder Kaffee ist mir beides recht" die Konjunktion *oder* keine Auswahl kennzeichnet: hier wird vielmehr sinngemäß eine Gleichsetzung vorgenommen. In solchen Fällen verwendet das Chinesische nicht háishi 还是, sondern huòzhě 或者.

5.11 Zum Gebrauch von háishi ... ba 还是 . . . 吧

Die Fügung háishi 还是 ... ba 吧 wird gebraucht, um in Form eines Vorschlages klarzustellen, welche von mehreren Möglichkeiten die bevorzugte Wahl des Sprechers ist. Diese bevorzugte Option wird zwischen háishi 还是 und ba 吧 gestellt, wobei ba 吧 am Ende des betreffenden Satzes steht. Gelegentlich wird háishi 还是 oder auch ba 吧 weggelassen[2]. Die Fügung háishi 还是 ... ba 吧 läßt sich im Deutschen meist mit „doch lieber ..." wiedergeben.

Beispiel:

Lù tài yuǎn le, wǒmen háishi zuò chē qù ba! 路太远了，我们还是坐车去吧！	*Der Weg ist (mir) zu weit, fahren wir doch lieber mit dem Wagen (od.: Bus) hin!*
Chūzū-qìchē tài guì le, wǒmen háishi zuò gōnggòng-qìchē qù ba! 出租汽车太贵了，我们还是坐公共汽车去吧！	*Ein Taxi ist (mir) zu teuer, fahren wir doch lieber mit dem Omnibus hin.*
Háishi nǐ qù ba, wǒ méiyǒu kòng. 还是你去吧，我没有空。	*Geh' besser du hin, ich habe keine Zeit.*

5.12 Zur Verwendung des Adverbs zài 再 (*wieder, erneut, weiter*)

Das Adverb zài 再 haben wir bereits in der Verabschiedungsfloskel zàijiàn 再见 („Auf Wiedersehen!") kennengelernt. Dieses Adverb wird im Deutschen meist mit einem der folgenden Ausdrücke wiedergegeben: *wieder, noch einmal, erneut, weiter*. Dabei ist zu beachten, daß mit dem Adverb zài 再 stets die Vorstellung von einer *zukünftigen* Handlung verbunden ist.

---

2 Die damit verbundenen stilistischen Nuancen können hier nicht behandelt werden.

Das Adverb zài 再 wird unter anderem verwendet,

▶ wenn eine Handlung in der Zukunft wiederholt wird.

Beispiel:

| Qǐng (nǐ) zài shuō yíbiàn!
请（你）再说一遍！ | *Bitte sagen Sie es noch einmal!* |
| Wǒ jīntiān wǎnshang zài lái kàn nǐ.
我今天晚上再来看你。 | *Heute abend komme ich dich wieder besuchen.* |

▶ wenn eine Handlung fortgesetzt wird.

Beispiel:

| Nǐ zài zuò yíxià!
你再坐一下！ | *Bleiben Sie [doch] noch ein bißchen (sitzen)!* |
| Yī lù chē hái méi lái; wǒmen zài děng wǔ fēn zhōng, zěnmeyàng?
一路车还没来；我们再等五分钟，怎么样？ | *Die Linie 1 ist noch [immer] nicht gekommen; wollen wir noch fünf Minuten warten?* |

▶ wenn die betreffende Handlung erst dann einsetzen soll, wenn eine andere zuvor abgeschlossen wurde.

Beispiel:

| Wǒmen zuì hǎo chī le fàn zài zǒu.
我们最好吃了饭再走。 | *Am besten essen wir zuerst einmal etwas und gehen (erst) dann weg.* (Oder: *Am besten gehen wir erst nach dem Essen weg.*) |
| Nǐ xiān wǎng qián zǒu, jīngguò Jīnlíng Fàndiàn zài wǎng yòu guǎi.
你先往前走，经过金陵饭店再往右拐。 | *Gehen Sie zuerst [mal] geradeaus, und wenn Sie am Jinling Hotel vorbeigekommen sind, biegen Sie nach rechts ab.* |

6. Shēngcíbiǎo 生词表 (Vokabelliste)

xíngrén	行人	Passant, Fußgänger	
fēn zhōng	分钟	(*bei Zeitdauerangabe:*) Minute	Wǒ děng le èrshí fēn zhōng.
jiù	就	(*zeitlich:*) gleich, schon, umgehend, unmittelbar (*vgl. auch Lektion 3*)	Wǒ děng le yì fēn zhōng, tā jiù lái le. Xià le kè yǐhòu, wǒ jiù lái kàn nǐ.
cái	才	(*einschränkend:*) erst	Tā xiàwǔ cái lái. Xiànzài cái liù diǎn bàn.
yǐjīng ... le	已经 ... 了	bereits, schon	Tā yǐjīng qǐchuáng le. Wǒ érzi yǐjīng èrshíwǔ suì le. Yǐjīng shíyī diǎn le.
... de shíhou	... 的时候	(*Gleichzeitigkeit:*) während, wenn, als	Wǒ lái de shíhou, tā yǐjīng qù shàngkè le.
... yǐhòu	... 以后	(*Vorzeitigkeit:*) nachdem, nach, in (⇨ *in 10 Minuten*)	Wǔ fēn zhōng yǐhòu, chūzū-qìchē jiù lái le.
... yǐqián	... 以前	(*Nachzeitigkeit:*) bevor, vor, ehe	Qù shàngkè yǐqián, tā fùxí le dì sì kè.
zǒu	走	gehen, zu Fuß gehen; losgehen; weggehen	Wǒmen zǒu le shí fēn zhōng, jiù dào le. Wǒmen jǐ diǎn zǒu? Lǐ xiānsheng zǒu le ma?
zǒucuò	走错	sich verlaufen	Wǒmen zǒucuò le!
zǒulù	走路	zu Fuß gehen	
zǒucuò lù	走错路	sich verlaufen, sich im Weg irren	À, zhè bú shi Cháng'ān Jiē, wǒmen zǒucuò lù le.
zǒulù lái	走路来	zu Fuß kommen	Nǐ zǒulù lái ma?
zǒulù qù	走路去	zu Fuß (hin)gehen	Tā zǒulù qù dàxué. Wǒmen yě zǒulù qù, zěnmeyàng?

Dào ... zěnme zǒu? 到 … 怎么走？		Wie kommt man (zu Fuß) zu od. nach ... ?	Qǐng wèn, dào Zhōngshān Lù zěnme zǒu? Dào Tóngjì Dàxué* zěnme zǒu? (* 同济大学, die Tongji Universität in Shanghai)
wǎng ... (auch wàng gesprochen)	往 …	in Richtung ... , nach ... , gen ...	wǎng dōng* zǒu (* 东 dōng: Osten)
wǎng qián zǒu 往前走		nach vorne bzw. geradeaus gehen	
yìzhí	一直	immer, fortwährend (wörtlich: in einer geraden Linie)	Yìzhí wǎng qián zǒu! Wǒ yìzhí zhù zài Shànghǎi.
guǎi	拐	abbiegen	
wǎng zuǒ guǎi 往左拐		nach links abbiegen	
wǎng yòu guǎi 往右拐		nach rechts abbiegen	

Die Himmelsrichtungen:			
dōng	东	Osten, Ost-	Guǎngdōng, Dōngjīng
nán	南	Süden, Süd-	Hú'nán, Nánjīng
xī	西	Westen, West-	Jiāngxī, Xī'ān
běi	北	Norden, Nord-	Húběi, Běijīng

mǎlù	马路	(breite) Straße (ZEW: tiáo 条)	
tiáo	条	ZEW u. a. für Straßen	yì tiáo mǎlù, sān tiáo jiē
lǜ	绿	grün	
hóng	红	rot	
dēng	灯	Lampe, Leuchte, Laterne, (Kunst-)Licht	

hónglǜdēng	红绿灯	(Verkehrs-)Ampel	
		Ergänzungsvokabel: diàndēng 电灯, elektr. Licht, elektr. Lampe	Qǐng kāi yíxià diàndēng!
lùkǒu	路口	Straßeneinmündung; Kreuzung	
shízì-lùkǒu	十字路口	(Straßen-)Kreuzung	Nǐ zài dì èr ge shízì-lùkǒu wǎng zuǒ guǎi, jiù dào le.
guò	过	überqueren, vorbeigehen, passieren	guò mǎlù; guò jiē; guò sān ge hónglǜdēng
jīngguò	经过	an ... vorbeigehen *od.* –fahren; *gelegentlich auch:* durchqueren	
háishi	还是	oder (*in der Auswahlfrage*)	Nǐ hē chá háishi hē kāfēi?
			Wǒmen xīngqīliù háishi xīngqītiān jiànmiàn?
háishi ... ba	还是 ... 吧	doch lieber (*vgl. dazu die* Erläuterungen *in dieser Lektion*)	Diànyǐngyuàn hěn yuǎn, wǒmen háishi zuò chē qù ba! Háishi nǐ xiān qù ba!
zài	再	wieder, weiter, erneut, nochmal(s); (zusätzlich) noch, überdies, sodann (*vgl. die grammatischen* Erläuterungen *zu dieser Lektion*)	Nǐ xiān wǎng qián zǒu, jīngguò Nánjīng Fàndiàn, zài wǎng yòu guǎi, jiù dào le. Nǐ shénme shíhou zài lái? Wǒmen zài děng wǔ fēn zhōng, hǎo ma? Zài zǒu shí fēn zhōng, jiù dào le.
zuò chē	坐车	sich in einen Wagen setzen *od.* im Wagen sitzen(d) ⇨ (*mit dem Taxi, dem Bus, der Bahn etc.*) fahren	

zuòcuò chē le	坐错车了	in den falschen Bus *etc.* eingestiegen sein, im falschen Bus *etc.* sitzen, mit dem falschen Bus *etc.* fahren	
zuò chē lái	坐车来	(*mit dem Bus etc.*) kommen	
zuò chē qù	坐车去	(*mit dem Bus etc.*) (hin)fahren	Nǐ yào zǒulù háishi zuò chē qù?
bú yòng	不用	nicht benötigen, nicht brauchen; *als Redewendung:* „Das ist nicht nötig!"	
xiǎomàibù	小卖部	Verkaufsstelle *in Hotels, Fabriken, Universitäten usw.*, (Hotel-)Shop, kleiner Laden, Kiosk	
dìtú	地图	Landkarte, (Stadt-)Plan (ZEW: *einzeln >* fèn 份, zhāng 张; *als Atlas >* běn 本)	yì běn Zhōngguó dìtú, yì zhāng Xī'ān dìtú
Yīngwén	英文	Text in englischer Sprache, Englisch (als Sprache)	
		Hinweis: *Nicht selten wird* Yīngwén *auch im Sinne von* lateinischer Schrift *verwendet;* Yīngwén dìtú *kann also eine Landkarte oder ein Stadtplan mit englischsprachigen Erläuterungen oder einfach nur eine in lateinischer Schrift (Pinyin) gedruckte Karte sein.*	
chéngshì	城市	Stadt (ZEW: ge 个, zuò 座)	Chóngqìng shi Zhōngguó zuì dà de chéngshì.
A shì	A 市	Stadt A (*nur an Städtenamen anhängen, nicht frei verwenden!*)	Běijīng Shì, Shànghǎi Shì, Guǎngzhōu Shì

jǐ lù	几路	welche (Bus- etc.) Linie	Nǐ zuò jǐ lù gōnggòng-qìchē lái?
nǎ lù	哪路	welche (Bus- etc.) Linie	Tā zuò nǎ lù gōnggòng-qìchē lái?

Weitere Beispiele für die Verwendung von nǎ 哪:	
nǎ liǎng běn shū? 哪两本书？	welche zwei Bücher?
nǎ tiáo jiē? 哪条街？	welche Straße?
nǎ zhǒng sīchóu? 哪种丝绸？	welche (*Art / Sorte von*) Seide?
Nǐ shi nǎ guó rén? 你是哪国人？	Welcher Nationalität sind Sie? Aus welchem Land kommen Sie?

liàng	辆	ZEW *für Fahrzeuge mit Rädern*	Wǒmen yígòng bā ge rén, děi jiào liǎng liàng chūzū-qìchē.
chēzhàn	车站	Haltestelle, Station	
Verkehrsmittel + zhàn *Verkehrsmittel* + 站		(Bus-, Straßenbahn-, U-Bahn- etc.) Haltestelle	diànchē zhàn, gōnggòng-qìchē zhàn, chūzū-qìchē zhàn
zuò ~ zhàn	坐 ~ 站	~ Stationen fahren	Zuò le sān zhàn, wǒmen jiù dào dòngwùyuán le.
zhōngdiǎnzhàn 终点站		Endstation	Dào nǐmen de dàxué yào zuò jǐ zhàn? Nǐ zài zhōngdiǎnzhàn xià!
gàosu	告诉	Bescheid sagen, mitteilen, (jemandem etwas) ausrichten	Tā yǐjīng gàosu wǒ le. Wǒ méi gàosu tā nǐ zhù zài nǎr.
dào zhàn	到站	(Ziel-)Haltestelle *bzw.* Station *od.* Bahnhof erreichen	Dào zhàn de shíhou, qǐng gàosu wǒ yíxià!

kāi	开	*hier:* fahren, losfahren, abfahren	Zhè lù chē jǐ diǎn kāi? Wǒmen dào de shíhou, chē yǐjīng kāi le.
piào	票	Karte (Fahrkarte, Eintrittskarte), Billett, Coupon, Märkchen *etc.* (ZEW: zhāng 张)	diànyǐngpiào, fēijīpiào, chēpiào, fànpiào 饭票, ménpiào
zhāng	张	ZEW *u. a. für* Fahrscheine, Papier [Blatt], Tisch, Bild, Platte *usw.; auch: der Familienname* Zhang	
shòupiàoyuán 售票员		Fahrscheinverkäufer, Kartenverkäufer	
cóng	从	von ... her	
cóng ... lái	从 ... 来	von ... (herbei)kommen	Wǒ cóng Běijīng lái.
cóng ... lái de 从 ... 来的		aus (*einem Ort*) kommend	Tā shi cóng Yīngguó lái de lǎoshī.
dào	到	ankommen (in), (*Ziel*) erreichen; *leitet die Angabe des Zielorts ein:* bis, hin, zu (*vgl. die grammatischen* ERLÄUTERUNGEN *zu dieser Lektion*)	Tā dào chēzhàn qù mǎi piào le. Wǒmen dào nǎ jiā yínháng huàn qián? Qǐng wèn, dào Běijīng Dàxué zěnme zǒu?
~ dào le	~ 到了	~ ist erreicht, ~ ist da, wir sind in ~ angekommen	Nánjīng Zhàn dào le! Nánjīng Fàndiàn dào le!
dào ...	到 ...	nach ... fahren (*Bus etc.*)	Yī lù chē bú dào dàxué.

yào	要	wollen; müssen; erforderlich sein (*vgl. auch Lektion 3*)	Dào Běijīng Fàndiàn yào huàn chē ma? Qù dòngwùyuán yào zuò jǐ lù chē? Dào nàr yào zuò èrshí fēn zhōng. Dìng fángjiān yào xiān tián biǎo.
wánr (*Aussprache:* wár)	玩儿	spielen, sich amüsieren, sich die Zeit vertreiben; qù wánr 去玩儿 ⇨ *hier frei*: einen Ausflug machen	Xīngqītiān wǒmen qù Shànghǎi wánr. Yǒu kòng lái wánr! (⇨ „Wenn du Zeit hast, schau' doch mal vorbei!")
rènshi	认识	(jemanden) kennenlernen; *auch*: (jmdn.) kennen	Wǒ zuótiān rènshi le yí ge cóng Měiguó lái de jìzhě. Wǒ bú rènshi tā. Nǐmen rènshi ma?
cì	次	~mal, Mal (*Häufigkeit*: einmal, zweimal, dreimal, viermal ...)	Wǒ qù le sān cì. Qǐng nǐ zài shuō yí cì.
dì ~ cì	第~次	das ~te Mal, zum ~ten Mal	Wǒ dì èr cì lái zhèr.
~ biàn	~遍	~mal, Mal (*Häufigkeit*: einmal, zweimal, dreimal ...)	yíbiàn, liǎngbiàn, sānbiàn
▶ yíbiàn	一遍	*Hinweis*: Im Unterschied zu cì 次 weist biàn 遍 auf die Vollständigkeit (vollständig, zur Gänze, komplett) der wiederholten Handlung hin. Deshalb wird die Bitte, einen Satz zu wiederholen, häufig auch wie folgt formuliert:	Qǐng nǐ zài shuō yíbiàn!
tīngdǒng le	听懂了	(Gehörtes inhaltlich) verstanden haben	Nǐ tīngdǒng le ma? Tīngdǒng le. Wǒ méi tīngdǒng, qǐng (nǐ) zài shuō yí cì (*oder*: qǐng zài shuō yíbiàn)!
diànyǐngyuàn 电影院		Kino (ZEW: ge 个, jiā 家)	

róngyì (gelegentlich auch: róngyi)	容易	einfach, leicht (zu tun)	Qǐng wèn, dào Nánjīng Dàxué zěnme zǒu? Nà, hěn róngyì: nǐ xiān wǎng qián zǒu, … Xiě Hànzì bù róngyì.
yìqǐ	一起	gemeinsam, zusammen, miteinander	Wǒmen yìqǐ qù, zěnmeyàng? Tāmen yìqǐ qù wánr le yí ge xīngqī.
tài	太	zu (sehr) (Hinweis: häufig in Verbindung mit le 了)	Xiànzài tài wǎn le, wǒmen háishi míngtiān qù ba! Zhè zhǒng sīchóu tài guì, wǒ bú yào le!
tài hǎo	太好	(Redewendung im Sinne von:) Großartig! Toll! Prima! Super!	Tài hǎo le!
yīnggāi	应该	unbedingt, müssen, sollen	Nǐ yīnggāi měitiān fùxí shēngcí!
Zāogāo!	糟糕！	*Ausruf:* Mist! Wie ärgerlich! So ein Pech!	Zāogāo, wǒmen zǒucuò lù le! Zhēn zāogāo, wǒ méi qián le.
Zhēnde ma? auch kurz: Zhēnde?	真的吗？ 真的？	überraschte Frage: Wirklich? Echt? Ehrlich? (vgl. Lektion 4: zhēn 真) Wirklich? Echt? Ehrlich?	★ Wǒ bù xǐhuan tā … ➝ Zhēnde (ma)?
Zhēnde!	真的！	bekräftigende Antwort: Wirklich! Echt! Ehrlich!	★ Zhēnde!
Méi guānxi!	没关系！	Das macht nichts! Das ist nicht schlimm!	
qiáo	桥	Brücke (ZEW: zuò 座)	

Einige Eigennamen:		
Rìběn	日本	Japan
Rìběnrén	日本人	Japaner, Japanerin
Dōngjīng	东京	Tokyo, Tōkyō
Dàbǎn	大阪	Osaka, Ōsaka
Jīngdū	京都	Kyoto, Kyōto
Xiǎoshān Huāzǐ 小山花子		Koyama Hanako (*ein japanischer Frauenname*)
	Hinweis: Japanische Eigennamen, die auch im Japanischen mit chinesischen Zeichen geschrieben werden, spricht man im Chinesischen grundsätzlich gemäß der chinesischen Aussprache dieser Zeichen aus.	
Nánjīng	南京	Nanjing, Nanking
Nánjīngrén	南京人	Nankinger, Einwohner von Nanking bzw. Nanjing
Guǎngzhōu Lù	广州路	Guangzhou-Straße, Kanton-Straße
Jiànkāng Lù	建康路	Jiankang-Straße (Jiankang: *ein alter Name für Nanking*)
Jiāngsū Lù	江苏路	Jiangsu-Straße (Jiangsu *Name der Provinz, deren Hauptstadt Nanking ist*)
Xīnjiēkǒu	新街口	Xinjiekou-Kreuzung (*in Nanking*)
Chángjiāng (*auch:* Cháng Jiāng)	长江	der Yangzi-Fluß (*früher auch:* Yangtse, Yangtsekiang), *wörtl.:* „Langer Strom"
Nánjīng Chángjiāng Dàqiáo 南京长江大桥		die große(n) Brücke(n) über den Yangzi > Changjiang in Nanking
Dàxínggōng	大行宫	Daxinggong (*in Nanking; eine zeitweilige Residenz der Kaiser während ihrer Inspektionsreisen in den Süden des Reiches*)
Míngxiàolíng	明孝陵	Mingxiaoling (*das Ming-Kaisergrab in Nanking*)
Zhōngshānlíng	中山陵	Sun-Yat-Sen-Mausoleum (*in Nanking; Sun Yat-Sen, 1866–1925, gründete am 10. Oktober 1911 die Republik China*)
Zhōngshānmén	中山门	Zhongshan-Tor (*ein altes Stadttor in Nanking*)

Anhang (Fùlù) zur Lektion 5
„Wie kommt man zum Mingxiaoling"

Übersetzungen

1. Shìfàn (Einführung)

1.1

Frl. od. Frau Specht:	Passant:
Entschuldigen Sie bitte, gibt es hier in der Nähe eine Bank?	Ja, ganz in der Nähe. Gleich bei (*od.:* an der) Xinjiekou.
Wie kommt man zu Xinjiekou?	Na, das ist einfach. Gehen Sie zehn Minuten lang immer geradeaus, und schon sind Sie da.
Danke schön!	Nicht der Rede wert!

1.2

A Entschuldigen Sie bitte, mein Herr, wie komme ich zum Mingxiaoling?

B Es tut mir leid, ich bin nicht aus Nanking (*wörtl.:* ich bin kein Nankinger), ich weiß es auch nicht.

A Oh ...

Frau Specht:	Zweiter Passant:
Ich möchte zum Mingxiaoling, darf ich Sie (mal) fragen, wie man dahin kommt?	Sie können mit der Buslinie 9 hinfahren.
Muß ich umsteigen?	Nein (, das brauchen Sie nicht).
Wo ist die Haltestelle für die Linie 9?	Gleich gegenüber.
Wo steige ich aus? (*Od.:* Wo muß ich aussteigen?)	Sie steigen an der Endstation aus.
Danke schön! Auf Wiedersehen.	Auf Wiedersehen.

1.3

A So ein Mist! Wir haben uns verlaufen!

B Wirklich? ... Na, dann geh' mal [jemanden] fragen!

A Mein Herr, wir haben uns verlaufen ...

C Wohin wollen Sie [denn]?

A Zur Guangzhou-Straße.

C Möchten Sie zu Fuß gehen oder mit dem Bus fahren?

A Wir möchten zu Fuß (hin)gehen.

C Na, [dann] gehen Sie zuerst [mal] geradeaus und überqueren zwei große Straßen; wenn Sie an der dritten Kreuzung angekommen sind, biegen Sie rechts ab, gehen wieder geradeaus und passieren ein Kino; wenn Sie an der zweiten Ampel angekommen sind, biegen Sie links ab, und schon sind Sie da.

A Entschuldigen Sie bitte, ich habe [das / Sie] nicht verstanden. Bitte sagen Sie es noch einmal!

C Sie gehen zuerst geradeaus und überqueren zwei große Straßen; wenn Sie an der dritten Kreuzung angekommen sind, biegen Sie rechts ab, gehen wieder geradeaus und passieren ein Kino; wenn Sie an der zweiten Ampel angekommen sind, biegen Sie links ab, und schon sind Sie da.

1.4

🚌 Linie 1, Richtung Hauptbahnhof (Nanking). Bitte einsteigen! Bitte lösen Sie Ihren Fahrschein!

🚶 Eine Fahrkarte bis zur Großen Yangzi-Brücke.

🚌 Sie sind in den falschen Bus eingestiegen! Diese Linie fährt nicht zur Großen Brücke. [Aber] Sie können am Daxinggong in die Linie 31 umsteigen. Kaufen Sie erst mal 'ne Fahrkarte zu drei Kuai.

🚶 Gut. Bitte sagen Sie mir kurz Bescheid, wenn wir an der [betreffenden] Haltestelle ankommen.

🚌 O.K., es sind noch zwei Stationen, [und] dann sind Sie schon da.

2. Jùxíng (Satzmuster)

2.1 Entschuldigen Sie die Frage, wie kommt man zum Nanking Hotel?
Entschuldigen Sie die Frage, wie kommt man zum Nanking Hotel?

2.2 Wie kommt man zur Zhongshan Beilu?
➝ Gehen Sie zehn Minuten lang geradeaus, und schon sind Sie da.
➝ Gehen Sie geradeaus, überqueren Sie zwei (größere) Straßen, und schon sind Sie da.
➝ Gehen Sie geradeaus und überqueren Sie die Jiangsu-Straße, [dann] gehen Sie wieder geradeaus und am Changjiang Hotel vorbei, und nach weiteren fünf Minuten (zu Fuß) sind Sie dann [auch schon] da.
➝ Gehen Sie geradeaus, an der dritten (größeren) Straße biegen Sie rechts ab, und schon sind Sie da.
➝ Gehen Sie geradeaus, an der zweiten Ampel biegen Sie links ab, und schon sind Sie da.
➝ Gehen Sie geradeaus, biegen Sie an der dritten Kreuzung rechts ab, und schon sind Sie da.

2.3 A Entschuldigen Sie die Frage, mit welcher Linie („wieviel Linie?") komme ich zum Mingxiaoling?
B (Fahren Sie) mit der Linie 9.
A Entschuldigen Sie die Frage, mit welcher Linie komme ich zum Nanking Hotel?
B (Fahren Sie) mit dem O-Bus (*od.:* mit der Straßenbahn) Linie 31.

2.4 Wang De ist noch nicht eingetroffen.
Sie sind bereits im Hotel eingetroffen.
(Hier) Nanking Hauptbahnhof.

Wohin geht sie?
Wohin geht sie?

Sie will zur Universität schwimmen gehen.
Sie will zur Universität schwimmen gehen.

Wie kommt man zur Nanking Universität?

Ich habe ein Flugticket nach Peking bestellt.

2.5 A Trinken Sie Kaffee oder (trinken Sie) Tee?
B (Ich trinke) Kaffee.

A Gefällt dir diese rote Seide oder jene weiße (Seide)?
B Jene weiße Seide.

       A Wohnt er im fünften Stock oder im sechsten (Stock)?
       B [Er wohnt] im fünften (Stock).

2.6   Sie steht um 7 Uhr auf.
Ich bin 20 Minuten gelaufen.

2.7   Der Weg ist [mir] zu weit, fahren wir doch besser mit dem Wagen (*od.:* Bus *etc.*)!

       A Gehen wir jetzt einkaufen oder (gehen wir) am Nachmittag?
       B Ich möchte mich jetzt ausruhen; gehen wir doch lieber am Nachmittag!

2.8   Als ich an der Haltestelle ankam, war der Bus schon losgefahren.
Während wir chinesische Schriftzeichen schreiben, hören sie Tonbänder (*bzw.* Tonaufnahmen).

2.9   Bevor er zum Mingxiaoling ging, kaufte er eine Landkarte (*od.:* einen Stadtplan).
Vor fünf Minuten war sie noch hier.

2.10   Nachdem ich gegessen habe (*freier:* Nach dem Essen), will ich mich ein bißchen ausruhen.
Nach drei Minuten kam der Bus (*wörtl.:* Wagen) schon.

2.11   Es gibt nicht viele Deutsche, die Chinesisch lernen.
Das Zimmer, das er gebucht hat, ist (sehr) teuer.
Ich kenne eine Journalistin, die aus Tokyo kommt.
Mein Sohn, der in einem Hotel arbeitet, ist zwanzig (Jahre alt) geworden.

2.12   Ich habe von neun Uhr bis elf Uhr Zeit.
Von hier bis zur Haltestelle der Linie 2 ist es (sehr) nah.
Ich kenne eine Studentin (, die) aus Nanking (kommt).

       A Von wo kommen Sie?
       B Ich komme aus München.

2.13   Auf Wiedersehen!
Bitte sagen Sie es noch einmal (*vollständig, komplett, den ganzen Satz*)!
Wann wird sie wiederkommen?
Überdies will ich (noch) drei Meter blauer Seide.
Laßt uns doch besser noch fünf Minuten warten!

2.14   Der Fahrstuhl ist gleich dort drüben.
Er ist [der besagte] Herr Bai.
Gleich nach dem Frühstück bin ich weggegangen.

3. Kèwén (Lektionstext)
4. Kèwén (Lektionstext)

Bai Deming hat im Nanking Hotel eine Japanerin kennengelernt; sie ist eine Journalistin aus Tokyo und heißt Koyama Hanako. Sie wohnt ebenfalls im achten Stock. Bai Deming ist das erste Mal in Nanking, und er würde gerne einen Ausflug zum Mingxiaoling(-Kaisergrab) machen.
Mittags beim Essen fragt er Frau Koyama:

Bai:	„Frau Koyama, haben Sie heute nachmittag Zeit?"
Koyama:	„Ja (, ich habe Zeit). Was haben Sie [denn] vor?"
Bai:	„Ich möchte einen Ausflug zum Mingxiaoling machen. Möchten Sie auch dahin?"
Koyama:	„Ja, gerne. Gehen wir zusammen (dahin)!"

Bevor sie aufbrechen, hat Bai Deming im Hotelshop einen englischsprachigen Plan der Stadt Nanking gekauft. Bis zum Mingxiaoling ist es (sehr) weit, und man muß mit dem Wagen (*od.:* mit dem Bus) hinfahren.
Nanking ist eine sehr große und sehr schöne Stadt. Viele Leute kommen Nanking besuchen.
Um zum Mingxiaoling zu kommen, muß man am Daxinggong in die Buslinie 9 umsteigen. Nachdem sie in den Bus eingestiegen sind, kauft Bai Deming zwei Fahrkarten zum Daxinggong. Nach fünf Stationen sind sie schon am Daxinggong. Die beiden steigen aus. Die Haltestelle der Linie 9 ist gleich gegenüber auf der anderen Straßenseite. Die beiden haben die Straße noch nicht überquert, als schon der Bus der Linie 9 kommt. Als sie die Haltestelle erreichen, ist der Bus schon [wieder] abgefahren.

Bai Deming sagt:

Bai:	„Frau Koyama, es ist jetzt erst zwei Uhr. Was halten Sie davon, wenn wir zu Fuß hingehen würden?"
Koyama:	„Kennen Sie den Weg?"
Bai:	„Nein (, ich kenne ihn nicht). [Aber] das macht nichts. Wir haben eine Landkarte (*od.:* einen Stadtplan), sehen Sie!"
Koyama:	„Oh je, der Weg ist viel zu weit! Warten wir doch lieber auf den [nächsten] Bus!"

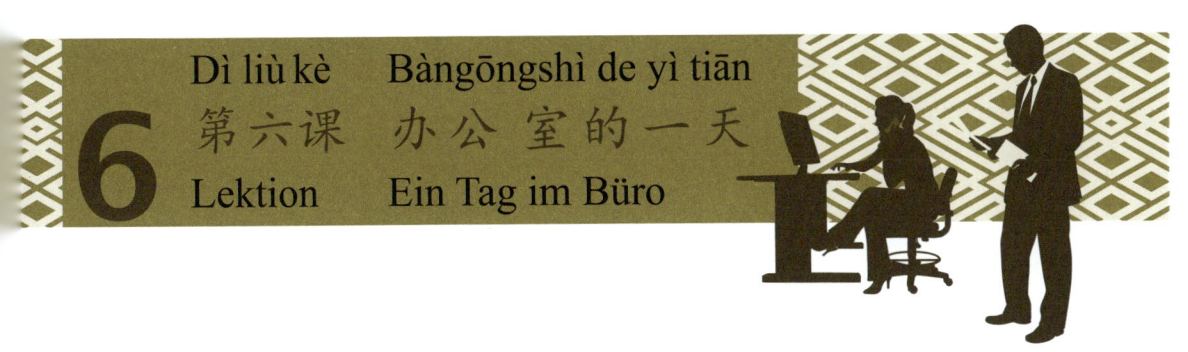

6 Dì liù kè   Bàngōngshì de yì tiān
第六课   办公室的一天
Lektion   Ein Tag im Büro

1.   Shìfàn 示范 (Einführung)

1.1   Herr Liu bittet Frau Qian um Hilfe.

Liú xiānsheng (zhíyuán) 刘先生(职员):	Qián mìshū 钱秘书:
Fāng jīnglǐ zuótiān xiě de xìn zài nǎr? 方经理昨天写的信在哪儿？	
Nǐ kànjiàn le ma? 你看见了吗？	Méi kànjiàn. Kànkan chōuti lǐ! 没看见。看看抽屉里！
Hǎo, wǒ qù zhǎozhao…… 好，我去找找……	Zhǎodào le ma? 找到了吗？
Méiyǒu. Zhēn zāogāo! 没有。真糟糕！	
Wǒ xiànzài jiù xūyào. 我现在就需要。	Hái hǎo, wǒ de diànnǎo lǐ yǒu. 还好，我的电脑里有。
Duì a! Diànnǎo! Néng bāng wǒ zài dǎyìn yí fèn ma? 对啊！电脑！能帮我再打印一份吗？	Hǎo ba. Nǐ děng yíxià. 好吧。你等一下。

1.2   Manager Fang vergewissert sich bei Frau Qian.

Fāng jīnglǐ 方经理：	Qián mìshū 钱秘书：
Liú xiānsheng bǎ wǒ de xìn fānyìhǎo le ma? 刘先生把我的信翻译好了吗？	Fānyìhǎo le. Wǒ qù ná… 翻译好了。我去拿…
	Nálai le, zhèr. 拿来了，这儿。

Fāng jīnglǐ 方经理：	Qián mìshū 钱秘书：
Hěn hǎo. Xīngqīwǔ Mǐlè Gōngsī de 很好。星期五米勒公司的 dàibiǎotuán lái; nǐ bāng tāmen dìng 代表团来；你帮他们订 fángjiān le ma? 房间了吗？	Wǒ zài Běijīng Fàndiàn zhǐ dìngdào liǎng 我在北京饭店只订到两 jiān, hái chà yì jiān. Wǒ chī le fàn, jiù dào 间，还差一间。我吃了饭，就到 Chángchéng Bīnguǎn zài dìng yì jiān. 长城宾馆再订一间。
Xīwàng néng dìngdào! 希望能订到！	Wǒ xiǎng méi wèntí. 我想没问题。
Dìngdào yǐhòu, fā fèn chuánzhēn 订到以后，发份传真 gàosu Mǐlè xiānsheng, xīngqīwǔ 告诉米勒先生，星期五 wǒ qù jīchǎng jiē tāmen. 我去机场接他们。	Hǎode. 好的。
Duì le, Liú xiānsheng qù yóujú 对了，刘先生去邮局 jì bāoguǒ le ma? 寄包裹了吗？	Shàngwǔ jiù jìzǒu le. 上午就寄走了。
Xīwàng tā zhè cì méi bǎ dìzhǐ xiěcuò ... 希望他这次没把地址写错 ...	Fàngxīn ba! Tā méi xiěcuò, wǒ kànjiàn le. 放心吧！他没写错，我看见了。

1.3 Frau Qian erinnert Manager Fang an einen Termin.

Qián mìshū 钱秘书：	Fāng jīnglǐ 方经理：
Fāng jīnglǐ, Lǐ xiānsheng yào hé nǐ 方经理，李先生要和你	

Qián mìshū 钱秘书：	Fāng jīnglǐ 方经理：
yuē ge shíjiān. 约个时间。	Nǎ ge Lǐ xiānsheng? 哪个李先生？
Jiù shi Hǎimǎ Gōngsī de zǒngjīnglǐ. 就是海马公司的总经理。	Aiyo, wǒ chà diǎnr wàng le. Zhè jiàn shì hěn zhòngyào. Nǐ kànkan, wǒ nǎ tiān yǒu shíjiān? 哎哟，我差点儿忘了。这件事很重要。你看看，我哪天有时间？
Nǐ zhè liǎng tiān hěn máng, yǐjīng yǒu sān ge yuēhuì le. Yuē xīngqīsì shàngwǔ shí diǎn bàn, zěnmeyàng? 你这两天很忙，已经有三个约会了。约星期四上午十点半，怎么样？	
	Hǎo, nǐ dǎ ge diànhuà gàosu tā. 好，你打个电话告诉他。
Wǒ míngtiān dǎ. 我明天打。	Hǎo ba. Máfan nǐ bǎ zhè ge bāoguǒ dǎkāi! 好吧。麻烦你把这个包裹打开！
Hǎo. … Shi Mǐlè gōngsī de xiāngshuǐ yàngpǐn. Hái yǒu fēng Mǐlè xiānsheng de xìn. 好。…是米勒公司的香水样品。还有封米勒先生的信。	
	Shì ma? Wǒ kàn yíxià. Aiyo, liù diǎn sānkè le! Nǐ xiàbān ba! 是吗？我看一下。哎哟，六点三刻了！你下班吧！
Hǎo. Nà, wǒ huí jiā le. 好。那，我回家了。	Nǐ huí jiā ba! Míngtiān jiàn! 你回家吧！明天见！
Míngtiān jiàn! 明天见！	

2. Jùxíng 句型 (Satzmuster)

2.1

Shuō Zhōngwén!	说中文！
Qǐng (nǐ) shuō Zhōngwén!	请(你)说中文！
Nǐmen shuō Zhōngwén!	你们说中文！
Wǒmen shuō Zhōngwén ba!	我们说中文吧！

2.2

Qǐng bāng wǒ fā yíxià zhè fèn chuánzhēn!	请帮我发一下这份传真！
Bāng wǒ kāimén!	帮我开门！
Máfan nǐ gàosu tā yíxià!	麻烦你告诉她一下！
Máfan nǐ bāng wǒ fānyì zhè fēng xìn!	麻烦你帮我翻译这封信！

2.3

★ Wǒ néng yòng yíxià nǐ de diànhuà ma?	我能用一下你的电话吗？
→ Hǎo.	好。
Duìbuqǐ, wǒ jīntiān hěn máng, bù néng péi nǐ.	对不起，我今天很忙，不能陪你。
★ Nǐ míngtiān néng lái ma?	你明天能来吗？
→ Néng lái.	能来。

2.4

★ Nǐ shàngwǔ qù mǎi sīchóu le ma?	你上午去买丝绸了吗？
→ Qù mǎi le, búguò zhǐ mǎidào hóng de, méi(yǒu) mǎidào lán de.	去买了，不过只买到红的，没(有)买到蓝的。
★ Nǐ kàn, nàr yǒu sān ge Rìběnrén!	你看，那儿有三个日本人。
→ À, wǒ kàndào le. Tāmen shi wǒmen de xīn kèhù!	啊，我看到了。他们是我们的新客户！
Duìbuqǐ, wǒ méiyou tīngdǒng. Qǐng nǐ zài shuō yíbiàn.	对不起，我没有听懂。请你再说一遍。
Zāogāo, wǒmen zǒucuò lù le!	糟糕，我们走错路了！
Nǐ dìnghǎo fángjiān le ma?	你订好房间了吗？
★ Nǐ zhǎodào yàoshi le ma?	你找到钥匙了吗？
→ Zhǎodào le!	找到了！
→ Hái méi zhǎodào.	还没找到。

2.5

| Qǐng bǎ mén dǎkāi! | 请把门打开。 |
| Tā bǎ wǒ de míngzi xiěcuò le. | 他把我的名字写错了。 |

	Shéi bǎ xíngli názǒu le?	谁把行李拿走了？
	Wǒ méi(you) bǎ zhè fēng xìn fānyìcuò!	我没(有)把这封信翻译错！
	Tā hái méi(you) bǎ chuánzhēn fānyìhǎo.	他还没(有)把传真翻译好。
2.6	Tāmen hěn xīwàng gēn (*oder:* hé) Zhōngguó gōngsī hézuò.	他们很希望跟 (*oder:* 和) 中国公司合作。
	Wǒ gēn (*oder:* hé) tā yuēhǎo hòutiān jiànmiàn.	我跟 (*oder:* 和) 她约好后天见面。
	Wǒ xiǎng gēn (*oder:* hé) nǐ qù cānguān Chángchéng. Nǐ yǒu shíjiān ma?	我想跟 (*oder:* 和) 你去参观长城。你有时间吗？
2.7	Yǒuyì Shāngdiàn zài yínháng duìmiàn.	友谊商店在银行对面。
	Yàoshi zài lǐmiàn.	钥匙在里面。
	Yàoshi zài chōuti lǐmiàn.	钥匙在抽屉里面。
	Yàoshi zài chōuti lǐ.	钥匙在抽屉里。
	Fángjiān lǐmiàn méiyǒu rén.	房间里面没有人。
	Fángjiān lǐ méi(yǒu) rén.	房间里没(有)人。
	Tā zhù zài hòumiàn.	她住在后面。
	Tā zhù zài dòngwùyuán hòumiàn.	她住在动物园后面。
2.8	Wǒ qǐng nǐ qù kàn diànyǐng.	我请你去看电影。
	Tāmen qǐng wǒmen míngtiān xiàwǔ qù Běijīng Fàndiàn hē kāfēi.	他们请我们明天下午去北京饭店喝咖啡。
	Wǒ xiǎng qǐng nǐ lái wǒ jiā chīfàn.	我想请你来我家吃饭。
	Tā qǐng nǐmen dào Shànghǎi lái kàn yi kàn.	她请你们到上海来看一看。

Chinesisches Sprichwort

suí jī yìng biàn

随 机 应 变

Etwa: sich auf jede Situation einstellen und auf Änderungen reagieren, wechselnden Umständen Rechnung tragen, flexibel auf sich verändernde Situationen eingehen, flexibel sein.

3. Kèwén 课文 (Lektionstext)

孔经理的一天

孔大兴是一家电脑公司的总经理。他有二十个职员。他每天早上八点半上班。今天他很忙,八点就到了公司。他的秘书王小姐已经在办公室打电脑了。

王秘书告诉他,星期三下午勒曼公司的代表到北京;她已经在王府饭店帮他们订好房间了。今天早上收到两份传真,一份是林德公司的订单,一份是要跟施耐德公司签的合同草案。

上午孔经理和杜工程师陪日本客户参观工厂。下午孔经理跟扬子公司的代表谈了合作问题。晚上他请意大利客户到一家四川饭店吃晚饭;十点才回家。

4. Kèwén 课文 (Lektionstext)

Kǒng jīnglǐ de yì tiān
孔经理的一天

Kǒng Dàxīng shi yì jiā diànnǎo gōngsī de zǒngjīnglǐ. Tā yǒu èrshí ge zhíyuán.
孔大兴是一家电脑公司的总经理。他有二十个职员。

Tā měitiān zǎoshàng bā diǎn bàn shàngbān. Jīntiān tā hěn máng, bā diǎn jiù dào le
他每天早上八点半上班。今天他很忙，八点就到了

gōngsī. Tā de mìshū Wáng xiǎojie yǐjīng zài bàngōngshì dǎ diànnǎo le.
公司。他的秘书王小姐已经在办公室打电脑了。

Wáng mìshū gàosu tā, xīngqīsān xiàwǔ Lèmàn Gōngsī de dàibiǎo dào Běijīng;
王秘书告诉他，星期三下午勒曼公司的代表到北京；

tā yǐjīng zài Wángfǔ Fàndiàn bāng tāmen dìnghǎo fángjiān le. Jīntiān zǎoshang
她已经在王府饭店帮他们订好房间了。今天早上

shōudào liǎng fèn chuánzhēn, yí fèn shi Líndé Gōngsī de dìngdān, yí fèn shi yào
收到两份传真，一份是林德公司的订单，一份是要

gēn Shīnàidé Gōngsī qiān de hétòng cǎo'àn.
跟施耐德公司签的合同草案。

Shàngwǔ Kǒng jīnglǐ hé Dù gōngchéngshī péi Rìběn kèhù cānguān gōngchǎng.
上午孔经理和杜工程师陪日本客户参观工厂。

Xiàwǔ Kǒng jīnglǐ gēn Yángzǐ Gōngsī de dàibiǎo tán le hézuò wèntí. Wǎnshang tā
下午孔经理跟扬子公司的代表谈了合作问题。晚上他

qǐng Yìdàlì kèhù dào yì jiā Sìchuān fàndiàn chī wǎnfàn; shí diǎn cái huí jiā.
请意大利客户到一家四川饭店吃晚饭；十点才回家。

5. Zhùshì 注释 (Erläuterungen)

5.1 Aufforderungs- bzw. Befehlssätze

Der Aufforderungs- bzw. Befehlssatz ist im Chinesischen nicht durch formale Kriterien (z.B. besondere Wortstellung, eigene Verb-Endungen o.ä.) gekennzeichnet. Vom einfachen Aussagesatz unterscheidet er sich also nicht schon auf den ersten Blick, sondern ist oft nur durch den Kontext als Aufforderung oder Befehl erkennbar.

Beispiel:

Nǐ zài děng wǔ fēn zhōng! 你再等五分钟！	*Warte noch fünf Minuten!* *(Warten Sie noch fünf Minuten!)*
Nǐmen zài děng shí fēn zhōng! 你们再等十分钟！	*Wartet noch zehn Minuten!* *(Warten Sie noch zehn Minuten!)*
Wǒmen zài děng wǔ fēn zhōng! 我们再等五分钟！	*Warten wir noch fünf Minuten!* (Od.: *Laßt uns noch fünf Minuten warten!*)

Nicht selten wird das <u>Pronomen</u> für die angesprochene Person – vor allem im Falle der 2. Person Singular (*du; Sie*) – <u>weggelassen</u>.
Der Satz

       Zài děng liǎng fēn zhōng!
       再等两分钟！

kann deshalb bedeuten:

    Warte noch zwei Minuten!   *(Warten Sie noch zwei Minuten!)*
    Wartet noch zwei Minuten!   *(Warten Sie noch zwei Minuten!)*
    Warten wir noch zwei Minuten!

Ob diese Aufforderung nach einem strengen Befehl oder mehr wie ein Vorschlag klingt, hängt – abgesehen von der Möglichkeit „bitte" qǐng 请 hinzuzufügen – vor allem vom Ton und der Mimik des Sprechers ab.

Aus Lektion 5 ist uns die Fügung háishi 还是 ... ba 吧 vertraut. Dieses ba 吧 stellt man häufig ans Satzende, wenn man einen Satz wie einen <u>Vorschlag</u> formulieren möchte. Es kann im Deutschen oft mit „doch" wiedergegeben werden.

Beispiel:

Nǐ zài děng wǔ fēn zhōng ba! 你再等五分钟吧！	*Warte doch noch fünf Minuten!* *(Warten Sie doch noch fünf Minuten!)*

(Nǐ) lái ba! (你)来吧!	*[Nun] komm' doch!*
Shàngchē ba! 上车吧!	*Steigen Sie doch ein!* (Oder auch: *Nun steigen Sie schon ein!*)

5.2 Die Verwendung von máfan 麻烦 (lästig, mühsam)

Máfan 麻烦 bedeutet: *lästig, mühsam, problematisch, Umstände bereiten*. Es kann wie qǐng 请 gebraucht werden, um eine sehr höfliche Bitte zu formulieren. Anders als bei qǐng 请 darf man jedoch bei máfan 麻烦 die Anrede bzw. das Personalpronomen für die angesprochene Person nicht weglassen.

Beispiele:

Qǐng (nǐ) gàosu tā wǒ bù néng lái! 请(你)告诉他我不能来!	*Bitte sagen Sie ihm, daß ich nicht kommen kann!*
Máfan nǐ gàosu tā wǒ bù néng lái! 麻烦你告诉他我不能来!	*Würden Sie ihm bitte sagen, daß ich nicht kommen kann!*
Qǐng (nǐ) fā yíxià zhè fèn chuánzhēn! 请(你)发一下这份传真!	*Bitte schicken Sie mal dieses Fax ab!*
Máfan nǐ fā yíxià zhè fèn chuánzhēn! 麻烦你发一下这份传真!	*Würden Sie bitte mal dieses Fax abschicken!*

5.3 Das Modalverb néng 能 (können)

Das Modalverb néng 能 bedeutet „können". Gemeint ist damit, daß man
▶ leistungsmäßig oder körperlich in der Lage ist, etwas zu tun:

Tā yì tiān néng kàn sān běn Déwén shū. 他一天能看三本德文书。	*Er kann binnen eines Tages drei deutschsprachige Bücher lesen.*
Nǐ hái néng zǒu ma? 你还能走吗?	*Kannst du noch gehen (od.: laufen)?*
Nǐ néng chī là de ma? 你能吃辣的吗?	*Können Sie scharf[e Speisen] essen?*

▶ aufgrund der Umstände in der Lage ist, etwas zu tun:

★ Nǐ néng lái jīchǎng jiē wǒ ma? 你能来机场接我吗？	*Kannst du zum Flughafen kommen und mich abholen?*
➡ Méi wèntí, fēijī jǐ diǎn dào ne? 没问题，飞机几点到呢？	*Kein Problem, um wieviel Uhr kommt das Flugzeug denn an?*
Wǒmen zài jīchǎng jiù néng huàn qián. 我们在机场就能换钱。	*Wir können gleich auf dem Flughafen Geld umtauschen.*

Beachten Sie:
Die negierte Form bù néng 不能 kann „nicht können", aber auch „nicht dürfen" bedeuten, während bù kěyi 不可以 nur im Sinne von „nicht dürfen" verwendet wird (vgl. Lektion 3).

Beispiele:

Zhēn duìbuqǐ, hòutiān wǒ yǒu shì, bù néng lái jiē nǐ. 真对不起，后天我有事，不能来接你。	*Es tut mir wirklich leid, [aber] übermorgen habe ich etwas zu erledigen, und ich kann dich [deshalb] nicht abholen kommen.*
Shàngkè de shíhou bù néng chī dōngxi! 上课的时候不能吃东西！	*Während des Unterrichts darf man nicht(s) essen!*

5.4 Ortsbestimmungen, Positionswörter (II)

In Lektion 4 haben wir bereits einige Ortssubstantive und die Besonderheiten ihrer Verwendung kennengelernt. Eine Reihe von Ortssubstantiven wird mit dem Suffix –miàn 面 gebildet, was „Oberfläche" und „Seite" bedeutet. Je nach ihrer Funktion im Satz und je nachdem, ob sie näher bestimmt werden, übersetzt man diese Ortssubstantive unterschiedlich ins Deutsche. Die Grundbedeutungen einiger dieser Ortssubstantive sind:

shàngmian 上面	*die obere Seite, oben, auf, über, oberhalb*	xiàmian 下面	*die untere Seite, unten, unter, unterhalb*
qiánmian 前面	*die vordere Seite, vorne, vor*	hòumian 后面	*die hintere Seite, hinten, hinter, dahinter*
lǐmiàn 里面	*die innere Seite, das Innere, innen, in, innerhalb*	wàimiàn 外面	*die äußere Seite, außen, draußen, außerhalb, vor*

Sie werden in der gleichen Weise wie die bereits bekannten Ortssubstantive fùjìn 附近, duìmiàn 对面 und ménkǒu 门口 verwendet.

Als Positionswort <u>entfällt oft das Suffix</u> -miàn 面 (häufig auch ohne Ton: -mian), jedoch <u>nicht</u>, wenn es <u>hinter</u> einem <u>Personalpronomen</u> oder einem <u>Personennamen</u> steht. Besonders häufig entfällt das Suffix -miàn 面 bei:

shàngmian 上面	▶	shàng 上	> zhuō shang 桌上	*auf dem Tisch*
xiàmian 下面	▶	xià 下	> chuáng xià 床下	*unter dem Bett*
lǐmiàn 里面	▶	lǐ 里	> chōuti lǐ 抽屉里	*in der Schublade*
wàimian 外面	▶	wài 外	> mén wài 门外	*draußen vor der Tür*

Einige Beispiele:

Xìn zài zhuō shang.	信在桌上。	*Der Brief liegt auf dem Tisch.*
Mén wài shi shéi?	门外是谁？	*Wer ist das (draußen) vor der Tür?*
Chuáng xià de shū shi wǒ de.	床下的书是我的。	*Die Bücher unter dem Bett gehören mir.*
Bāoguǒ lǐ yǒu shénme dōngxi?	包裹里有什么东西？	*Was ist in dem Paket?*
Wǒ zhù zài tā shàngmian.	我住在他上面。	*Ich wohne [im Stockwerk] über ihm.*

Hinweis:
Gelegentlich wird man statt -miàn 面 auch <u>-biān</u> 边 als Suffix hören; -miàn und -biān sind allerdings in Anwendung und Bedeutung nicht völlig deckungsgleich.

5.5 Verbzusätze des Resultats

Häufig wird an das Verb (Verbalprädikat) des Satzes ein Zusatz angehängt, der Auskunft über das Resultat der betreffenden Handlung gibt. Wir bezeichnen dies als „Verbzusatz des Resultats" oder auch als „<u>Resultativsuffix</u>". Diese Verbzusätze präzisieren die Bedeutung des betreffenden Verbs und werden im Deutschen auf unterschiedliche Weise wiedergegeben (Vorsilben, Umschreibungen, Hilfswörter etc.); gelegentlich gibt es für eine Verb+Resultativsuffix–Verbindung im Deutschen ein eigenes Wort (auffälligstes Beispiel: zhǎo = *suchen*, zhǎodào = *finden*).

Beispiel:

xiě 写	schreiben	xiěcuò 写错	schreiben+falsch ⇨ sich verschreiben
kàn 看	ansehen, (an)schauen, lesen	kànjiàn 看见	sehen, erblicken

Verb+Resultativsuffix werden als <u>eine Einheit</u> angesehen. Dabei besteht der Verbzusatz meist aus einem <u>Adjektiv</u>, seltener aus einem <u>Verb</u>. Im folgenden sehen Sie eine Auswahl häufig benutzter Verbzusätze und Verbindungen sowie ihre deutschen Entsprechungen:

-cuò 错 *falsch, irrig*	xiěcuò 写错	sich verschreiben
	kàncuò 看错	sich vergucken, falsch sehen, verlesen
	shuōcuò 说错	sich versprechen
	zǒucuò 走错	sich verlaufen, sich verirren
	tīngcuò 听错	sich verhören
	zuòcuò 作错	falsch machen, sich vertun
	zuòcuò 坐错	sich auf den falschen Platz setzen
	zuòcuò chē 坐错车	im falschen Wagen (Bus etc.) sitzen
	tiáncuò biǎo 填错表	ein Formular falsch ausfüllen
-duì 对 *richtig*	xiěduì 写对	richtig schreiben
	Shuōduì le! 说对了!	„Richtig gesagt!", „Damit haben Sie völlig recht!"
-wán 完 *beenden; zu Ende bringen, fertig (machen), eine Tätigkeit abschließen*	shuōwán 说完	zu Ende sprechen, ausreden
	kànwán 看完	bis zum Ende ansehen, zu Ende lesen, auslesen
	kànwán diànyǐng 看完电影	einen Film bis zum Ende ansehen, einen Film (bis) zu(m) Ende sehen
	zuòwán 作完	fertig machen, bis zum Ende tun
	màiwán le 卖完了	bis zum Ende verkaufen ⇨ ausverkauft sein
	chīwán fàn 吃完饭	zu Ende essen, das Essen beenden
	shàngwán kè 上完课	den Unterricht bis zum Ende besuchen od. erteilen, den Unterricht beenden

-hǎo 好 gut; (etwas) erledigen od. zu Ende bringen (so daß nun ein nächster Schritt folgen kann)	xiěhǎo 写好 fānyìhǎo 翻译好 shuōhǎo 说好 yuēhǎo 约好 fùxíhǎo 复习好 kànhǎo 看好 mǎihǎo dōngxi 买好东西 zuòhǎo 做好 zuòhǎo 坐好	*fertig schreiben* *fertig übersetzen* *besprechen, absprechen* *sich (fest) verabreden* *fertig wiederholen* *durchlesen, genau ansehen* *den Einkauf erledigen (erledigt haben)* *erledigen, fertig machen* *sich ordentlich (richtig, ruhig) hinsetzen*
-zǒu *weggehen; weg (ganz weg, aus den Augen)*	názǒu 拿走 kāizǒu 开走 jìzǒu 寄走 bānzǒu 搬走	*wegnehmen, wegbringen, entfernen* *(ein Auto) wegfahren* *(mit der Post) abschicken* *abtransportieren*
-kāi 开 *öffnen; aus dem Weg, zugänglich machen*	nákāi 拿开 dǎkāi 打开 zǒukāi 走开 lākāi 拉开	*wegräumen, zur Seite nehmen od. legen* *aufmachen, öffnen; einschalten* *aus dem Weg gehen, zur Seite treten* *aufziehen, auseinanderziehen*
-dǒng 懂 *verstehen*	kàndǒng 看懂 tīngdǒng 听懂	*(Gelesenes) verstehen* *(Gehörtes) verstehen*
-jiàn 见 *sehen; wahrnehmen*	kànjiàn (kànjian) 看见 tīngjiàn (tīngjian) 听见	*sehen (wahrnehmen), erblicken* *hören (wahrnehmen)*
-dào 到 *(am Ziel) ankommen, eintreffen; sich erfolgreich um etwas bemühen*	kàndào 看到 tīngdào 听到 mǎidào 买到 dìngdào 订到 zhǎodào 找到 jiàodào 叫到 xuédào 学到 shōudào 收到 xiǎngdào 想到	*(hinblicken + ankommen) sehen* *(hinhören + ankommen) hören, vernehmen* *(kaufen + ankommen) erwerben, erstehen* *(bestellen + ankommen) bestellen, buchen* *(suchen + ankommen) finden* *(Taxi o. ä. rufen + ankommen) bekommen* *(lernen + Ziel erreichen) erlernen* *(entgegennehmen + ankommen) (Brief o. ä.) erhalten* *an etw. denken, auf eine Idee kommen, auf den Gedanken kommen*

Da die Verbindung Verb+Resultativsuffix meist im Zusammenhang mit einer abgeschlossenen Handlung steht, wird diese Verbindung mit méi(you) 没（有）verneint.

Beispiel:

Wǒ fānyìhǎo le sān fēng xìn. 我翻译好了三封信。	Ich habe drei Briefe (fertig) übersetzt.
Tāmen hái méi(you) chīhǎo fàn. 他们还没（有）吃好饭。	Sie sind mit dem Essen noch nicht fertig. (Sie haben noch nicht aufgegessen.)

5.6 Die Partikel le 了 in Sätzen mit Verb+Resultativsuffix

In Sätzen mit einer abgeschlossenen Handlung wird die Aspektpartikel le 了 (vgl. Lektion 3) öfters ausgelassen, wenn die Abgeschlossenheit durch das Resultativsuffix (Verbzusatz des Resultats) hinreichend deutlich wird.

Beispiel:

Wǒ tián le biǎo, jiù qù ná xíngli. 我填了表，就去拿行李。	Gleich nachdem ich das Formular ausgefüllt habe, gehe ich das Gepäck holen.
Wǒ tiánhǎo biǎo, jiù qù ná xíngli. 我填好表，就去拿行李。	Gleich nachdem ich das Formular fertig ausfüllt habe, gehe ich das Gepäck holen.

Die Partikel le 了 wird oft auch dann ausgelassen, wenn hinter dem Verb ein Objekt steht, aus dem Kontext die Abgeschlossenheit der Handlung klar ist und sich nun die Aufmerksamkeit auf das Objekt richtet.

Beispiel:

A	Nǐ dìngdào fángjiān le ma? 你订到房间了吗？	Haben Sie (die) Zimmer buchen können? (frei: Hat die Zimmerreservierung geklappt?)
B	Dìngdào le, dìngdào liǎng jiān dà de, yì jiān xiǎo de. 订到了，订到两间大的，一间小的。	Ja (, ich habe sie gebucht). Ich habe zwei große Zimmer und ein kleines bekommen.

5.7 Der bǎ-Satz: die Voranstellung des Objektes mit bǎ 把

Wie wir bisher gesehen haben, gilt im Chinesischen wie im Deutschen dieselbe Grundregel für die Wortstellung im einfachen Aussagesatz:

Schema ▸	Subjekt	Prädikat	Objekt
Deutsch ▸	*Ich*	*lese*	*[± ein] Buch.*
Chinesisch ▸	Wǒ 我	kàn 看	shū. 书。
Deutsch ▸	*Sie*	*mag*	*dich.*
Chinesisch ▸	Tā 她	xǐhuan 喜欢	nǐ. 你。

Von dieser Grundregel gibt es aber auch Abweichungen.
Das Chinesische zeigt eine starke Tendenz, den Schwerpunkt der Aussage ans Satzende zu stellen. Ein prägnantes Beispiel dafür ist der sog. „bǎ-Satz", in dem das Objekt mit bǎ 把 markiert und **vor** das Prädikat gestellt wird. Dieses bǎ 把 ist ursprünglich ein Verb und bedeutet *nehmen, (er)greifen, (zu)packen, (fest)halten*.
Kennzeichnend für den bǎ-Satz sind die folgenden Punkte:
- er enthält ein direktes Objekt;
- das Objekt ist meist bestimmt und bereits bekannt und steht eben deshalb nicht mehr im Zentrum des Interesses;
- das Verb hat meistens einen Verbzusatz (z. B. Resultativsuffix) oder wird zusammen mit le 了 gebraucht, d. h. das Verb drückt meist eine Veränderung der Sachlage aus;
- es ist eben diese Veränderung der Sachlage, die man als neue Information und damit als Schwerpunkt der Satzaussage hervorheben will;
- indem das Objekt mit bǎ 把 vor das Prädikat gestellt wird, gerät das Prädikat ans Satzende und zieht somit die Aufmerksamkeit auf sich.

Beispiel:

A	Wǒ yào qù jì liǎng fēng xìn. 我要去寄两封信。	*Ich will zwei Briefe abschicken (gehen).* Frage: Was willst du tun? ⇨ *zwei Briefe abschicken* (jì liǎng fēng xìn)

B *fragt* **A** *ein paar Stunden später:*

B	Nǐ bǎ xìn jìzǒu le ma? 你把信寄走了吗？	*Hast du die Briefe abgeschickt?* Frage: Was hast du mit den Briefen gemacht? ⇨ *abgeschickt?* (jìzǒu le ma?)
A	Jìzǒu le. 寄走了。	*Ja (, ich habe sie abgeschickt).*

Die Struktur des bǎ-Satzes:

Subjekt	把 bǎ + Objekt	Prädikat (meist Verb + Verbzusatz od. Verb + le 了)	
Wǒmen 我们	bǎ dì liù kè 把第六课	shàngwán le. 上完了。	Wir *haben* (die) Lektion 6 *abgeschlossen*.
Nǐ 你	bǎ nǐ de hùzhào 把你的护照	nálai! 拿来!	*Bringen* Sie Ihren Paß *her*!
Nǐ 你	bǎ xìn 把信	fānyìhǎo le ma? 翻译好了吗?	*Haben* Sie den Brief *fertig übersetzt*?
Tā 她	bǎ chē 把车	mài le. 卖了。	Sie *hat* den Wagen *verkauft*

Die Verneinung im bǎ-Satz:

Da im Chinesischen das Verneinungswort in der Regel vor dem ersten Verb des Satzes steht, wird die Negation (z.B.: méiyou 没有, kurz: méi 没) vor das Hilfswort bǎ 把 gestellt, das – wie wir wissen – eigentlich ein Verb ist. Beachten Sie, daß bei Modalverben das Negationswort vor das Modalverb gesetzt wird.

Beispiel:

Tā méi(you) bǎ chuánzhēn fānyìcuò. 她没(有)把传真翻译错。	*Sie hat das Fax nicht falsch übersetzt.*
Wǒ hái méi bǎ zhè běn shū kànwán. 我还没把这本书看完。	*Ich habe dieses Buch noch nicht zu Ende gelesen.*
Nǐ bù néng bǎ tā de xìn názǒu! 你不能把他的信拿走!	*Du darfst seinen Brief nicht wegnehmen!*

5.8 Die Formulierung einer Einladung

Eine Einladung wird oft unter Verwendung des Verbs qǐng 请 formuliert, das wir bislang in der Bedeutung „bitten" kennen, und das wir in diesem Kontext mit „einladen" wiedergeben. Dabei stellt man hinter die eingeladene Person die eigentliche Einladung, d.h. beispielsweise einen Besuch im Restaurant, im Kino, im Theater usw.

Beispiel:

| Wǒ xiǎng qǐng nǐ lái wǒ jiā chīfàn!
我 想 请 你 来 我 家 吃 饭！ | *Ich möchte Sie zu mir nach Hause zum Essen einladen!* |

| Tā qǐng wǒ qù kàn diànyǐng.
她 请 我 去 看 电 影。 | *Sie hat mich ins Kino eingeladen.* |

Chinesisches Sprichwort

liúlián wàng fǎn
流 连 忘 返

Etwa: von etwas so sehr fasziniert sein, daß man die Heimkehr vergißt; von etwas od. jemandem in den Bann geschlagen sein und sich davon od. von dieser Person nicht trennen können; sich so seinen Vergnügungen hingeben, daß man nicht mehr nach Hause möchte.

Häufig verwendet, wenn man beispielsweise die Schönheit einer Landschaft beschreibt.

HSK 2

6. Shēngcíbiǎo 生词表 (Vokabelliste)

gōngsī	公司	Firma (ZEW: ge 个, jiā 家)	VW shi Déguó zuì dà de qìchē-gōngsī ma?
gōngchǎng	工厂	Fabrik (ZEW: ge 个, jiā 家)	Wǒmen gōngsī yǒu wǔ ge gōngchǎng.
jīnglǐ	经理	Manager; Direktor (auch als Anrede bzw. Titel)	Liú jīnglǐ jīntiān yǒu hěn duō shìr.
zǒngjīnglǐ	总经理	General Manager (GM); Generaldirektor	
zhíyuán	职员	Angestellter (ZEW: ge 个, míng 名)	Nǐmen gōngsī yígòng yǒu duōshao zhíyuán?
mìshū	秘书	Sekretärin, Sekretär	Mìshū de shìqing hěn duō.
dàibiǎo	代表	vertreten, repräsentieren; Repräsentant, Vertreter, Delegierter	Déguó Yínháng dàibiǎo xīngqīyī yào lái wǒmen gōngsī.
dàibiǎotuán	代表团	Delegation	Wáng jīnglǐ jīntiān xiàwǔ yào péi cóng Déguó lái de dàibiǎotuán.
kèhù	客户	Kunde, Firmenkunde	Tā shi wǒmen de dà kèhù.
		Ergänzungsvokabel: kèshāng 客商, *häufig für ausländische Geschäftsleute bzw. Kunden verwendeter Ausdruck*	
fānyì	翻译	übersetzen, dolmetschen; Übersetzer, Dolmetscher (ZEW: ge 个, wèi 位)	
fānyìwán	翻译完	eine Übersetzung fertigstellen; eine Übersetzung ist fertig(-gestellt)	★ Nǐ bǎ xìn fānyìwán le ma? → Hái méiyǒu.
néng	能	*Modalverb:* können (vgl. die ERLÄUTERUNGEN zu dieser Lektion)	Nǐ néng péi wǒ qù ma? Zāogāo, wǒ méi yàoshi, bù néng kāi mén.
gēn	跟	*verbal:* folgen, hinterhergehen	Wǒ gēn nǐ.
yuán	员		

gēn 跟 + Person + Verb		jemandem folgend etwas tun: mit (jmdm. zusammen etw. tun), und (nur zwischen Nomen, wie hé 和)	Tā gēn péngyou qù kàn diànyǐng. Qǐng (nǐ) gēn wǒ lái! Zhāng lǎoshī gēn xīn lái de xuésheng qù mǎi shū le.
wèntí	问题	Frage; Problem	Lǎoshī, wǒ yǒu yí ge wèntí. gōngzuò wèntí, zhòngyào (de) wèntí
wèn wèntí	问问题	eine Frage stellen	Tā wèn le hěn duō wèntí.
Méi wèntí!	没问题！	Kein Problem!	★ Nǐ néng péi wǒmen de kèhù chī wǔfàn ma? ➥ Méi wèntí!
tán	谈	besprechen, (über etw.) sprechen, (über etw.) reden	Wǒ hái méi gēn tā tán zhè ge wèntí.
jiàn	件	ZEW für Angelegenheiten, Gepäck, für diverse Kleidungsstücke (Oberbekleidung) usw.	zhè jiàn shìr (diese Angelegenheit, diese Sache); liǎng jiàn xíngli (zwei Gepäckstücke); sān jiàn chènshān (drei Hemden)
zhòngyào	重要	wichtig, bedeutend	Zhè jiàn shìr hěn zhòngyào. Zhè bú shi wǒmen xiànzài zuì zhòngyào de wèntí.
hézuò	合作	zusammenarbeiten, kooperieren; Zusammenarbeit, Kooperation	Wǒmen xiān tán hézuò de wèntí, hǎo ma? Dé-Zhōng hézuò
hétong	合同	Vertrag (ZEW: fèn 份)	
cǎo'àn	草案	Entwurf (ZEW: fèn 份)	
hétong cǎo'àn	合同草案	Vertragsentwurf	
qiān	签	unterschreiben	Wǒ qiān hétong le. Nǐmen gēn nǎ ge gōngsī qiān hétong le?

qiān / míng	签名	Unterschrift leisten, unterschreiben	
qiān / zì	签字	Unterschrift leisten, unterschreiben	
máng	忙	viel zu tun haben, sehr beschäftigt sein	Tā hěn máng. Wǒ xīngqī'èr zuì máng.
yuē	约	(Zeit, Termin etc.) verabreden	
yuē shíjiān	约时间	eine Zeit verabreden, einen Termin vereinbaren, verabreden	Wǒmen kěyi yuē ge shíjiān tántan ma?
yuēhui	约会	Verabredung; Rendezvous	Wǒ jīntiān hěn máng, gēn kèhù yǒu sān ge yuēhui.
huìtán	会谈	Besprechung; Gespräch	
yào	要	wollen; brauchen, benötigen	
xūyào	需要	benötigen, brauchen	
jīchǎng	机场	Flughafen; Flugplatz	
(geläufige Abkürzung für: fēijīchǎng 飞机场)			
jiē + Person	接 + Person	(jemanden) in Empfang nehmen, (jmdn.) abholen	Nǐ néng lái jīchǎng jiē wǒ ma?
cānguān	参观	besichtigen	Wǒmen xiǎng cānguān nǐmen de gōngchǎng.
shàng / bān	上班	(z. B. im Büro) arbeiten, Dienst tun	Nǐmen shénme shíhou shàngbān?
qù shàng/ bān	去上班	zur Arbeit gehen, ins Büro gehen, zum Dienst gehen	Wǒ měitiān bā diǎn qù shàngbān.
lái shàng/ bān	来上班	zur Arbeit kommen, ins Büro kommen, zum Dienst kommen	Gù mìshū jīntiān méi lái shàngbān.
xià / bān	下班	Feierabend machen, Dienstschluß haben	Wǒmen jǐ diǎn xiàbān? Xiàbān le!

guān = Anblick, Bild, Aussehen
bān = Schicht

huí jiā	回家	nach Hause gehen	
bàngōngshì	办公室	Büro	Qǐng wèn, Lǐ jīnglǐ de bàngōngshì zài jǐ lóu?
		Ergänzungsvokabel: bàn(lǐ) 办（理）(*Formalitäten, Aufgaben etc.* erledigen, abwickeln)	
zhuōzi	桌子	Tisch (ZEW: zhāng 张)	
(*auch kurz:* zhuō 桌)			
chōuti	抽屉	Schublade	Shéi bǎ wǒ de chōuti dǎkāi le?
diànnǎo	电脑	Computer (ZEW: tái 台) (*wörtl.:* Elektronen-Gehirn)	yòng diànnǎo xiě xìn
dǎ diànnǎo	打电脑	am Computer arbeiten	
	Hinweis: *Für „am Computer arbeiten" hört man heute oft auch* zài diànnǎo qiánmian gōngzuò 在电脑前面工作 *oder einfach nur „am bzw. vor dem Computer sitzen"* zuò zài diànnǎo qián(mian) 坐在电脑前（面）u. ä.		
yìn	印	drucken, ausdrucken	
dǎyìn	打印	(*Computer:*) (aus)drucken	
diànhuà	电话	Telefon; Telefonat, Anruf	
dǎ diànhuà	打电话	telefonieren, anrufen	
fèn	份	ZEW *für Faxe, Bestellungen, Zeitungen, Essensportionen etc.*	
chuánzhēn	传真	Fax (ZEW: fèn 份)	
		Ergänzungsvokabel: chuánzhēnjī 传真机 (Fax-Gerät, Fax-Maschine; ZEW: tái 台)	
fā chuánzhēn	发传真	ein Fax schicken, faxen	
yóujú	邮局	Postamt	
fēng	封	ZEW *für Briefe*	

xìn	信	Brief (ZEW: fēng 封)	Nǐ chángcháng xiě xìn háishi chángcháng dǎ diànhuà?
		Ergänzungsvokabel: yóupiào 邮票 (Briefmarke; ZEW: zhāng 张)	
jì	寄	(*mit der Post*) schicken	
jì xìn	寄信	einen Brief (ab)schicken	Wǒ qù yóujú jì xìn.
jìzǒu	寄走	abschicken	★ Nǐ bǎ bāoguǒ jìzǒu le ma? → Jìzǒu le.
bāoguǒ	包裹	Paket (ZEW: ge 个, jiàn 件)	
shōudào	收到	(*Brief, Fax usw.*) erhalten	Nǐ shōudào le wǒ fā de chuánzhēn ma?
dìzhǐ	地址	Adresse	
dìngdān *auch*:	订单 定单	Bestelliste, Bestellzettel, Bestellung (ZEW: fèn 份, zhāng 张)	
Chángchéng	长城	„Die Große Mauer" (*wörtlich:* „Die Lange Mauer"); *hier ein Hotelname* ⇒ „Great Wall"	
bīnguǎn	宾馆	Gästehaus; Hotel	Chángchéng Bīnguǎn
Wángfǔ	王府	*wörtl.:* Fürstenresidenz; *hier ein Hotelname*	Wángfǔ Fàndiàn
		Ergänzungsvokabel: Wángfǔjǐng 王府井 (*wörtl.:* „der Brunnen bei der Fürstenresidenz"), die Flanier- und Einkaufsstraße *Wangfujing* im Stadtzentrum von Peking neben dem Peking Hotel 北京饭店 Běijīng Fàndiàn.	
chà yìdiǎnr *kurz:* chà diǎnr	差一点儿 差点儿	fast, beinahe (*wörtl.:* es fehlt [nur] ein bißchen)	Wǒ chà (yì)diǎnr wàng le. (*Ich hätte es beinahe vergessen.*)
zhǎo	找	suchen	Nǐ zhǎo shénme?

zhǎodào	找到	finden	Wǒ méiyǒu zhǎodào wǒ de hùzhào.
xiāngshuǐ	香水	Parfüm	
yàngpǐn	样品	Warenmuster, Probe	
qǐng	请	bitten; einladen	Tā qǐng nǐ qù kàn diànyǐng ma?
bāng	帮	helfen, behilflich sein	
bāng + *Person* + *Verb* 帮 + *Person* + *Verb*		jemandem behilflich sein, etwas zu tun; für jemanden etwas tun	Nǐ néng bāng wǒ fānyì yíxià zhè fēng xìn ma?
máfan	麻烦	lästig, mühsam, umständlich, problematisch; belästigen, bemühen; *sehr höflich:* bitte; dürfte ich Sie bemühen... (s. die ERLÄUTERUNGEN zu dieser Lektion)	Zhè jiàn shì hěn máfan. Máfan nǐ lái yíxià! Máfan nǐ bāng wǒ ná yíxià xíngli!
... ba!	... 吧!	*Partikel am Ende eines Aufforderungssatzes* (vgl. die ERLÄUTERUNGEN zu dieser Lektion)	Nǐ lái ba! Wǒmen zǒu ba!
Hǎo ba.	好吧。	Na gut. Ja gut.	★ Wǒ méi shíjiān, nǐ qù ba! ➥ Hǎo ba.
bǎ	把	*gramamtisches Hilfswort zur Voranstellung des direkten Objekts vor das Prädikat* (vgl. die ERLÄUTERUNGEN zu dieser Lektion)	
kànjiàn (*auch:* kànjian)	看见	sehen, erblicken, (visuell) wahrnehmen	★ Nǐ kànjiàn le ma? ➥ Méi kànjian.
dìngdào	订到	(*erfolgreich*) bestellen, buchen	Tā bāng wǒmen dìng diànyǐngpiào, búguò zhǐ dìngdào sān zhāng.
dìnghǎo	订好	eine Bestellung erledigen	Wǒ jīntiān bǎ fēijīpiào dìnghǎo le.

pǐn = Gg·stand, Ware, Produkt

dǎkāi	打开	öffnen; (elektr. Geräte) einschalten	dǎkāi bāoguǒ; Qǐng bǎ dēng dǎkāi!
xiěcuò	写错	falsch schreiben, (sich) verschreiben	Tā bǎ wǒ de míngzi xiěcuò le.
... lǐ	... 里	in, innen, drinnen	Bāoguǒ lǐ yǒu shénme? Zhīpiào zài chōuti lǐ. (zhīpiào = *Scheck*)
(...) lǐmian	(...) 里面	in, innen, drinnen	Tāmen hái zài lǐmian tán hétong de shìr.
nálai	拿来	(*etwas*) hierher holen od. bringen	Xiǎoyún, nǐ qù bǎ nuǎnshuǐpíng nálai!
zěnme ... ?	怎么 ... ?	Wie kommt es, daß ... ? wie? wieso? Wie kann es sein, daß ... ? (*Vgl. auch Lektion 3.*)	Tā zěnme dào xiànzài hái méi lái? Zěnme, nǐ hái bú xiàbān?
xiǎng	想	(*als Vollverb:*) denken, überlegen, glauben, vermuten, meinen; denken an (jmdn.), sich sehnen (nach) (*vgl. auch Lektion 3*)	Wǒ xiǎng tā yǐjīng zhīdao zhè jiàn shìqing le. Wǒ xiǎng tā míngtiān jiù lái. Nǐ xiǎng tā ma?
xīwàng	希望	hoffen, erhoffen; Hoffnung	Wǒmen hěn xīwàng gēn nǐmen hézuò. Xīwàng nǐ néng lái!
fàng/xīn	放心	beruhigt sein, sich keine Sorgen machen müssen	Nǐ fàngxīn, wǒ méi bǎ nǐ de dìzhǐ gàosu tā.
hòutiān	后天	übermorgen	
hái hǎo	还好	glücklicherweise, zum Glück	Hái hǎo, tā bāng wǒ zhǎodào le wǒ de hùzhào! Hái hǎo, tā méi(you) kànjian wǒ.
Duì le, ...	对了, ...	Ach, richtig ... ; Ja, richtig, ... ; Ach, übrigens, ... (*eine Satzeinleitungsfloskel*)	Duì le, nǐ yǒu Bái Démíng de dìzhǐ ma?
huí	回	zurückkehren	

(Randnotiz bei fàng/xīn: fàng loslassen, freilassen)

jiā	家	Familie, Heim, Zuhause	
huí jiā	回家	nach Hause gehen	
huí + Ort	回 + Ort	zu einem Ort zurück-kehren	Nǐ nǎ tiān huí Déguó?
jiā	家	das Zuhause, Heim, Familie; ZEW *für Geschäft, Firma usw.*	Wǒ jiā zài Nánjīng Dōnglù. Nǐ jiā yǒu jǐ ge rén? Tā zài nǎ jiā gōngsī gōngzuò?
	jiā 家 *muß in dieser Bedeutung stets mit einem Personalpronomen oder Eigennamen gebraucht werden. Das zweisilbige Wort für „Familie" lautet* jiātíng 家庭.		
huí jiā	回家	nach Hause gehen; nach Hause kommen	Wǒ měitiān xià le bān jiù huí jiā. Nǐ shénme shíhou huí jiā?

Eigennamen im Text:

Liú	刘	*ein Familienname:* Liu
Qián	钱	*ein Familienname:* Qian (*vgl. Lektion 3, wörtl.:* Geld)
Fāng	方	*ein Familienname:* Fang
Mǐlè	米勒	*hier der Name einer Person und einer Firma:* Müller, Miller
Lǐ	李	*häufigster Familienname:* Li (*wörtl.:* Pflaume)
hǎimǎ; Hǎimǎ	海马	*wörtl.:* Seepferdchen, *hier der Name einer Firma*
Kǒng Dàxīng	孔大兴	*ein Personenname:* Kong Daxing
Wáng	王	*sehr häufiger Familienname:* Wang (*wörtl.:* König)
Lèmàn	勒曼	*hier der Name einer Firma:* Lehmann
Líndé	林德	*hier der Name einer Firma:* Linde
Shīnàidé	施耐德	*hier der Name einer Firma:* Schneider
Dù	杜	*ein Familienname:* Du
Yángzǐ	扬子	*hier der Name einer Firma:* Yangzi
Yìdàlì	意大利	Italien

Einige im Büroalltag häufig verwendete einfache Ausdrücke aus der Computer- und Internet-Terminologie:

bǐjìběn(r) diànnǎo *kurz:* bǐjìběn(r)	笔记本(儿)电脑 *kurz:* 笔记本(儿)	Computer-Notebook; Laptop *kurz:* Notebook; Laptop
dǎyìnjī	打印机	Drucker
diànnǎo	电脑	Computer, Rechner
„Diànnǎo sǐ jī le!"	„(电脑)死机了!"	„Der Computer hat sich aufgehängt!"
diànzǐ-yóujiàn	电子邮件	E-Mail
dī wēi dī	DVD	DVD
fā yīmèir	发伊妹儿	ein E-Mail schicken od. senden, „mailen"
fúwùqì	服务器	Server
hùliánwǎng	互联网	Internet
jiànpán	键盘	Tastatur
jiānshìqì	监视器	Monitor
mìmǎ	密码	Paßwort; *auch:* Geheimzahl (Bank etc.)
píngmù	屏幕	Bildschirm
ruǎnjiàn	软件	Software
sǎomiáoyí	扫描仪	Scanner
shàng wǎng	上网	ins Internet gehen
shǔbiāo	鼠标	Maus
„(Diànnǎo) sǐ jī le!"	„(电脑)死机了!"	„Der Computer hat sich aufgehängt!"
wǎngluò	网络	Netzwerk
wǎngluò gùzhàng	网络故障	Netzwerkfehler
„Wǒ shàngbuqù wǎng."	„我上不去网。"	„Ich komme nicht ins Internet."
„Wǒ shàngbuliǎo wǎng."	„我上不了网。"	„Ich komme nicht ins Internet."
xidi, xīdì / CD	CD	CD
xiě yīmèir	写伊妹儿	ein E-Mail schreiben
yīmèir	伊妹儿	E-Mail
yìngjiàn	硬件	Hardware
yīngtèwǎng	英特网	Internet
yīntèwǎng	因特网	Internet
yōupán	优盘; *auch:* U 盘	USB-Stick

Anhang (Fùlù) zur Lektion 6
„Ein Tag im Büro"

Übersetzungen

1. Shìfàn (Einführung)

1.1

Herr Liu (Angestellter)	Sekretärin Qian
Wo ist der Brief, den Manager Fang gestern geschrieben hat? Haben Sie ihn gesehen?	
	Nein, [den] habe ich nicht (gesehen). Sehen Sie [doch] mal in der Schublade nach!
Gut, ich geh' mal suchen … …	Haben Sie ihn gefunden?
Nein. Das ist echt Mist! Ich brauche ihn *jetzt*!	
	Zum Glück habe ich ihn noch im Computer.
Richtig! Der Computer! Könnten Sie ihn noch einmal für mich ausdrucken?	O. K. Warten Sie einen Moment.

1.2

Manager Fang	Sekretärin Qian
Hat Herr Liu meinen Brief fertig übersetzt?	
	Ja, er ist mit der Übersetzung fertig. Ich gehe ihn holen … Ich hab' ihn, hier [ist er].
Sehr gut. Am Freitag kommt eine Delegation der Firma Müller; haben Sie für sie Zimmer gebucht?	
	Ich habe im Peking Hotel nur zwei Zimmer bekommen, es fehlt noch eins. Gleich nach dem [Mittag-]Essen werde ich zum Great Wall Hotel gehen, um [dort] noch ein Zimmer zu buchen.
Ich hoffe, daß Sie [dort] eins reservieren können!	Ich glaube, das wird kein Problem sein.

Wenn Sie das Zimmer reserviert haben, schicken Sie [bitte] ein Fax, um Herrn Müller zu informieren, daß ich am Freitag zum Flughafen kommen und sie (> die Delegation) in Empfang nehmen (> abholen) werde.	Ja, gut.
Ach, richtig – war Herr Liu schon auf dem Postamt, um das Paket abzuschicken?	(Ja, er hat das Paket) schon am Vormittag abgeschickt.
Ich hoffe, daß er diesmal die Adresse nicht [wieder] falsch geschrieben hat ...	Keine Sorge! Er hat sie nicht falsch geschrieben, ich habe es [selbst] gesehen.

1.3

Sekretärin Qian	Manager Fang
[Herr] Manager Fang, Herr Li möchte mit Ihnen einen Termin vereinbaren.	Welcher Herr Li?
Na, der General Manager der Firma Haima.	Oh je, das hätte ich beinahe vergessen. Das ist eine sehr wichtige Sache. Sehen Sie mal nach, an welchem Tag ich Zeit habe!
In den nächsten paar Tagen haben Sie viel zu tun, da haben Sie schon drei Verabredungen (od.: Termine). Wie wäre es, wenn Sie sich für Donnerstagvormittag halb elf verabreden würden?	Gut, [dann] rufen Sie ihn an und sagen ihm Bescheid.
Ich rufe [ihn] morgen an.	Ja, gut. Machen Sie doch bitte mal dieses Paket auf!
Ja. Es ist ein Warenmuster mit Parfüm von der Firma Müller. [Da] ist auch noch ein Brief von Herrn Müller.	Ja? Das sehe ich mir mal an. Oh je, es ist schon Viertel vor sieben! Machen Sie doch Feierabend!
Ja, gut, dann gehe ich jetzt nach Hause.	Ja, gehen Sie nur nach Hause! Wir sehen uns morgen!
Bis morgen!	

2. Jùxíng (Satzmuster)

2.1 Sprich Chinesisch! / Sprecht Chinesisch! Sprechen Sie Chinesisch!
Bitte sprich Chinesisch! Bitte sprechen Sie Chinesisch!
Sprecht Chinesisch! Sprechen Sie Chinesisch!
Laßt uns Chinesisch sprechen!

2.2 Bitte hilf mir (*od.:* helfen Sie mir) mal, dieses Fax zu senden!
Mach' (*od.:* Machen Sie) mir doch bitte mal die Tür auf!
Würden Sie [es] ihr bitte ausrichten?
Wären Sie wohl so nett, mir diesen Brief zu übersetzen?

2.3 ★ Kann ich mal Ihr Telefon benutzen?
↳ Ja, bitte.

Entschuldige bitte, ich habe heute viel zu tun und kann dich (deshalb) nicht begleiten.

Kannst du (*od.:* Können Sie) morgen kommen?
Ja, ich kann kommen.

2.4 ★ Bist du am Vormittag Seide (ein)kaufen gegangen?
↳ Ja, ich war einkaufen, ich habe allerdings nur rote [Seide] bekommen und keine blaue.

★ Schau mal, dort sind drei Japaner!
↳ Ah ja, ich sehe sie. Das sind unsere neuen Kunden!

Entschuldigung, ich habe (es / Sie) nicht verstanden. Bitte sagen Sie es noch einmal!
Mist, wir haben uns verlaufen!
Hast du ein Zimmer bestellt?

★ Haben Sie den Schlüssel gefunden?
↳ Ja, ich habe ihn gefunden.
↳ Nein, ich habe ihn noch nicht gefunden.

2.5 Bitte machen Sie die Tür auf!
Er hat meinen Namen falsch geschrieben.
Wer hat das Gepäck weggenommen?
Ich habe diesen Brief nicht falsch übersetzt!
Er hat das Fax noch nicht fertig übersetzt.

2.6 Sie hoffen sehr darauf, mit einer chinesischen Firma zusammenzuarbeiten.
Ich habe mich mit ihr für übermorgen verabredet.
Ich möchte mit dir die Lange Mauer (die „Große Mauer") besichtigen. Hast du Zeit?

2.7 Der 'Freundschaftsladen' befindet sich (*od.:* liegt) gegenüber der Bank.
Der Schlüssel befindet sich (*od.:* liegt) innen drin.
Der Schlüssel befindet sich (*od.:* liegt) in der Schublade.
Der Schlüssel befindet sich (*od.:* liegt) in der Schublade.
Im Zimmer ist niemand.
Im Zimmer ist niemand.
Sie wohnt hinten (*auch:* dahinter).
Sie wohnt hinter dem Zoo.

2.8 Ich lade dich ins Kino ein.
Sie haben uns für morgen nachmittag zum Kaffee ins Peking Hotel eingeladen.
Ich möchte Sie zu mir nach Hause zum Essen einladen!
Sie lädt euch ein, mal Shanghai zu besuchen (*wörtl.:* anzuschauen).

3. Kèwén (Lektionstext)
4. Kèwén (Lektionstext)

Ein Tag [im Leben] des Managers Kong

Kong Daxing ist der General Manager einer Computer-Firma. Er hat zwanzig Angestellte. Er kommt jeden Tag um halb neun in die Firma (*wörtl.:* zur Arbeit). Heute hatte er viel zu tun und war [deshalb] schon um acht Uhr in der Firma. Seine Sekretärin, Frl. Wang, arbeitete bereits im Büro am Computer.
Seine Sekretärin (*wörtl.:* Sekretärin Wang) informierte ihn darüber, daß am Mittwochnachmittag Vertreter der Firma Lehmann in Peking einträfen, und daß sie bereits im Palace Hotel (Wangfu Fandian) Zimmer für sie reserviert habe. Heute früh gingen zwei Faxe ein, eines war eine Bestellung der Fa. Linde, eines der Vertragsentwurf, der mit der Fa. Schneider unterzeichnet werden soll.
Am Vormittag besichtigten Manager Kong und [der] Ingenieur Du zusammen mit japanischen Kunden eine Fabrik. Am Nachmittag besprach Manager Kong mit Vertretern der Fa. Yangzi Fragen der Zusammenarbeit. Am Abend lud er italienische Kunden zum Abendessen in ein Sichuan-Restaurant ein. Erst um 22.00 Uhr kam er nach Hause.

7 Dì qī kè Lìhuá guò shēngri
第七课 丽华过生日
Lektion Lihua feiert Geburtstag

1. Shìfàn 示范 (Einführung)

1.1 Xiao Wang zeigt seinem Kommilitonen Peter ein Familienfoto.

Xiǎo Wáng 小王：	Peter:
Nǐ kàn, zhè shi wǒ māma, zhè shi wǒ bàba. Yòubiān de shi wǒ gēge, zuǒbiān de shi wǒ dìdi. 你看，这是我妈妈，这是我爸爸。右边的是我哥哥，左边的是我弟弟。	
	Nǐ gēge duō dà? 你哥哥多大？
Tā shi yī jiǔ qī wǔ nián chūshēng de. 他是一九七五年出生的。	
Jīnnián ... suì. 今年...岁。	Nǐ dìdi shi nǎ nián chūshēng de? 你弟弟是哪年出生的？
Yī jiǔ bā èr nián chūshēng de. 一九八二年出生的。	Nà, tā jīnnián cái ... suì. 那，他今年才...岁。
Bù, tā shi shíyīyuè èr hào shēng de, hái bú dào ... suì. 不，他是十一月二号生的，还不到...岁。	

1.2 Chen Ying lädt Monika zu ihrer Geburtstagsfeier ein.

Chén Yīng 陈英：	Monika:
Monika, xià xīngqītiān shi wǒ hé wǒ jiějie de shēngri. Wǒ xiǎng qǐng nǐ lái Monika，下星期天是我和我姐姐的生日。我想请你来	

Chén Yīng 陈英：	Monika：
wǒ jiā chīfàn. 我家吃饭。	À! Nǐ hé nǐ jiějie shi tóng yì tiān chūshēng de ... 啊！你和你姐姐是同一天出生的 …
Duì. Búguò tā shi zài Wǔhàn chūsheng de, wǒ shi zài Běijīng chūshēng de. 对。不过，她是在武汉出生的，我是在北京出生的。	Nǐ shi nǎ nián chūshēng de? 你是哪年出生的？
Yī jiǔ ... nián. 一九 … 年。	Nà, nǐ kuài sānshí suì le! 那，你快三十岁了！
Shì a! Xià xīngqītiān nǐ yǒu kòng ma? 是啊！下星期天你有空吗？	Xià xīngqītiān shi jǐ hào? 下星期天是几号？
Èrshisān hào. 二十三号。	Èrshisān hào wǒ yǒu kòng. Yídìng lái! 二十三号我有空。一定来！
	Jǐ diǎn ne? 几点呢？
Liù diǎn bàn, zěnmeyàng? 六点半，怎么样？	Hǎode! 好的！

1.3 Monika erkundigt sich bei ihrer Freundin Meili wegen eines Geburtstagsgeschenkes für Chen Ying.

Monika:	Měilì 美丽：
Chén Yīng qǐng wǒ xià xīngqītiān qù tā jiā guò shēngri. Bù zhīdao mǎi shénme lǐwù zuì hǎo. 陈英请我下星期天去她家过生日。不知道买什么礼物最好。	Ràng wǒ xiǎng yíxià! 让我想一下！
Nǐ shuō, mǎi shū hǎo ma? 你说，买书好吗？	Nǐ hái yǒu Déguó de dōngxi ma? 你还有德国的东西吗？
Kěxī méiyǒu le. 可惜没有了。	À, Chén Yīng xǐhuan tīng yīnyuè; nǐ gěi tā mǎi zhāng CD ba! 啊，陈英喜欢听音乐；你给她买张 CD 吧！

Monika:	Měilì 美丽：
Hǎo zhǔyi! Wǒ jiù sòng tā yì zhāng CD. 好主意！我就送她一张CD。	

1.4 Monika geht zu Chen Ying's Geburtstag. Sie klingelt.

A À, Monika, huānyíng, huānyíng!
啊，Monika，欢迎，欢迎！

B Zhù nǐ shēngri kuàilè! Zhè shi gěi nǐ de xiǎo lǐwù.
祝你生日快乐！这是给你的小礼物。

A Nǐ tài kèqi le!
你太客气了！

B Nǎli, nǎli! Xīwàng nǐ xǐhuan!
哪里、哪里！希望你喜欢！

Chen Ying öffnet das Präsent und freut sich.

A Tài hǎo le! Wǒ zuì xǐhuan tīng Bèiduōfēn de yīnyuè. Xièxie nǐ!
太好了！我最喜欢听贝多芬的音乐。谢谢你！

B Bié kèqi! À, kèren zhēn duō!
别客气！啊，客人真多！

A Lái, wǒ gěi nǐ jièshào jièshào.
来，我给你介绍介绍。

1.5 Auf der Geburtstagsfeier trifft Monika zu ihrer Überraschung einige Bekannte.

Monika: Cuī Péng, shì nǐ a! Nǐ nǎ tiān cóng Hángzhōu huílái de?
崔鹏，是你啊！你哪天从杭州回来的？

Cuī Péng: Qiántiān wǎnshang.
前天晚上。

Monika: Nǐ zuò fēijī huílái de ma?
你坐飞机回来的吗？

Cuī Péng: Bú shi. Wǒ méi mǎidào fēijīpiào, shi zuò huǒchē huílái de ...
不是。我没买到飞机票，是坐火车回来的...

Xiùjuān: Monika, nǐ hái rènshi wǒ ma?
Monika，你还认识我吗？

Monika: À, Xiùjuān, shi nǐ a!
啊，秀娟，是你啊！

Chén:	À, nǐmen rènshi a?! 啊，你们认识啊?!
Monika:	Shì a, wǒmen shi lǎo péngyou! 是啊，我们是老朋友！
Chén:	Nǐmen shi zěnme rènshi de? 你们是怎么认识的？
Monika:	Wǒmen shi wǔ nián yǐqián zài Bōhóng rènshi de. 我们是五年以前在波鸿认识的。
Xiùjuān:	Nà shíhou wǒ zài nàr de dàxué xuéxí Déwén. Wǒmen shi tóngxué. 那时候我在那儿的大学学习德文。我们是同学。
Monika:	Tā chángcháng gěi wǒ bǔxí Zhōngwén, wǒ gěi tā bǔxí Déwén. 她常常给我补习中文，我给她补习德文。
Chén:	Zhēn hǎo, lǎo tóngxué yòu jiànmiàn le! Wǒmen hē bēi jiǔ qìngzhù qìngzhù! 真好，老同学又见面了！我们喝杯酒庆祝庆祝！

Chinesisches Sprichwort

Yī cùn guāngyīn yī cùn jīn; cùn jīn nán mǎi cùn guāngyīn.
一寸光阴一寸金，寸金难买寸光阴。

Etwa: Jedes bißchen Zeit ist Goldes wert; aber auch mit Gold kann man keine Zeit kaufen.

2. Jùxíng 句型 (Satzmuster)

2.1
- **A** Nǐ (shi) nǎ nián chūshēng de? — 你(是)哪年出生的？
- **B** Wǒ (shi) yī jiǔ qī wǔ nián chūshēng de. — 我(是)一九七五年出生的。

2.2
- **A** Nǐ jǐ yuè zǒu? — 你几月走？
- **B** Wǒ bāyuè zǒu. — 我八月走。

2.3
- **A** Jīntiān jǐ hào? — 今天几号？
- **B** Jīntiān qī hào. — 今天七号。

2.4
Bèiduōfēn shi yī qī qī líng nián shí'èryuè shíqī hào chūshēng de. — 贝多芬是一七七零年十二月十七号出生的。
Wǒ shi ~ nián ~ yuè ~ hào chūshēng de. — 我是～年～月～号出生的。

2.5
- **A** Nǐ (shi) nǎ nián chūshēng de? — 你(是)哪年出生的？
- **B** Wǒ (shi) yī jiǔ bā sì nián chūshēng de. — 我(是)一九八四年出生的。
- **A** Nǐ (shi) zài nǎr chūshēng de? — 你(是)在哪儿出生的？
- **B** Wǒ (shi) zài Guìlín chūshēng de. — 我(是)在桂林出生的。

2.6
- **A** Jiějie huílái le ma? — 姐姐回来了吗？
- **B** Huílái le. — 回来了。
- **A** Tā (shi) jǐ diǎn huílái de? — 她(是)几点回来的？
- **B** Tā (shi) qī diǎn bàn huílái de. — 她(是)七点半回来的。
- **A** Tā (shi) zěnme huílái de? — 她(是)怎么回来的？
- **B** Tā (shi) zuò huǒchē huílái de. — 她(是)坐火车回来的。

- **C** Nǐ mǎi diànnǎo le ma? — 你买电脑了吗？
- **D** Mǎi le. — 买了。
- **C** Nǐ (shi) zài nǎr mǎi de? — 你(是)在哪儿买的？
- **D** Shi zài Guìyǒu Shāngchǎng mǎi de. — 是在贵友商场买的。

2.7
Tā jiāo wǒ Zhōngwén. — 他教我中文。
Wǒ gěi tā qián le. — 我给他钱了。

	Wǒ yào sòng tā yì píng xiāngshuǐ.*	我要送她一瓶香水。
	(* píng 瓶 , wörtl.: „Flasche", hier ZEW für xiāngshuǐ 香水 , „Parfüm".)	
2.8	Wǒ jì le yí ge bāoguǒ gěi tā.	我寄了一个包裹给他。
	Wǒ gěi tā jì le yí ge bāoguǒ.	我给他寄了一个包裹。
2.9	Wǒ gěi tā bǔxí Déwén.	我给她补习德文。
	Wǒ gěi nǐmen jièshào yíxià ...	我给你们介绍一下 ...
2.10	Tā bǎ bāoguǒ jì gěi wǒ le.	她把包裹寄给我了。
	Qǐng bǎ yàoshi gěi wǒ!	请把钥匙给我！
2.11	Ràng wǒ jièshào yíxià: zhè shi Wáng xiānsheng, zhè shi Chén xiǎojie.	让我介绍一下：这是王先生，这是陈小姐。
	Ràng tā lái yíxià!	让他来一下！
	Tā bú ràng wǒ zǒu.	她不让我走。
2.12	Tā bù lái le.	她不来了。
	Wǒ bù děng tā le.	我不等他了。
2.13	Bié qù!	别去！
	Bié zǒu!	别走！
	Bié bǎ mén dǎkāi!	别把门打开！
	Bié shuō le!	别说了！
2.14	Wǒ duì tā shuō: „Wǒ bú qù!"	我对他说："我不去！"
	Tā duì nǐ shuō shénme le?	她对你说什么了？

2.15

a. Chē — kuài / kuài yào — lái le.　车 — 快 / 快要 — 来了。

b. Wǒ — kuài / kuài yào — wǔshí suì le.　我 — 快 / 快要 — 五十岁了。

Die zwölf Tierzeichen (shēngxiào 生肖) im chinesischen Jahreszyklus und die entsprechenden Jahre im westlichen Kalender:

1.	鼠	shǔ	Ratte	1948 / 1960 / 1972 / 1984 / 1996 / 2008
2.	牛	niú	Rind	1949 / 1961 / 1973 / 1985 / 1997 / 2009
3.	虎	hǔ	Tiger	1950 / 1962 / 1974 / 1986 / 1998 / 2010
4.	兔	tù	Hase	1951 / 1963 / 1975 / 1987 / 1999 / 2011
5.	龙	lóng	Drache	1952 / 1964 / 1976 / 1988 / 2000 / 2012
6.	蛇	shé	Schlange	1953 / 1965 / 1977 / 1989 / 2001 / 2013
7.	马	mǎ	Pferd	1954 / 1966 / 1978 / 1990 / 2002 / 2014
8.	羊	yáng	Schaf; Ziege	1955 / 1967 / 1979 / 1991 / 2003 / 2015
9.	猴	hóu	Affe	1956 / 1968 / 1980 / 1992 / 2004 / 2016
10.	鸡	jī	Hahn	1957 / 1969 / 1981 / 1993 / 2005 / 2017
11.	犬	quǎn	Hund	1958 / 1970 / 1982 / 1994 / 2006 / 2018
12.	猪	zhū	Schwein	1959 / 1971 / 1983 / 1995 / 2007 / 2019

Hinweis:
China hat zwar den westlichen Kalender und damit auch den 1. Januar als offiziellen Jahresanfang übernommen, doch werden die traditionellen Feste noch immer nach dem alten Kalender gefeiert – dies gilt auch für das bedeutendste Fest im Jahreslauf, das chinesische Neujahrsfest. Zwar hat man das traditionelle Neujahrsfest umbenannt in „Frühlingsfest" (Chūnjié 春节), doch im Bewußtsein der meisten Chinesen beginnt das neue Jahr erst „richtig" mit dem Frühlingsfest, das ein beweglicher Feiertag ist, der meist in den Monat Februar fällt. Wer also etwa um diese Zeit geboren wurde, sollte sich mit Hilfe eines traditionellen chinesischen Kalenders vergewissern, ob er beispielsweise noch im Jahr der Schlange oder vielleicht doch schon im Jahr des Pferdes geboren wurde.

3. Kèwén 课文 (Lektionstext)

杨丽华是一九七二年十一月二十号在杭州出生的。上星期六她过三十岁的生日。三十岁是大生日，应该庆祝庆祝。所以她请了很多朋友到她家吃晚饭。

那天天气不错，不太冷。她和她爱人早上六点就起床了。吃了早饭以后，他们和女儿小虹一起去买了很多菜，很多酒，还买了一个生日蛋糕。中午她爱人给她做长寿面，很好吃。

下午还不到五点，有的客人就来了。他们带来了很多礼物，祝杨丽华生日快乐。她先生送了一个红色的皮包给她，很好看。

杨丽华也请了白德明。他们是在德国认识的。七点半了，德明还没到。丽华说："我们不等他了。现在开始吃饭吧。"

白德明到的时候，大家已经吃完饭了。大家问他为什么迟到。他说："我没叫到出租汽车，是走路来的。"

小虹说："你走错路了，对吗？"

德明说："说对了。"

丽华的先生对德明说："你一定饿了。来，吃点儿东西吧！"

4. Kèwén 课文 (Lektionstext)

Yáng Lìhuá shi yī jiǔ qī èr nián shíyīyuè èrshí hào zài Hángzhōu chūshēng de.
杨丽华是一九七二年十一月二十号在杭州出生的。

Shàng xīngqīliù tā guò sānshí suì de shēngri. Sānshí suì shi dà shēngri, yīnggāi
上星期六她过三十岁的生日。三十岁是大生日,应该

qìngzhù qìngzhù. Suǒyǐ tā qǐng le hěn duō péngyou dào tā jiā chī wǎnfàn.
庆祝庆祝。所以她请了很多朋友到她家吃晚饭。

Nà tiān tiānqì búcuò, bú tài lěng. Tā hé tā àiren zǎoshang liù diǎn jiù qǐchuáng le.
那天天气不错,不太冷。她和她爱人早上六点就起床了。

Chī le zǎofàn yǐhòu, tāmen hé nǚ'ér Xiǎo Hóng yìqǐ qù mǎi le hěn duō cài, hěn duō
吃了早饭以后,他们和女儿小虹一起去买了很多菜,很多

jiǔ, hái mǎi le yí ge shēngri dàn'gāo. Zhōngwǔ tā àiren gěi tā zuò chángshòumiàn,
酒,还买了一个生日蛋糕。中午她爱人给她做长寿面,

hěn hǎochī.
很好吃。

Xiàwǔ hái bú dào wǔ diǎn, yǒude kèren jiù lái le. Tāmen dàilái le hěn duō lǐwù,
下午还不到五点,有的客人就来了。他们带来了很多礼物,

zhù Yáng Lìhuá shēngri kuàilè. Tā xiānsheng sòng le yí ge hóngsè de píbāo gěi tā,
祝杨丽华生日快乐。她先生送了一个红色的皮包给她,

hěn hǎokàn.
很好看。

Yáng Lìhuá yě qǐng le Bái Démíng. Tāmen shi zài Déguó rènshi de. Qī diǎn bàn le,
杨丽华也请了白德明。他们是在德国认识的。七点半了,

Démíng hái méi dào. Lìhuá shuō: „Wǒmen bù děng tā le. Xiànzài kāishǐ chīfàn ba."
德明还没到。丽华说:"我们不等他了。现在开始吃饭吧。"

Bái Démíng dào de shíhou, dàjiā yǐjīng chīwán fàn le. Dàjiā wèn tā wèishénme
白德明到的时候,大家已经吃完饭了。大家问他为什么

chídào. Tā shuō: „Wǒ méi jiàodào chūzū-qìchē, shi zǒulù lái de."
迟到。他说:"我没叫到出租汽车,是走路来的。"

Xiǎo Hóng shuō: „Nǐ zǒucuò lù le, duì ma?"
小虹说:"你走错路了,对吗?"

Démíng shuō: „Shuōduì le."
德明说:"说对了。"

Lìhuá de xiānsheng duì Démíng shuō: „Nǐ yídìng è le. Lái, chī diǎnr dōngxi ba!"
丽华的先生对德明说:"你一定饿了。来,吃点儿东西吧!"

5. Zhùshì 注释 (Erläuterungen)

5.1 Die Satzkonstruktion mit shi 是 ... de 的

5.1.1 Wir haben bisher Sätze kennengelernt, in denen die Abgeschlossenheit einer Handlung mit der Partikel le 了 zum Ausdruck gebracht wurde. Kann man die Abgeschlossenheit einer Handlung als bekannt voraussetzen und möchte statt dessen beispielsweise den Zeitpunkt (*wann?*), den Ort (*wo?*) oder die Umstände (*wie?*) der Handlung hervorheben, verwendet man die Fügung shi 是 ... de 的. Das erste Glied dieser Fügung (shi 是) kann dabei weggelassen werden.

Beispiele:

A	Tā lái le ma? 他来了吗？	*Ist er gekommen?*
B	Lái le. 来了。	*Ja (, er ist gekommen).*
A	Tā (shi) jǐ diǎn lái de? 他(是)几点来的？	*Um wieviel Uhr ist er gekommen?*
B	Tā (shi) bā diǎn bàn lái de. 他(是)八点半来的。	*Er ist um halb neun gekommen.*
C	Nǐ chīfàn le ma? 你吃饭了吗？	*Hast du gegessen?*
D	Chī le. 吃了。	*Ja (, ich habe gegessen).*
C	Nǐ (shi) zài nǎr chī de? 你(是)在哪儿吃的？	*Wo hast du gegessen?*
D	(Shi) zài cāntīng chī de. (是)在餐厅吃的。	*(Ich habe) im Restaurant (in der Mensa, Kantine usw.) gegessen.*
E	Lìhuá huílái le ma? 丽华回来了吗？	*Ist Lihua zurückgekommen?*
F	Huílái le. 回来了。	*Ja (, sie ist zurückgekommen).*
E	Tā (shi) zěnme huílái de? 她(是)怎么回来的？	*Wie ist sie zurückgekommen?*

| **F** | Tā (shi) zuò fēijī huílái de.
她(是)坐飞机回来的。 | *Sie ist mit dem Flugzeug zurückgekommen.* |

5.1.2 Die Verneinung der Fügung shi 是 ... de 的

Die Verneinung der shi ... de-Konstruktion wird mit bú shi 不是 ... de 的 gebildet. Hierbei darf shi 是 nicht weggelassen werden.

Beispiele:

| Wǒ bú shi 1970 nián chūshēng de.
我不是一九七零年出生的。 | *Ich bin nicht 1970 geboren.* |

| Tā bú shi zuótiān qù de.
他不是昨天去的。 | *Er ist nicht gestern hingegangen.* |

| Tāmen bú shi yìqǐ lái de.
他们不是一起来的。 | *Sie sind nicht zusammen (od.: gemeinsam) gekommen.* |

Hinweis:
Die Konstruktion shi 是 ... de 的 findet sich nicht nur in Sätzen mit abgeschlossener Handlung, es können damit also auch andere Satzglieder als die genannten hervorgehoben werden. Wir beschränken uns hier aber auf die häufigsten Anwendungen.

5.1.3 Zur Stellung von de 的 in der Fügung shi 是 ... de 的 in Sätzen mit Objekt

In Sätzen mit einem Objekt steht de 的 in der Regel *hinter* dem Objekt, wenn dieses Objekt eine *Person* bezeichnet. Handelt es sich bei dem Objekt um eine *Sache*, um einen *Gegenstand*, kann de 的 *vor* oder *hinter* dem Objekt stehen – in diesem Fall ist die Stellung *vor* dem Objekt *häufiger* anzutreffen; die damit einhergehende leichte Nuancierungsverschiebung kann hier nicht thematisiert werden.

Beispiele:

| Wǒ shi 1998 nián rènshi tā de.
我是一九九八年认识他的。 | *Ich habe ihn 1998 kennengelernt.* |

| Tā shi zuótiān lái wǒ jiā de.
她是昨天来我家的。 | *Sie ist gestern zu mir nach Hause gekommen.* |

| Nǐ (shi) zài nǎr mǎi kāfēi de?
你(是)在哪儿买咖啡的？ | *Wo hast du (den) Kaffee gekauft?* |

Nǐ (shi) zài nǎr mǎi de kāfēi? 你(是)在哪儿买的咖啡？	*Wo hast du (den) Kaffee gekauft?*
Tā shi zài zhèr mǎi de shū. 他是在这儿买的书。	*Er hat das Buch hier gekauft.*
Wǒ bú shi zài Yīngguó xué de Yīngwén, shi zài Měiguó xué de. 我不是在英国学的英文，是在美国学的。	*Ich habe Englisch nicht in England, sondern in den U.S.A. gelernt.*
Tā bú shi qī diǎn qǐ de chuáng, shi wǔ diǎn qǐ de (chuáng). 她不是七点起的床，是五点起的(床)。	*Sie ist nicht um sieben Uhr aufgestanden, sondern [schon] um fünf (Uhr).*

5.2 Zur Stellung des Objekts im chinesischen Satz

5.2.1 Wie in Sätzen mit nur einem Objekt gilt auch in <u>Sätzen mit zwei Objekten</u> (O$_1$ und O$_2$) im Deutschen wie im Chinesischen zunächst dieselbe Grundregel:

S – P – O$_1$ (indirektes Objekt) – O$_2$ (direktes Objekt).

Subjekt (S)	Prädikat (P)	O$_1$ (indirektes Objekt)	O$_2$ (direktes Objekt)
Tā 她 *Sie*	méi gàosu 没告诉 *hat nicht gesagt*	wǒ 我 *mir*	tā de míngzi. 她的名字。 *ihren Namen.*

Sie hat mir ihren Namen nicht gesagt.

Nǎ wèi lǎoshī 哪位老师 *Welcher Lehrer*	jiāo 教 *lehrt*	nǐmen 你们 *euch*	Zhōngwén? 中文？ *Chinesisch?*

Wǒ 我 *Ich*	yào sòng* 要送 *werde schenken*	tā 他 *ihm*	yì běn shū. 一本书。 *ein Buch.*

Ich werde ihm ein Buch schenken.

* sòng 送: schenken

Zur Terminologie:

Das indirekte Objekt (O_1) bezeichnet den Empfänger, den Nutznießer einer Handlung – in den hier aufgeführten Beispielen: wǒ 我 (*mir*), nǐmen 你们 (*euch*) und tā 他 (*ihm*).

Das direkte Objekt (O_2) bezeichnet die Sache, den Gegenstand usw., auf die oder den sich die Handlung (*sagen, lehren, schenken*) direkt bezieht; in den hier aufgeführten Beispielen: tā de míngzi 她的名字 (*ihren Namen*), Zhōngwén 中文 (*Chinesisch*) und yì běn shū 一本书 (*ein Buch*).

5.2.2 Das indirekte Objekt (O_1)

Bei vielen Verben wird das indirekte Objekt durch ein Koverb, meistens gěi 给 (wörtl.: *geben*), eingeleitet. Folgende Wortstellungen sind dabei möglich:

a)

Subjekt (S)	Prädikat (P)	dir. Objekt (O_2)	gěi + indir. Obj. (O_1)
Wǒ	fā	chuánzhēn	gěi tā le.
我	发	传真	给他了。
Ich	*schicken*	*Fax*	*ihm gegeben (an ihn).*

Ich habe ihm ein od. das Fax geschickt.

Subjekt (S)	Prädikat (P)	dir. Objekt (O_2)	gěi + indir. Obj. (O_1)
Bàba	mǎi le	yí ge huāpíng	gěi māma.
爸爸	买了	一个花瓶	给妈妈。
Papa	*hat gekauft*	*eine Blumenvase*	*Mama geben (für Mama).*

Papa hat Mama eine Blumenvase gekauft.

Subjekt (S)	Prädikat (P)	dir. Objekt (O_2)	gěi + indir. Obj. (O_1)
Tā měitiān	dǎ	diànhuà	gěi wǒ.
她每天	打	电话	给我。
Sie jeden Tag	*tätigen*	*Telefon(at)*	*mir geben (an mich).*

Sie ruft mich jeden Tag an.

b)

Subjekt (S)	gěi + indir. Obj. (O_1)	Prädikat (P)	dir. Objekt (O_2)
Wǒ	gěi tā	fā	chuánzhēn le.
我	给他	发	传真了。
Ich	*ihm geben (an ihn)*	*schicken*	*Fax [abgeschlossen].*

Ich habe ihm ein Fax geschickt.

Subjekt (S)	gěi + indir. Obj. (O$_1$)	Prädikat (P)	dir. Objekt (O$_2$)
Bàba	gěi māma	mǎi le	yí ge huāpíng.
爸爸	给妈妈	买了	一个花瓶。
Papa	Mama geben (für Mama)	hat gekauft	eine Blumenvase.

Papa hat Mama eine Blumenvase gekauft.

Tā měitiān	gěi wǒ	dǎ	diànhuà.
她每天	给我	打	电话。
Sie jeden Tag	mir geben (an mich)	tätigen	Telefon(at).

Sie ruft mich jeden Tag an.

Beachten Sie:
Steht gěi 给 + indir. Objekt vor dem Verb (Wortstellung b.), kann es gelegentlich auch „anstelle von ...", „für jemanden (etwas tun)" bedeuten, wofür ansonsten die eindeutigen Verben bāng 帮 oder auch tì 替 zur Verfügung stehen. Abhängig vom Kontext könnten die Beispielsätze unter b. deshalb auch wie folgt interpretiert werden:

- Ich habe (*in Vertretung:*) für ihn ein Fax abgeschickt.
- Papa hat (*in Vertretung:*) für Mama eine Blumenvase gekauft.
- Sie erledigt (*in Vertretung:*) für mich jeden Tag einen od. mehrere Anrufe.

Hinweis:
Trotz der Mehrdeutigkeit ist die vorherrschende Satzstellung: gěi 给 + indir. Objekt *vor* dem Verbalprädikat. Will man zum Ausdruck bringen, daß man für jemanden etwas tut, daß man für jemanden eine Leistung erbringt, daß man jemandem einen Service leistet, dann steht gěi 给 + indir. Objekt *immer vor* dem Verbalprädikat.

Weitere Beispiele:

Tā gěi wǒ bǔxí Zhōngwén. 他给我补习中文。	*Er gibt mir Nachhilfe im Chinesischen.*

Jīntiān wǒ gěi nǐ zuò fàn, míngtiān nǐ gěi wǒ zuò. 今天我给你做饭，明天你给我做。	*Heute koche ich für dich, und morgen kochst du für mich.*

5.3 Die Stellung von gěi 给 in Sätzen mit bǎ 把

5.3.1 In Ergänzung zu den Ausführungen über die bǎ-Sätze in Lektion 6 sei hier darauf hingewiesen, daß in ein und demselben Satz sowohl bǎ 把 als auch gěi 给 Verwendung finden kann. In diesem Falle steht das mit gěi 给 eingeleitete indirekte Objekt immer hinter dem Verb.

Beispiel:

Wǒ bǎ bāoguǒ jì gěi tā le. 我把包裹寄给她了。	*Ich habe ihr das Paket geschickt.*
Nǐ kěyǐ bǎ tā jièshào gěi wǒ ma? 你可以把他介绍给我吗？	*Kannst du ihn mir [mal] vorstellen?*
Wǒ bǎ nuǎnshuǐpíng sòng gěi Xiǎo Lǐ le. 我把暖水瓶送给小李了。	*Ich habe die Thermosflasche Xiao Li geschenkt.*

5.3.2 Gěi 给 als Vollverb im bǎ-Satz

Es sei daran erinnert, daß gěi 给 eigentlich ein Vollverb mit der Bedeutung „geben" ist. Dient gěi 给 in einem bǎ-Satz als Verbalprädikat, steht das indirekte Objekt direkt hinter gěi 给.

Beispiel:

Qǐng bǎ nà ge píbāo gěi wǒ! 请把那个皮包给我！	*Geben Sie mir bitte jene Handtasche!*
Nǐ bǎ wǒ de dìzhǐ gěi tā le ma? 你把我的地址给她了吗？	*Hast du ihr meine Adresse gegeben?*

5.4 Die Angabe des Datums im Chinesischen

5.4.1 Im Chinesischen steht im Unterschied zum Deutschen die größere Zeiteinheit stets vor der kleineren – vgl. dazu auch schon Lektion 2.

Beispiel:

yī jiǔ jiǔ jiǔ nián wǔyuè jiǔ rì (hào)* 一九九九年五月九日 (号)*	*9. Mai 1999*

Lektion 7

sānyuè èrshí hào xīngqīyī 三月二十号星期一	Montag, d. 20. März
Èr líng yī yī nián wǔyuè yī hào shi ge xīngqītiān. 2011年5月1号是个星期天。	Der 1. Mai 2011 ist ein Sonntag.

*   Anmerkung:

    Auf Kalendern oder in der Zeitung verwendet man bei der Datumsangabe für den Tag das Wort rì 日 (*wörtl.:* Sonne), in der Alltagssprache hingegen fast ausschließlich hào 号 (*wörtl.:* Nummer).

Hinweis:

Bei der Übernahme des westlichen Kalenders Anfang des 20. Jahrhunderts hat man in China wie im Falle der Wochentage die einzelnen Monate des Jahres einfach durchnumeriert.

Die Monate im Jahr:

Januar	一月	yīyuè
Februar	二月	èryuè
März	三月	sānyuè
April	四月	sìyuè
Mai	五月	wǔyuè
Juni	六月	liùyuè
Juli	七月	qīyuè
August	八月	bāyuè
September	九月	jiǔyuè
Oktober	十月	shíyuè
November	十一月	shíyīyuè
Dezember	十二月	shí'èryuè

welcher Monat?	几月？	*Oder:* 哪月？	jǐ yuè?	*Oder:* nǎ yuè?
in welchem Monat?	几月？	*Oder:* 哪月？	jǐ yuè?	*Oder:* nǎ yuè?

Beachten Sie:

wie viele Monate?	几个月？	jǐ ge yuè?
zwei Monate	两个月	liǎng ge yuè

5.4.2 Die Frage nach dem Datum

Nach dem Jahr fragt man wie folgt:

| Nǐ (shi) nǎ nián dì yī cì qù Zhōngguó de? 你(是)哪年第一次去中国的？ | *In welchem Jahr sind Sie das erste Mal nach China gefahren?* |

Beachten Sie:

| wie viele Jahre? | 几年？ | jǐ nián? |
| (*auch:*) | 多少年？ | duōshao nián? |

Nach dem Monat:

| Nǐ jǐ yuè zǒu? 你几月走？ | *In welchem Monat gehst du* (od.: *reist du ab*)? |

oder:

| Nǐ nǎ yuè zǒu? 你哪月走？ | *In welchem Monat gehst du* (od.: *reist du ab*)? |

Nach dem Tag:

| Nǐ jǐ hào guò shēngri? 你几号过生日？ | *Am Wievielten hast du Geburtstag?* |

| Nǐ nǎ tiān guò shēngri? 你哪天过生日？ | *An welchem Tag hast du Geburtstag?* |

| Tā nǎ tiān lái? 他哪天来？ | *An welchem Tag kommt er?* |

5.5 Die Fügung bù 不 + Prädikat + le 了

Analog zu der in Lektion 4 vorgestellten Fügung méi(yǒu) 没(有) ... le 了 drückt auch die Fügung bù 不 + Prädikat + le 了 aus, daß man etwas <u>nicht mehr</u> oder <u>nicht länger</u> tut.

Beispiel:

| Wǒ bù děng tā le. 我不等他了。 | *Ich warte nicht mehr* (od.: *nicht länger*) *auf ihn.* |

| Tā wèishénme bù lái le? 她为什么不来了？ | *Warum kommt sie nicht mehr?* |

Wǒ bù shuō le. 我不说了。	*Ich sage nichts mehr.*

5.6 Die Kennzeichnung der nahen Zukunft durch kuài 快 ... le 了 bzw. kuài yào 快要 ... le 了

Ein Zustand oder eine Handlung, der oder die in naher Zukunft zu erwarten ist, wird mit kuài 快 ... le 了 oder kuài yào 快要 ... le 了 markiert.

Beispiel:

Kuài shí diǎn le. 快十点了。	*Es ist gleich zehn Uhr.*
Xú xiǎojie kuài sānshí suì le. 徐小姐快三十岁了。	*Frl. od. Frau Xu wird in Kürze 30 (Jahre alt).*
Kuài shàngkè le! 快上课了！	*Gleich beginnt der Unterricht!*
Tāmen kuài yào huílai le. 他们快要回来了。	*Sie werden bald zurückkommen.*
Huǒchē kuài yào dào le. 火车快要到了。	*Der Zug wird in Kürze ankommen.*

5.7 Zur Verwendung von yòu 又 ... (le 了) (schon wieder)

Die Fügung yòu 又 ... (le 了) signalisiert, daß eine bestimmte Handlung oder ein bestimmtes Ereignis zum wiederholten Male stattfand bzw. stattfindet und kann im Deutschen mit „[schon] wieder" übersetzt werden.

Beispiel:

Tā yòu lái le ... ! 她又来了…！	*Da kommt sie ja schon wieder ...!*
Nǐ wèishénme yòu chídào le? 你为什么又迟到了？	*Wieso bist du schon wieder zu spät gekommen?*

Wǒ (shi) shàng xīngqīyī dì yī cì kàn de zhè ge diànyǐng – zhè xīngqī'èr yòu qù kàn le yícì. 我(是)上星期一第一次看的这个电影 – 这星期二又去看了一次。	*Am letzten Montag habe ich mir diesen Film zum ersten Mal angesehen – und diesen Dienstag hab' ich ihn mir noch einmal angesehen.*

5.8 Zur Verwendung des Verbs ràng 让

Das Verb ràng 让 wird im Deutschen je nach Kontext mit „lassen", „veranlassen" oder auch „zulassen" wiedergegeben. Hinter ràng 让 steht die Person, die man veranlaßt bzw. der man erlaubt, etwas zu tun.

Beispiel:

Ràng wǒ xiǎng yi xiǎng! 让 我 想 一 想！	*Laß mich mal (darüber) nachdenken!*
Tā bú ràng wǒ zǒu! 她 不 让 我 走！	*Sie läßt mich nicht (weg)gehen!*

5.9 Das Verneinungswort bié 别

Das bereits in der Lektion 3 eingeführte Modalverb yào 要 ist in seiner Grundform wie in seiner negierten Form bú yào 不要 mehrdeutig. Will man eindeutig einen 'negativen Imperativ', also etwa „du sollst nicht ...", „du darfst nicht ..." zum Ausdruck bringen, kann man das Adverb bié 别 verwenden, allerdings klingt bié 别 nicht ganz so streng wie bú yào 不要.

Beispiel:

(Nǐ) bié zài dǎ diànhuà gěi tā le! (你)别再打电话给她了！	*Du sollst sie nicht mehr anrufen!* *Du solltest sie nicht mehr anrufen!*
Bié bǎ mén dǎkāi! 别把门打开！	*Sie soll(t)en die Tür nicht aufmachen!* (frei: *Lassen Sie die Tür zu!*)
Bié kèqi! 别客气！	(Wörtl.:) *Seien Sie nicht so formell!* (Je nach Situation unterschiedlich zu übersetzen, z. B.: „*Nichts zu danken!*"; „*Fühlen Sie sich ganz wie zuhause!*" usw.)

6. Shēngcíbiǎo 生词表 (Vokabelliste)

māma	妈妈	Mama, Mutter	
bàba	爸爸	Papa, Vater	
gēge	哥哥	älterer Bruder	Wǒ yǒu sān ge gēge.
jiějie	姐姐	ältere Schwester	Tā jiějie zhù zài Měiguó.
dìdi	弟弟	jüngerer Bruder	Nǐ shi tā dìdi ma?
mèimei	妹妹	jüngere Schwester	Wǒ mèimei hái méi jiéhūn.
àiren	爱人	Ehemann od. Ehefrau (*in der VR China im privaten Kreis benutzter Ausdruck; vgl. auch* tàitai 太太 *in Lektion 1*)	Wǒ àiren shi Xiānggǎngrén.
xiānsheng	先生	*hier:* (Ehe-)Mann (*vgl. auch Lektion 1*)	Tā xiānsheng zài Déguó gōngzuò.
yòubiān	右边	rechte Seite, rechts	
zuǒbiān	左边	linke Seite, links	
		Ergänzungsvokabeln: zhàopiàn 照片 (Foto); xiàngpiàn 相片 (Personenfoto, Foto); ZEW: zhāng 张)	
nián	年	Jahr (*beachte: nicht für die Angabe des Lebensalters benutzt, vgl. Lektion 1* ⇨ suì 岁)	yī liù yī bā nián yī jiǔ wǔ líng nián èr líng líng jiǔ nián
jīnnián	今年	dieses Jahr, in diesem Jahr, heuer	Wǒ jīnnián èrshisān suì.
		Ergänzungsvokabeln: míngnián 明年 (kommendes Jahr); qùnián 去年 (vergangenes Jahr)	
nǎ nián	哪年	welches Jahr? in welchem Jahr?	Tā nǎ nián qù Zhōngguó?
yuè	月	Mond; Monat	

yīyuè	一月	Januar	
èryuè	二月	Februar	
sānyuè	三月	März	
⇕	⇕	⇕	èr líng èr líng nián qīyuè
shíyuè	十月	Oktober	
shíyīyuè	十一月	November	
shí'èryuè	十二月	Dezember	

jǐ yuè	几月	welcher Monat? in welchem Monat?	Nǐ jǐ yuè qù Shànghǎi?
nǎ yuè	哪月	welcher Monat? in welchem Monat?	
hào	号	Nummer (*vgl. Lektion 3*); Datum, Tag (*als Datumsangabe*)	

Bei der Datumsangabe:

yī hào	一号	der 1.
èr hào	二号	der 2.
sān hào	三号	der 3.
sì hào	四号	der 4.
wǔ hào	五号	der 5.
⇕	⇕	⇕
èrshi'jiǔ hào	二十九号	der 29.
sānshí hào	三十号	der 30.
sānshiyī hào	三十一号	der 31.

jǐ hào	几号	(*Datum:*) am Wievielten? der Wievielte?	★ Nǐ jǐ hào lái? → Wǒ shíwǔ hào lái.
			★ Jīntiān jǐ hào? → Jīntiān shíyī hào.
nǎ tiān	哪天	welcher Tag? an welchem Tag?	Wǒmen nǎ tiān qù kàn tā?

qiántiān	前天	vorgestern	
		Ergänzungsvokabel: hòutiān 后天 (übermorgen)	
tóng yì tiān	同一天	am gleichen Tag; am selben Tag	
tóng yí ge yuè	同一个月	im gleichen Monat; im selben Monat	
tóng yì nián	同一年	im selben Jahr	
shàng (ge) xīngqī	上(个)星期	letzte Woche, in der vergangenen Woche	
shàng (ge) xīngqīsān	上(个)星期三	letzten Mittwoch, am vergangenen Mittwoch	
shàng (ge) yuè	上(个)月	letzten Monat, im vergangenen Monat	
shàng cì	上次	letztes Mal, beim letzten Mal	
zhè (ge) xīngqī	这(个)星期	diese Woche, in dieser Woche	
zhè (ge) xīngqīsān	这(个)星期三	dieser Mittwoch, diesen Mittwoch, an diesem Mittwoch	
zhè ge yuè	这个月	diesen Monat, in diesem Monat	
zhè cì	这次	dieses Mal, diesmal	
xià (ge) xīngqī	下(个)星期	nächste Woche, in der nächsten Woche	
xià (ge) xīngqīsān	下(个)星期三	nächsten Mittwoch, am nächsten Mittwoch	
xià ge yuè	下个月	nächsten Monat, im nächsten Monat	
xià cì	下次	nächstes Mal	
nà shíhou	那时候	zu jener Zeit; damals	Nà shíhou wǒmen hái zhù zài Nánjīng.
nà tiān	那天	jener Tag; an jenem Tag	Nà tiān wǒ yǒu shìr, méi qù shàngkè.
(shi) ... de	(是) ... 的	siehe die grammatischen ERLÄUTERUNGEN *zu dieser Lektion*	Wǒ bú shi zài Zhōngguó xué de Zhōngwén, shi zài Déguó xué de.

(Handschriftliche Notiz am Rand: dà xià ge yuè = übernächsten Monat)

chūshēng	出生	zur Welt kommen; geboren werden, geboren worden sein	Tā shi yī jiǔ wǔ líng nián chūshēng de, wǒ shi yī jiǔ bā wǔ nián chūshēng de.
			★ Nǐ (shi) zài nǎr chūshēng de? ➥ Wǒ (shi) zài Wǔhàn chūshēng de.
shēng	生	gebären; *auch als Abkürzung für* chūshēng 出生 *verwendet*	Nǐ shi nǎ nián shēng de?
shēngri	生日	Geburtstag	Nǐ de shēngri shi nǎ tiān? Míngtiān shi tā wǔshí suì de shēngri.
guò shēngri	过生日	Geburtstag haben od. feiern, den Geburtstag begehen	★ Nǐ nǎ tiān guò shēngri? ➥ Wǒ sānyuè èrshí hào guò shēngri.
kuài ... le *auch:* kuài yào ... le	快 ... 了 快要 ... 了	bald, gleich (wird) ... , in Kürze (wird) ... , in Bälde	Tāmen kuài huílái le. Wǒmen kuài yào zǒu le.
kèren	客人	Gast (ZEW: wèi 位)	Tā qǐng le hěn duō kèren. Tā qǐng le hěn duō kèren lái guò shēngri.
yídìng	一定	(ganz) bestimmt, sicher, sicherlich, garantiert	Wǒ yídìng yào bǎ Zhōngwén xuéhǎo! Tā míngtiān yídìng lái!
lǐwù	礼物	Geschenk	shēngri lǐwù, xiǎo lǐwù
píbāo	皮包	(Leder-)Handtasche; *(jede)* Tasche aus Leder	Nǐ háishi mǎi nà ge hóngsè de píbāo ba!
		Hinweis: Dieses Wort wird in der Alltagssprache oft verkürzt zu bāo 包.	
ràng	让	lassen; veranlassen; zulassen	Zhè ge píbāo zhēn piàoliang, ràng wǒ kànkan. Tā bú ràng wǒ zǒu.

Handwritten margin notes:
- dìng = entscheiden, bestimmen, festlegen
- lǐ = Zeremonie, Feier, Ritus · Höflichkeit, Manieren, Etikette
- wù = Ding, Sache, Gg.stand
- pí = Haut, Leder (Radikal)

	xiǎng	想	denken, überlegen, nachdenken (über) (*vgl. Lektion 3 und Lektion 6*)	★ Nǐ zhīdao tā de dìzhǐ ma? ↳ Ràng wǒ xiǎng yíxià … Duìbuqǐ, wǒ bù zhīdao.
	kěxī	可惜	leider, bedauerlicherweise, schade	Kěxī tā méi shíjiān, bù néng lái. Kěxī, zhēn kěxī!
	yīnyuè	音乐	Musik	Nǐ xǐhuan tīng nǎ zhǒng yīnyuè?
	sòng	送	schenken, beschenken	Nǐ yào sòng tā shénme dōngxi? Gēge yào sòng wǒ yì běn shū.
	gěi	给	a. (*als Vollverb:*) geben	Wǒ gěi nǐ yìbǎi Kuài. Qǐng nǐ bǎ dǎhuǒjī gěi wǒ!
			b. *grammatisches Hilfswort zur Kennzeichnung des indirekten Objekts, s. die* ERLÄUTERUNGEN *zu dieser Lektion*	Nǐ dǎ diànhuà gěi tā le ma? Qǐng gěi wǒ jiào liàng chūzū-qìchē!
	CD (*lies:* xi di)	CD	CD ⇨ *der offizielle chinesische Ausdruck lautet:* 激光唱片 jīguāng-chàngpiàn (*wörtlich:* „Laser-Schallplatte")	Wǒ yào mǎi zhè zhāng CD [xi di].
			Ergänzungsvokabel: chàngpiàn 唱片 (Schallplatte); ZEW: zhāng 张	
	zhǔyi (*oft:* zhúyi)	主意	Einfall, Idee	★ Nǐ yào sòng tā shénme dōngxi? ◆ Sòng tā yì zhāng Zhōngguó yīnyuè de CD, zěnmeyàng? ↳ Hǎo zhǔyi!

huānyíng	欢迎	(jmdn.) willkommen heißen, willkommen	Huānyíng nǐ lái! Huānyíng nǐ lái wǒ jiā wánr!
Huānyíng! Huānyíng! 欢迎！欢迎！		„Herzlich willkommen!"	
zhù	祝	(jmdm. etw.) wünschen, beglückwünschen	
kuàilè	快乐	freudig, vergnügt, froh, fröhlich	
Zhù nǐ shēngri kuàilè! 祝你生日快乐！		„Alles Gute zum Geburtstag!", „Herzlichen Glückwunsch!"	
Nǎli, nǎli! 哪里，哪里！		*Bescheidenheitsfloskel als Entgegnung auf ein Kompliment, auf Dankesworte u. ä., etwa:* „Aber nicht doch!", „Nichts zu danken!", „I wo!"	★ Nǐ de Zhōngwén tài hǎo le! ➥ Nǎli, nǎli!
bié	别	(*abratend, auch verbietend:*) nicht sollen, nicht dürfen	Bié qù! Bié shuō!
Bié kèqi!	别客气！	*Wörtl.:* „Sie sollen nicht so höflich sein!" *Hier frei:* „Nichts zu danken!"	
jièshào	介绍	(jmdn.) vorstellen, (miteinander) bekannt machen	Ràng wǒ jièshào yíxià: zhè shi wǒ bàba, zhè shi wǒ māma, ... Wǒ gěi nǐmen jièshào jièshào ... Wǒ hěn xiǎng rènshi tā; nǐ kěyi bǎ tā jièshào gěi wǒ ma?
huílái (*auch:* huílai)	回来	zurückkommen	Tā zuò fēijī huílái. Nǐ shénme shíhou huílái?

Pinyin	汉字	Deutsch	Beispiel
fēijīpiào *oft kurz:* jīpiào 机票	飞机票	Flugschein, Flugticket (ZEW: zhāng 张)	Qǐng gěi wǒmen dìng liǎng zhāng dào Fǎlánkèfú (Frankfurt) de fēijīpiào.
huǒchē	火车	Zug, Eisenbahn	Nǐ zuò jǐ diǎn de huǒchē qù? Zāogāo, huǒchē yǐjīng kāi le!
tóngxué	同学	Kommilitone; Mitschüler	Tā shi wǒ de tóngxué, wǒ kěyi bǎ tā jièshào gěi nǐ.
bǔxí	补习	Nachhilfeunterricht geben od. nehmen	Nǐ gěi wǒ bǔxí Zhōngwén, hǎo ma?
lǎo	老	alt	Tā bàba hěn lǎo le, yǐjīng bāshí suì le. Tā shi wǒ de lǎo péngyou.
yòu ... le	又 ... 了	(schon) wieder, erneut (vgl. *die* ERLÄUTERUNGEN *zu dieser Lektion*)	Wǒ jīntiān yòu zǒucuò lù le.
jiǔ	酒	Alkohol, Schnaps, Spirituosen, Wein (*Oberbegriff für jede Art von alkoholischem Getränk*)	★ Nǐ yào hē shénme jiǔ? ➤ Nǐ yǒu Zhōngguó jiǔ ma?
bēizi	杯子	Tasse, Becher, Glas	wǔ ge bēizi
oft auch kurz: bēi	杯	Tasse, Becher, Glas (*als quasi-ZEW bei Getränken*)	yì bēi chá, liǎng bēi kāfēi, sān bēi jiǔ
qìngzhù	庆祝	feiern	Wǒmen hē bēi jiǔ qìngzhù nǐ de shēngri.
tiānqì	天气	Wetter	Jīntiān tiānqì zhēn hǎo!
nuǎnhuo	暖和	warm, angenehm warm	Zhèr de tiānqì hěn nuǎnhuo.
		Ergänzungsvokabeln: rè 热 (heiß); lěng 冷 (kalt); liáng 凉 (kühl); liángkuài 凉快 (angenehm kühl)	

hé ... yìqǐ ... [+ *Verb*] 和 ... 一起 ... [+ *Verb*]		zusammen (*od.:* gemeinsam) mit ... [etwas tun] (*vgl. Lektion 5*)	Wǒ hé nǐ yìqǐ qù cānguān Tiān'ānmén, zěnmeyàng?
		Hinweis: statt hé 和 ... yìqǐ 一起 ... *wird oft auch* gēn 跟 ... yìqǐ 一起 ... *gesagt*	
cài	菜	Gemüse (ZEW: zhǒng 种); Speise, Gericht (ZEW: ge 个, dào 道, zhǒng 种).	Zhōngguó cài, Déguó cài, Fǎguó cài, hǎo cài, sì ge cài
mǎi cài	买菜	Lebensmittel einkaufen	Bàba qù mǎi cài le.
zuò cài	做菜	Essen machen, Gerichte zubereiten	Tā xiǎng xué zuò Fǎguó cài.
		Hinweis: cài 菜 *bedeutet wörtlich „Gemüse", umfaßt aber auch die Fleischspeisen, hingegen wird Reis nicht zu* cài 菜 *gerechnet*	
zuò fàn	做饭	Essen machen, (Essen) kochen (*wörtl.:* Reis machen / kochen)	Wǒ jīntiān bù xiǎng zuò fàn, wǒmen qù fàndiàn chī ba!
dàn'gāo	蛋糕	Kuchen, Torte (ZEW: ge 个; *Stück:* kuài 块)	shēngri dàn'gāo
		Ergänzungsvokabeln: dàn 蛋 (Ei), jīdàn 鸡蛋 (Hühnerei)	
chángshòumiàn 长寿面		die „Nudeln der Langlebigkeit" (*ein Nudelgericht speziell für den Geburtstag*)	Zhōngguórén guò shēngri chángcháng chī chángshòumiàn.
hǎochī	好吃	wohlschmeckend, lecker	Tā zuò de cài hěn hǎochī. Dàxué cāntīng de cài bù hǎochī. Zhè zhǒng dàn'gāo zuì hǎochī.
hǎokàn	好看	gut aussehen, hübsch, schön	Nà ge huāpíng zhēn hǎokàn. Wǒ xiě de zì bù hǎokàn.

yǒude	有的	manche, einige	yǒude rén
dàilái	带来	mitbringen	Kèren dàilái le hěn duō lǐwù.
è	饿	hungrig, hungrig werden	Māma, wǒ è le, fàn hǎo le ma?
bù ... le	不 ... 了	*siehe die* ERLÄUTERUNGEN *zu dieser Lektion*	Tā bù hē jiǔ le. Wǒ bú è le.
dàjiā	大家	alle (Leute), alle Personen (*nur für Menschen verwendbar*)	Jīntiān dàjiā dōu chídào le. Dàjiā dōu hǎo ma?
wèishénme	为什么	warum?	Nǐ wèishénme méi gàosu wǒ? Tā wèishénme bù lái le?
suǒyǐ	所以	deshalb	Wǒ zhīdao tā méi shíjiān, suǒyǐ méi qǐng tā.
chídào	迟到	zu spät kommen, sich verspäten	Tā jīntiān yòu chídào le.
A duì B shuō	A 对 B 说	A sagt zu B	Tā duì nǐ shuō shénme le?
lái	来	*umgangssprachliches Einleitungswort bei einer Aufforderung, etwa:* „Komm, ..."	Lái, gěi wǒ ná yíxià xíngli! Lái, wǒ gěi nǐmen jièshào jièshào.
yìdiǎnr	一点儿	ein bißchen, ein wenig, etwas (*im Süden Chinas oft in der Variante* yìdiǎndiǎn 一点点)	Nǐ zài chī yìdiǎnr ba!
diǎnr	点儿	ein bißchen, ein wenig, etwas (*kurz für:* yìdiǎnr 一点儿) (*vgl. Lektion 6:* chà (yì)diǎnr)	Tāmen qù mǎi diǎnr dōngxi. Wǒ hái yǒu diǎnr shìr.

Eigennamen im Text:

Yáng Lìhuá	杨丽华	ein Personenname (f), wörtl.: „schöne Blume", auch: „schöne Chinesin"
Xiǎo Wáng	小王	ein Personenname (nur Familienname, in vertraulicher Form, wörtl.: „Kleine(r) Wang")
Chén Yīng	陈英	ein Personenname (m oder f); Yīng: „Blüte; Held"
Měilì	美丽	ein Vorname (f), wörtl.: „schön"
Xiǎo Hóng	小虹	ein Vorname (f), wörtl.: „Kleiner Regenbogen"
Cuī Péng	崔鹏	ein Personenname (m); Péng: der mythische Riesenvogel Roch od. Ruk
Xiùjuān	秀娟	ein Vorname (f), wörtl.: „hübsch, anmutig"
Wǔhàn	武汉	bedeutende Industriestadt am Yangzi-Fluß, Hauptstadt der Provinz Hubei
Hángzhōu	杭州	Hauptstadt der Provinz Zhejiang
Guìlín	桂林	eine wegen ihrer landschaftlichen Schönheit berühmte Stadt am Li-Fluß in der Autonomen Region Guangxi
Guìyǒu Shāngchǎng	贵友商场	Name eines Kaufhauses (wörtl.: „Teurer od. Wertvoller Freund"-Kaufhaus)
Bèiduōfēn	贝多芬	Ludwig van Beethoven (1770–1827)

Sehr traditioneller und feierlicher Glückwunsch zum Geburtstag:

Wàn shòu wú jiāng!
万 寿 无 疆！

Wörtlich: „Zehntausend (Lebens-)Jahre ohne Grenze (bzw. Ende)!"
⇨ „Möge Ihnen ein langes Leben beschieden sein!"

Anhang (Fùlù) zur Lektion 7 „Lihua feiert Geburtstag"

Übersetzungen

1. Shìfàn (Einführung)

1.1

Xiao Wang:	Peter:
Sieh mal, das ist meine Mutter, dies ist mein Vater. Der rechts ist mein älterer Bruder, der links mein jüngerer Bruder. Er ist 1975 geboren. Jetzt (*wörtl.:* In diesem Jahr) ist er … (Jahre alt).	Wie alt ist dein älterer Bruder?
	In welchem Jahr ist dein jüngerer Bruder geboren?
(Er) wurde 1982 geboren.	Na, dann ist er jetzt (*wörtl.:* in diesem Jahr) erst … (Jahre alt).
Nein, er ist am 2. November geboren, er ist noch keine … (Jahre alt).	

1.2

Chen Ying:	Monika:
Monika, am kommenden Sonntag haben ich und meine ältere Schwester Geburtstag. Ich möchte dich zu mir nach Hause zum Essen einladen.	
	Ah, du und deine ältere Schwester seid am gleichen Tag geboren …
Ja, richtig. Allerdings ist sie in Wuhan geboren, [während] ich in Peking geboren bin.	
	In welchem Jahr bist du geboren?
19 … .	Na, dann wirst du [ja] bald 30!
Tja! Hast du kommenden Sonntag Zeit?	Der wievielte ist [denn] der kommende Sonntag?
Der 23.	Am 23. habe ich Zeit. Da komme ich ganz bestimmt! Um wieviel Uhr denn?
Um halb sieben, was meinst du?	Ja, gut!

1.3

Monika:	Meili:
Chen Ying hat mich für kommenden Sonntag zu sich nach Hause eingeladen, um ihren Geburtstag zu feiern. Ich weiß nicht, was für ein Geschenk ich am besten kaufe(n sollte).	
Sag' mal, wäre es [eine] gut[e Idee], ein Buch [für sie] zu kaufen?	Laß mich mal überlegen!
Leider (habe ich) nichts mehr.	Hast du noch Sachen aus Deutschland?
	Ah, Chen Ying hört gerne Musik; kaufe ihr doch 'ne CD!
[Das ist] eine gute Idee! Da schenke ich ihr [doch einfach] eine CD!	

1.4

A Ah, Monika! Herzlich willkommen!
B Herzlichen Glückwunsch zum Geburtstag! Dies ist ein kleines Geschenk für dich.
A Das wäre doch nicht nötig gewesen! (*Oder:* Das ist doch viel zu viel!)
B Aber nicht doch! Ich hoffe, es gefällt dir!
A Das ist ja prima! Die Musik von Beethoven höre ich am liebsten. Vielen Dank!
B Nichts zu danken! Oh, es sind [ja] wirklich viele Gäste da!
A Komm', ich stell dir mal [die Gäste / die Anwesenden] vor.

1.5

Monika: Cui Peng, das bist ja du! An welchem Tag bist du [denn] aus Hangzhou zurückgekommen?
Cui Peng: Vorgestern abend.
Monika: Bist du mit dem Flugzeug zurückgekommen?
Cui Peng: Nein. Ich habe kein Flugticket bekommen können und bin [deshalb] mit dem Zug zurückgekommen ...
Xiujuan: Monika, kennst du mich noch?
Monika: Ach, Xiujuan, du bist das! [*Od. freier:* Du bist ja auch da!]
Chen: Oh, ihr kennt euch also?
Monika: Aber ja, wir sind alte Freunde!
Chen: Wie habt ihr euch [denn] kennengelernt?
Monika: Wir haben uns vor fünf Jahren in Bochum kennengelernt.

Xiujuan: Damals habe ich an der dortigen Universität Deutsch studiert. Wir waren Kommilitoninnen.
Monika: Sie hat mir oft Nachhilfe im Chinesischen gegeben und ich ihr im Deutschen.
Chen: Das ist wirklich schön, wenn sich alte Kommilitonen einmal wiedersehen! Laßt uns ein Glas trinken, um das zu feiern!

2. Jùxíng (Satzmuster)

2.1   A   In welchem Jahr sind Sie geboren?
       B   Ich bin im Jahre 1975 geboren.

2.2   A   In welchem Monat reist du ab?
       B   Ich reise im August ab.

2.3   A   Der wievielte ist heute?
       B   Heute ist der 7.

2.4   Beethoven wurde am 17. Dezember 1770 geboren.
       Ich wurde am   ~ ~ ~   geboren.

2.5   A   In welchem Jahr sind Sie geboren?
       B   Ich bin 1984 geboren.
       A   Wo sind Sie geboren?
       B   Ich bin in Guilin geboren.

2.6   A   Ist die ältere Schwester [schon] zurückgekommen?
       B   Ja, sie ist schon zurück.
       A   Um wieviel Uhr ist sie zurückgekommen?
       B   Sie ist um halb acht zurückgekommen.
       A   Wie ist sie zurückgekommen?
       B   Sie ist mit der Eisenbahn zurückgekommen.

       C   Hast du einen Computer gekauft?
       D   Ja (, hab' ich).
       C   Wo hast du (ihn) gekauft?
       D   Ich habe (ihn) im Guiyou-Kaufhaus gekauft.

2.7   Er lehrt mich Chinesisch.

Ich habe ihm Geld gegeben.
Ich will (*od.:* werde) ihr ein (Fläschchen) Parfum schenken.

2.8 Ich habe ihm ein Paket geschickt.
Ich habe ihm ein Paket geschickt. (*Oder:* Ich habe ein Paket für ihn (ab-) geschickt.)

2.9 Ich gebe ihr Nachhilfeunterricht im Deutschen.
Ich stelle euch mal vor ...

2.10 Sie hat mir das Paket geschickt.
Bitte gib mir den Schlüssel! (Bitte geben Sie mir den Schlüssel!)

2.11 Lassen Sie mich mal die Vorstellung machen (*od. frei:* Darf ich Sie mal einander vorstellen): dies ist Herr Wang, dies ist Frl. (*od.:* Frau) Chen.
Laß ihn mal (her)kommen! (*freier:* Er soll mal herkommen!)
Sie läßt mich nicht (weg)gehen.

2.12 Sie kommt nicht mehr.
Ich warte nicht mehr (*od.:* nicht länger) auf ihn.

2.13 Geh' nicht hin!
Geh' nicht weg!
Du sollst die Tür nicht aufmachen! (*frei:* Laß die Tür zu!)
Sag' nichts mehr!

2.14 Ich habe zu ihm gesagt: Ich geh' da nicht hin!
Was hat sie zu dir gesagt?

2.15 a. Der Wagen (*od.:* Bus) wird gleich kommen.
b. Ich werde bald 50 (Jahre alt).

3. Kèwén (Lektionstext)
4. Kèwén (Lektionstext)

Yang Lihua wurde am 20. November 1972 in Hangzhou geboren. Letzten Samstag feierte sie ihren dreißigsten Geburtstag. Der 30. Geburtstag [*wörtl.:* das 30. Lebensjahr] ist ein großer Geburtstag, den man richtig feiern muß. Sie hatte deshalb viele Freunde zu sich nach Hause zum Abendessen eingeladen.

An dem [betreffenden] Tag war das Wetter recht gut – es war nicht allzu kalt. Sie und ihr Mann standen schon um 6 Uhr früh auf. Nachdem sie gefrühstückt hatten, gingen sie zusammen mit ihrer Tochter Xiao Hong viele Lebensmittel und Spirituosen einkaufen, außerdem kauften sie eine Geburtstagstorte. Mittags bereitete ihr Mann für sie die „Nudeln der Langlebigkeit" zu, die sehr gut schmecken.

Es war noch nicht 17.00 Uhr, als schon einige [*frei:* die ersten] Gäste kamen. Sie brachten viele Geschenke mit und wünschten Yang Lihua alles Gute zum Geburtstag. Ihr Mann schenkte ihr eine rote Leder[hand]tasche, die sehr hübsch war.

Yang Lihua hatte auch Bai Deming eingeladen. Sie hatten sich in Deutschland kennengelernt. Als es halb acht geworden war, war Deming noch immer nicht eingetroffen. Lihua sagte: „Wir warten nicht mehr [*od.:* nicht länger] auf ihn. Laßt uns doch jetzt mit dem Essen anfangen."

Als Bai Deming eintraf, waren alle mit dem Essen bereits fertig. Alle fragten ihn, warum er zu spät komme [*od.:* warum er sich verspätet habe]. Er sagte: „Ich habe kein Taxi bekommen und bin [deshalb] zu Fuß gekommen."

Xiao Hong sagte: „Du hast dich verlaufen, stimmt's?"

Deming sagte: „Ja, du hast recht."

Lihua's Mann sagte zu Deming: „Du bist bestimmt hungrig. Komm' und iß doch jetzt etwas!"

8 Dì bā kè Dǎ diànhuà – qǐng péngyou chīfàn
第八课 打电话・请朋友吃饭
Lektion Telefonat – Einladung zum Essen

---

1. Shìfàn 示范 (Einführung)

1.1 Bai Deming versucht, Ulrike Becker im Freundschaftshotel (Yǒuyì Bīnguǎn) zu erreichen. In der Zentrale klingelt das Telefon.

zǒngjī 总机：	Bái Démíng 白德明：
Yǒuyì Bīnguǎn. 友谊宾馆。	Wèi! Qǐng jiē yāo yāo sān wǔ hào fángjiān! 喂！请接一一三五号房间！
Hǎode, qǐng děng yíxià! …… 好的，请等一下！……	
Duìbuqǐ, méiyǒu rén jiē. 对不起，没有人接。	Nà, wǒ děng yíxià zài dǎ. 那，我等一下再打。

1.2 Franz Schumann möchte Xiujuan anrufen. Ihre Mutter nimmt den Anruf entgegen.

Mutter：	Franz Schumann：
Wéi? 喂？	Wèi, wǒ zhǎo Wáng Xiùjuān. 喂，我找王秀娟。
Duìbuqǐ, tā bú zài. Nín shi nǎ yí wèi? 对不起，她不在。您是哪一位？	Wǒ jiào Shū Fǎrén, shi Déguó Yínháng dàibiǎo. 我叫舒法仁，是德国银行代表。
À, Shū xiānsheng, nín hǎo! Nín yǒu shìr 啊，舒先生，您好！您有事儿	

Mutter:	Franz Schumann:
yào wǒ zhuǎn'gào Xiùjuān ma? 要我转告秀娟吗？	Láojià, qǐng nín ràng tā dǎ ge diànhuà gěi wǒ. 劳驾，请您让她打个电话给我。
Hǎo, nín de diànhuà hàomǎ shi duōshao? 好，您的电话号码是多少？	Wǒ de diànhuà hàomǎ shi qī bā sān jiǔ èr. 我的电话号码是七八三九二。
Hǎo, wǒ huì gàosu tā de. 好，我会告诉她的。	Xièxie nín, zàijiàn! 谢谢您，再见！

1.3 Bai Deming versucht, Li Yuelan zu Hause anzurufen. Mingsheng, ihr Mann, nimmt den Hörer ab.

Míngshèng: Wèi!
明胜 喂！

Bái Démíng: Wèi, shi Míngshèng ma? Wǒ shi Démíng.
白德明 喂，是明胜吗？我是德明。

Míngshèng: À, Démíng, nǐ hǎo! Nǐ yào gēn Yuèlán shuōhuà, shì bu shi?
明胜 啊，德明，你好！你要跟月兰说话，是不是？
Wǒ qù jiào tā ... Yuèlán, nǐ de diànhuà!
我去叫她 ... 月兰，你的电话！

Lǐ Yuèlán: Shéi lái de diànhuà?
李月兰 谁来的电话？

Míngshèng: Shi Démíng.
明胜 是德明。

Lǐ Yuèlán: Wèi, Démíng, nǐ hǎo!
李月兰 喂，德明，你好！

Bái Démíng: À, Yuèlán, nǐ hǎo! Gāngcái Wáng Dé gěi wǒ lái diànhuà. Tā xiǎng
白德明 啊，月兰，你好！刚才王德给我来电话。他想
xiàwǔ qù xiǎochīdiàn chī diǎnxin. Wǒmen yìqǐ qù, zěnmeyàng?
下午去小吃店吃点心。我们一起去，怎么样？

Lǐ Yuèlán: Hǎode, jǐ diǎn qù?
李月兰 好的，几点去？

Bái Démíng: Xiàwǔ wǔ diǎn. Zài Yǒuyì Bīnguǎn ménkǒu děng, hǎo bu hǎo?
白德明 下午五点。在友谊宾馆门口等，好不好？

Lǐ Yuèlán: Hǎode. Nàme, xiàwǔ jiàn!
李月兰 好的。那么，下午见！

1.4 **Bai Deming, Li Yuelan und Wang De betreten ein Imbißlokal (xiǎochīdiàn).**

fúwùyuán: 服务员	Nǐmen hǎo! Sān wèi ma? Qǐng zhèr zuò! 你们好！三位吗？请这儿坐！
Bái Démíng: 白德明	Hǎode. Xièxie. 好的。谢谢。
fúwùyuán: 服务员	Sān wèi xiǎng chī diǎnr shénme? 三位想吃点儿什么？
Bái Démíng: 白德明	Nǐmen yǒu méiyou càidān? 你们有没有菜单？
fúwùyuán: 服务员	Duìbuqǐ, méiyǒu. Qǐng kàn nà ge páizi. 对不起，没有。请看那个牌子。
Bái Démíng: 白德明	Wáng Dé, tāmen zì xiě de tài liáocǎo; nǐ bāng wǒ qù kànkan ba. 王德，他们字写得太潦草；你帮我去看看吧。
Wáng Dé: 王德	Yuèlán, nǐ shi Lǎo Běijīng ... Nǐ lái diǎn jǐ ge ba! 月兰，你是老北京 ... 你来点几个吧！
Lǐ Yuèlán: 李月兰	Wǒ lái kànkan ... Démíng, nǐ chīguo bāozi ma? 我来看看 ... 德明，你吃过包子吗？
Bái Démíng: 白德明	Hái méi chīguo. 还没吃过。
Lǐ Yuèlán: 李月兰	Nà, wǒmen xiān yào liù ge bāozi. Zhèr de chūnjuǎnr yě búcuò, 那，我们先要六个包子。这儿的春卷儿也不错， yě lái liù ge. 也来六个。
Bái Démíng: 白德明	Zài Shànghǎi wǒ chīguo là de chòu dòufu. Zhèr yǒu méiyǒu? 在上海我吃过辣的臭豆腐。这儿有没有？
Wáng Dé: 王德	Kěxī zhèr méiyǒu. 可惜这儿没有。
fúwùyuán: 服务员	Nǐmen kànhǎo le méiyǒu? 你们看好了没有？
Lǐ Yuèlán: 李月兰	Kànhǎo le. Wǒmen xiān yào liù ge bāozi, liù ge chūnjuǎnr. Nǐ zài gěi 看好了。我们先要六个包子，六个春卷儿。你再给 wǒmen jièshào yìdiǎnr biéde, hǎo ma? 我们介绍一点儿别的，好吗？
fúwùyuán: 服务员	Wàiguórén dōu xǐhuan chī jītuǐ, nǐmen yě chángchang ba! 外国人都喜欢吃鸡腿，你们也尝尝吧！
Lǐ Yuèlán: 李月兰	Hǎo, nà yě lái sān ge. 好，那也来三个。

2. Jùxíng 句型 (Satzmuster)

2.1
Tā shì bu shi lǎo Běijīng?	他是不是老北京？
Zhèr yǒu méiyou diànhuà?	这儿有没有电话？
Tā zhī bu zhīdào wǒ de dìzhǐ?	她知不知道我的地址？
[Tā zhīdao bù zhīdao wǒ de dìzhǐ?]	[她知道不知道我的地址？]
Sìchuān Fàndiàn de cài guì bú guì?	四川饭店的菜贵不贵？
Xué Zhōngwén róng bù róngyì?	学中文容不容易？
[Xué Zhōngwén róngyì bù róngyì?]	[学中文容易不容易？]
Nǐ yào bu yào yòng kuàizi?	你要不要用筷子？
Tā lái bu lái ná xíngli?	他来不来拿行李？
Nǐ qù bu qù tā jiā wánr?	你去不去她家玩儿？
Nǐ zuò bú zuò diàntī shàngqu?	你坐不坐电梯上去？
Xiùjuān lái le méiyou?	秀娟来了没有？
Tāmen jiéhūn le méiyou?	他们结婚了没有？
Nǐ pào chá le méiyou?	你泡茶了没有？
Nǐ tīngdǒng le méiyou?	你听懂了没有？

2.2
Nǐ è le, shì ma?	你饿了，是吗？
Nǐ è le, shì bu shi?	你饿了，是不是？
Nǐ shì bu shi è le?	你是不是饿了？
Shì bu shi nǐ è le?	是不是你饿了？

2.3
Tāmen xiě de hěn liǎocǎo.	她们写得很潦草。
Tāmen xiě de bù liǎocǎo.	她们写得不潦草。
Tāmen xiě Hànzì xiě de hěn liǎocǎo.	她们写汉字写得很潦草。
Tāmen xiě Hànzì xiě de bù liǎocǎo.	她们写汉字写得不潦草。
Tāmen Hànzì xiě de hěn liǎocǎo.	她们汉字写得很潦草。
Tāmen Hànzì xiě de bù liǎocǎo.	她们汉字写得不潦草。

Tā chī de hěn màn.	他吃得很慢。
Tā chī de bú màn.	他吃得不慢。
Tā chīfàn chī de hěn màn.	他吃饭吃得很慢。
Tā chīfàn chī de bú màn.	他吃饭吃得不慢。
Tā fàn chī de hěn màn.	他饭吃得很慢。
Tā fàn chī de bú màn.	他饭吃得不慢。

2.4
A a. Nǐ qùguo Zhōngguó ma?　　你去过中国吗？

A	b.	Nǐ qùguo Zhōngguó méiyou?	你去过中国没有？
B		Qùguo.	去过。

C	a.	Tā jiéguo hūn ma?	他结过婚吗？
C	b.	Tā jiéguo hūn méiyou?	他结过婚没有？
D		Jiéguo.	结过。

E	a.	Nǐ kànguo zhè ge diànyǐng ma?	你看过这个电影吗？
E	b.	Nǐ kànguo zhè ge diànyǐng méiyou?	你看过这个电影没有？
F		Méi(you) kànguo.	没(有)看过。

2.5	Tāmen huì Zhōngwén.	他们会中文。
	Tāmen huì yòng kuàizi.	他们会用筷子。
	Wǒ huì lái (de).	我会来(的)。
	Wǒ huì gàosu tā (de).	我会告诉她(的)。
	Wǒ yídìng huì xiě xìn gěi nǐ (de).	我一定会写信给你(的)。

Der Hunger und fünf bāozi

Xiǎo Wáng dùzi è le. Tā kànjiàn lù biān yǒu yí ge mài bāozi de, jiù pǎoguoqu
小王肚子饿了。他看见路边有一个卖包子的，就跑过去
mǎi le wǔ ge bāozi.
买了五个包子。

Xiǎo Wáng zuòxialai kāishǐ chī bāozi: yí ge, liǎng ge, sān ge, sì ge ...
小王坐下来开始吃包子：一个，两个，三个，四个 ...

Xiǎo Wáng chī le sì ge bāozi yǐhòu, dùzi hái è. Xiǎo Wáng xiǎng: „Zěnme bàn?
小王吃了四个包子以后，肚子还饿。小王想：„怎么办？
Zhǐ shèngxià[1] le yí ge bāozi le ..." Xiǎo Wáng bǎ zuì hòu de yí ge bāozi chī le
只剩下了一个包子了 ..."小王把最后的一个包子吃了
yǐhòu, dùzi cái bǎo le.
以后，肚子才饱了。

Xiǎo Wáng xiǎng: „Ài, wǒ zhēn bèn! Yàoshi[2] zǎo zhīdao dì wǔ ge bāozi kěyi
小王想：„唉，我真笨！要是早知道第五个包子可以
chībǎo, wǒ gāngcái wèishénme yào chī qiánbiān de nà sì ge ne?!"
吃饱，我刚才为什么要吃前边的那四个呢?!"

Die Übersetzung finden Sie auf Seite 276.

---

1 shèngxià 剩下, *übrig bleiben*
2 yàoshi 要是, *falls, wenn*

3.   Kèwén 课文   (Lektionstext)

白德明今天过生日。他请了李月兰一家和王德去四川饭店吃饭。两天以前，他打电话去订了一张桌子。四川饭店在西单电报大楼附近，很有名。他们菜做得特别好。

服务员：　您好！
白德明：　你好。我是白德明，在这儿订了一张桌子，八个人。
服务员：　好，请跟我来。

白德明跟服务员走进一个小房间。里面有一张大圆桌。桌上有碗，筷子和汤匙，还有调料：糖，盐，胡椒，酱油，醋和辣椒。一刻钟以后，白德明请的客人都来了。

白德明：　欢迎，欢迎！随便坐，随便坐！
李月兰：　好，好，我们随便坐。
白德明：　我已经点好菜了，这是我们的菜单，你们看看。
服务员：　你们要喝点儿什么？有茅台酒，啤酒，还有橙汁。
外婆：　　今天庆祝生日，我们都得喝点儿茅台酒。不过，小云只能喝橙汁！
王德：　　今天的菜真丰富，都是有名的川菜。
明胜：　　真丰富！汤，鸡，鸭，鱼，猪肉，牛肉，都有 ...
服务员：　白先生，你要用刀叉吗？
王德：　　不用，不用，他会用筷子，用得很好。
明胜：　　我们敬你一杯酒！
白德明：　不敢当，不敢当！我敬你们！
外婆：　　大家一起干杯吧！
小云：　　白叔叔，祝你生日快乐！
白德明：　谢谢！你还要吃点儿别的菜吗？
小云：　　不要了，我已经吃饱了。
白德明：　现在就饱了？再吃点儿吧！
李月兰：　菜真好吃。
白德明：　真的？那么，慢慢吃，多吃一点儿！

4. Kèwén 课文 (Lektionstext)

Bái Démíng jīntiān guò shēngri. Tā qǐng le Lǐ Yuèlán yìjiā hé Wáng Dé qù Sìchuān
白德明今天过生日。他请了李月兰一家和王德去四川

Fàndiàn chīfàn. Liǎng tiān yǐqián, tā dǎ diànhuà qù dìng le yì zhāng zhuōzi. Sìchuān
饭店吃饭。两天以前,他打电话去订了一张桌子。四川

Fàndiàn zài Xīdān Diànbào Dàlóu fùjìn, hěn yǒumíng. Tāmen cài zuò de tèbié hǎo.
饭店在西单电报大楼附近,很有名。他们菜做得特别好。

fúwùyuán: 服务员	Nín hǎo! 您好!
Bái Démíng: 白德明	Nǐ hǎo. Wǒ shi Bái Démíng, zài zhèr dìng le yì zhāng zhuōzi, bā ge rén. 你好。我是白德明,在这儿订了一张桌子,八个人。
fúwùyuán: 服务员	Hǎo, qǐng gēn wǒ lái. 好,请跟我来。

Bái Démíng gēn fúwùyuán zǒujìn yí ge xiǎo fángjiān. Lǐmiàn yǒu yì zhāng dà yuán-
白德明跟服务员走进一个小房间。里面有一张大圆

zhuō. Zhuō shang yǒu wǎn, kuàizi hé tāngchí, hái yǒu tiáoliào: táng, yán, hújiāo,
桌。桌上有碗,筷子和汤匙,还有调料:糖,盐,胡椒,

jiàngyóu, cù hé làjiāo. Yíkè zhōng yǐhòu, Bái Démíng qǐng de kèren dōu lái le.
酱油,醋和辣椒。一刻钟以后,白德明请的客人都来了。

Bái Démíng: 白德明	Huānyíng, huānyíng! Suíbiàn zuò, suíbiàn zuò! 欢迎,欢迎!随便坐,随便坐!
Lǐ Yuèlán: 李月兰	Hǎo, hǎo, wǒmen suíbiàn zuò. 好好,我们随便坐。
Bái Démíng: 白德明	Wǒ yǐjīng diǎnhǎo cài le, zhè shi wǒmen de càidān, nǐmen kànkan. 我已经点好菜了,这是我们的菜单,你们看看。
fúwùyuán: 服务员	Nǐmen yào hē diǎnr shénme? Yǒu Máotáijiǔ, píjiǔ, hái yǒu chéngzhī. 你们要喝点儿什么?有茅台酒,啤酒,还有橙汁。
wàipó: 外婆	Jīntiān qìngzhù shēngri, wǒmen dōu děi hē diǎnr Máotáijiǔ. Búguò, 今天庆祝生日,我们都得喝点儿茅台酒。不过, Xiǎoyún zhǐ néng hē chéngzhī! 小云只能喝橙汁!

Wáng Dé: 王德	Jīntiān de cài zhēn fēngfù, dōu shi yǒumíng de Chuāncài. 今天的菜真丰富，都是有名的川菜。
Míngshèng: 明胜	Zhēn fēngfù! Tāng, jī, yā, yú, zhūròu, niúròu, dōu yǒu ... 真丰富！汤，鸡，鸭，鱼，猪肉，牛肉，都有 ...
fúwùyuán: 服务员	Bái xiānsheng, nǐ yào yòng dāo-chā ma? 白先生，你要用刀叉吗？
Wáng Dé: 王德	Bú yòng, bú yòng, tā huì yòng kuàizi, yòng de hěn hǎo. 不用，不用，他会用筷子，用得很好。
Míngshèng: 明胜	Wǒmen jìng nǐ yì bēi jiǔ! 我们敬你一杯酒！
Bái Démíng: 白德明	Bù gǎn dāng, bù gǎn dāng! Wǒ jìng nǐmen! 不敢当，不敢当！我敬你们！
wàipó: 外婆	Dàjiā yìqǐ gānbēi ba! 大家一起干杯吧！
Xiǎoyún: 小云	Bái shūshu, zhù nǐ shēngri kuàilè! 白叔叔，祝你生日快乐！
Bái Démíng: 白德明	Xièxie! Nǐ hái yào chī diǎnr biéde cài ma? 谢谢！你还要吃点儿别的菜吗？
Xiǎoyún: 小云	Bú yào le, wǒ yǐjīng chībǎo le. 不要了，我已经吃饱了。
Bái Démíng: 白德明	Xiànzài jiù bǎo le? Zài chī diǎnr ba! 现在就饱了？再吃点儿吧！
Lǐ Yuèlán: 李月兰	Cài zhēn hǎochī. 菜真好吃。
Bái Démíng: 白德明	Zhēnde? Nàme, mànmàn chī, duō chī yìdiǎnr! 真的？那么，慢慢吃，多吃一点儿！

5. Zhùshì 注释 (Erläuterungen)

5.1 Fragesätze in der sog. Wahlform

Um einen Fragesatz zu bilden, kann man neben der Verwendung der Fragepartikel ma 吗 oder – je nach Sinnzusammenhang – der bereits bekannten Fragewörter (*wer, wie, wann, wo* usw.) auch die sog. Wahlform benützen. Bei einem Fragesatz in der Wahlform wird die bejahende und die verneinte Form des Prädikats nebeneinander gestellt.

5.1.1 *Beispiele:*

Frageform	Antwort: ja	Antwort: nein
a) Verbalprädikat		
Nǐ lái bu lái?	Lái.	Bù lái.
你来不来？	来。	不来。
Kommst du?	*Ja (, ich komme).*	*Nein (, ich komme nicht).*
Nǐ mǎi bu mǎi kāfēi?	Mǎi.	Bù mǎi.
你买不买咖啡？	买。	不买。
Kaufen Sie Kaffee?	*Ja (, ich kaufe).*	*Nein (, ich kaufe nicht).*
b) Adjektivprädikat		
Zhè ge dàn'gāo guì bu guì?	Hěn guì.	Bú guì.
这个蛋糕贵不贵？	很贵。	不贵。
Ist dieser Kuchen teuer?	*Ja (, er ist teuer).*	*Nein (, er ist nicht teuer).*
c) Nominalprädikat mit shì 是		
Tā shì bu shi lǎoshī?	Shì.	Bú shi.
她是不是老师？	是。	不是。
Ist sie Lehrerin?	*Ja (, ...).*	*Nein (, ...).*
Beachte:		
d) Nominalprädikat ohne shì 是		
Tā yě èrshí suì?	Shì.	Bú shi.
他也二十岁吗？	是。	不是。
Ist auch er zwanzig (Jahre alt)?	*Ja.*	*Nein.*

5.1.2 Bei zweisilbigen Adjektiven oder Verben gibt es die beiden folgenden Möglichkeiten:

Frageform	Antwort: ja	Antwort: nein
▶ Rìwén róngyì bu róngyì? 日文容易不容易？ *Ist Japanisch einfach?*	Hěn róngyì. 很容易。 *Es ist einfach.*	Bù róngyì. 不容易。 *Es ist nicht einfach.*
oder		
▶ Rìwén róng bu róngyì? 日文容不容易？ *Ist Japanisch einfach?*		
▶ Nǐ rènshi bu rènshi tā? 你认识不认识他？ *Kennst du ihn?*	Rènshi. 认识。 *Ja (, ich kenne [ihn]).*	Bú rènshi. 不认识。 *Nein (, ich kenne [ihn] nicht).*
oder		
▶ Nǐ rèn bu rènshi tā? 你认不认识他？ *Kennst du ihn?*		
▶ Tā jīntiān shàngkè bú shàngkè? 她今天上课不上课？ *Hat sie heute Unterricht?*	Shàng(kè). 上（课）。 *Ja.*	Bú shàng(kè). 不上（课）。 *Nein.*
oder		
▶ Tā jīntiān shàng bu shàngkè? 她今天上不上课？ *Hat sie heute Unterricht?*		

Das letzte Beispiel zeigt, daß im Falle eines Verb+Objekt–Gefüges in der kurzen Antwort nur die verbale Komponente wiederholt bzw. verneint werden muß.

5.1.3 *Weitere Beispiele:*

Frageform	Antwort: ja	Antwort: nein
e) Sätze mit Modalverb		
Nǐ yào bu yào diǎn yùmǐtāng? 你要不要点玉米汤？ *Wollen Sie Maissuppe bestellen?*	Yào. 要。 *Ja (, will ich).*	Bú yào. 不要。 *Nein (, will ich nicht).*

Frageform	Antwort: ja	Antwort: nein
Tā xiǎng bu xiǎng qù kàn diànyǐng? 他想不想去看电影？ *Möchte er ins Kino gehen?*	Xiǎng. 想。 *Ja (, er möchte).*	Bù xiǎng. 不想。 *Nein (, er möchte nicht).*

f) Sätze, in denen das Verbalprädikat durch lái 来 oder qù 去 eingeleitet wird

Tā lái bu lái shàngkè? 他来不来上课？ *Kommt er zum Unterricht?*	Lái. 来。 *Ja (, er kommt).*	Bù lái. 不来。 *Nein (, er kommt nicht).*
Nǐ qù bu qù Běijīng xuéxí? 你去不去北京学习？ *Gehst du zum Studium nach Peking?*	Qù. 去。 *Ja (, ich gehe hin).*	Bú qù. 不去。 *Nein (, ich gehe nicht dahin).*

g) Sätze mit perfektivem Aspekt

Tā lái le méiyou? 她来了没有？ *Ist sie gekommen?*	Lái le. 来了。 *Ja (...).*	Méi(you) lái. 没(有)来。 *Nein (...).*
Nǐ mǎi kāfēi le méiyou? 你买咖啡了没有？ *Hast du Kaffee gekauft?*	Mǎi le. 买了。 *Ja (...).*	Méi(you) mǎi. 没(有)买。 *Nein (...).*
Nǐmen chīfàn le méiyou? 你们吃饭了没有？ *Habt ihr [schon etwas] gegessen?*	Chī(fàn) le. 吃(饭)了。 *Ja (...).*	Méi chī(fàn) 没吃(饭)。 *Nein (...).*
Tā jiéhūn le méiyou? 他结婚了没有？ *Ist er verheiratet?*	Jié(hūn) le. 结(婚)了。 *Ja (...).*	Méi jié(hūn). 没结(婚)。 *Nein (...).*

Beachte:

h) Sätze mit Koverb+Adverbialbestimmung

Tā péi bu péi nín qù? 他陪不陪您去？ *Begleitet er Sie (dorthin)?*	Péi. 陪。 *Ja (, er begleitet [mich].*	Bù péi. 不陪。 *Nein (, er begleitet [mich] nicht).*

Frageform	Antwort: ja	Antwort: nein
Nǐ érzi hái zài bu zài Běi-Dà[1] xuéxí?	Hái zài (Běi-Dà).[1]	Bú zài (Běi-Dà).[1]
你儿子还在不在北大学习？	还在（北大）。	不在（北大）。
Studiert Ihr Sohn noch an der Universität Peking?	*Ja (...).*	*Nein (...).*

Hinweis:

In der Alltagssprache werden Fragesätze mit perfektivem Aspekt in der Wahlform häufig unter Auslassung von le 了 wie folgt vereinfacht:

Tā lái le méiyǒu?	
他来了没有？	*Ist er gekommen?*

↯ Tā lái méi(you) lái?	
他来没（有）来？	*Ist er gekommen?*

Nǐ mǎi kāfēi le méiyǒu?	
你买咖啡了没有？	*Hast du Kaffee gekauft?*

↯ Nǐ mǎi méi(you) mǎi kāfēi?	
你买没（有）买咖啡？	*Hast du Kaffee gekauft?*

5.2 Fragesätze mit der Fügung shì bu shi 是不是

Stellt man eine Frage, auf die man eine bestätigende Antwort erwartet, kann man dies beispielsweise mit der Fügung shì bu shi 是不是 signalisieren. Diese Frageform kann man im Deutschen mit „..., nicht wahr?" oder „..., stimmt's?" wiedergeben. Dabei sind folgende Varianten in der Wortstellung möglich:

a.	Nǐmen shì bu shi chángcháng jiànmiàn?	Shì.	Bú shì.
	你们是不是常常见面？	是。	不是。
	Ihr seht euch oft, nicht wahr?	*Ja.*	*Nein.*

b.	Nǐmen chángcháng jiànmiàn, shì bu shi?	Shì.	Bú shì.
	你们常常见面，是不是？	是。	不是。
	Ihr seht euch oft, nicht wahr?	*Ja.*	*Nein.*

---

1 Běi-Dà 北大: geläufige Kurzform für Běijīng Dàxué 北京大学, „Peking-Universität", „Universität Peking".

c.	Shì bu shi nǐmen chángcháng jiànmiàn?	Shì.	Bú shì.
	是不是你们常常见面？	是。	不是。
	Ihr seht euch oft, nicht wahr?	*Ja.*	*Nein.*
	Auch:		
	Ist es nicht so, daß ihr euch oft seht?		

Es genügt hier, erst einmal aufzuzeigen, welche Wortstellung bei dieser Frageform möglich ist. Die feinen Nuancen der einzelnen Varianten können hier nicht thematisiert werden.

Ergänzende Beispiele vergleichbarer Art:

Wǒmen qù kàn diànyǐng, hǎo bu hǎo?	Hǎo!
我们去看电影，好不好？	好！
Wollen wir ins Kino gehen?	*Ja (, gut / gerne)!*

Māma, wǒ gēn Xiǎo Wáng qù wánr, kě(yi) bu kěyǐ?	Bù kěyǐ!
妈妈，我跟小王去玩儿，可(以)不可以？	不可以！
Mama, darf ich mit Xiao Wang spielen gehen?	*Nein (, das darfst du nicht)!*

Nǐ qù Lāsà, duì bu duì?	Duì.
你去拉萨，对不对？	对。
Stimmt es, daß du nach Lhasa fährst?	*Ja (, stimmt / richtig).*

5.3 Das Modalverb huì 会

Für das Modalverb „können" haben wir bisher kěyi (kěyǐ) 可以 (vgl. Lektion 3) und néng 能 (vgl. Lektion 6) kennengelernt. Das Chinesische verwendet für „können" ein weiteres Modalverb und zwar huì 会.

5.3.1 Das Modalverb huì 会 für erlernbare Fähigkeiten bzw. Fertigkeiten

Beispiele:

a.	Tāmen huì yóuyǒng ma?	*Können sie schwimmen?*
	他们会游泳吗？	

b.	Wǒ de érzi huì zǒulù le.	*Mein Sohn kann (schon) laufen.*
	我的儿子会走路了。	

c.	Nín huì bú huì yòng kuàizi chīfàn? 您会不会用筷子吃饭？	Können Sie mit Stäbchen essen?
d.	Hěn kěxī wǒ bú huì tán gāngqín.* 很可惜我不会弹钢琴。	Leider kann ich nicht Klavier spielen.
e.	Tā huì shuō Zhōngwén ma? 她会说中文吗？	Kann sie Chinesisch sprechen?

* tán 弹 = *ein Saiteninstrument spielen*; gāngqín 钢琴 = *Klavier*

Wie im Deutschen so kann auch im Chinesischen das Vollverb „sprechen" weggelassen werden, wenn auf eine Sprache Bezug genommen wird:

Tā huì Zhōngwén ma? 她会中文吗？	Kann sie Chinesisch?

Wǒ huì Yīngwén, bú huì Xībānyáwén. 我会中文，不会西班牙文。	Ich kann Englisch, [aber] nicht Spanisch.

In der Antwort auf einen Fragesatz mit dem Modalverb huì 会 genügt es, das Modalverb bejahend oder verneinend zu wiederholen.

Beispiel:

Nǐ huì yóuyǒng ma? 你会游泳吗？	Huì. 会。	Bú huì. 不会。
Können Sie schwimmen?	*Ja (, kann ich).*	*Nein (, kann ich nicht).*

5.3.2 Die Verwendung von huì 会 zur Bekräftigung der Satzaussage

Wenn man jemandem versichern möchte, daß etwas bestimmt oder auch bestimmt nicht geschehen oder getan wird, stellt man huì 会 vor das Prädikat.

Beispiel:

Wǒ huì gàosu tā. 我会告诉他。	*Ich werde es ihm sagen* (od.: *ausrichten*).

A	Tā míngtiān huì bú huì lái zhèr? 他明天会不会来这儿？	*Wird er morgen hierherkommen?*
B	Huì (lái)! 会(来)！	*Ja (, er wird kommen)!*

oder:

| B | Bú huì (lái)!
不会（来）！ | *Nein (, er wird sicher nicht kommen)!* |

Diese Beteuerung wird weiter verstärkt, wenn man zusätzlich ein de 的 an das Satzende stellt.

Beispiel:

| Wǒ huì gàosu tā de.
我会告诉他的。 | *Ich werde es ihm bestimmt sagen* (od.: *ausrichten*). |

| Tā míngtiān huì lái zhèr de.
他明天会来这儿的。 | *Er kommt morgen bestimmt hierher.* |

5.4 Das Aspektsuffix -guo 过

Die Wortsilbe guò 过 kennen wir bereits aus Lektion 5 (guò mǎlù 过马路 = *die Straße überqueren*) und Lektion 7 (guò shēngri 过生日 = *Geburtstag feiern*). Wird dieses guò 过 als Aspektsuffix gebraucht, hängt man es (ohne Ton: -guo) meist an ein Verb oder seltener an ein Adjektivprädikat an. Damit wird zum Ausdruck gebracht, daß die besagte Handlung oder dieser Vorgang irgendwann schon einmal unternommen wurde bzw. daß man die betreffende Erfahrung schon einmal gemacht hat. In einem verneinten Satz signalisiert -guo, daß diese Handlung noch nie unternommen, daß diese Erfahrung noch nie gemacht wurde.
Sätze mit dem Aspektsuffix -guo werden durch méi(yǒu) 没（有）verneint. Im Unterschied zur Verneinung der Partikel le 了 fällt -guo 过 in der Verneinung *nicht* weg.

Beispiele:

Nǐ hēguo Máotáijiǔ ma? 你喝过茅台酒吗？ *Haben Sie schon mal Maotai-Schnaps getrunken?*	▶ Hēguo. 喝过。 *Ja.*
	▶ Méi(you) hēguo. 没（有）喝过。 *Nein.*
	▶ Hái méi(you) hēguo. 还没（有）喝过。 *Nein, (hab' ich) noch nie (getrunken).*

Nǐ kànguo zhè běn shū ma? 你看过这本书吗？ *Hast du dieses Buch schon mal gelesen?*	▸ Kànguo. 看过。 *Ja.*
	▸ Méi(you) kànguo. 没(有)看过。 *Nein.*
	▸ Hái méi(you) kànguo. 还没(有)看过。 *Nein, (hab' ich) noch nie (gelesen).*

Tā qùguo Guìlín, wǒ hái méi qùguo.
他去过桂林，我还没去过。
Er war schon mal in Guilin, ich noch nicht (od.: ich noch nie).

5.5 Zum erweiterten Gebrauch von lái 来

Das Verb lái 来 (wörtl.: *kommen*) kann als Einleitungswort gebraucht werden, wenn der Sprecher jemanden auffordert, etwas zu tun – ähnlich wie im Deutschen „Komm, gib' mal ..." oder „Mach' du [doch] mal ...".
Beispiel:

Nǐ lái diǎn cài ba! 你来点菜吧！	*Komm', bestell' du doch mal!*

Lái 来 wird auch verwendet, wenn der Sprecher sich selbst anschickt, etwas zu tun.
Beispiel:

Wǒ lái zuò, wǒ lái zuò! 我来做，我来做！	*Ich mach' das schon, ich mach' das schon!*

Wenn aus dem Kontext deutlich wird, um was für eine Handlung es geht, kann man lái 来 auch als Stellvertreter-Verb verwenden.
Beispiel:

A Yào wǒ tián zhè zhāng biǎo ma? 要我填这张表吗？	*Soll ich dieses Formular ausfüllen?*

| B | Bù, bù, wǒ lái, wǒ lái.
不，不，我来，我来。 | *Nein, nein, ich mach' das schon, ich mach' das.* |

5.6 Das Adverb dōu 都

Das Schriftzeichen 都 dient in der Aussprache dōu als Adverb und steht immer vor dem Prädikat. In seiner Bedeutung „sämtlich(e), ausnahmslos" wird dōu 都 im Deutschen meist als „alle", „alles" oder „jeder" wiedergegeben und kann sich auf Personen und Dinge, auf Handlungen, Zustände und Ereignisse beziehen. Hier seien nur einige grundlegende Beispiele angeführt. Beachten Sie dabei, daß auf unterschiedliche Satzteile Bezug genommen wird!

Beispiele:

| Tāmen dōu lái le.
他们都来了。 | *Sie sind alle gekommen.*
(Hier bezieht sich dōu auf das Subjekt: „sie".) |

| Wǒmen dōu zhīdao.
我们都知道。 | *Wir alle wissen Bescheid.*
(Auch hier bezieht sich dōu auf das Subjekt: „wir".) |

| Wǒ dōu zhīdao.
我都知道。 | *Ich weiß alles.*
(Hier bezieht sich dōu auf das im Satz nicht näher ausgeführte Objekt: „alles".) |

| Wǒ měitiān dōu qù kàn tā.
我每天都去看他。 | *Ich besuche ihn jeden Tag.*
(Hier bezieht sich dōu auf die Zeitangabe und unterstreicht sie: „jeden Tag".) |

5.7 Die Adverbialbestimmung mit de 得

Wir haben bisher folgende drei Arten von Adverbialbestimmungen kennengelernt:

a) Angabe des Zeitpunktes

| Lǐ Yuèlán liù diǎn bàn qǐchuáng.
李月兰六点半起床。 | *Li Yuelan steht um halb sieben auf.* |

b) Angabe des Ortes

| Wáng Dé zài Chéngdū gōngzuò.
王德在成都工作。 | *Wang De arbeitet in Chengdu.* |

c) Angabe des Hilfsmittels (instrumental)

Wǒmen shi zuò fēijī qù Guǎngzhōu de. 我们是坐飞机去广州的。	*Wir sind mit dem Flugzeug nach Guangzhou gereist.*
Bái xiānsheng, nín huì yòng kuàizi chīfàn ma? 白先生，您会用筷子吃饭吗？	*Herr Bai, können Sie mit Stäbchen essen?*

In diesen Fällen verdeutlicht die Adverbialbestimmung die näheren Umstände (*wann, wo, womit*) der jeweiligen Handlung, die Handlung selbst wird jedoch nicht näher beschrieben. Diese Adverbialbestimmungen können also nicht ausdrücken, ob beispielsweise Li Yuelan nur *mühsam* um halb sieben aufsteht, ob Wang De *fleißig* arbeitet, ob wir *bequem* geflogen sind, oder ob Herr Bai *schnell* ißt.

Will man die eigentliche Handlung bzw. das Geschehen direkt kommentieren oder bewerten, stellt man diese Äußerung im Chinesischen wie im Deutschen *hinter* das betreffende Verb. Im Chinesischen muß jedoch zwischen diese beiden Satzteile das Hilfswort de 得 eingeschoben werden.

Beispiel:

a.	Tā 他 *Er*	chī 吃 *ißt*	de 得	bù duō. 不多。 *nicht viel.*
b.	Nǐ 你 *Du*	shuō 说 *sprichst*	de 得	tài kuài! 太快！ *zu schnell!*
c.	Tā 她 *Sie*	lái 来 *kommt*	de 得	hěn zǎo. 很早。 *sehr früh(zeitig).*

Dieser Kommentar (die nachgestellte Adverbialbestimmung) kann erfolgen, während die betreffende Handlung vor sich geht oder nachdem sie beendet wurde; auch bleibt offen, ob von einer Gewohnheit oder einem einmaligen Vorgang die Rede ist. Je nach sprachlichem oder situationellem Kontext muß deshalb für die Übersetzung ins Deutsche die Gegenwarts- oder Vergangenheitsform gewählt werden. Die drei Beispielsätze könnten also auch wie folgt übersetzt werden:

a. *Er hat nicht viel gegessen.*

b. *Du hast zu schnell gesprochen!*

c. *Sie ist sehr früh gekommen.*

Für diese Art Adverb verwenden wir die Termini „Fazit de" oder „nachgestelltes Adverb". In der Fachliteratur findet sich für dieses grammatische Phänomen auch der Terminus „Komplement des Grades".

Zur Wortstellung:

a. in Sätzen ohne Objekt

Subjekt	Prädikat	de 得	nachgestelltes Adverb
Wǒmen	wánr	de	hěn hǎo.
我们	玩儿	得	很好。

Wir amüsieren uns gut.

Oder:

Wir haben uns gut amüsiert.

Tā	xiě	de	bù liǎocǎo.
她	写	得	不潦草。

Sie schreibt nicht unleserlich.

Oder:

Sie hat nicht unleserlich geschrieben.

Diese Stellungsregel gilt auch für Sätze mit einem Adjektivprädikat.

Beispiel:

Zhèr de dōngxi	guì	de	hěn.
这儿的东西	贵	得	很。

Die Sachen hier (wörtl.: *Die hiesigen Sachen*) *sind* **sehr** *teuer.*

Hinweis:

In Sätzen mit einem Adjektivprädikat (z. B. duō 多, è 饿, guì 贵, hǎo 好) kommt als nachgestellte Adverbialbestimmung bisher nur das Adverb hěn 很 in Frage. Vergleiche dazu auch Lektion 3.

b. in Sätzen mit Objekt

Subjekt	Prädikat (Verb)	Objekt	Prädikat (Verb)	de 得	nachgestelltes Adverb
Tā	jiāo	Zhōngwén	jiāo	de	búcuò.
他	教	中文	教	得	不错。

Er unterrichtet Chinesisch recht gut.

Subjekt	Prädikat (Verb)	Objekt	Prädikat (Verb)	de 得	nachgestelltes Adverb
Wǒ 我	hē 喝	jiǔ 酒	hē 喝	de 得	bù duō. 不多。

Ich trinke nicht viel (Alkohol).

Ohne hier auf die feinen stilistischen Nuancen eingehen zu können, sei erwähnt, daß auch folgende Satzstellung möglich ist:

Subjekt	Objekt	Prädikat (Verb)	de 得	nachgestelltes Adverb
Tā 他	Zhōngwén 中文	jiāo 教	de 得	búcuò. 不错。

Er unterrichtet recht gut Chinesisch.

Wǒ 我	jiǔ 酒	hē 喝	de 得	bù duō. 不多。

Ich trinke nicht viel (Alkohol).

Diese Wortstellung gilt auch für die meisten Verb+Objekt–Gefüge, die wir bisher kennengelernt haben, ausgenommen qǐchuáng 起床 und yóuyǒng 游泳 (siehe beide in Lektion 2).

Beachten Sie:
Wie uns einige Sätze in dieser Lektion zeigen, gibt es im Chinesischen auch die Möglichkeit, <u>Adverbien bzw. Adverbialbestimmungen *vor* das Verbalprädikat zu stellen.</u>

(± Subjekt) vorangestelltes Adverb	Verbalprädikat (± Objekt etc.)	
Suíbiàn 随便	zuò! 坐!	*Nehmen Sie nach Belieben Platz!* (⇨ *Setzen Sie sich, wohin Sie möchten.*)
Mànmàn 慢慢	chī! 吃!	*Essen Sie in aller Ruhe!* (Od.: *Lassen Sie sich ruhig Zeit beim Essen!*)
Duō 多	chī yìdiǎnr! 吃一点儿!	*Essen Sie doch noch etwas!* (Od.: *Greifen Sie doch noch einmal zu! Nehmen Sie sich doch noch etwas!*)

Die Besonderheiten dieser Konstruktion können hier jedoch nicht behandelt werden, so daß wir sie zunächst als feste Fügungen zu lernen empfehlen.

Weitere Beispiele aus der Alltagssprache:

Màn zǒu! 慢走！	(Wörtl.:) *Gehen Sie langsam!* (Sinngemäß:) *Kommen Sie gut nach Hause!*
Xiǎo Míng, kuài zǒu! 小明，快走！	*Xiao Ming, lauf' schnell!*
Nǐ màn yìdiǎnr kāi, hǎo ma? 你慢一点儿开，好吗？	*Fahr' bitte etwas langsamer, ja?*

Aber auch:

Nǐ kāi màn yìdiǎnr, hǎo ma? 你开慢一点儿，好吗？	(*Fahr' bitte etwas langsamer, ja?*)

Einige beliebte chinesische Gerichte:

tángcù páigǔ 糖醋排骨	(Schweine-)Rippchen süß-sauer
gǔlǎo ròu 古老肉	Schweinefleisch süß-sauer
huíguō ròu 回锅肉	(Schweine-)Fleisch mit scharfem Paprika, zweimal gebraten
fúróng jīpiàn 芙蓉鸡片	Hühnerfleisch (Hühnerbrust) in Scheiben geschnitten, mit Eierstich
gōngbǎo jīdīng 宫保鸡丁	Hühnerfleisch in Würfel geschnitten, nach „Palastwächter"-Art, mit Chili-Schoten (*scharf*) und Erdnüssen od. Cashew-Nüssen
háoyóu niúròu 蚝油牛肉	Rindfleisch in Austernöl
ruǎnzhá lǐji ròu 软炸里脊肉	leicht gebratenes Filet (*vom Rind, Schaf od. Schwein*)
tángcù yú 糖醋鱼	Fisch süß-sauer
mápó dòufu 麻婆豆腐	Mapo-Doufu („Mapo-Tofu") (*scharf*)
suānlà tāng 酸辣汤	sauer-scharfe Suppe („Peking-Suppe")

6. Shēngcíbiǎo 生词表 (Vokabelliste)

diànhuà	电话	Telefon; Telefonat, Anruf	
		Ergänzungsvokabel: shǒujī 手机, Mobiltelefon, „Handy"	
dǎ diànhuà	打电话	telefonieren, anrufen	
		Hinweis: *Die Fügung* dǎ diànhuà 打电话 *darf auf* dǎ 打 *verkürzt werden, wenn eindeutig ist, daß* dǎ 打 *sich auf* diànhuà 电话 *bezieht.*	
dǎ diànhuà qù	打电话去	dort anrufen	
dǎ diànhuà lái	打电话来	hier anrufen, *jemand* ruft hier an	
lái diànhuà	来电话	hier anrufen, *jemand* ruft hier an	Jiějie lái diànhuà le ma?
Shéi lái de diànhuà? 谁来的电话？		Wer ist am Telefon? Wer hat hier angerufen?	A Bàba, nǐ de diànhuà! B Shéi lái de (diànhuà)? A Wǒ bù zhīdao.
gěi ... lái diànhuà 给 ... 来电话		*jemanden* (hier) anrufen	Tā zǎoshang gěi wǒ lái le ge diànhuà.
jiē diànhuà	接电话	einen Telefonanruf entgegennehmen, ans Telefon gehen	Nǐ zěnme bù jiē diànhuà ne?
jiē	接	(*Anruf*) verbinden; entgegennehmen (*Person*) in Empfang nehmen, (*jmdn.*) abholen	Qǐng jiē qī sān jiǔ hào fángjiān! Nǐ néng lái jīchǎng jiē wǒ ma?
zǒngjī	总机	Telefonzentrale	
		Ergänzungsvokabel: fēnjī 分机, (Telefon-) Nebenstelle, Nebenanschluß	
diànhuà hàomǎ 电话号码		Telefonnummer	Wǒ de diànhuà hàomǎ shi qī qī èr sì wǔ sì liù. Tā de diànhuà hàomǎ shi duōshao?

děng yíxià zài + Verb 等一下再 + Verb		eine kleine Zeitspanne abwarten, um dann ([wieder] zu tun ...), (etwas) erst später tun, gleich etw. tun	Wǒ děng yíxià zài dǎ diànhuà gěi tā. Wǒmen děng yíxià zài zǒu ba!
wèi, wéi	喂	Hallo! Hallo? (z. B. am Telefon)	
qǐng	请	bitten, einladen	
qǐng ... chīfàn 请 ... 吃饭		(jmdn.) zum Essen einladen	Wǒ qǐng nǐ chīfàn!
zhǎo	找	suchen; *beispielsweise am Telefon*: mit jmdm. sprechen wollen	Nǐ zhǎo shénme? Tā zhǎo shéi? Nǐ zhǎo nǎ ge xuésheng? ★ Wéi? ↪ Wèi, wǒ zhǎo Lǐ Yuè-lán.
yāo	一, 么, 幺	*um eine Verwechslung mit der Zahl* 7 (qī 七) *zu vermeiden, wird die Zahl* 1 *statt* yī *häufig* yāo *ausgesprochen*	Wǒ de diànhuà hàomǎ shi 2418701 (èr sì yāo bā qī líng yāo).
yǒu rén	有人	*wörtl.*: es gibt einen Menschen od. jemanden ⇨ jemand, jemand ist da	
méiyǒu rén (méiyou rén) *kurz*: méi rén	没有人 没人	*wörtl.*: es gibt keinen Menschen od. jemanden ⇨ niemand, niemand ist da, keiner (ist) da, niemand, niemand da, keiner da	★ Nǐ dǎ diànhuà gěi Zhōu Lìhuá le ma? ↪ Dǎ le, búguò méi(you) rén jiē. ● Shéi zài ménkǒu? ↪ Wǒ qù kànkan ... méi rén ...
zài	在	anwesend sein (*vgl. Lektion 2*)	★ Bái xiānsheng zài ma? ↪ Bú zài, tā yǐjīng zǒu le.

wèi	位	höfliches ZEW für Personen, z. B. für xiānsheng, lǎoshī, xiǎojie, nǚshì, kèren usw. Hinweis: *nicht mit selbständig auftretendem* rén 人 *verbinden!*	Nǐ zhǎo nǎ yí wèi Wáng xiānsheng? Zhè wèi xiǎojie shi cóng Déguó lái de jìzhě.
Qǐng zuò!	请坐!	Bitte nehmen Sie Platz!	
Qǐng zhèr zuò! 请这儿坐!		Bitte hier Platz zu nehmen!	
Nín shi nǎ yí wèi? 您是哪一位?		(*am Telefon:*) Mit wem spreche ich denn bitte? Dürfte ich Ihren Namen wissen?	Qǐng wèn, nín shi nǎ yí wèi?
zhuǎn'gào	转告	(*etwas*) weitersagen, ausrichten	
gàosu	告诉	Bescheid sagen, informieren	
láojià	劳驾	*sehr höflich für:* bitte (*sinngemäß etwa:* Dürfte ich Sie bemühen, ...)	Láojià, bǎ nà běn shū gěi wǒ!
ràng	让	lassen; veranlassen; zulassen, nachgeben	Tāmen bú ràng wǒ zǒu.
huì	会	*Modalverb:* können (*vgl. die* ERLÄUTERUNGEN *zu dieser Lektion*)	Wǒ huì Zhōngwén. Nín huì shuō Déwén ma? Tā dìdi zhēn huì zuò cài!
huì ... de	会 ... 的	werden (*Zusicherung; vgl. die* ERLÄUTERUNGEN *zu dieser Lektion*)	★ Tā huì lái ma? ➥ Tā huì lái de. Wǒ huì gàosu tā. Tāmen yídìng huì xiě xìn gěi nǐ de.
shuō / huà	说话	sprechen, reden	Xiànzài shàngkè, bù kěyi shuōhuà!
gēn ... shuōhuà 跟 ... 说话		mit ... sprechen	Tā gēn shéi shuōhuà? Wǒ yào gēn nǐ shuōhuà.
jiào	叫	rufen (*vgl. auch Lektion 1*)	Wǒ qù jiào tā ...

gāngcái	刚才	gerade eben, eben (*nur zeitlich*)	Nǐ gāngcái wèishénme bù shuōhuà ne?
xiǎochīdiàn	小吃店	Imbißstube, Imbißlokal (ZEW: jiā 家, ge 个)	Zhèr fùjìn yǒu yì jiā hěn hǎo de xiǎochīdiàn.
diǎnxin	点心	*Dimsun*, Imbiß, Snack, kleiner Leckerbissen, feines Gebäck; Dessert (ZEW: zhǒng 种, yàng 样)	
càidān	菜单	Speisekarte (ZEW *als Blatt*: zhāng 张, fèn 份; *als Heft auch (selten)*: běn 本)	★ Nǐ kànhǎo càidān le ma? ➥ Duìbuqǐ, nǐmen yǒu Yīngwén càidān ma?
páizi	牌子	Schild, Brett, Tafel; *auch Papierstreifen, auf denen die Gerichte eines Lokals aufgeführt sind*	Wǒmen zhèr méiyǒu càidān, qǐng kànkan nà ge páizi.
liǎocǎo	潦草	unleserlich (*Handschrift*); nicht sorgfältig	
Lǎo Běijīng	老北京	*Person, die seit langem in Peking ansässig ist:* „alter Pekinger"	Lǎo Běijīng, Lǎo Shànghǎi, Lǎo Táiběi
lái	来	kommen (*vgl. Lektion 2*); *auch salopp für:* eine Tätigkeit übernehmen, sich etwas zu tun anschicken	Hǎo, hǎo, hǎo, wǒ lái zuò, wǒ lái zuò! Lái, wǒ bāng nǐ ná xíngli.
lái	来	*beim Bestellen im Restaurant:* a. *Gast zu Kellner:* „Bringen Sie ...!" b. *auch Gäste untereinander:* „Lassen wir (uns) ... bringen!"	★ Nín hē shénme? ➥ Xiān lái bēi chá ba! Zhèr de dàn'gāo zhēn hǎochī, zài lái sān kuài, zěnmeyàng?
diǎn / cài	点菜	Essen bestellen, Gerichte auswählen	„Fúwùyuán! Diǎn cài!" Wǒmen diǎn le sān ge cài.

jǐ	几	wieviel, wie viele (*vgl. Lektion 1, Lektion 2 etc.*); *unbestimmte geringe Menge:* einige, ein paar	Nǐ yǒu jǐ ge háizi? Wǒmen yǐjīng diǎn le jǐ ge cài.
-guo	过	grammatisches Hilfswort, *vgl. die* ERLÄUTERUNGEN *zu dieser Lektion*	Nǐ qùguo Chóngqìng ma? Tā hái méi zuòguo fēijī. Wǒ chīguo Zhōngcān, hěn hǎochī!
bāozi	包子	*baozi, eine Art gedämpftes rundes Brötchen mit Fleisch- oder vegetarischer Füllung*	
chūnjuǎn *auch:* chūnjuǎnr	春卷儿 春卷儿	„Frühlingsrolle"	
là	辣	scharf (*geschmacklich*)	Wǒ bù néng chī tài là de dōngxi.
chòu	臭	stinken	Zhēn chòu! Bǎ chuānghu (*Fenster*) dǎkāi!
dòufu	豆腐	Doufu ('Tofu'), Soyabohnenkäse (ZEW: *Stück* > kuài 块)	
chòu dòufu	臭豆腐	*speziell zubereiteter, extrem geruchsintensiver Doufu, wörtl.:* „stinkender Doufu"	
kěxī	可惜	leider, bedauerlicherweise	
jièshào	介绍	vorstellen, bekannt machen; empfehlen	
gěi ... jièshào 给 ... 介绍		(*jemandem*) empfehlen	Nǐ gěi wǒmen jièshào jǐ ge hǎo cài ba! Nǐmen kě bù kěyi gěi wǒ jièshào yí fèn Zhōngwén bàozhǐ (*Zeitung*)?

biéde	别的	andere, anderes	Wǒ bù mǎi biéde, jiù mǎi zhè ge! Wǒ zhǐ qùguo Běijīng, biéde chéngshì wǒ hái méi qùguo.
wàiguórén	外国人	Ausländer	
		Ergänzungsvokabel: lǎo-wài 老外, *Slang-Ausdruck für:* Ausländer	
kuàizi	筷子	Eßstäbchen (ZEW: *Paar* > shuāng 双, *einzeln* > zhī 只)	Tā bú huì yòng kuàizi, wǒ huì.
jī	鸡	Huhn, Hühnchen (ZEW: zhī 只)	
jīdàn	鸡蛋	(Hühner-)Ei (ZEW: zhī 只, ge 个)	
jīròu	鸡肉	Hühnerfleisch	
jītuǐ	鸡腿	Hühnerbein	
cháng	尝	probieren, kosten	Lái, chángchang wǒ zuò de dàn'gāo.
yìjiā	一家	die ganze Familie	
yǒumíng	有名	bekannt, berühmt (*wörtl.:* einen Namen haben)	Tā hěn yǒumíng. Tā shuō, Běijīng Dàxué shi Zhōngguó zuì yǒumíng de dàxué.
zuò cài	做菜, *auch* 作菜 *geschrieben*	Essen machen, kochen	
tèbié	特别	(ganz) besonders; ungewöhnlich	Tāmen jīntiān lái de tèbié zǎo. Zhè jiā cāntīng de cài hěn tèbié.

de	得	*grammatisches Hilfswort (siehe die* ERLÄUTERUNGEN *in dieser Lektion)*	Tāmen xué de hěn hǎo. Wǒ shuō de tài kuài le ma? Tā xiě de bú piàoliang.
fúwùyuán	服务员	Bedienung(spersonal), Hotelpage; *auch:* Kellner, Ober (*vgl. Lektion 3*)	Zhè jiā cāntīng de fúwùyuán tèbié kèqi.
zǒujìn	走进	hineingehen, in ... (hinein)gehen, betreten	zǒujìn fángjiān
yuánzhuō	圆桌	runder Tisch (ZEW: zhāng 张) (*vgl. Lektion 7*)	
zhuō shang	桌上	auf dem Tisch	
wǎn	碗	Schale, (kleine) Schüssel; *in diesem Sinne auch als ZEW gebraucht*	wǔ ge wǎn, yì wǎn mǐfàn (*Reis*)
fànwǎn	饭碗	Reisschale	
mǐfàn	米饭	(gekochter) Reis	

Gelegentlich auch kurz: fàn 饭 ; *vgl.* fàndiàn 饭店 = „Restaurant", *s. Lektion 3.*
Hinweis: mǐ 米 *allein bezeichnet streng genommen den geernteten, aber noch nicht gekochten Reis.*

tāng	汤	Suppe (ZEW: wǎn 碗)	
tāngchí	汤匙	Löffel, Suppenlöffel (ZEW: bǎ 把)	
tiáoliào	调料	Zutaten; Gewürze	
táng	糖	Zucker	
tián	甜	süß	
yán	盐	Salz	
		Anmerkung: *Zur Vermeidung von Mißverständnissen sagt man für Salz auch zweisilbig* shíyán 食盐 *, örtlich auch* yánbā 盐巴 *oder* xiányán 咸盐 *.*	
xián	咸	salzig	
hújiāo	胡椒	Pfeffer	

jiàngyóu	酱油	Soyasauce	
cù	醋	Essig	
		Ergänzungsvokabel und Warnung: chī cù 吃醋, wörtl.: „Essig essen" ⇨ „eifersüchtig sein"!	
làjiāo	辣椒	(scharfe) Paprika, Chili; Peperoni	
dōu	都	alle(s), jeder, sämtliche (*nur als Adverb verwendbar, vgl. die* ERLÄUTERUNGEN *zu dieser Lektion*)	Zhōngguórén dōu yòng kuàizi chīfàn. Wǒ měi ge xīngqīsān dōu qù yóuyǒng.
dōu shi ...	都是 ...	alles ist ... , alle sind ..., bei allem handelt es sich um ...	Wǒmen dōu shi Déguórén. Nǐmen dōu shi Zhōngguórén ma?
suíbiàn	随便	nach Belieben, ungezwungen	Suíbiàn nǐ! Tā hěn suíbiàn.
suíbiàn + *Verb* 随便 + *Verb*		(*etwas*) ganz ungezwungen tun, ohne Förmlichkeiten (*etwas*) tun	Bié kèqi, suíbiàn chī ba! Tā shuōhuà hěn suíbiàn.
Suíbiàn zuò!	随便坐!	Nehmen Sie nach Belieben Platz! Setzen Sie sich, wohin Sie möchten! (*freundliche Aufforderung des Gastgebers, um zu zeigen, daß keine strikte Sitzordnung vorgegeben ist*)	Qǐng (nǐmen) suíbiàn zuò! Wǒmen jīntiān dōu hěn suíbiàn, dàjiā jiù suíbiàn zuò ba!
wàipó	外婆	Großmutter, Oma (*mütterlicherseits*)	
Máotáijiǔ	茅台酒	Maotai-Schnaps (Produkt der Provinz Guìzhōu) (ZEW: *Glas* > bēi 杯, *Flasche* > píng 瓶)	Xiǎo háizi bù kěyǐ hē Máotáijiǔ!
píjiǔ	啤酒	Bier (ZEW: *Glas* > bēi 杯, *Flasche* > píng 瓶)	Qīngdǎo píjiǔ zhēn búcuò.

píngzi	瓶子	Flasche (*vgl. Lektion 3:* nuǎnshuǐpíng; *vgl. Lektion 4:* huāpíng)	
chéngzhī	橙汁	Orangensaft	
	Ergänzender Hinweis: zhī 汁 (Saft) *kann mit vielen Obstsorten, aber auch mit anderen, eine Flüssigkeit enthaltenden Dingen verbunden werden. Beispiele:* júzizhī 橘子汁, Mandarinensaft; fānqiézhī 番茄汁, Tomantensaft; ròuzhī 肉汁, Fleisch-, Bratensaft; mòzhī 墨汁, Tusche.		
fēngfù	丰富	reichlich, reichhaltig, üppig	Cài zhēn fēngfù!
Chuāncài	川菜	Sichuan-Küche, nach Sichuan-Art zubereitete Gerichte (*meist scharf*)	
yā(zi)	鸭(子)	Ente (ZEW: zhī 只)	
kǎoyā	烤鸭	gebratene Ente; *oft kurz für:* Peking-Ente	Wǒmen zuótiān wǎnshang zài Quánjùdé cāntīng chī le kǎoyā.
Běijīng kǎoyā 北京烤鸭		Peking-Ente	
yú	鱼	Fisch (ZEW: tiáo 条, wěi 尾)	
zhū	猪	Schwein (ZEW: tóu 头)	
niú	牛	Rind (ZEW: tóu 头, tiáo 条)	
ròu	肉	Fleisch (ZEW: kuài 块, piàn 片, zhǒng 种)	jīròu, niúròu, zhūròu, yí kuài ròu
dāo	刀	Messer	
dāozi	刀子	Messer (ZEW: bǎ 把)	
chā	叉	Gabel	
chāzi	叉子	Gabel (ZEW: bǎ 把)	

dāo-chā	刀叉	Messer & Gabel, westliches Eßbesteck	Duìbuqǐ, wǒmen zhèr méiyou dāo-chā, zhǐ yǒu kuàizi.
bú yòng	不用	nicht benötigen, nicht nötig	
jìng	敬	*hier:* (*jemanden*) ehren, (*jemandem*) höflich (*etwas*) anbieten	
jìng ... jiǔ	敬 ... 酒	auf (*jmdn.*) anstoßen, (*jmdm.*) zuprosten	
Wǒ jìng nǐ (yì bēi jiǔ)! 我 敬 你（一 杯 酒）！		*beim Anstoßen:* „Auf Ihr Wohl!", *wörtl.:* „Ich ehre Sie (mit einem Glas)!"	
„Bù gǎn dāng!"	„不敢 当！"	*höflich-bescheidene Entgegnung auf ein Kompliment, eine Ehrung o. ä.:* „Ich wage es nicht, mich diesem Lob zu stellen!" *Etwa:* „Zu viel der Ehre!"	★ Wǒ jìng nǐ yì bēi jiǔ! ➡ Bù gǎn dāng, bù gǎn dāng, wǒ jìng nǐ!
„Gānbēi!"	„干杯！"	(*beim Anstoßen:*) „Prosit!", *wörtl.:* „Trocknet [Leert] die Gläser!" ⇨ „Ex!"	
shūshu	叔叔	Onkel (*väterlicherseits*); *häufig:* kindliche Anrede für Männer, die jünger als der eigene Vater sind	
chībǎo (le)	吃饱（了）	sich satt (ge)gessen (haben), satt (sein)	Wǒ bù chī le, wǒ yǐjīng chībǎo le.
bǎo	饱	satt	Nǐ zěnme jiù bǎo le?
màn	慢	langsam	Zuò gōnggòng-qìchē qù hěn màn!

„Mànman chī!" „慢慢吃！"	(*freundliche Aufforderung des Gastgebers an seine Gäste, es sich in aller Ruhe schmecken zu lassen:*) „Guten Appetit!", „Lassen Sie sich Zeit beim Essen!" (*wörtl.:* „Essen Sie langsam!")
„Duō chī (yì)diǎnr!" „多吃(一)点儿！"	(*beim Essen:*) „Essen Sie doch noch etwas!", „Greifen Sie doch noch einmal zu!", „Nehmen Sie sich noch etwas!"

Eigennamen im Text:

Yǒuyì Bīnguǎn	友谊宾馆	„Freundschaftshotel" (Friendship Hotel)
Wáng Xiùjuān	王秀娟	*ein Personenname* (f)
Shū Fǎrén	舒法仁	*mögliche chinesische Namensübertragung für:* Franz Schumann
Déguó Yínháng	德国银行	*chinesische Übersetzung für:* (eine) Deutsche Bank[1]
Wáng Dé	王德	*ein Personenname* (m)
Lǐ Yuèlán	李月兰	*ein Personenname* (f)
Míngshèng	明胜	*ein männlicher Vorname*
Chén lǎoshī	陈老师	Lehrer od. Lehrerin Chen
Sìchuān Fàndiàn	四川饭店	das „Sichuan Restaurant" (*ein bekanntes Restaurant in Peking an der Chang'an-Straße westlich des alten Kaiserpalastes*)
Xīdān Diànbào Dàlóu 西单电报大楼		das – ehemalige – Telegraphenamt im Pekinger Stadtteil Xidan (*westlich des alten Kaiserpalastes*)

---

1 Nicht d i e Deutsche Bank!

Anhang (Fùlù) zur Lektion 8
„Telefonat – Einladung zum Essen"

Übersetzungen

1. Shìfàn (Einführung)

1.1

Telefonzentrale:	Bai Deming:
Freundschaftshotel.	Hallo? Bitte verbinden Sie mich mit Zimmer (Nr.) 1135.
Gerne, bitte warten Sie einen Moment! Entschuldigen Sie, es geht niemand an den Apparat ...	Na, dann rufe ich gleich noch mal an.

1.2

Mutter:	Franz Schumann:
Hallo? Entschuldigen Sie bitte, sie ist nicht da. Wer sind Sie, bitte?	Guten Tag, ich suche Wang Xiujuan. Ich heiße Shu Faren (Franz Schumann); ich bin [ein] Repräsentant der Deutschen Bank.
Ach, Herr Shu (Schumann), guten Tag! Soll ich Xiujuan etwas ausrichten?	Wenn ich Sie bemühen dürfte ... bitte veranlassen Sie sie, mich mal [kurz] anzurufen.
Ja gut, wie lautet Ihre Telefonnummer? Gut, ich werde ihr Bescheid sagen.	Meine Telefonnummer ist 78392. Vielen Dank, auf Wiederhören (*wörtl.:* auf Wiedersehen)!

1.3

Mingsheng: Hallo?
Bai Deming: Hallo, bist du das, Mingsheng? Hier ist [*wörtlich:* Ich bin] Deming.
Mingsheng: Ach, Deming, guten Tag! Du willst bestimmt mit Yuelan sprechen? Ich geh' sie rufen ... Yuelan, ein Anruf für dich!
Li Yuelan: Wer ist es? (*Wörtlicher:* Ein Anruf von wem?)
Mingsheng: Es ist Deming.

Li Yuelan:	Hallo, Deming, wie geht's?
Bai Deming:	Ah, Yuelan, guten Tag! Gerade eben hat mich Wang De angerufen. Er möchte am Nachmittag in ein Imbißlokal gehen und eine Kleinigkeit essen. Wollen wir nicht zusammen gehen?
Li Yuelan:	Einverstanden; um wieviel Uhr (gehen wir)?
Bai Deming:	Um 17.00 Uhr. Ich warte am Eingang zum Freundschaftshotel [auf euch], einverstanden?
Li Yuelan:	Ja, gut! Na, dann also bis zum Nachmittag!

1.4

Bedienung:	Guten Tag! Sie sind zu dritt? Bitte nehmen Sie hier Platz!
Bai Deming:	Ja, gut. Danke.
Bedienung:	Was möchten Sie [denn] gerne essen? (*Wörtlicher:* Was möchten Sie drei gerne ein bißchen essen?)
Bai Deming:	Haben Sie eine Speisekarte?
Bedienung:	Entschuldigen Sie bitte, leider nein. Bitte sehen Sie auf auf das Schild dort (*wörtl.:* auf jenes Schild).
Bai Deming:	Wang De, die haben die Schriftzeichen [da] zu unleserlich geschrieben; sieh' du dir das doch bitte für mich an!
Wang De:	Yuelan, du bist [doch] eine alte Pekingerin ... Mach' du das doch und bestelle ein paar Gerichte [für uns]!
Li Yuelan:	Also dann guck' ich mal ... Deming, hast du schon mal *baozi* gegessen?
Bai Deming:	Nein, hab' ich noch nicht.
Li Yuelan:	Na, dann nehmen (*wörtl.:* wollen) wir erst mal sechs *baozi*. Die Frühlingsrollen hier (*wörtl.:* die hiesigen Frühlingsrollen) sind auch nicht schlecht, davon nehmen wir auch sechs.
Bai Deming:	In Shanghai habe ich schon mal scharfen stinkenden Soyabohnen- käse (*Doufu*) gegessen. Gibt's den hier [auch]?
Wang De:	Leider gibt's den hier nicht.
Bedienung:	Haben Sie sich für etwas entschieden? (*Wörtlicher:* Haben Sie sich die Zettel *od.* Schilder mit der Liste der Gerichte durchgelesen?)
Li Yuelan:	Ja, haben wir. Wir wollen als erstes sechs *baozi* und sechs Früh- lingsrollen. Und empfehlen Sie uns doch noch etwas anderes, ja?
Bedienung:	Alle Ausländer essen gerne Hühnerbeine; probieren Sie die doch auch mal!
Li Yuelan:	Gut, dann bringen Sie uns auch davon drei.

2. Jùxíng (Satzmuster)

2.1 Ist er ein Pekinger? (*wörtl.:* „Ist er ein alter Pekinger?")
Gibt es hier ein Telefon?
Kennt sie meine Adresse?
[Kennt sie meine Adresse?]
Ist das Essen im Restaurant Sichuan teuer?
Ist es einfach, Chinesisch zu lernen? (Ist Chinesisch leicht zu lernen?)
[Ist es einfach, Chinesisch zu lernen? (Ist Chinesisch leicht zu lernen?)]
Möchten (*od.:* Wollen) Sie Eßstäbchen benutzen?
Kommt er das Gepäck holen?
Gehst du zu ihr nach Hause (, um dich dort zu amüsieren *bzw.* zu einer Party)?
Fahren Sie mit dem Fahrstuhl hinauf?
Ist Xiujuan gekommen?
Haben sie geheiratet (*auch:* Sind sie verheiratet?)
Hast du Tee gemacht?
Haben Sie [es / mich / das] verstanden?

2.2 Sie sind hungrig, nicht wahr?
Sie sind doch hungrig!? (Du bist doch hungrig!?)
Sie sind doch hungrig!? (Du bist doch hungrig!?)
Sie sind doch hungrig!? (Du bist doch hungrig!?)

2.3 Sie schreiben sehr unleserlich.
Sie schreiben nicht unleserlich.
Sie schreiben chinesische Schriftzeichen sehr unleserlich.
Sie schreiben chinesische Schriftzeichen nicht unleserlich.
Chinesische Schriftzeichen schreiben sie sehr unleserlich.
Chinesische Schriftzeichen schreiben sie nicht unleserlich.

Er ißt sehr langsam.
Er ißt nicht langsam.
Er ißt sein Essen (*wörtl.:* den Reis) sehr langsam.
Er ißt sein Essen (*wörtl.:* den Reis) nicht langsam.
Den Reis ißt er sehr langsam.
Den Reis ißt er nicht langsam.

2.4   A a. Sind Sie schon mal in China gewesen (*wörtl.:* nach China gegangen / gefahren)?
      A b. Sind Sie schon mal in China gewesen (*wörtl.:* nach China gegangen / gefahren)?
      B   Ja (, ich bin schon mal dort gewesen).

      C a. War er schon mal verheiratet?
      C b. War er schon mal verheiratet?
      D   Ja (, er war schon mal verheiratet).

      E a. Hast du diesen Film schon mal gesehen?
      E b. Hast du diesen Film schon mal gesehen?
      F   Nein (, den hab' ich noch nicht gesehen).

2.5   Sie können Chinesisch.
      Sie können mit (Eß-)Stäbchen umgehen.
      Ich werde sicher kommen.
      Ich werde (es) ihr bestimmt ausrichten.
      Ich werde dir (*od.:* Ihnen) ganz bestimmt einen Brief schreiben.

3. Kèwén (Lektionstext)
4. Kèwén (Lektionstext)

Bai Deming hat heute Geburtstag. Er hat Li Yuelan mit ihrer Familie und Wang De ins Restaurant Sichuan zum Essen eingeladen. Vor zwei Tagen hat er dort angerufen und einen Tisch bestellt. Das Restaurant Sichuan liegt in der Nähe des Xidan-Telegraphenamtes und ist sehr berühmt. Sie kochen [dort] besonders gut.

Bedienung:	Guten Tag!
Bai Deming:	Guten Tag. Ich bin Bai Deming und habe hier einen Tisch bestellt, [und zwar für] acht Personen.
Bedienung:	Jawohl, bitte folgen Sie mir.

Bai Deming geht mit dem Ober in ein kleines Zimmer (Séparée). Darin steht ein großer runder Tisch. Auf dem Tisch finden sich [wörtl.: gibt es] Eßschälchen, Stäbchen und (Suppen-)Löffel, außerdem (gibt es) Gewürze: Zucker, Salz, Pfeffer, Soyasauce, Essig und Chili. Nach einer Viertelstunde sind alle Gäste, die Bai Deming eingeladen hat, eingetroffen.

Bai Deming:	Herzlich willkommen! Herzlich willkommen! Bitte setzen Sie sich, wohin Sie möchten! (⇨ *Es gibt keine feste Sitzordnung!*)
Li Yuelan:	Gut, gut, dann setzen wir uns auf irgendeinen Platz.
Bai Deming:	Ich habe bereits das Essen bestellt, dies ist unsere Speisekarte, schaut sie euch mal an.
Bedienung:	Was würden Sie denn gerne trinken? Wir haben Maotai-Schnaps und Bier, es gibt auch Orangensaft.
Oma:	Heute feiern wir einen Geburtstag, da müssen wir alle ein bißchen Maotai trinken. Xiaoyun darf aber nur Orangensaft trinken!
Wang De:	Heute ist das Essen [wörtl.: Das heutige Essen] wirklich sehr reichlich, und es sind alles berühmte Sichuan-Gerichte.
Mingsheng:	[Das Essen ist] wirklich sehr reichlich! Suppe, Huhn, Ente, Fisch, Schweinefleisch, Rindfleisch, es gibt [einfach] alles ...
Bedienung:	Herr Bai, möchten Sie mit Messer und Gabel essen?
Wang De:	Nicht nötig, nicht nötig, er kann Eßstäbchen benützen, er benützt sie sehr geschickt.
Mingsheng:	Stoßen wir auf dich an!
Bai Deming:	Zu viel der Ehre, zu viel der Ehre! Ich stoße auf euch an!
Oma:	[Dann] laßt uns doch alle einander zuprosten!
Xiaoyun:	Onkel Bai, ich wünsche dir alles Gute zum Geburtstag!

Bai Deming:	Danke schön! Möchtest du noch etwas anderes essen?
Xiaoyun:	Ich möchte nichts mehr, ich bin schon satt (*wörtl.:* ich habe mich schon satt gegessen).
Bai Deming:	Du bist jetzt schon satt? Iß doch noch etwas!
Li Yuelan:	Das Essen schmeckt wirklich gut!
Bai Deming:	Wirklich? Na, dann laßt es euch in aller Ruhe schmecken, und eßt noch ein bißchen (mehr)!

Übersetzung der Kurzgeschichte auf Seite 243

Der Hunger und fünf bāozi

Xiao Wang war hungrig. Als er am Straßenrand einen *Baozi*-Verkäufer erblickte, lief er sogleich hinüber und kaufte fünf *baozi*.

Xiao Wang setzte sich hin und begann, seine *baozi* zu essen: einen, zwei, drei, vier ...

Nachdem Xiao Wang vier *baozi* gegessen hatte, war er immer noch hungrig. Xiao Wang dachte bei sich: „Was soll ich nur tun? Es ist nur noch e i n *baozi* übrig ..." Erst nachdem Xiao Wang den letzten *baozi* gegessen hatte, war er [endlich] satt.

Xiao Wang überlegte: „Hach, ich bin ja wirklich dumm! Wenn ich schon vorher gewußt hätte, daß ich mich an dem fünften *baozi* satt essen kann, hätte ich gerade eben die ersten vier *baozi* ja gar nicht essen müssen?!"

Shēngcíbiǎo 生词表
Dé – Hàn 德 • 汉

Deutsch	Chinesisch (Pinyin)	Chinesisch (Zeichen)	Lektion
A			
abbiegen	guǎi	拐	5
Abend, abends	wǎnshang	晚上	2
– „Wir sehen uns am Abend (*bzw.* heute abend)!", „Bis zum Abend!", „Bis heute abend!"	„Wǎnshang jiàn!"	"晚上见！"	2
Abendessen	wǎnfàn	晚饭	2
„Aber nicht doch!", „I wo!" (*höflich-bescheidene Entgegnung auf ein Kompliment*)	„Nǎli, nǎli!"	"哪里，哪里！"	7
abfahren, losfahren; öffnen; einschalten	kāi	开	4, 5
Abgeordneter; Delegierter; Vertreter	dàibiǎo	代表	6
(Geld) abheben	qǔ (qián)	取 (钱)	4
(*jemanden*) abholen	jiē (+ *Person*)	接 (+ *Person*)	6
Abkommen; Vertrag	hétong	合同	6
abschicken, (aus)senden	fā	发	6
– einen Brief (ab)schicken	jì xìn	寄信	6
– ein Fax abschicken	fā chuánzhēn	发传真	6
abwickeln, erledigen (*Formalitäten, Aufgaben etc.*)	bàn, bànlǐ	办，办理	6
Ach! (*Interjektion*)	ā, à, a	啊	2
acht / 8	bā	八	1

achtzig / 80	bāshí	八十	1
Adresse	dìzhǐ	地址	6
Alkohol, alkoholisches Getränk, Schnaps, Spirituosen	jiǔ	酒	7
alle, alle Leute	dàjiā	大家	7
allerdings, jedoch, aber	búguò	不过	4
allerorten, überall (flächendeckend)	biàn dì	遍地	3
alles, alle (*Adverb*)	dōu	都	8
– alles ist … , alle sind …	dōu shi …	都是…	8
„Alles klar!", „O.K.!", „Einverstanden!"	„Hǎode!"	"好的！"	6
als, wenn, während (*Gleichzeitigkeit*)	… de shíhou	…的时候	5
alt; altehrwürdig	lǎo	老	1
Alter, Lebensalter	niánjì	年纪	1
älterer Bruder	gēge	哥哥	7
alter Freund, alter Bekannter	lǎo péngyou	老朋友	7
'alter Pekinger' (*seit langem in Peking ansässige Person*)	Lǎo Běijīng	老北京	8
am besten	zuì hǎo	最好	3
am liebsten mögen	zuì xǐhuan	最喜欢	7
Ampel, Verkehrsampel	hónglǜdēng	红绿灯	5
(sich) amüsieren, (sich) vergnügen, *wörtl.:* spielen	wán, wánr (*lies:* wár)	玩, 玩儿	5
andere, anderes	biéde	别的	8
anfangen, beginnen	kāishǐ	开始	2
Angelegenheit, Anliegen, Sache	shìqing	事情	3, 4
	shì	事	4, 5
	shìr	事儿	5, 8

angenehm kühl	liángkuài	凉快	7
Angestellter, Mitarbeiter	yíngyèyuán	营业员	4
	zhíyuán	职员	6
Anhang, Nachtrag	fùlù	附录	1
ankommen, eintreffen; bis	dào	到	3, 5
ankreuzen, markieren, abhaken	diǎn	点	8
Anliegen → Angelegenheit	shìqing, shì, shìr	事情，事，事儿	3, 4, 5
Anmerkung, Erläuterungen	zhùshì	注释	1
annehmen, entgegennehmen	shōu	收	4
anpflanzen, züchten	zāi	栽	3
anrufen, telefonieren;	dǎ diànhuà	打电话	6
– dort anrufen	dǎ diànhuà qù	打电话去	8
– hier anrufen	dǎ diànhuà lái	打电话来	8
– hier anrufen	lái diànhuà	来电话	8
anschauen, ansehen, sehen; lesen; besuchen	kàn	看	2
– sich einen Film ansehen	kàn diànyǐng	看电影	2
anstelle (von ... etw. tun), in Vertretung (für ... etw.) erledigen	tì	替	8
anstoßen (*auf jemanden*), (*jemandem*) zuprosten; *wörtl.:* (*jemanden*) ehren	jìng	敬	8
anwesend sein, da sein; sich aufhalten (in), sich (in ...) befinden; (*leitet statische Ortsangabe ein:*) in, an, bei *usw.*	zài	在	1, 2
April	sìyuè	四月	7
Arbeit; arbeiten	gōngzuò	工作	1
– am Computer arbeiten	dǎ diànnǎo	打电脑	6

– zur Arbeit gehen, die Arbeit aufnehmen	shàng / bān	上班	6
– die Arbeit beenden, Feierabend machen	xià bān	下班	6
Art, Sorte; *ein Zähleinheitswort (ZEW)*	zhǒng	种	4
Asche	huī	灰	Einführung Aussprache
Ast; Zweig	zhī	枝	3
auch	yě	也	2
auf; über	shàng, shang	上	8
(sich) aufhalten (in), sich (in ...) befinden; anwesend sein, da sein; (*leitet statische Ortsangabe ein:*) in, an, bei *usw.*	zài	在	1, 2
aufhängen → der Computer hat sich aufgehängt	(diànnǎo) sǐ jī le	(电脑)死机了	6
aufmachen, öffnen; einschalten	dǎkāi	打开	6
	kāi	开	4, 5
aufnehmen (*auf Tonband, Audiokassette usw.*), Tonaufnahmen machen	lù-yīn	录音	2
aufstehen (*aus dem Bett*)	qǐ-chuáng	起床	2
„Auf Wiedersehen!"	„Zàijiàn!"	"再见！"	5
Aufzug, Fahrstuhl	diàntī	电梯	3
August	bāyuè	八月	7
ausdrucken, drucken	dǎyìn	打印	6
ausfüllen (*Formular, Fragebogen, Tabelle u.ä.*)	tián	填	3
Auskunft(sschalter), Information(sstand)	wènxùnchù	问讯处	3
Ausland	wàiguó	外国	8

Ausländer	wàiguórén	外国人	8
(Slang-Ausdruck:)	lǎo-wài	老外	8
ausländisches Geld, ausländische Währung, Devisen	wàibì	外币	4
Auslandschinese, Überseechinese	Huáqiáo	华侨	1
(*etwas*) ausrichten, weitersagen, (*Information*) weitergeben	zhuǎn'gào	转告	8
(sich) ausruhen, eine Pause machen	xiūxi	休息	2, 4
ausschalten; schließen, zumachen	guān	关	4
außen, draußen; fremd	wài	外	4, 6
aussteigen (*aus einem Verkehrsmittel*)	xià + *Verkehrsmittel*	下 + *Verkehrsmittel*	3, 4
– aus einem Auto (Bus, Taxi, U-Bahn, Zug *etc.*) aussteigen	xià chē	下车	3, 4
– aus einem Flugzeug aussteigen	xià fēijī	下飞机	3
Auto	qìchē, chē	汽车，车	3
– Auto fahren (*selbst am Steuer sitzen*)	kāi chē	开车	8

B

Bad, Badezimmer	xǐzǎojiān, yùshì	洗澡间，浴室	3
baden, ein Bad nehmen	xǐ / zǎo	洗澡	5
Badezimmer, Bad	xǐzǎojiān, yùshì	洗澡间，浴室	3
Bahnhof	chēzhàn	车站	5
bald, in Bälde, in Kürze, demnächst	kuài ... le, kuài yào ... le	快 ...了, 快要 ... 了	7

Bank (*Geldinstitut*)	yínháng	银行	4
Bank of China	Zhōngguó Yínháng	中国银行	4
baozi (*eine Art gedämpftes rundes Brötchen mit Fleisch- oder vegetarischer Füllung*)	bāozi	包子	8
Becher; Glas; Tasse	bēi; bēizi	杯；杯子	1, 7
bedauerlicherweise, leider	kěxī	可惜	7
bedeutend, wichtig	zhòngyào	重要	6
Bedienung, Kellner; Personal	fúwùyuán	服务员	3
beenden, fertigstellen, fertig	wán	完	6, 7
– (den) Unterricht beenden	xià-kè	下课	2
(sich in ...) befinden; sich aufhalten (in); anwesend sein, da sein; (*leitet statische Ortsangabe ein:*) in, an, bei *usw.*	zài	在	1, 2
beginnen, anfangen	kāishǐ	开始	2
(*jemanden*) begleiten	péi	陪	3
behilflich sein, helfen	bāng	帮	6
Bei-Da (*siehe* Peking Universität)	Běi-Dà	北大	8
Beijing Hotel (Peking Hotel) (*ein Hotelname in Peking*)	Běijīng Fàndiàn	北京饭店	3
Beijing Universität (Peking Universität)	Běijīng Dàxué	北京大学	1
beinahe, fast	chà yìdiǎnr, chà diǎnr	差一点儿，差点儿	6
Bekannter; Freund	péngyou	朋友	3
Belieben			
– (ganz) nach Belieben, ungezwungen, ohne Förmlichkeiten, informell	suíbiàn	随便	8

bemühen			
– „Dürfte ich Sie bemühen ..."	„Láojià ..."	"劳驾 ... "	8
– „Dürfte ich Sie bemühen ..."	„Máfan nǐ ... "	"麻烦你 ... "	6
benötigen, brauchen	xūyào	需要	6
	yào	要	6
benützen, verwenden; mittels, mit	yòng	用	4
bereits, schon	yǐjīng ... le	已经 ... 了	5
(sich) beruhigen, beruhigt sein, sich keine Sorgen machen müssen	fàngxīn	放心	6
berühmt, bekannt	yǒumíng	有名	8
(sehr) beschäftigt sein, viel zu tun haben	máng	忙	6
Bescheid sagen, informieren	gàosu	告诉	5
Bescheid wissen, informiert sein	zhīdao	知道	4
beschimpfen, schimpfen	mà	骂	Einführung Aussprache
besichtigen	cānguān	参观	2
besonders; ungewöhnlich	tèbié	特别	8
besprechen, sprechen über	tán	谈	6
Besprechung; Gespräch	huìtán	会谈	6
best- (bester, am besten, bestens)	zuì hǎo	最好	3
bestellen, buchen	dìng	订	3
(Essen) bestellen	diǎn (cài)	点（菜）	8
(schriftl.) Bestellung, Bestellzettel	dìngdān	订单，定单	6
bestimmt, gewiß, sicher (*bekräftigend*)	huì ... de	会 ... 的	8
(ganz) bestimmt, garantiert	yídìng	一定	7

Vokabelindex Deutsch – Chinesisch

besuchen	kàn (+ Person)	看 (+ Person)	2
– einen Freund besuchen	(qù) kàn péngyou	(去)看朋友	2
– einen Freund besuchen gehen	qù kàn péngyou	去看朋友	2
Bett	chuáng	床	2
bevor ... , vor ... , ehe ... ; vorher, früher	... yǐqián	... 以前	5
Bier	píjiǔ	啤酒	8
Bildschirm	píngmù	屏幕	6
billig	piányi	便宜	4
bis; ankommen, eintreffen	dào	到	3, 5
(ein) bißchen	yìdiǎnr; diǎnr; yìdiǎndiǎn	一点儿；点儿； 一点点	6, 7 6, 7
bitte; bitten; einladen	qǐng	请	3, 6
– „Bitte ein(zu)treten!"	„Qǐng jìn!"	"请进！"	3
– „Dürfte ich Sie bemühen ..."	„Láojià ..."	"劳驾 ..."	8
– „Dürfte ich Sie bemühen ... ", „Könnten Sie bitte mal ... "	„Máfan nǐ ... "	"麻烦你 ..."	6
– „Dürfte ich bitte mal fragen ... " , „Gestatten Sie die Frage ... "	„Qǐng wèn ... "	"请问 ..."	3
Blatt (an Pflanze, Baum)	yè	叶	3
blau	lán	蓝	4
blaue Farbe, blau	lánsè	蓝色	5
Blume	huā	花	4
Blumengeschäft, Blumenladen	huādiàn	花店	4
Blumenvase, Vase	huāpíng	花瓶	4
Bluse; Hemd	chènshān	衬衫	1
Boot; Schiff	chuán	船	3
Boss, Chef	lǎobǎn	老板	1

Bratensaft, Fleischsaft	ròuzhī	肉汁	8
brauchen, benötigen	xūyào	需要	6
	yào	要	6
Brett, Schild; *gelegentlich auch:* Zettel, Papierstreifen	páizi	牌子	8
Brief	xìn	信	2, 6
Briefmarke	yóupiào	邮票	6
bringen; holen	ná	拿	3
Britisches Pfund £ (*Währung*)	Yīngbàng	英镑	4
Brücke	qiáo	桥	5
– große Brücke	dàqiáo	大桥	5
– die Große(n) Brücke(n) über den Yangzi-Fluß	Chángjiāng Dàqiáo	长江大桥	5
– die Große(n) Brücke(n) über den Yangzi bei Nanking	Nánjīng Chángjiāng Dàqiáo	南京长江大桥	5
Bruder			
– älterer Bruder	gēge	哥哥	7
– jüngerer Bruder	dìdi	弟弟	7
Buch	shū	书	1, 3
buchen, reservieren	dìng	订	3
Buchhandlung, Buchladen	shūdiàn	书店	4
Büro	bàngōngshì	办公室	6
Bus, Omnibus	gōnggòng-qìchē	公共汽车	3, 4
	gōngjiāochē	公交车	4
(klimatisierter) Bus	kōngtiáochē	空调车	4

C

Café, Cafeteria, Coffeeshop	kāfēiwū	咖啡屋	3
	kāfēijiān	咖啡间	3

	kāfēitīng	咖啡厅	3
CD (Chin. wörtl.: „Laser-Schallplatte")	CD (lies: xi di); auch: jīguāng-chàngpiàn	CD ; auch: 激光唱片	7
Chang'an-Straße	Cháng'ān Jiē	长安街	3
Changjiang, Chang Jiang (der Yangzi-Fluß)	Chángjiāng (Cháng Jiāng)	长江	5
Chef, Boss	lǎobǎn	老板	1
Chili (scharfe) Paprika	làjiāo	辣椒	8
China	Zhōngguó	中国	1
China (alter poetischer Name)	Zhōnghuá	中华	4
– Bank of China (wörtlich: „Bank des chinesischen Volkes")	Zhōngguó Rénmín Yínháng	中国人民银行	4
– 'China' (eine Zigarettenmarke)	'Zhōnghuá' xiāngyān	'中华'香烟	4
Chinese	Zhōngguórén	中国人	1
Chinesisch, chinesische Sprache; Text in chinesischer Sprache (→ Zhōngwén)	Zhōngwén, Hànyǔ	中文，汉语	1 3, 4
chinesisches Essen, chinesische Küche	Zhōngcān	中餐	3
chinesisches Schriftzeichen	Hànzì	汉字	2
Code; Paßwort	mìmǎ	密码	6
Computer	diànnǎo	电脑	6
– am Computer arbeiten	dǎ diànnǎo	打电脑	6

D

damals, zu jener Zeit, jene Zeit	nà shíhou	那时候	7
Dame, Frau	nǚshì	女士	1
danach, nach, nachdem	... yǐhòu	... 以后	4

„Danke!"	„Xièxie!"	"谢谢！"	3
„Das geht nicht!"	„Bù xíng!"	"不行！"	4
„Das ist nicht nötig!"	„Bú yòng!"	"不用！"	5
dein (*Possessiv von* du); Ihr	nǐ de	你的	3
Delegation	dàibiǎotuán	代表团	6
Delegierter, Vertreter, Abgeordneter	dàibiǎo	代表	6
denken, nachdenken, überlegen; vermuten	xiǎng	想	3, 6, 7
denn (*als Füllwort*)	... ne	... 呢	4
deshalb	suǒyǐ	所以	7
Deutsch, deutsche Sprache, Text in deutscher Sprache	Déwén	德文	1, 2
[eine] 'Deutsche Bank'	Déguó Yínháng	德国银行	8
Deutsche Mark, DM	Déguó Mǎkè	德国马克	4
Deutscher	Déguórén	德国人	1
Deutschland	Déguó	德国	1
Devisen, ausländisches Geld, ausländische Währungen	wàibì	外币	4
Dezember	shí'èryuè	十二月	7
Dienstag	lǐbài'èr	礼拜二	2
	xīngqī'èr	星期二	2
	zhōu'èr	周二	2
dies	zhè	这	2
diese (*Plural*)	zhèxiē (*auch:* zhèxie)	这些	4
dieser Mittwoch, diesen Mittwoch	zhè ge xīngqīsān zhè xīngqīsān	这个星期三 这星期三	7
dieser Monat, in diesem Monat	zhè ge yuè	这个月	7
dieses Jahr, in diesem Jahr, heuer	jīnnián	今年	7

dieses Mal, diesmal	zhè cì	这次	6
diese Woche, in dieser Woche	zhè ge xīngqī	这个星期	7
	zhè xīngqī	这星期	7
Dimsun, Imbiß, Snack, kleiner Leckerbissen	diǎnxin	点心	8
Ding, Sache, Gegenstand	dōngxi	东西	4
Direktor (*Firma*); Manager	jīnglǐ	经理	1, 6
doch lieber, lieber	háishi	还是	5
	háishi ... ba!	还是…吧！	5
Doktor (Dr., *akad. Titel*)	bóshì	博士	1
Donnerstag	lǐbàisì	礼拜四	2
	xīngqīsì	星期四	2
	zhōusì	周四	2
Doppelzimmer (*im Hotel*)	shuāngrénjiān	双人间	3
dort	nàr	那儿	3
	nàli	那里	3
Doufu, 'Tofu', Soyabohnenkäse	dòufu	豆腐	8
drei / 3	sān	三	1
dreißig / 30	sānshí	三十	1
drei Viertelstunden, Dreiviertelstunde	sānkè	三刻	2
dritt(e/r)	dì sān	第三	2
drucken, ausdrucken	dǎyìn	打印	6
Drucker (*z. B. Computer*)	dǎyìnjī	打印机	6
du; Sie	nǐ	你	1
durchqueren; passieren; *auch:* an ... vorbeigehen, an ... entlanggehen	jīngguò	经过	5
dürfen; können	kěyǐ (kéyi)	可以	3

„Dürfte ich bitte mal fragen ..."	„Qǐng wèn, ..."	"请问，..."	3
„Dürfte ich Sie bemühen ..."	„Láojià ..."	"劳驾 ..."	8
DVD	dī wēi dī	DVD	6

E

eben, gerade eben (*Zeitadverb*)	gāngcái	刚才	8
eben dieser, just; gleich	jiù	就	3, 5
echt, wirklich, tatsächlich	zhēn	真	4
„Echt?", „Wirklich?", „Ehrlich?"	„Zhēnde?"	"真的？"	5
„Echt?", „Wirklich?", „Ehrlich?"	„Zhēnde ma?"	"真的吗？"	5
„Echt!", „Wirklich!", „Ehrlich!"	„Zhēnde!"	"真的！"	5
ehe, bevor, vor; vorher, früher	(...) yǐqián	(...) 以前	5
Ehefrau, Frau (*alltagssprachlich*); Gattin (*gehoben*)	tàitai fūren	太太 夫人	1 1
Ehemann, Ehefrau, Ehepartner	àiren	爱人	7
Ehemann	zhàngfu	丈夫	1
Ehemann; Herr; Mann	xiānshēng, xiānsheng	先生	1, 7
Ehepartner	àiren	爱人	7
(*jemanden*) ehren; *hier:* (*jmdm.*) zuprosten, auf (*jmdn.*) anstoßen	jìng	敬	8
Ei	dàn	蛋	7
eifersüchtig (sein) (*Slang*), wörtl.: „Essig essen"	chī cù	吃醋	8
ein bißchen	yìdiǎnr; diǎnr	一点儿；点儿	7
einfach, leicht	róngyì, róngyi	容易	5

Einfall, Idee, Rat(schlag)	zhǔyi (*auch:* zhúyi)	主意	7
„Einführung" (*ein Lektionsteil, wörtl.:* „das Aufzeigen von Mustern od. Strukturen")	shìfàn	示范	1
Eingang, Eingangsbereich, am Eingang, Tür, an der Tür; Tor, am Tor	ménkǒu; mén	门口；门	4
einhundert / 100	yìbǎi	一百	1
einige (*unbestimmte kleinere Stückzahl*)	jǐ	几	8
einige, ein paar, etwas	yìxiē	一些	1
einige (Leute), manche (Leute)	yǒude (rén)	有的（人）	7
Einkaufszentrum, Supermarkt, Kaufhaus	shāngchǎng	商场	4
einladen (in ... , nach ...)	qǐng ... (dào ... / qù ...)	请 ...（到 ... / 去 ...）	3,6
einladen, (sich) Gäste einladen	qǐng kè	请客	3, 7
einlegen; einweichen; marinieren	pào	泡	3
einmal (*einmal, zweimal ...*)	yícì	一次	5
einmal (*einmal vollständig*)	yíbiàn	一遍	5
einige (*unbestimmte, kleinere Menge*)	jǐ	几	8
einige (Leute), manche	yǒude (rén)	有的（人）	7
einmal (*einmal, zweimal ...*)	yíbiàn	一遍	5
	yícì	一次	5
eins / 1	yī (yí, yì)	一	1, 4
(*auch:*)	yāo	幺	1, 4, 8ss
einschalten; öffnen, aufmachen	dǎkāi	打开	6
einsteigen (+ *Verkehrsmittel*)	shàng + *Verkehrsmittel*	上 + *Verkehrsmittel*	3, 4

– in ein Flugzeug einsteigen	shàng fēijī	上飞机	
eintausend / 1000	yìqiān	一千	1, 4
eintreffen, ankommen; bis	dào	到	3, 5
Eintrittskarte; *auch:* Fahrkarte, Bon; Zettel *etc.*	piào	票	5
„Einverstanden?", „Gut?", „O. K.?"	„Hǎo ma?"	"好吗？"	2
„Einverstanden!", „Alles klar!", „O. K.!"	„Hǎode!"	"好的！"	6
Einzelzimmer (*im Hotel*)	dānrénjiān	单人间	3
Eisenbahn, Zug	huǒchē	火车	7
elektrische Lampe	diàndēng	电灯	5
elektronische Post, E-Mail	diànzǐ-yóujiàn	电子邮件	6
E-Mail, elektronische Post	diànzǐ-yóujiàn, yīmèir	电子邮件，伊妹儿	6
– ein E-Mail schreiben	xiě yīmèir	写伊妹儿	6
– ein E-Mail verschicken	fā yīmèir	发伊妹儿	6
Empfang, empfangen			
– (jemanden) in Empfang nehmen, (jmdn) abholen	jiē (+ *Person*)	接 (+ *Person*)	6, 8
empfehlen; (sich / jemanden) vorstellen, bekanntmachen	jièshào	介绍	8, 7
Endstation	zhōngdiǎnzhàn	终点站	5
England, Großbritannien	Yīngguó	英国	1
Engländer, Brite	Yīngguórén	英国人	1
Englisch, englische Sprache, Text in englischer Sprache	Yīngwén	英文	1
Ente	yā, yāzi	鸭，鸭子	8
entgegennehmen, erhalten, annehmen	shōu shōudào	收 收到	4 6
	jiē	接	8, 6

– Geld entgegennehmen, kassieren	shōu qián	收钱	4
– einen Anruf entgegennehmen, ans Telefon gehen	jiē diànhuà	接电话	8
entlanggehen, passieren; *auch:* durchqueren	jīngguò	经过	5
„Entschuldigen Sie die Frage ..."	„Qǐng wèn, ..."	"请问，..."	3
„Entschuldigung!"	„Duìbuqǐ!"	"对不起！"	2
Entwurf	cǎo'àn	草案	6
er (3. *Pers. Sing., m.*)	tā	他	1
erblicken, sehen	kànjiàn	看见	6
	jiàn	见	2
(unbedingt) erforderlich, sollen, müssen	yīnggāi	应该	5
erhalten, entgegennehmen, in Empfang nehmen	shōudào	收到	6
Erläuterungen, Anmerkungen	zhùshì	注释	1
erledigen, abwickeln (*Formalitäten, Aufgaben etc.*)	bàn, bànlǐ	办，办理	6
erst (*einschränkend*)	cái	才	5
erst(e/r) (*zweiter, dritter ...*)	dì yī	第一	2
erstes Mal, erstmals, zum ersten Mal	dì yī cì	第一次	5
essen	chī	吃	2
	chī / fàn	吃饭	2
– (das) Essen beenden, mit dem Essen fertig sein	chīwán fàn	吃完饭	6, 7
– Essen bestellen	diǎn / cài	点菜	8
– frühstücken	chī zǎofàn	吃早饭	2
– eine Kleinigkeit essen	chī diǎnr dōngxi	吃点儿东西	7
– zu Mittag essen	chī wǔfàn	吃午饭	2

– Reis essen, essen	chī / fàn	吃饭	2
– (*etw.* schon einmal) gegessen haben	chīguo	吃过	8
– essen gehen	qù chīfàn	去吃饭	2
– sich satt essen, sich satt gegessen haben	chībǎo	吃饱	8
Essen machen, Essen kochen, Gerichte zubereiten	zuò cài	做菜, *auch:* 作菜	8
Essen machen, Essen zubereiten	zuò fàn	做饭, *auch:* 作饭	7
Essig	cù	醋	8
– „Essig essen" → eifersüchtig sein (*Slang*)	chī cù	吃醋	8
(*chin.*) Eßstäbchen	kuàizi	筷子	4, 8
Etage, Stockwerk	lóu	楼	3
– untere Etage, unteres Stockwerk	lóuxià	楼下	3
euer (*Possessiv von* ihr)	nǐmen de	你们的	3
Euro, €	Ōuyuán	欧元	4
Europäer	Ōuzhōurén	欧洲人	4

F

Fabrik	gōngchǎng	工厂	6
fahren			
– als Fahrgast mitfahren, mit + *Verkehrsmittel* fahren	zuò + *Verkehrsmittel*	坐 + *Verkehrsmittel*	3
– Auto fahren, (Auto) selbst steuern	kāi (+ chē)	开 (+ 车)	8
– Fahrrad fahren	qí (zìxíngchē),	骑 (自行车)	3
– Fahrrad (od.: Motorrad) fahren	qí chē	骑车	3

Fahrkarte (*Bus, U-Bahn, Zug*)	chēpiào	车票	5
Fahrrad	zìxíngchē	自行车	3
– mit dem Fahrrad fahren	qí zìxíngchē,	骑自行车	3
– mit dem Fahrrad (oder: Motorrad) fahren	qí chē	骑车	3
Fahrstuhl, Aufzug	diàntī	电梯	3
Fahrzeug → Wagen			
falsch, irrig	cuò	错	6
– auf dem falschen Platz sitzen, sich auf den falschen Platz setzen, im falschen Bus etc. sitzen	zuòcuò	坐错	5
– sich verlaufen	zǒucuò	走错	3
– sich verschreiben	xiěcuò	写错	6
Familie, Heim, Zuhause	jiā	家	4, 6
	jiātíng	家庭	6
– die ganze Familie	yìjiā	一家	8
Familienname	xìng	姓	1
– mit Familiennamen heißen	xìng	姓	1
– „Wie lautet Ihr werter Familienname?"	„Nín guì xìng?"	"您贵姓？"	1
Farbe	yánsè	颜色	4
fast, beinahe	chà yìdiǎnr, chà diǎnr	差一点儿，差点儿	6
Fax	chuánzhēn	传真	6
– ein Fax schicken	fā chuánzhēn	发传真	6
Fax-Gerät, Fax-Maschine	chuánzhēnjī	传真机	6, 7
Februar	èryuè	二月	7
fehlen, (er)mangeln; *bei der Uhrzeitangabe:* vor	chà	差	2
Feierabend haben *od.* machen	xià / bān	下班	6

feiern, einen Festtag begehen	guò	过	7
– feiern, einen Festtag feierlich begehen	qìngzhù	庆祝	7
– Geburtstag feiern	guò shēngri	过生日	7
Fen (*kleinste chinesische Münzeinheit, wie Pfennig, Cent etc.*)	Fēn	分	4
Fenster	chuānghu	窗户	8
Fernsehapparat, TV-Gerät	diànshìjī	电视机	3
fertig, fertigstellen, beenden	wán	完	6, 7
Feuerzeug	dǎhuǒjī	打火机	4
Filet (*leicht gebraten, vom Rind, Schaf oder Schwein*)	ruǎnzhá lǐji ròu	软炸里脊肉	8
Film (*im Fernsehen, im Kino etc.*)	diànyǐng	电影	2
– sich einen Film ansehen	kàn diànyǐng	看电影	2
– sich einen Film ansehen gehen, ins Kino gehen	qù kàn diànyǐng	去看电影	2
(*suchen und*) finden	zhǎodào	找到	6
Firma	gōngsī	公司	6
Firmenkunde, Kunde	kèhù	客户	6
	kèshāng	客商	6
	gùkè	顾客	4
Fisch	yú	鱼	8
Fisch süß-sauer	tángcù yú	糖醋鱼	8
Flasche	píng(zi)	瓶(子)	3, 4, 7, 8
Fleisch	ròu	肉	2, 8
Fleischsaft, Bratensaft	ròuzhī	肉汁	8
Flughafen; Flugplatz	fēijīchǎng, *kurz:* jīchǎng	飞机场, 机场	6
Flugschein, Flugticket	fēijīpiào	飞机票	5

Vokabelindex Deutsch – Chinesisch

Flugzeug	fēijī	飞机	3
Formular; Tabelle	biǎo, biǎogé	表，表格	3
– ein Formular ausfüllen	tián biǎo	填表	3
Foto	zhàopiàn	照片	7
⇨ Personenfoto, Porträtfoto	xiàngpiàn	相片	7
Frage; Problem	wèntí	问题	6
– eine Frage stellen, fragen	wèn wèntí	问问题	6
– „Gestatten Sie die Frage ... ", „Dürfte ich bitte mal fragen ... "	„Qǐng wèn ... "	"请问 ..."	3
fragen	wèn (wèntí)	问（问题）	5
Franzose	Fǎguórén	法国人	1
Französisch, französische Sprache, Text in französischer Sprache	Fǎwén	法文	1
Franz Schumann (*ein Name*)	Shū Fǎrén	舒法仁	8
Frau, Dame	nǚshì	女士	1
Frau > Ehefrau (*alltagssprachlich*)	tàitai	太太	1
Fräulein, Frl.; *auch:* Frau	xiǎojie	小姐	1
frei; Freiheit	zìyóu	自由	7
freie Zeit, Muße	kòng	空	2
– (freie) Zeit haben	yǒu kòng	有空	2
Freitag	lǐbàiwǔ	礼拜五	2
	xīngqīwǔ	星期五	2
	zhōuwǔ	周五	2
Freude, Vergnügen; vergnügt, fröhlich	kuàilè	快乐	7
Freund; *auch:* Bekannter	péngyou	朋友	3
– einen Freund besuchen	(qù) kàn péngyou	(去)看朋友	2
Freundschaft	yǒuyì	友谊	4

– „Freundschaftshotel" (*Hotelname in China*)	Yǒuyì Bīnguǎn	友谊宾馆	8
– „Freundschaftsladen" (*Name chinesischer Kaufhäuser*)	Yǒuyì Shāngdiàn	友谊商店	4
früh, frühzeitig	zǎo	早	2
früher, vorher; vor, bevor, ehe	(...) yǐqián	(...) 以前	5
früher Morgen, morgens	zǎoshang	早上	2
Frühlingsrolle	chūnjuǎn,	春卷,	8
	chūnjuǎnr	春卷儿	8
Frühstück	zǎofàn	早饭	2
frühstücken	chī zǎofàn	吃早饭	2
fünf / 5	wǔ	五	1
fünfzig / 50	wǔshí	五十	1
Fuß			
↳ zu Fuß gehen	zǒulù	走路	5
Fußgänger, Passant	xíngrén	行人	5

G

Gabel	chā	叉	8
	chāzi	叉子	8
(die) ganze Familie	yìjiā	一家	8
(die) ganze Nacht (hindurch), eine ganze Nacht (lang)	yíyè	一夜	3
garantiert, (ganz) bestimmt	yídìng	一定	7
Gast	kèren	客人	7
– (sich) Gäste einladen	qǐng kè	请客	7
Gattin, Ehefrau (*gehoben*)	fūren	夫人	1
gebären; geboren (werden)	shēng	生	7

(großes, hohes) Gebäude	dàlóu	大楼	8
geben	gěi	给	7
geboren (werden, sein)	chūshēng	出生	7
Geburtstag	shēngri	生日	7
– Geburtstag haben od. feiern	guò shēngri	过生日	7
– „(Ich) wünsche dir (od.: Ihnen) alles Gute zum Geburtstag!"	„Zhù nǐ shēngri kuàilè!"	"祝你生日快乐！"	7
Geburtstagstorte	shēngri dàn'gāo	生日蛋糕	7
Gegenstand, Ding, Sache	dōngxi	东西	4
gegenüber, gegenüberliegend, zugewandt, zu	duìmiàn	对面	4, 7
gehen	qù; xíng; zǒu	去；行；走	2, 3, 4, 5
– hineingehen, hereinkommen	zǒujìn	走进	8
– hingehen	qù	去	2
– essen gehen	qù chīfàn	去吃饭	2
– ins Kino gehen	qù kàn diànyǐng	去看电影	2
– nach Hause gehen	huí jiā	回家	6
– losgehen, weggehen, verlassen	zǒu	走	5
– zu Fuß gehen	zǒu, zǒulù	走，走路	5
– zu Fuß hingehen	zǒulù qù	走路去	5
– es geht, es ist möglich, das ist machbar	xíng	行	4
gelb	huáng	黄	4
Geld	qián	钱	3
Geld abheben (*von der Bank*)	qǔ qián	取钱	4
Geld entgegennehmen, kassieren	shōu qián	收钱	4
Geld umtauschen	huàn qián	换钱	4
gemeinsam, zusammen, mit	tóng	同	7

	yìqǐ	一起	5
Gemüse; Speisen; Lebensmittel (*allgemein, jedoch nicht Reis*)	cài	菜	7, 8
Generaldirektor	zǒngjīnglǐ	总经理	6
General Manager, GM	zǒngjīnglǐ	总经理	6
Genosse	tóngzhì	同志	1
Gepäck	xíngli	行李	3
(*hier:*) geradeaus; (*Grundbedeutung:*) vorn, vorne	qián	前	5
gerade eben, eben (*Zeitadverb*)	gāngcái	刚才	8
(*etwas od. jemanden*) gerne haben, gerne tun, mögen	xǐhuan	喜欢	3
Geschäft, Laden	shāngdiàn	商店	4
Geschäftsreisender; *auch:* ausländischer Geschäftsmann; Firmenkunde	kèshāng	客商	6
Geschenk	lǐwù	礼物	7
Gespräch, Besprechung	huìtán	会谈	6
gestern	zuótiān	昨天	3
gewiß, bestimmt, sicher (*bekräftigend*)	huì ... de	会 ... 的	8
Gewürze; Zutaten	tiáoliào	调料	8
Glas; Becher; Tasse	bēi; bēizi	杯；杯子	1, 7
gleich; just, eben dies(er)	jiù	就	3, 5
(im) gleichen Monat, (im) selben Monat	tóng yí yuè	同一月	7
(am) gleichen Tag, am selben Tag	tóng yì tiān	同一天	7
Glocke; Uhr	zhōng	钟	2
glücklicherweise, zum Glück, Gott sei Dank	hái hǎo	还好	6

die „Große Mauer" (wörtl.: die „Lange Mauer")	Chángchéng	长城	6
groß	dà	大	1
große Brücke	dàqiáo	大桥	5
großes Gebäude, Hochhaus	dàlóu	大楼	8
„Großschreibung" (bestimmte Form der chin. Zahlenzeichen)	dàxiě	大写	4
grün	lǜ	绿	4
Guangzhou Lu (ein Straßenname)	Guǎngzhōu Lù	广州路	5
Guiyou > „Wertvoller Freund" (hier der Name eines Kaufhauses)	Guìyǒu	贵友	4, 5
gut; O.K.	hǎo	好	1, 2
gut aussehen, hübsch, schön	hǎokàn	好看	7
gut schmecken, wohlschmeckend, lecker	hǎochī	好吃	8
„Guten Appetit!", „Lassen Sie es sich in aller Ruhe schmecken!"	„Mànmàn chī!"	"慢慢吃！"	8
„Guten Tag!" (wörtl.: „Es möge Ihnen gut gehen!" – tageszeitunabhängig!)	„Nǐ hǎo!"	"你好！"	1

H

haben; vorhanden sein, es gibt ...	yǒu	有	1, 3
halb, Häfte; bei Uhrzeitangabe: halbe Stunde	bàn	半	2
hallo (am Telefon etc.)	wéi, wèi	喂	8
Haltestelle (Bus, U-Bahn usw.)	chēzhàn	车站	5
Haltestelle, Station	zhàn	站	5

Handelsreisender, Geschäftsreisender; Firmenkunde	kèshāng	客商	6
Handtasche aus Leder	píbāo	皮包	7
Handwerksmeister, Meister	shīfu	师傅	1
Handy, Mobiltelefon	shǒujī	手机	8
Hanf	má	麻	Einführung Aussprache
Hardware (*Computer*)	yìngjiàn	硬件	6
häufig, oft, sehr oft	cháng	常	4
	chángcháng	常常	4
Hauptbahnhof Peking	Běijīng Zhàn	北京站	5
Hauptrezeption (*im Hotel*)	zǒngfúwùtái	总服务台	3
	kurz: zǒngtái	总台	3
Haus			
– nach Hause gehen; nach Hause kommen	huí jiā	回家	6
Heim, Zuhause, Familie	jiā	家	4, 6
	jiātíng	家庭	6
heiraten	jié / hūn	结婚	2
heiß	rè	热	7
(mit Familiennamen) heißen	xìng	姓	1
heißen; rufen	jiào	叫	1, 3
– „Wie heißen Sie?"	„Nǐ jiào shénme míngzi?"	"你叫什么名字？"	1
helfen, behilflich sein	bāng	帮	6
Hemd; Bluse	chènshān	衬衫	1
herbeibringen, herholen	nálai	拿来	6
„Herein, bitte!"	„Qǐng jìn!"	"请进！"	3
hereinkommen, hineingehen	zǒujìn	走进	8
Herr; (Ehe-)Mann	xiānsheng	先生	1, 7

„Herzlich willkommen!"	„Huānyíng, huānyíng!"	"欢迎，欢迎！"	7
heute	jīntiān	今天	2
hier	zhèr	这儿	3
	zhèli	这里	3
Himmel; Tag	tiān	天	1, 2, 3
hinaufgehen; *auch:* hinauffahren	shàngqu	上去	3
hineingehen, hereinkommen	zǒujìn	走进	8
hingehen, gehen (*mit Ziel*)	qù	去	2
hinten, hinter	hòumiàn	后面	6
hinuntergehen; *auch:* hinunterfahren	xiàqu	下去	3
Hochhaus, großes Gebäude	dàlóu	大楼	8
hoffen, erhoffen	xīwàng	希望	6
höflich	kèqi	客气	3, 7
– viel zu höflich, viel zu formell (→ „Das wäre doch nicht nötig gewesen!", „Das ist doch nicht nötig!")	tài kèqi (le)	太客气（了）	7
holen; bringen	ná	拿	3
Hongkong Dollar, HK $	Gǎngbì	港币	4
hören, zuhören, hinhören	tīng	听	2
Hotel	bīnguǎn, lǚguǎn, jiǔdiàn	宾馆，旅馆，酒店	6, 3, 3
hübsch, schön	piàoliang	漂亮	3
Huhn	jī	鸡	8
Hühnerbein	jītuǐ	鸡腿	8
Hühnerei	jīdàn	鸡蛋	7
Hühnerfleisch	jīròu	鸡肉	8
Hühnerfleisch mit Eierstich	fúróng jīpiàn	芙蓉鸡片	8

Hühnerfleischwürfel mit Chili und Cashew-Nüssen	gōngbǎo jīdīng	宫保鸡丁	8
hundert / 100	bǎi	百	1
– einhundert / 100	yìbǎi	一百	1
Hunger, hungrig sein	è	饿	7

I

ich	wǒ	我	1
Idee, Einfall, Rat(schlag)	zhǔyi (*auch:* zhúyi)	主意	7
ihr; Sie (*Anrede, 2. Pers. Plural*)	nǐmen	你们	1
ihr (*Possessiv von* sie, *f.*)	tā de	她的	3
ihr (*Possessiv von* sie, 3. Person Plural)	tāmen de	他们的 她们的	3 3
Ihr (*Possessiv von* Sie); dein	nǐ de	你的	3
Imbiß, Snack, kleiner Leckerbissen, *Dimsun*	diǎnxin	点心	8
Imbißlokal	xiǎochīdiàn	小吃店	8
immer, immer geradeaus, ununterbrochen	yìzhí	一直	5
in, innen	lǐ	里	6
	lǐmiàn	里面	6
Information(sstand), Auskunft(sschalter)	wènxùnchù	问讯处	3
informell, ungezwungen, leger, ohne Förmlichkeiten, (ganz) nach Belieben	suíbiàn	随便	8
(jemanden) informieren, (jemandem) Bescheid sagen	gàosu	告诉	5
informiert sein, Bescheid wissen	zhīdao	知道	4

Ingenieur	gōngchéngshī	工程师	1
innen, in	lǐ	里	6
	lǐmiàn	里面	6
insgesamt (*Summe*)	yígòng	一共	4
Internet	hùliánwǎng	互联网	6
	yīngtèwǎng	英特网	6
	yīntèwǎng	因特网	6
oft kurz „Netz":	wǎng	网	
– nicht ins Internet kommen	shàngbuliǎo wǎng	上不了网	6
	shàngbuqù wǎng	上不去网	6
– ins Internet gehen, „surfen"	shàng wǎng	上网	6
Italien	Yìdàlì	意大利	6
„I wo!", „Aber nicht doch!" (*höflich-bescheidene Entgegnung auf ein Kompliment*)	„Nǎli, nǎli!"	"哪里,哪里!"	7

J

ja, jawohl	shìde	是的	4
Jahr	nián	年	7
Jahr, Lebensjahr (*nur bei der Altersangabe verwendet*)	suì	岁	1
Januar	yīyuè	一月	7
Japaner	Rìběnrén	日本人	1, 5
Japanisch, japanische Sprache, Text in japanischer Sprache	Rìwén	日文	2
Japanischer Yen (En 円)	Rìyuán	日元	4
jeder, jed-	měi	每	4
– jeden Tag, täglich	měitiān	每天	4
jene (*Plural*)	nàxiē	那些	4

jener, jene(-)	nà	那	3, 4
– jener Tag, an jenem Tag	nà tiān	那天	7
– jene Zeit, zu jener Zeit, damals	nà shíhou	那时候	7
jetzt	xiànzài	现在	2
Jiangsu Lu (*ein Straßenname*)	Jiāngsū Lù	江苏路	5
Jiankang Lu (*ein Straßenname*)	Jiànkāng Lù	建康路	5
Jiao (*formeller Ausdruck für die alltagssprachlich* Máo 毛 *genannte Währungseinheit*)	Jiǎo	角	4
das „Jinling Hotel" (*ein Hotelname*)	Jīnlíng Fàndiàn	金陵饭店	3
Journalist, Reporter	jìzhě	记者	1
Juli	qīyuè	七月	7
jüngerer Bruder	dìdi	弟弟	7
jüngere Schwester	mèimei	妹妹	7
Juni	liùyuè	六月	7
just, gleich, eben dies(er)	jiù	就	3, 5

K

Kaffee	kāfēi	咖啡	3, 5
kalt	lěng	冷	7
Kantine; Mensa; Speisesaal	shítáng	食堂	2
	cāntīng	餐厅	2
Karte			
– Eintrittskarte, Fahrkarte *u. ä.*	piào	票	5
– Landkarte, Stadtplan	dìtú	地图	5
Kartenverkäufer (*Fahrkarten, Eintrittskarten u. ä.*)	shòupiàoyuán	售票员	5

kassieren, Geld entgegen-nehmen	shōu qián	收钱	4
kaufen	mǎi	买	3, 4
Kaufhaus, Einkaufs-zentrum, Supermarkt	shāngchǎng	商场	4, 5
„Kein Problem!"	„Méi wèntí!"	"没问题！"	6
„Keine Sorge!"	„Fàngxīn!"	"放心！"	6
Kellner, Bedienung, Personal *usw.*	fúwùyuán	服务员	3
kennen, kennenlernen	rènshi	认识	5
Keyboard, Tastatur *(Comp.)*	jiànpán	键盘	6
Kind	háizi	孩子	1
Kino, Kinogebäude	diànyǐngyuàn	电影院	5
– ins Kino gehen	qù kàn diànyǐng	去看电影	2
Kiosk, Verkaufsstand, Ver-kaufsstelle, kleiner Laden	xiǎomàibù	小卖部	5
Klavier	gāngqín	钢琴	8
– Klavier spielen	tán gāngqín	弹钢琴	8
Kleiderschrank	yīguì	衣柜	3
klein	xiǎo	小	7
(sehr) klein	ǎi	矮	Einführung Aussprache
(eine) Kleinigkeit essen	chī diǎnr dōngxi	吃点儿东西	7
klimatisierter Bus	kōngtiáochē	空调车	4
Klo, (öffentliche) Toilette	cèsuǒ	厕所	3
kommen, herkommen	lái	来	2
kommend (⇨ *kommende* Woche, kommenden Monat)	xià + *Zeitangabe*	下 + *Zeitangabe*	7
der kommende Sonntag, kommenden Sonntag	xià (ge) xīngqītiān	下（个）星期天	7

kommendes Jahr, nächstes Jahr	míngnián	明年	7
Kommilitone; Mitschüler	tóngxué	同学	1, 7
können	huì	会	8
	kěyǐ, kěyi	可以	3
	néng	能	6
Konversation	huìhuà	会话	2
kooperieren, zusammenarbeiten; Kooperation	hézuò	合作	6
kosten, probieren (*Geschmack*)	cháng	尝	8
Krebs (*Krankheit*)	ái	癌	Einführung Aussprache
Kreuzung, Straßenkreuzung	shízì-lùkǒu	十字路口	5
Kuai (*alltagssprachliche Bezeichnung für die Grundeinheit der chines. Währung, formell:* Yuán 元)	Kuài	块	3
Kuchen, Torte	dàn'gāo	蛋糕	7
kühl	liáng	凉	7
⇨ angenehm kühl	⇨ liángkuài	⇨ 凉快	7
Kunde; Firmenkunde	gùkè	顾客	4
	kèhù	客户	6
	kèshāng	客商	6

L

Laden, Geschäft	shāngdiàn	商店	4
Lampe (elektrisch)	diàndēng	电灯	5
Land, Staat	guó (guójiā)	国 (国家)	1

– aus welchem Land stammend?, welche(r) Nationalität?	nǎ guó rén?	哪国人？	1
Landkarte; (Stadt-)Plan	dìtú	地图	5
die „Lange Mauer" Chinas (*Dt. meist:* die „Große Mauer")	Chángchéng	长城	6
langsam	màn	慢	8
„Laser-Schallplatte" → CD			7
lassen; veranlassen; zulassen	ràng	让	7, 8
lästig, mühsam	máfan	麻烦	6
Lebensalter, Alter	niánjì	年纪	1
Lebensjahr, Jahr (*bei Altersangabe*)	suì	岁	1
lecker, wohlschmeckend	hǎochī	好吃	7
Leder(hand)tasche	píbāo	皮包	7
leger, ungezwungen, informell, ohne Förmlichkeiten, (ganz) nach Belieben	suíbiàn	随便	8
Lehmann (*hier: ein Firmenname*)	Lèmàn	勒曼	6
lehren, unterrichten	jiāo	教	1
Lehrer; Dozent	lǎoshī	老师	1
leicht, einfach	róngyì, rongyi	容易	5
leider, bedauerlicherweise	kěxī	可惜	7
Lektion; Unterricht; Unterrichtsstoff; Unterrichtsstunde	kè	课	1, 2
Lektionstext	kèwén	课文	1
lernen, studieren	xuéxí	学习	1
	xué	学	1
lesen, ein Buch lesen	kàn (shū)	看(书)	2
letzt- (*zurückliegend* ⇨ *letzte Woche, letzten Monat usw.*)	shàng + *Zeitangabe*	上 + *Zeitangabe*	7

letztes Jahr, vergangenes Jahr	qùnián	去年	7
letztes Mal, beim letzten Mal	shàng cì	上次	7
letzten Mittwoch, am vergangenen Mittwoch	shàng (ge) xīngqīsān	上(个)星期三	7
letzten Monat, im vergangenen Monat	shàng ge yuè	上个月	7
letzten Samstag, vergangenen Samstag	shàng (ge) xīngqīliù	上(个)星期六	7
lieben	ài	爱	Einführung Aussprache
lieber, doch lieber	háishi	还是	5
	háishi ... ba!	还是 ... 吧!	5
Linde (*hier ein Firmenname*)	Líndé	林德	6
Linie (*Bus–, U-Bahn– etc.*); Weg; Wegstrecke; Straße	lù	路	3, 4
Linie (~) (*Bus–, U-Bahn– etc.*)	~ hàoxiàn	~ 号线	4
links	zuǒ	左	5
links, linke Seite, auf der linken Seite	zuǒbiān, zuǒbian	左边	7
Löffel, Suppenlöffel	tāngchí	汤匙	8
losfahren, abfahren; öffnen; einschalten	kāi	开	4, 5
Lu Xun (1881–1936, *chin. Schriftsteller*)	Lǔ Xùn	鲁迅	5

M

m (Meter)	mǐ	米	4
(*veraltet:*)	gōngchǐ	公尺	4
machen, tun	zuò	做, 作	1
– „Das macht nichts!"	„Méi guānxi!"	"没关系!"	5

Mahlzeit, Essen, Speise	fàn	饭	2
Mai	wǔyuè	五月	7
„mailen" (ein E-Mail verschicken)	fā yīmèir	发伊妹儿	6
Mais	yùmǐ	玉米	8
Maissuppe	yùmǐtāng	玉米汤	8
mal (*Füllwort*), mal eben	yíxià	一下	3
-mal, Mal (einmal, zweimal, dreimal ...)	cì, biàn	次, 遍	5 5
Mama, Mutter	māma	妈妈	3, 7
kurz:	mā	妈	Einführung Aussprache
Manager	jīnglǐ	经理	1, 6
manche (Leute), einige (Leute)	yǒude (rén)	有的 (人)	7
Mandarinensaft	júzizhī	橘子汁, 桔子汁	8
Mao (*alltagssprachl. Bezeichnung für eine chin. Währungseinheit, formell:* Jiǎo 角)	Máo	毛	4
Maotai-Schnaps	Máotáijiǔ	茅台酒	8
Mapo-Doufu, Mapo-Tofu	mápó dòufu	麻婆豆腐	8
Mark, Deutsche Mark, DM	Mǎkè	马克	4
März	sānyuè	三月	7
Maus (*Computer*)	shǔbiāo	鼠标	6
mehr, noch mehr; viel	duō	多	5, 8
mein (*Possessiv von* ich)	wǒ de	我的	3
Meister, Handwerksmeister	shīfu	师傅	1
Mensa; Kantine; Speisesaal	shítáng	食堂	2
	cāntīng	餐厅	2
Mensch; Person	rén	人	1

Messer	dāo	刀	8
	dāozi	刀子	8
Messer und Gabel (*westliches Eßbesteck*)	dāo-chā	刀叉	8
Meter, m (*Längenmaß*)	mǐ	米	4
(*veraltet:*)	gōngchǐ	公尺	4
mieten	zū	租	3
Mingxiaoling (*Ming-Kaisergrab in Nanking*)	Míngxiàolíng	明孝陵	5
Minute	fēn	分	2
	fēn zhōng	分钟	2
„(So ein) Mist!"	„Zāogāo!"	"糟糕！"	5
mit (*mit einem Verkehrsmittel*)	zuò + *Verkehrsmittel*	坐 + *Verkehrsmittel*	3
mit, zusammen mit, und	hé	和	2, 6
mit, zusammen mit, und	gēn	跟	6
mit *jemandem* sprechen	gēn *jmdm.* shuōhuà	跟 *jmdm.* 说话	8
mit, mittels (*mit einem Hilfsmittel*), benützen, verwenden	yòng	用	4
mitbringen	dàilái	带来	7
Mitschüler; Kommilitone	tóngxué	同学	1, 7
Mittag, mittags	zhōngwǔ	中午	2
Mittagessen	wǔfàn	午饭	2
(zu) Mittag essen	chī wǔfàn	吃午饭	2
Mittagspause, Mittagsruhe	wǔxiū	午休	2
Mittwoch	lǐbàisān	礼拜三	2
	xīngqīsān	星期三	2
	zhōusān	周三	2
Mobiltelefon, Handy	shǒujī	手机	8

mögen (*Modalverb:* ich möchte ...)	xiǎng	想	3
mögen (*Vollverb:* ich mag sie; er mag moderne Musik)	xǐhuan	喜欢	3
– am liebsten mögen	zuì xǐhuan	最喜欢	7
„Moment (, bitte)!", „(Bitte) warten Sie kurz!"	„Děng yíxià!"	"等一下！"	3
Monat; Mond	yuè	月	7
Monitor *(z. B. Computer)*	jiānshìqì	监视器	6
Montag	lǐbàiyī	礼拜一	2
	xīngqīyī	星期一	2
	zhōuyī	周一	2
morgen *(der nächste Tag)*	míngtiān	明天	2
– „Wir sehen uns morgen!", „Bis morgen!"	„Míngtiān jiàn!"	"明天见！"	2
(früher) Morgen, morgens	zǎoshang	早上	2
Motorrad	mótuōchē	摩托车	3
mühsam, lästig	máfan	麻烦	6
Musik	yīnyuè	音乐	7
Muße, freie Zeit	kòng	空	2
müssen	děi	得	2
müssen; wollen; brauchen, benötigen; werden (*Futur*)	yào	要	3, 4, 5, 6
müssen, sollen, unbedingt erforderlich	yīnggāi	应该	5
Mutter → Mama	māma	妈妈	3, 7

N

nach ... , in Richtung ... , gen ...	wǎng (*auch:* wàng)	往	5

nach, nachdem, danach	... yǐhòu	... 以后	4
nachdenken, denken, überlegen	xiǎng	想	3, 6, 7
nach Hause gehen; nach Hause kommen	huí jiā	回家	6
Nachhilfe, Nachhilfeunterricht nehmen *od.* geben	bǔxí	补习	7
Nachmittag, nachmittags; p.m.	xiàwǔ	下午	2
nächst- , kommend-	xià	下	7
nächstes Jahr, kommendes Jahr	míngnián	明年	7
nächstes Mal	xià cì	下次	7
nächsten Mittwoch	xià ge xīngqīsān	下个星期三	7
	xià xīngqīsān	下星期三	7
nächsten Monat	xià ge yuè	下个月	7
	xià yuè	下月	7
Nacht	yè	夜	2, 3
– nachts, in der Nacht	yèli	夜里	2
– eine (ganze) Nacht lang, die ganze Nacht (hindurch)	yīyè	一夜	3
nah, nahe, nahebei, Nähe, in der Nähe	fùjìn, jìn	附近, 近	4
Name	míngzi	名字	1
– „Wie lautet Ihr werter (Familien-)Name?"	Nín guì xìng?	您贵姓？	1
Nanjing, Nanking	Nánjīng	南京	1, 3
	Nánjīng Shì	南京市	5
Nanjing Hauptbahnhof	Nánjīng Zhàn	南京站	5
Nanjing Hotel (*ein Hotelname*)	Nánjīng Fàndiàn	南京饭店	3

Nanjing Universität, Nanking Universität	Nánjīng Dàxué	南京大学	3
Nankinger, gebürtiger Nankinger	Nánjīngrén	南京人	5
Nationalität			
– welche(r) Nationalität?, aus welchem Land stammend?	nǎ guó rén?	哪国人？	1
Nebenstelle, Nebenanschluß (*Telefon*)	fēnjī	分机	8
nein, nicht (*Verneinungswort*)	bù (bú)	不	3
	méi(yǒu)	没 (有)	2
Netzwerk, Netz (*Computer*)	wǎngluò	网络	6
Netzwerkfehler (*Computer*)	wǎngluò gùzhàng	网络故障	6
neu	xīn	新	2
neue Vokabel	shēngcí	生词	1, 2
neun / 9	jiǔ	九	1
neunzig / 90	jiǔshí	九十	1
nicht, nein (*Verneinungswort*)	bù (bú)	不	3
	méi(yǒu)	没 (有)	2
nicht benötigen, nicht brauchen („Das ist nicht nötig!")	bú yòng	不用	5
„Nicht der Rede wert!"	„Bié kèqi!"	"别客气！"	7
	„Bú kèqi!"	"不客气！"	3
nicht dürfen, nicht sollen	bié	别	7
nicht dürfen, verboten (sein)	bù kěyǐ, bù kěyi, bié	不可以， 别	3, 6, 7
nicht gehen, nicht möglich sein, nicht statthaft sein	bù xíng	不行	5
nicht haben	méi(yǒu)	没 (有)	2
	wú	无	3

nicht mehr haben	méi(yǒu) ... le	没(有) ... 了	4
nicht mehr (tun, sein)	bù ... le	不 ... 了	7
nicht oft	bù cháng	不常	4
nicht schlecht, recht gut	búcuò	不错	4
nicht sein, nicht so sein (*die Verneinung von* shi, shì 是)	bú shì (*auch:* bú shi)	不是	3
nicht sollen, nicht dürfen	bié	别	7
„Nichts zu danken!"	„Bú xiè!"	"不谢!"	3
(*auch:*)	„Bié kèqi!"	"别客气!"	7
(*auch:*)	„Bú kèqi!"	"不客气!"	3
„Nicht wahr?", „Stimmt's?"	„Shì bu shi?"	"是不是?"	8
niemand, niemand (ist) da	méi(yǒu) rén	没(有)人	8
noch	hái	还	3
Norden, Nord-	běi	北	5
Nordwind	běifēng	北风	3
(*Computer:*) Notebook	bǐjìběn(r) diànnǎo	笔记本(儿)电脑	6
Notizbuch; Notebook	bǐjìběn(r)	笔记本(儿)	6
November	shíyīyuè	十一月	7
Nudeln	miàn	面	2
die „Nudeln der Langelebigkeit" (*spezielles Nudelgericht an Geburtstagen*)	chángshòumiàn	长寿面	7
null, Null / 0	líng	零, 〇	1
Nummer	hào	号	3
	hàomǎ	号码	8
nur, lediglich	zhǐ	只	4

O

O-Bus, Oberleitungsbus, Trolley-Bus; *auch:* Straßenbahn	diànchē	电车	3, 5
oder	háishi	还是	5
	huòzhě	或者	5
öffnen, aufmachen; einschalten	dǎkāi, kāi	打开，开	4, 5, 6
– die Tür öffnen	kāi / mén	开门	4
oft, häufig, sehr oft	cháng	常	4
	chángcháng	常常	4
Oh je! Oje! (*Interjektion*)	Aiyo! (Āiyō!)	哎哟！	2
O. K.; gut	hǎo	好	1, 2
Oktober	shíyuè	十月	7
die Olympischen Spiele, Olympiade	Àoyùnhuì, *Abkürzung für:* Àolínpǐkè Yùndònghuì	奥运会 → 奥林匹克运动会	3
Omnibus, Bus	gōnggòng-qìchē	公共汽车	3, 4
	gōngjiāochē	公交车	4
Omnibus, Bus (*klimatisiert*)	kōngtiáochē	空调车	4
Onkel (*eigentlich: jüngerer Bruder des Vaters*)	shūshu	叔叔	8
Orangensaft	chéngzhī	橙汁	8
Osten, Ost-	dōng	东	5
Österreicher	Àodìlìrén	奥地利人	1

P

Paket, Packen, Päckchen;	bāo	包	4

auch alltagssprachliche Abkürzung für: (Damen-)Handtasche	bāo (→ píbāo, shǒutíbāo *etc.*)	包 (→ 皮包, 手提包 *etc.*)	4, 7
auch: (Zigaretten-)Schachtel	bāoguǒ	包裹	6
das „Palace Hotel" (Wangfu Hotel, *ein Hotelname in Peking*)	Wángfǔ Fàndiàn	王府饭店	6
Papa, Vater	bàba	爸爸	7
(scharfe) Paprika, Chili	làjiāo	辣椒	8
Parfüm	xiāngshuǐ	香水	6
Paß, Reisepaß	hùzhào	护照	3
Passant, Fußgänger	xíngrén	行人	5
Paßwort; Code	mìmǎ	密码	6
(eine) Pause (machen), sich ausruhen	xiūxi	休息	2, 4
Peking-Ente	Běijīng kǎoyā	北京烤鸭	8
	Běijīngyā	北京鸭	8
	kǎoyā	烤鸭	8
das „Peking Hotel" (Beijing Hotel) (*ein Hotelname in Peking*)	Běijīng Fàndiàn	北京饭店	3
Pekinger	Běijīngrén	北京人	1
Pekinger Hauptbahnhof	Běijīng Zhàn	北京站	5
„Peking-Suppe", sauerscharfe Suppe	suānlà tāng	酸辣汤	8
Peking-Universität (Beijing Universität)	Běijīng Dàxué, Běi-Dà	北京大学, 北大	1 8, 1
Person; Mensch	rén	人	1
Personal, Bedienung; Kellner *usw.*	fúwùyuán	服务员	3
Personenfoto, Porträtfoto	xiàngpiàn	相片	7
Pfeffer	hújiāo	胡椒	8

Pferd	mǎ	马	1
Pfund, Britisches £ (*Währung*)	Yīngbàng	英镑	4
Pinyin (*chin. Umschriftsystem auf der Basis der lateinischen Buchstaben*)	Pīnyīn	拼音	Einführung Aussprache
Platz			
– „Bitte nehmen Sie Platz!"	„Qǐng zuò!"	"请坐！"	
– Platz nehmen > „Bitte nehmen Sie Platz, wo Sie möchten!"	„Suíbiàn zuò!"	"随便坐！"	8
Pole	Bōlánrén	波兰人	1
Polnisch	Bōlánwén	波兰文	1
Porzellan	cíqì	瓷器	4
Postamt	yóujú	邮局	6
Postpaket	bāoguǒ	包裹	6
„Prima!", „Toll!", „Klasse!"	„Tài hǎo le!"	"太好了！"	7
probieren, kosten	cháng	尝	8
Problem; Frage	wèntí	问题	
– „Kein Problem!"	„Méi wèntí!"	"没问题！"	6
„Prosit!", „Zum Wohle!" (*Trinkspruch, sinngemäß: „Ex!"*)	„Gānbēi!"	"干杯！"	8
Punkt; Markierung	diǎn	点	2, 7, 8

R

Raum	jiān	间	1, 3
Raum, Zimmer	fángjiān	房间	1, 3
recht gut, nicht schlecht	búcuò	不错	4
rechts	yòu	右	5

rechts, rechte Seite, auf der rechten Seite	yòubiān, yòubian	右边	7
reden, sprechen, sagen, sich unterhalten	shuō	说	5
	shuō / huà	说话	8
reichhaltig, reichlich	fēngfù	丰富	8
Reis			
– (*gekochter*) Reis	fàn, mǐfàn	饭，米饭	2, 8
– (*ungekochter*) Reis	mǐ	米	4, 8
Reisepaß, Paß	hùzhào	护照	3
Reisschälchen, Reisschale	fànwǎn	饭碗	8
reiten; fahren (*Fahrrad, Motorrad*)	qí	骑	3
Renminbi, RMB = „Volkswährung" (*die Währung der VR China*)	Rénmínbì	人民币	4
Reporter, Journalist	jìzhě	记者	1
reservieren, buchen	dìng	订	3
Restaurant	fàndiàn	饭店	6
Restaurant; Speisesaal	cāntīng, fànguǎn	餐厅，饭馆	2, 3
Rezeption → Hauptrezeption (*im Hotel*)	zǒngfúwùtái, *kurz:* zǒngtái	总服务台，总台	3 3
richtig, korrekt, stimmt	duì	对	4, 6
(in) Richtung ..., nach ... , gen ...	wǎng (*auch:* wàng)	往	5
Rindfleisch	niúròu	牛肉	8
Rindfleisch in Austernöl	háoyóu niúròu	蚝油牛肉	8
Rippchen (vom Schwein) süß-sauer	tángcù páigǔ	糖醋排骨	8
Roman; Erzählung	xiǎoshuō	小说	2

rot	hóng	红	4
rufen; heißen	jiào	叫	1, 3
runder Tisch	yuánzhuō	圆桌	8
Russe	Éluósīrén	俄罗斯人	1
Russisch, russische Sprache, Text in russischer Sprache	Éluósīwén, Éwén	俄罗斯文, 俄文	1, 3

S

Sache, Ding, Gegenstand	dōngxi	东西	4
Sache, Angelegenheit, Anliegen	shìqing, shì	事情, 事	3, 4 4, 5
Saft	zhī	汁	8
sagen, sprechen, reden, sich unterhalten	shuō, shuō / huà	说, 说话	5 8
Salz; Speisesalz	yán; shíyán;	盐；食盐；	8
regional auch:	xiányán; yánbā	咸盐；盐巴	
Samstag	lǐbàiliù	礼拜六	2
	xīngqīliù	星期六	2
	zhōuliù	周六	2
satt	bǎo	饱	8
(sich) satt essen	chībǎo	吃饱	8
Satzmuster	jùxíng	句型	1
sauer-scharfe Suppe („Peking-Suppe")	suānlà tāng	酸辣汤	8
Scanner	sǎomiáoyí	扫描仪	6
Schale (*Reisschale, kleine Suppenschale*)	wǎn	碗	8
Schallplatte	chàngpiàn	唱片	7
Schanghai, Shanghai	Shànghǎi	上海	1

scharf (geschmacklich)	là	辣	6, 8
Scheck	zhīpiào	支票	6
(jemandem etwas) schenken	sòng + Person + Sachobjekt	送 + Person + Sachobjekt	7
Schiff; Boot	chuán	船	3
schicken (mit der Post)	jì	寄	6
	sòng	送	3, 7
schlafen	shuì / jiào	睡觉	2
verkürzt:	shuì	睡	
schlagen; tun, machen, arbeiten	dǎ	打	6, 8
schließen, zumachen; ausschalten	guān	关	4
– die Tür schließen	guān / mén	关门	4
Schild, Brett; gelegentlich auch: Zettel, Papierstreifen	páizi	牌子	8
Schlüssel	yàoshi	钥匙	3
schmecken			
– wohlschmeckend, lecker	hǎochī	好吃	7
– „Lassen Sie es sich (in aller Ruhe) schmecken!", „Guten Appetit!"	„Mànmàn chī!"	"慢慢吃！"	8
Schnaps, Spirituosen, alkoholisches Getränk	jiǔ	酒	7
Schneeflocke	xuěhuā	雪花	3
schnell	kuài	快	8
schon, bereits	yǐjīng ... le	已经 ... 了	5
schön, hübsch, gut aussehen	hǎokàn	好看	7
	měilì	美丽	7
	piàoliang	漂亮	3
(etwas) schreiben	xiě (+ Objekt)	写 (+ Objekt)	2, 6

Schriftzeichen	zì	字	2, 8
– chinesisches Schriftzeichen	Hànzì	汉字	2
(Schriftzeichen) schreiben	xiě zì	写字	2
Schublade	chōuti	抽屉	6
Schüler; Student	xuésheng	学生	1
schwarz	hēi	黑	4
Schwein	zhū	猪	8
Schweinefleisch	zhūròu	猪肉	8
Schweinefleisch süß-sauer	gǔlǎo ròu	古老肉	8
Schweinefleisch mit Paprika, *zweimal gebraten*	huíguō ròu	回国肉	8
Schweinerippchen süß-sauer	tángcù páigǔ	糖醋排骨	8
Schweizer	Ruìshìrén	瑞士人	1
Schweizer Franken	Ruìshì Fǎláng	瑞士法郎	4
Schwester			
– ältere Schwester	jiějie	姐姐	7
– jüngere Schwester	mèimei	妹妹	7
schwimmen	yóu / yǒng	游泳	2
sechs / 6	liù	六	1
sechzig / 60	liùshí	六十	1
„Seepferdchen" / Haima (*hier ein Firmenname*)	hǎimǎ	海马	6
sehen, ansehen, betrachten	kàn	看	
– „Sehen Sie mal, ...", „Schauen Sie mal, ..."	„Nǐ kàn, ..."	"你看，..."	3
sehen, erblicken	jiàn	见	2
sehen, erblicken	kànjiàn	看见	6
sehr	hěn	很	3
sehr viel(e), viel(e)	hěn duō	很多	3
Seide	sīchóu	丝绸	4

„Seien Sie nicht so höflich od. formell!" (auch im Sinne von „Nichts zu danken!" gebraucht)	„Bié kèqi!"	"别客气！"	7
sein (Kopula: ich bin, du bist …)	shì, shi	是	1
sein (Possessiv von er)	tā de	他的	3
Sekretärin, Sekretär	mìshū	秘书	6
(im) selben Jahr	tóng yì nián	同一年	7
(im) selben Monat, im gleichen Monat	tóng yí ge yuè	同一个月	7
(am) selben Tag, am gleichen Tag	tóng yì tiān	同一天	7
September	jiǔyuè	九月	7
Server (Computer)	fúwùqì	服务器	6
(sich) setzen, sitzen	zuò	坐	3
(das) „Shaolin Kloster"	Shàolín Sì	少林寺	2
Sicherheit	ānquán	安全	2
– (ein) Restaurant mit Sichuan-Küche	Sìchuān fàndiàn	四川饭店	6
– das „Restaurant Sichuan" (der Name eines Restaurants in Peking)	Sìchuān Fàndiàn	四川饭店	8
Sichuan-Gerichte, Sichuan-Küche	Chuāncài	川菜	8
sie (3. Person Sing., fem.)	tā	她	1
sie (3. Pers. Plural)	tāmen	他们，她们	1
Sie (Anrede)	nǐ ; nín	你；您	1, 8
Sie (Anrede); du	nǐ	你	1
Sie (Anrede, 2. Pers. Plural); ihr	nǐmen	你们	1
sieben / 7	qī	七	1

siebzig / 70	qīshí	七十	1
Singapur, Singapore	Xīnjiāpō	新加坡	1
sitzen, sich setzen	zuò	坐	3
Snack, Imbiß, kleiner Leckerbissen, *Dimsun*	diǎnxin	点心	8
(Computer:) Software	ruǎnjiàn	软件	6
Sohn	érzi	儿子	1
sollen, unbedingt erforderlich, müssen	yīnggāi	应该	5
Soja- → Soya-			
Sonne *(schriftsprachlich:)*	rì	日	7
Sonntag	lǐbàitiān *auch:* lǐbàirì	礼拜天 礼拜日	2
	xīngqītiān *auch:* xīngqīrì	星期天 星期日	2
(selten:)	zhōurì	周日	2
Sorge			
✋ sich keine Sorgen machen müssen	fàngxīn	放心	6
Sorte, Art; *ein Zähleinheitswort (ZEW)*	zhǒng	种	4
Soyabohnenkäse, 'Tofu'	→ Doufu	豆腐	8
Soyasoße	jiàngyóu	酱油	8
Spanisch, spanische Sprache, Text in spanischer Sprache	Xībānyáwén	西班牙文	8
spät	wǎn	晚	2
Speise, Essen, Mahlzeit	fàn	饭	2
Speisekarte	càidān	菜单	8
Speisesaal; Restaurant	cāntīng	餐厅	2
Speisesaal; Kantine; Mensa	shítáng	食堂	2

– Speisesaal für chinesisches Essen	Zhōngcāntīng	中餐厅	3
– Speisesaal für westliches Essen	xīcāntīng	西餐厅	3
Speisesalz	shíyán	食盐	8
spielen; *auch:* sich amüsieren, sich vergnügen	wán, wánr (*lies:* wár)	玩, 玩儿	5
(*Saiteninstrument*) spielen	tán	弹	8
– Klavier spielen	tán gāngqín	弹钢琴	8
Spirituosen, Schnaps, alkoholisches Getränk	jiǔ	酒	7
sprechen, reden, sagen, sich unterhalten	shuō, shuō / huà	说, 说话	5, 8
sprechen über, besprechen	tán	谈	6
Staat, Land	guó, guójiā	国, 国家	1
(*chin.*) Stäbchen, Eßstäbchen	kuàizi	筷子	4, 8
Stadt	chéngshì	城市	5, 8
(*kurz:*)	shì	市	5
Stadtplan (*hier:*)	dìtú	地图	5
Standardzimmer (*im Hotel*)	biāozhǔnjiān	标准间	3
Station, Haltestelle	zhàn	站	5
stimmt, richtig, korrekt	duì	对	4, 6
– „Es stimmt, was du sagst.", „Du hast recht mit dem, was du sagst.", „(Das) stimmt."	„Shuōduì le."	"说对了。"	7
stinken	chòu	臭	8
„stinkender Doufu"	chòu dòufu	臭豆腐	8
Stockwerk, Etage	lóu	楼	3
– unteres Stockwerk, untere Etage	lóuxià	楼下	3

Straße	jiē	街	3
	mǎlù	马路	5
Straße; Weg, Wegstrecke; Linie (*Bus–, U-Bahn–* etc.)	lù	路	3, 4
Straßenkreuzung	shízì-lùkǒu	十字路口	5
Straßenbahn; *jetzt auch:* Oberleitungsbus, O-Bus, Trolley-Bus	diànchē	电车	3, 5
Straßenkreuzung	shízì-lùkǒu	十字路口	5
Student; Schüler	xuésheng	学生	1
studieren, lernen	xuéxí	学习	1
	xué	学	1
Stunde (*60 Minuten*)	xiǎoshí	小时	2
Stunde (*Unterrichtsstunde*)	kè	课	2
Stundenplan (*Schule usw.*)	kèbiǎo	课表	2
suchen	zhǎo	找	6
Süden, Süd-	nán	南	5
Sun Yat-Sen → Sun Zhongshan (Sūn Zhōngshān)	Sūn Yìxiān	孙逸仙	3
„Sun-Yat-Sen-Mausoleum", Zhōngshānlíng (*bei Nanking*)	Zhōngshānlíng	中山陵	5
Sun-Yat-Sen-Straße (*ein Straßenname:* Zhongshan Lu)	Zhōngshān Lù	中山路	3
Sun Zhongshan, Sun Yat-Sen (1866–1925, *Gründer der Republik China*)	Sūn Zhōngshān	孙中山	3
Suppe	tāng	汤	8
Suppenlöffel	tāngchí	汤匙	8

T

Tabelle; Formular	biǎo, biǎogé	表，表格	3

Tag; Himmel	tiān	天	1, 2, 3
– jener Tag, an jenem Tag	nà tiān	那天	7
– am gleichen Tag, am selben Tag	tóng yì tiān	同一天	7
Tag *in der Datumsangabe*	–hào	号	7
(*schriftsprachlich:*)	–rì	日	7
täglich, jeden Tag	měitiān	每天	4
Taiwan Dollar, New Taiwan Dollar, NT $	Táibì, Xīn Táibì	台币, 新台币	4
Tasche, Handtasche	bāo	包	7
Tasse; Becher; Glas	bēi; bēizi	杯；杯子	1, 7
Tastatur, Keyboard *(Comp.)*	jiànpán	键盘	6
tatsächlich, wirklich, echt	zhēn	真	4
tausend / 1.000	qiān	千	1, 4
– eintausend / 1000	yìqiān	一千	1, 4
Taxi	chūzūchē	出租车	3
	chūzū-qìchē	出租汽车	3
– mit dem Taxi fahren	zuò chūzū-qìchē	坐出租汽车	3
– mit dem Taxi fahren *(Slang)*	dǎ dī	打的	3
– mit dem Taxi fahren *(Slang)*	dā dí	打的	3
Tee	chá	茶	3
– Tee aufbrühen, Tee kochen, Tee machen	pào chá	泡茶	3
Telefon; Telefonat	diànhuà	电话	6
– ans Telefon gehen, einen Anruf entgegennehmen; eine telefonische Verbindung herstellen	jiē diànhuà	接电话	8
telefonieren, anrufen	dǎ diànhuà	打电话	6
Telefonnummer	diànhuà hàomǎ	电话号码	8

Telefonzentrale	zǒngjī	总机	8
Telegramm; Telegraphie	diànbào	电报	8
Telegraphenamt	diànbào dàlóu	电报大楼	8
Termin (→ Verabredung)	yuēhuì	约会	6
teuer	guì	贵	1, 3
Wie teuer ist ... ?	... duōshao qián?	... 多少钱？	3
Thermoskanne, Thermosflasche	nuǎnshuǐpíng	暖水瓶	3
Tian'anmen (das „Tor des Himmlischen Friedens" am Südeingang des alten Kaiserpalastes in Peking)	Tiān'ānmén	天安门	2
Tier	dòngwù	动物	4
Tierpark, Zoo	dòngwùyuán	动物园	4
Tinte; Tusche	mòzhī	墨汁	8
Tisch	zhuō, zhuōzi	桌，桌子	8
– auf dem Tisch	zhuō shang	桌上	8
– runder Tisch	yuánzhuō	圆桌	8
Tochter	nǚ'ér	女儿	1
'Tofu'	→ Doufu / dòufu		8
Toilette, Klo	cèsuǒ	厕所	3
„Toll!" „Prima!" „Klasse!"	„Tài hǎo le!"	"太好了！"	7
Tomatensaft	fānqiézhī	番茄汁	8
Ton(band)aufnahme	lùyīn	录音	2
– Tonaufnahmen machen, aufnehmen	lù-yīn	录音	2
Tongji-Universität	Tóngjì Dàxué	同济大学	5
Torte, Kuchen	dàn'gāo	蛋糕	7
traurig	āi	哀	Einführung Aussprache
(sich) treffen (Verabredung)	jiàn / miàn	见面	2

trinken	hē	喝	3
tun, machen	zuò	做，作	1
(viel) zu tun haben, (sehr) beschäftigt sein	máng	忙	6
Tür, Tor, Eingang; an der Tür, am Eingang	mén ménkǒu	门 门口	4 4
Türkarte, Zimmerkarte (z. B. im Hotel)	ménkǎ, fángkǎ	门卡，房卡	3
Tusche; Tinte	mòzhī	墨汁	8
TV-Gerät, Fernsehapparat	diànshìjī	电视机	3

U

üben; Übung	liànxí	练习	1, 2
über; auf	shàng, shang	上	8
überlegen, nachdenken	xiǎng	想	3, 6, 7
übermorgen	hòutiān	后天	6, 7
überqueren (*Straße etc.*)	guò	过	5
Überseechinese, Auslandschinese	Huáqiáo	华侨	1
übersetzen (*Sprache*); Übersetzung	fānyì	翻译	6
„Übrigens, … "	„Duì le, … "	"对了，…"	4, 6
Uhr			
– (Armband-)Uhr	biǎo	表	
– (Wand-, Stand-)Uhr, Glocke	zhōng	钟	2
– … Uhr (*Stunde bei der Zeitangabe*)	… diǎn (zhōng)	…点（钟）	2
– (um) wieviel Uhr?	jǐ diǎn (zhōng)?	几点（钟）？	2
umsteigen (*Verkehrsmittel*)	huàn (*Verkehrsmittel*)	换 (*Verkehrsmittel*)	4

(Geld) umtauschen	huàn (qián)	换(钱)	4
Umtauschkurs, Wechselkurs	duìhuàn huìlǜ	兑换汇率	6
unbedingt erforderlich, müssen, sollen	yīnggāi	应该	5
und, mit, zusammen mit	hé	和	2, 6
	gēn	跟	6
ungewöhnlich; (ganz) besonders	tèbié	特别	8
ungezwungen, leger, ohne Förmlichkeiten, informell, (ganz) nach Belieben	suíbiàn	随便	8
Universität	dàxué	大学	1
unleserlich (*Handschrift*)	liǎocǎo	潦草	8
unser	wǒmen de	我们的	3
untere Etage, unteres Stockwerk; *auch:* Erdgeschoß, Parterre	lóuxià	楼下	3
(sich) unterhalten, sprechen, reden, sagen	shuō / huà	说话	8
	shuō	说	5
Unterricht; Unterrichtsstoff, Lektion; Unterrichtsstunde	kè	课	1, 2
(den) Unterricht beenden, (den) Unterricht verlassen	xià-kè	下课	2
(den) Unterricht besuchen	shàng / kè	上课	2
Unterricht haben, Unterricht erteilen	yǒu kè	有课	2
unterrichten, lehren (*jmdn. / ein Fach*)	jiāo (+ *Objekt*)	教 (+ *Objekt*)	1
unterschreiben, unterzeichnen	qiān	签	6
– einen Vertrag unterschreiben	qiān hétong	签合同	6
ununterbrochen, immer, immer geradeaus	yìzhí	一直	5

USB-Stick, Memory Stick	yōupán	优盘，U盘	6
US-Dollar, US $	Měiyuán	美元	4

V

Vase, Blumenvase	píng, píngzi, huāpíng	瓶，瓶子，花瓶	4, 6, 8
Vater → Papa			7
verabreden, sich verabreden	yuē	约	6
– sich fest verabreden	yuēhǎo	约好	6
– eine(n) Zeit(punkt) verabreden, einen Termin ausmachen	yuē shíjiān	约时间	6
Verabredung, Termin	yuēhuì	约会	6
veranlassen; zulassen; lassen	ràng	让	7, 8
verbinden (*Telefon*), eine (Telefon-)Verbindung herstellen	jiē (diànhuà)	接(电话)	8
verboten (sein), nicht dürfen	bù kěyǐ, bù kěyi	不可以	3, 6
vergangenes Jahr, letztes Jahr	qùnián	去年	7
vergessen	wàng	忘	6
Vergnügen, Freude; vergnügt, fröhlich	kuàilè	快乐	7
verheiratet (sein)	jiéhūn (le)	结婚(了)	1
verkaufen	mài	卖	4
Verkäufer (*in einem Geschäft*)	shòuhuòyuán	售货员	4
Verkaufsstand, Verkaufsstelle, Kiosk, kleiner Laden	xiǎomàibù	小卖部	5
Verkehrsampel	hónglǜdēng	红绿灯	5
(sich) verlaufen	zǒucuò	走错	3
– sich verlaufen haben	zǒucuò (lu) le	走错(路)了	3, 7
vermieten	chūzū	出租	3
(sich) verschreiben	xiěcuò	写错	6

(sich) verspäten	chídào	迟到	7
verstehen	dǒng	懂	6
– *Gehörtes* verstehen	tīngdǒng	听懂	6
– *Gesehenes bzw. Gelesenes* verstehen	kàndǒng	看懂	6
Vertrag; Abkommen	hétong	合同	6
Vertragsentwurf	hétong cǎo'àn	合同草案	6
Vertreter; Delegierter; Abgeordneter	dàibiǎo	代表	6
in Vertretung (für ... etw. erledigen, anstelle (von ... etw. tun)	tì	替	7, 8
verwenden, benützen; mittels, mit	yòng	用	4
viel(e), zahlreich; mehr	duō	多	4, 5, 8
vier / 4	sì	四	1
Viertelstunde	kè	刻	2
	kè zhōng	刻钟	2
– eine Viertelstunde	yíkè	一刻	2
– drei Viertelstunden, Dreiviertelstunde	sānkè	三刻	2
vierzig / 40	sìshí	四十	1
Vokabel, neue	shēngcí	生词	1
Vokabelliste	shēngcíbiǎo	生词表	1
Volk (*politischer, nicht ethnischer Begriff*)	rénmín	人民	4
„Volkswährung" = Renminbi (*die Währung der VR China*)	Rénmínbì	人民币	4
von	cóng	从	5
von ... (her)kommen, aus ... kommen	cóng ... lái	从 ... 来	5
vor	qián	前	

vor (*bei der Uhrzeitangabe*); fehlen, (er)mangeln	chà	差	2
vor ... , bevor ... , ehe ... ; vorher, früher	... yǐqián	... 以前	5
vorgestern	qiántiān	前天	7
Vormittag, vormittags; a.m.	shàngwǔ	上午	2
vorn, vorne; *hier:* geradeaus	qián	前	5
Vorsitzender	zhǔxí	主席	1
(*sich / jemanden*) vorstellen, bekanntmachen; empfehlen	jièshào	介绍	7, 8

W

Wagen; *auch:* Bus *usw.*	chē	车	3, 5
während, wenn, als (*Gleichzeitigkeit*)	... de shíhou	... 的时候	5
Wangfu Hotel (Palace Hotel, *ein Hotelname in Peking*)	Wángfǔ Fàndiàn	王府饭店	6
Wangfujing (*Einkaufs- und Flanierstraße in Peking*)	Wángfǔjǐng	王府井	6
wann?	shénme shíhou?	什么时候？	2
Warenmuster, Muster, Probe	yàngpǐn	样品	6
warm	nuǎnhuo	暖和	3, 7
warten, warten auf	děng	等	3
– einen Moment warten	děng yíxià	等一下	3
warum?	wèishénme?	为什么？	7
was? , was für ein ... ?	shénme?	什么？	1
Wasser	shuǐ	水	3
wechseln, umtauschen	huàn	换	4
– Geld wechseln, umtauschen	huàn qián	换钱	4

– das Verkehrsmittel wechseln, umsteigen	huàn chē	换车	4
Wechselkurs, Umtauschkurs	duìhuàn huìlǜ	兑换汇率	6
wecken	jiàoxǐng	叫醒	3
	huànxǐng	唤醒	3
Weckruf („morning call")	jiàoxǐng	叫醒	3
Weg, Wegstrecke; Straße; Linie (Bus–, U-Bahn– etc.)	lù	路	3, 4
weggehen, gehen, losgehen, aufbrechen	zǒu	走	5
wegnehmen	názǒu	拿走	6
wegschicken, abschicken,	fā	发	6
absenden	jì	寄	6
weiß (Farbe)	bái	白	1, 4
weißfarbig, weiße Farbe	báisè	白色	4
weit, fern	yuǎn	远	3
weiter, wieder, erneut, überdies; außerdem, obendrein (futurisch)	zài	再	5
weitersagen, (Informationen) weitergeben, (etwas) ausrichten	zhuǎn'gào	转告	8
welche? (Plural)	nǎxiē?	哪些？	4
welche (Bus- etc.)Linie?	jǐ lù (chē)?	几路（车）？	5
	nǎ lù (chē)?	哪路（车）？	5
welches Jahr?, in welchem Jahr?	nǎ nián?	哪年？	7
welche Nummer?; welches Datum?, welcher Tag? (Frage nach dem Datum)	jǐ hào?	几号？	3, 7
welcher, welch-; was für ein-	nǎ?	哪？	1
welcher Monat?, in welchem Monat?	jǐ yuè？ nǎ yuè？	几月？ 哪月？	7 7

welche(r) Nationalität?, aus welchem Land stammend?	nǎ guó rén?	哪国人？	1
welcher Tag?, an welchem Tag?; welches Datum?	nǎ tiān? jǐ hào?	哪天？ 几号？	7 7
welcher Wochentag?, an welchem Wochentag?	xīngqījǐ?	星期几？	2
wenn, während, als (*Gleichzeitigkeit*)	... de shíhou	... 的时候	5
wer?	shéi?, shuí?	谁？	1
werden (*Futur*)	yào	要	3
wessen? (*Possessiv*)	shéi de?	谁的？	3
Westen, West-	xī	西	5
Westen (*auch Umschreibung für Europa & Amerika*)	xīfāng	西方	3
westliches Essen	xīcān	西餐	3
Wetter	tiānqì	天气	7
wichtig, bedeutend	zhòngyào	重要	6
wie?	zěnme?	怎么？	2, 3, 4
wie?, Wie steht's damit? (*Auch:* Wie findest du meinen Vorschlag?)	zěnmeyàng?	怎么样？	2
wie alt?	duō dà?	多大？	1
(*bei älteren Erwachsenen:*)	duō dà niánjì?	多大年纪？	1
(*bei Kindern:*)	jǐ suì?	几岁？	1
wieder, erneut	yòu	又	3, 7
(schon) wieder einmal, erneut	yòu ... le	又 ... 了	7
wieder, weiter, erneut; überdies, außerdem, obendrein (*futurisch*)	zài	再	5
wiederholen (*als Übung*); Wiederholungsübung	fùxí	复习	2
„(Auf) Wiedersehen!"	„Zàijiàn!"	"再见！"	2

wie groß?, wie alt?	duō dà?	多大？	1
„Wie lautet Ihr werter (Familien-)Name?"	„Nín guì xìng?"	"您贵姓？"	1
wie teuer?, wieviel Geld?	duōshao qián?	多少钱？	3
wieviel, wie viele?	duōshao?	多少？	3
	jǐ?	几？	1
wieviel Geld?, wie teuer?	duōshao qián?	多少钱？	3
wie viele Jahre alt? (*bei Kindern*)	jǐ suì?	几岁？	1
wieviel Uhr?	jǐ diǎn (zhōng)?	几点（钟）？	2
(*jmdn.*) willkommen heißen	huānyíng	欢迎	7
wir	wǒmen	我们	1
„Wirklich?", „Echt?", „Ehrlich?"	„Zhēnde ma?"	"真的吗？"	5
wirklich, tatsächlich, echt	zhēn	真	4
Wirtschaftssonderzone	jīngjì tèqū	经济特区	1
wissen, Bescheid wissen, informiert sein	zhīdao	知道	4
(*gelegentlich verkürzt zu:*)	zhī	知	3
wo?	(zài) nǎli (*lies:* náli)?	(在)哪里？	1, 2
	(zài) nǎr?	(在)哪儿？	1, 2
Woche	lǐbài	礼拜	2
	xīngqī	星期	2
	zhōu	周	2
Wochenende	zhōumò	周末	2
Wochentag			
– welcher Wochentag?	lǐbàijǐ?	礼拜几？	2
	xīngqījǐ?	星期几？	2
wohin?	(qù) nǎr?	(去)哪儿？	2

wohlschmeckend, lecker	hǎochī	好吃	7
wohnen	zhù	住	1
– wohnen in (+ *Ort*)	zhù zài (+ *Ort*)	住在 (+ *Ort*)	1
wollen; müssen; brauchen, benötigen; werden (*Futur*)	yào	要	3, 4, 5, 6
(*jemandem etwas / Glück*) wünschen	zhù	祝	7
– „(Ich) wünsche dir alles Gute zum Geburtstag!"	„Zhù nǐ shēngri kuàilè!"	"祝你生日快乐！"	7
Wurzel	gēn	根	3

Y

Yangtsekiang, der Yangzi-Fluß (Changjiang, Chang Jiang)	Chángjiāng (Cháng Jiāng)	长江	5
Yangzi (*hier ein Firmenname*)	Yángzǐ	扬子	6
Yuan (RMB ¥) (*Grundeinheit der chinesischen Währung*)	Yuán	元，圆	4

Z

zehn / 10	shí	十	1
	yīshí	一十	1
zehntausend / 10.000	wàn	万	4
	yíwàn	一万	4
Zeit; Zeitpunkt	shíhou	时候	2, 5
Zeitspanne, Zeitraum	shíjiān	时间	2
(freie) Zeit, Muße	kòng	空	2
– Zeit haben, Muße haben	yǒu kòng	有空	2
	yǒu shíjiān	有时间	2

Vokabelindex Deutsch – Chinesisch

– zu jener Zeit, jene Zeit, damals	nà shíhou	那时候	7
– eine Zeit (einen Zeitpunkt) ausmachen, einen Termin vereinbaren	yuē shíjiān	约时间	6
Zeitung	bào ; bàozhǐ	报 ; 报纸	2, 5, 8
↳ Zeitung lesen	kàn bào	看报	5
zerstören	huǐ	毁	Einführung Aussprache
Zhongshan ⇨ *häufig anzutreffende Namensform für* Dr. Sun Yat-Sen (Sun Yixian)	Zhōngshān	中山	3, 5 etc.
Zhongshanling → das Sun-Yat-Sen-Mausoleum	Zhōngshānlíng	中山陵	5
Zhongshan-Straße	Zhōngshān Lù	中山路	3
„Zhongshan-Tor" (*ein altes Stadttor in Nanking*)	Zhōngshānmén	中山门	5
Zigarette(n)	xiāngyān	香烟	4
Zimmer, Raum	fángjiān	房间	1, 3
Zimmerkarte, Türkarte (*z. B. im Hotel*)	fángkǎ, ménkǎ	房卡, 门卡	3
Zimmernummer	fángjiān hàomǎ	房间号码	3
	kurz: fánghào	房号	3
Zoo, zoologischer Garten, Tierpark	dòngwùyuán	动物园	4
zu (*zu sehr, zu viel, zu teuer, zu groß, zu klein*)	tài	太	5
zu (*in Richtung, zu jemandem hingewandt*), zu *jemandem [etwas] sagen*	duì duì *jmdm.* shuō	对 对 *jmdm.* 说	7 7
Zucker	táng	糖	8
zuerst (*Adverb*)	xiān	先	3
Zug, Eisenbahn	huǒchē	火车	7

(*jmdm.*) zugewandt (*stehen*)	duì	对	7, 4
(*jmdm. / etw.*) zugewandt, zu, gegenüber(stehend)	duì	对	7
Zuhause, Heim, Familie	jiā	家	4, 6
	jiātíng	家庭	6
zuhören, hinhören, hören	tīng	听	2
zulassen; lassen; veranlassen	ràng	让	7, 8
zumachen, schließen; ausschalten	guān	关	4
zurückkehren	huí	回	6, 7
zurückkommen	huílái (*auch:* huílai)	回来	7
zurückliegend, letzt- (⇨ *in der zurückliegenden Woche, letzten Montag*)	shàng	上	7
zusammen (mit), mit, gemeinsam	gēn hé tóng yìqǐ	跟 和 同 一起	6 2, 6 7 5
zusammenarbeiten, kooperieren; Zusammenarbeit	hézuò	合作	6
Zutaten; Gewürze	tiáoliào	调料	8
„Zuviel der Ehre!"	„Bù gǎn dāng!"; tài kèqi	"不敢当！"； 太客气	8 7
zuvorkommend, höflich	kèqi	客气	3, 7
zwanzig / 20	èrshí	二十	1
zwei / 2	èr	二	1
	liǎng	两	1
zweit(e/r)	dì èr	第二	2

Shēngcíbiǎo 生词表
Hàn – Dé 汉·德

Hinweis: In dieser Liste sind die chinesischen Vokabeln alphabetisch angeordnet, d. h. ohne Berücksichtigung von Silben- oder Sinngrenzen. Die Töne dienen erst an zweiter Stelle als Ordnungskriterium.

Pinyin	Zeichen	deutsche Bedeutung	Lektion
A			
Ā, à, a	啊	Ach! (*Interjektion*)	2
āi	哀	traurig	Einführung Aussprache
ái	癌	Krebs (*Krankheit*)	Einführung Aussprache
ǎi	矮	(sehr) klein	Einführung Aussprache
ài	爱	lieben	Einführung Aussprache
àiren	爱人	Ehepartner, Ehemann, Ehefrau	7
ānquán	安全	Sicherheit	2
Aiyo! Āiyō!	哎哟！	Oh je! Oje! (*Interjektion*)	2
Àodìlìrén	奥地利人	Österreicher	1
Àolínpǐkè Yùndònghuì	奥林匹克运动会	die Olympischen Spiele, Olympiade	3
Àoyùnhuì	奥运会	*kurz für:* Àolínpǐkè Yùndònghuì 奥林匹克运动会	3
B			
bā	八	acht / 8	1

bǎ	把	*Hilfswort bei der Veränderung der Stellung des direkten Objektes im chinesischen Satz*	6
... ba!	... 吧!	*Partikel am Ende eines Auf- forderungs- bzw. Befehlssatzes*	6
bàba	爸爸	Papa, Vater	7
bái ; Bái	白	*(die Farbe)* weiß; *ein chin. Familienname:* Bai	1, 4
bǎi	百	hundert / 100	1
báisè	白色	weißfarbig, weiß	4
bàn	半	Hälfte; halb; *bei Uhrzeit- angabe:* halbe Stunde	2
bàn	办	erledigen, abwickeln	6
bāng	帮	helfen, behilflich sein	6
bàngōngshì	办公室	Büro	6
bànlǐ	办理	erledigen, abwickeln	6
bāo	包	Paket, Packen, Päckchen; *auch:* (Zigaretten-)Schachtel; *oft auch Kurzform für* Hand- taschen *u. ä., vgl.* píbāo 皮包 .	4 7
bǎo	饱	satt	8
bào	报	Zeitung	2, 5
bāoguǒ	包裹	(Post-)Paket	6
bàozhǐ	报纸	Zeitung, Zeitungen	5, 8
bāozi	包子	baozi *(eine Art gedämpftes rundes Brötchen mit Fleisch- oder vegetarischer Füllung)*	8
bāshí	八十	achtzig / 80	1
bāyuè	八月	August	7
bēi	杯	Becher; Tasse; Glas *(siehe* bēizi 杯子*)*	1, 7

běi	北	Norden, Nord-	5
Běi-Dà	北大	Abkürzung für: Běijīng Dàxué 北京大学 → Peking-Universität	8, 1
běifēng	北风	Nordwind	3
Běijīng Dàxué	北京大学	Beijing Universität, Peking-Universität	1
Běijīng Fàndiàn	北京饭店	das „Peking Hotel" (*ein altes bekanntes Hotel in der Chang'an-Straße in Peking*)	3
Běijīngrén	北京人	Pekinger, gebürtiger Pekinger	1
Běijīng kǎoyā	北京烤鸭	Peking-Ente	8
Běijīng Zhàn	北京站	Hauptbahnhof Peking, Pekinger Hauptbahnhof	5
bēizi	杯子	Becher; Tasse; Glas	1, 7
běn	本	ein Zähleinheitswort (ZEW)	1
~ biàn	~遍	~mal, Mal (*einmal, zweimal ...*)	5
biàn dì	遍地	allerorten, überall (*flächendeckend*)	3
biǎo	表	*kurz für:* biǎogé 表格	3
biǎogé	表格	Formular; Tabelle	3
biāozhǔnjiān	标准间	Standardzimmer (*im Hotel*)	3
bié	别	*Kontraktionsform von* bú yào 不要: nicht sollen, nicht dürfen	7
biéde	别的	andere, anderes	8
„Bié kèqi!"	"别客气！"	wörtl.: „Seien Sie nicht so formell!" (*Übersetzung abhängig von der Situation, hier:* „Nichts zu danken!")	7
bǐjìběn(r)	笔记本（儿）	Notizbuch; *kurz für:* Computer-Notebook → bǐjìběn(r) diànnǎo	6

bǐjìběn(r) diànnǎo	笔记本（儿）电脑	Computer-Notebook; LapTop	6
bīnguǎn	宾馆	Hotel, *wörtl.:* Gästehaus	3, 6
Bōlánrén	波兰人	Pole	1
Bōlánwén	波兰文	Polnisch	1
bóshì	博士	(*akad. Titel:*) Dr.	1
bù (bú)	不	*Verneinungswort:* nicht; nein	3
bù	部	*ein Zähleinheitswort (ZEW)*	7
bù cháng	不常	nicht oft	4
búcuò	不错	nicht schlecht, recht gut	4
„Bù gǎn dāng!"	„不敢当！"	„Zuviel der Ehre!"	8
búguò	不过	allerdings, jedoch, aber	4
„Bú kèqi!"	„不客气！"	(*Wörtl.:*) „Seien Sie nicht so höflich *od.* formell!", *oft frei zu übersetzen:* „Nichts zu danken!", „Nicht der Rede wert!", „Gern geschehen!" *o. ä.*	3, 7
bù kěyi	不可以	nicht dürfen (*verboten sein*)	3, 6
bù ... le	不 ... 了	nicht mehr (tun, sein)	7
bú shì (*auch:* bú shi)	不是	nicht sein, nicht so sein (*die Verneinung von* shi, shì 是)	3
bǔxí	补习	Nachhilfe, Nachhilfeunterricht nehmen *od.* geben	7
„Bú xiè!"	„不谢！"	„Nichts zu danken!"	3
bù xíng	不行	das geht nicht, das ist nicht möglich, das kann man nicht machen	4
bú yòng	不用	nicht benötigen, nicht brauchen; *als Redewendung:* „Das ist nicht nötig!"	5

C

cái	才	erst (*einschränkend*)	5
cài	菜	Gemüse; Lebensmittel (*nicht Reis*); Essen, Speise, Gericht	7, 8
càidān	菜单	Speisekarte	8
cānguān	参观	besichtigen	6
cāntīng	餐厅	Speisesaal, Mensa, Kantine; *auch:* Restaurant	2
cǎo'àn	草案	Entwurf	6
CD (xi di)	CD	CD	7
cèsuǒ	厕所	Klo, (öffentliche) Toilette	3
chā	叉	Gabel	8
chá	茶	Tee	3
chà	差	fehlen; *bei der Uhrzeitangabe:* vor	2
chà diǎnr	差点儿	fast, beinahe	6
cháng	尝	probieren, kosten	8
cháng	常	häufig, oft, sehr oft	4
Cháng'ān Jiē	长安街	die „Chang'an-Straße" (*in Peking*)	3
chángcháng	常常	häufig, oft, sehr oft	4
Chángchéng	长城	die „Große Mauer" in China (*wörtl.:* die „Lange Mauer"); *hier:* ein Hotelname	6
Chángjiāng (Cháng Jiāng)	长江	Changjiang: der Yangzi-Fluß	5
chàngpiàn	唱片	Schallplatte	7
chángshòumiàn	长寿面	die „Nudeln der Langlebigkeit" (*spezielles Nudelgericht an Geburtstagen*)	7
chà yìdiǎnr	差一点儿	fast, beinahe	6

chāzi	叉子	Gabel	8
chē	车	Wagen; *auch kurz für* Bus *etc.*	3, 5
chéngshì	城市	Stadt	5
chéngzhī	橙汁	Orangensaft	8
chènshān	衬衫	Hemd; Bluse	1, 6
chēpiào	车票	Bus-, Bahn- *etc.* (Fahr-)Karte	5
chēzhàn	车站	Haltestelle (*Bus, U-Bahn etc.*); Bahnhof	5
chī (+ *Objekt*)	吃 (+ *Objekt*)	(*etwas*) essen	2
chībǎo	吃饱	sich satt essen, satt (sein)	8
chī cù	吃醋	*wörtl.:* Essig essen, *Slang für:* eifersüchtig (sein)	8
chídào	迟到	zu spät kommen, sich verspäten	7
chī diǎnr dōngxi	吃点儿东西	eine Kleinigkeit essen	7
chī / fàn	吃饭	essen (*wörtl.:* Reis essen)	2
chīguo	吃过	(*etwas*) schon einmal gegessen haben	8
chīwán fàn	吃晚饭	das Essen beenden, mit dem Essen fertig sein	6, 7
chī wǔfàn	吃午饭	zu Mittag essen	2
chī zǎofàn	吃早饭	frühstücken	2
chòu	臭	stinken	8
chòu dòufu	臭豆腐	*speziell zubereiteter, extrem geruchsintensiver* Doufu ('Tofu')	8
chōuti	抽屉	Schublade	6
chuán	船	Schiff; Boot	3
Chuāncài	川菜	Sichuan-Küche, nach Sichuan-Art zubereitete Gerichte	8
chuáng	床	Bett	2
chuānghu	窗户	Fenster	8

chuánzhēn	传真	Fax	6
chuánzhēnjī	传真机	Fax-Gerät, Fax-Maschine (ZEW: tái 台)	6, 7
chūnjuǎn (chūnjuǎnr)	春卷	Frühlingsrolle	8
chūshēng	出生	geboren werden, geboren (worden sein)	7
chūzū	出租	vermieten	3
chūzūchē	出租车	Taxi	3
chūzū-qìchē	出租汽车	Taxi	3
cì	次	-mal, Mal (einmal, zweimal, dreimal ...)	5
cíqì	瓷器	Porzellan	4
cóng	从	von	5
cóng ... lái	从 ... 来	von ... (her)kommen, aus ... kommen	5
cù	醋	Essig	8

D

dǎ	打	wörtlich: schlagen; oft: arbeiten an / mit (...); oft auch kurz für: dǎ diànhuà 打电话 (telefonieren, anrufen)	6
dà	大	groß	1
dǎ dī	打的	mit dem Taxi fahren (Slang)	3
dā dí	打的	mit dem Taxi fahren (Slang)	3
dǎ diànhuà	打电话	telefonieren, anrufen	6, 8
dǎ diànhuà lái	打电话来	hier anrufen	8
dǎ diànhuà qù	打电话去	(dort) anrufen	8
dǎ diànnǎo	打电脑	am Computer arbeiten	6
dǎhuǒjī	打火机	Feuerzeug	4

dàibiǎo	代表	Vertreter, Delegierter, Abgeordneter	6
dàibiǎotuán	代表团	Delegation	6
dàilái	带来	mitbringen	7
dàjiā	大家	alle Leute, alle (*nur für Menschen; nicht als direktes Objekt verwendbar*)	7
dǎkāi	打开	öffnen, aufmachen; einschalten	6
dàlóu	大楼	Hochhaus, großes Gebäude	8
dàn	蛋	Ei	7
dàn'gāo	蛋糕	Kuchen, Torte	7
dānrénjiān	单人间	Einzelzimmer (*im Hotel*)	3
dāo	刀	Messer	8
dào	到	ankommen, eintreffen; bis	3, 5
dāo-chā	刀叉	Messer und Gabel (*westliches Eßbesteck*)	8
dāozi	刀子	Messer	8
dàqiáo	大桥	(große) Brücke	5
dàxiě	大写	„Großschreibung" (*die komplizierten, fälschungssicheren Varianten der Zahlenzeichen*)	4
dàxué	大学	Universität	1
dǎyìn	打印	drucken, ausdrucken	6
dǎyìnjī	打印机	Drucker (*z. B. Computer*)	6
de	的	*ein grammatisch-syntaktisches Hilfswort*	3
de	得	*ein grammatisch-syntaktisches Hilfswort*	8
Déguó Mǎkè	德国马克	Deutsche Mark, DM	4
Déguórén	德国人	Deutscher	1

Déguó Yínháng	德国银行	„Deutsche Bank" *(ein erfundener Bankenname)*	8
děi	得	*Modalverb:* müssen	2
děng	等	warten, warten auf	3
děng yíxià	等一下	einen Moment warten	3
Déwén	德文	Deutsch, deutsche Sprache, Text in deutscher Sprache	1, 2
... de shíhou	... 的时候	wenn ... , als ... , während ...	5
dì ~	第 ~	*Ordinalzahlvorsilbe:* ~ter (ers**ter**, zwei**ter**, drit**ter**, vier**ter** usw.)	1, 2
diǎn	点	Punkt; *Markierung der* vollen Stunde *auf der Uhr*	2
diǎn	点	ein bißchen *(siehe* diǎnr 点儿*)*	7
diǎn	点	markieren, ankreuzen, abhaken; *auch kurz für:* diǎn cài 点菜	8
diànbào	电报	Telegramm; Telegraphie	8
diǎn / cài	点菜	Essen bestellen *(im Restaurant etc.)*	8
diànchē	电车	Straßenbahn; Oberleitungsbus, O-Bus, Trolley-Bus	3, 5
diàndēng	电灯	(elektrische) Lampe	5
diǎnhǎo cài	点好菜	die (Essens-)Bestellung erledigen	8
diànhuà	电话	Telefon; Telefonat	6
diànhuà hàomǎ	电话号码	Telefonnummer	8
diànnǎo	电脑	Computer	6
diǎnr *(lies:* diǎr*)*	点儿	ein bißchen *(siehe* yìdiǎnr 一点儿*)*	7
diànshìjī	电视机	Fernsehapparat, TV-Gerät	3
diàntī	电梯	Fahrstuhl, Aufzug	3

diǎnxin	点心	Imbiß, Snack, kleiner Leckerbissen, *Dimsun*; feines Gebäck; Dessert	8
diànyǐng	电影	Film (*im Fernsehen, im Kino etc.*)	2
diànyǐngyuàn	电影院	Kino, Kinogebäude	5
diànzǐ-yóujiàn	电子邮件	elektronische Post, E-Mail	6
dìdi	弟弟	jüngerer Bruder	7
dìng	订	bestellen, buchen, reservieren	3
dìngdān	订单，定单	Bestellzettel, (*schriftliche*) Bestellung	6
dìngdào	订到	(erfolgreich) bestellen, buchen	6
dìnghǎo	订好	bestellen, buchen, reservieren	6
dìtú	地图	Landkarte, (Stadt-)Plan	5
dī wēi dī (*)	DVD	DVD (*: *in der chin. Aussprache des Fremdwortes 'DVD' schwanken die Töne häufig*)	6
dì yī cì	第一次	das erste Mal, zum ersten Mal, erstmals	5
dìzhǐ	地址	Adresse	6
dōng	东	Osten, Ost-	5
dǒng	懂	verstehen	6
dòngwù	动物	Tier	4
dòngwùyuán	动物园	zoologischer Garten, Zoo	4
dōngxi	东西	Ding, Gegenstand, Sache	4
dōu	都	*Adverb:* alle, alles	8
– dōu shi ...	都是...	alles ist ... , alle sind ... , bei allem handelt es sich um ...	8
dòufu	豆腐	Doufu ('Tofu'), Soyabohnenkäse	8
duì	对	richtig, korrekt; „Richtig!", „Stimmt!", „Ja, stimmt!"	4, 6

duì	对	(*jmdm. / etw.*) zugewandt (*sein od. stehen*), zu (*jmdm. hin[gewandt]*)	7
„Duìbuqǐ!"	对不起	„Entschuldigung!"	2
duìhuàn huìlǜ	兑换汇率	Umtauschkurs, Wechselkurs	6
„Duì le, ..."	"对了, ..."	„Ach ja, richtig, übrigens ..."	4, 6
„..., duì ma?"	"..., 对吗?"	„..., stimmt's?", „..., hab' ich recht?"	7
duìmiàn	对面	gegenüber(liegend), gegenüberliegende Seite	4
duì ... shuō (A duì B shuō)	对 ... 说 (A 对 B 说)	zu ... sagen (A sagt zu B)	7
duō	多	viel, viele, zahlreich; (noch) mehr	4, 5, 8
duō dà?	多大?	wie alt? (*für Personen*)	1
duō dà niánjì?	多大年纪	wie alt? (*bei Erwachsenen*)	1
duōshao?	多少?	wieviel? wie viele?	3
duōshao qián?	多少钱?	wieviel Geld?, wie teuer (ist ...)?	3

E

è	饿	hungrig (sein), Hunger (haben)	7
Éluósīrén	俄罗斯人	Russe	1
Éluósīwén	俄罗斯文	Russisch	1
èr	二	zwei / 2	1
èrshí	二十	zwanzig / 20	1
èryuè	二月	Februar	7
érzi	儿子	Sohn	1
Éwén	俄文	Russisch, russische Sprache, Text in russischer Sprache	3

F

fā	发	abschicken, aussenden	6
fā chuánzhēn	发传真	ein Fax (ab)schicken, ein Fax senden	6
Făguórén	法国人	Franzose	1
fàn	饭	(gekochter) Reis; Speise; Mahlzeit	2
fàndiàn	饭店	Restaurant (ZEW: jiā 家)	6
Fāng	方	Fang (*ein chines. Familienname*)	6
fánghào	房号	Zimmernummer	3
fángjiān	房间	Zimmer, Raum	1, 3
fángjiān hàomǎ	房间号码	Zimmernummer	3
fángkǎ	房卡	Zimmerkarte, Türkarte	3
fànguǎn	饭馆	Restaurant	3
fàngxīn	放心	sich beruhigen, sich keine Sorgen machen müssen, beruhigt sein	6
fānqiézhī	番茄汁	Tomatensaft	8
fànwǎn	饭碗	Reisschale, Reisschälchen	8
fānyì	翻译	übersetzen	6
fānyìcuò	翻译错	falsch übersetzen	6
fānyìhǎo	翻译好	(fertig) übersetzen	6
fānyìwán	翻译完	eine Übersetzung fertigstellen	6
Fǎwén	法文	Französisch, französische Sprache, Text in französischer Sprache	1
fā yīmèir	发伊妹儿	ein E-Mail schicken od. versenden, „mailen"	6
fēijī	飞机	Flugzeug	3

fēijīchǎng	飞机场	Flughafen, Flugplatz → *siehe* jīchǎng 机场	6
fēijīpiào	飞机票	Flugschein, Flugticket	5, 7
fēn	分	Minute	2
Fēn	分	Fen (*kleinste chinesische Münzeinheit, wie Pfennig, Cent etc.*)	4
fèn	份	*ein Zähleinheitswort (ZEW)*	6
fēng	封	*ein Zähleinheitswort (ZEW)*	6
fēngfù	丰富	reichlich, reichhaltig	8
fēnjī	分机	Nebenstelle, Nebenanschluß (*Telefon*)	8
fēn zhōng	分钟	Minute	2
fùjìn	附近	in der Nähe, nahebei, nah	4
fùlù	附录	„Anhang" (*ein Lektionsteil*)	1
fūren	夫人	Gattin, (Ehe-)Frau (*gehobene Sprache*)	1
fúróng jīpiàn	芙蓉鸡片	Hühnerfleisch (Hühnerbrust) in Scheiben geschnitten, mit Eierstich	8
fúwùqì	服务器	(Computer:) Server	6
fúwùyuán	服务员	Bedienung, Personal, Kellner *usw.*	3
fùxí	复习	Wiederholungsübung; wiederholen (*als Übung*)	2

G

„Gānbēi!"	"干杯！"	„Prosit!", „Zum Wohle!" (*wörtlich: „Macht die Becher trocken!" ⇨ ex trinken*)	8
Gǎngbì	港币	Hongkong Dollar, HK $	4
gāngcái	刚才	*Adverb:* eben, gerade eben	8

gāngqín	钢琴	Klavier	8
gàosu	告诉	Bescheid sagen, (*jmdn.*) informieren	5, 8
gè, ge	个	*ein Zähleinheitswort (ZEW)*	1
gēge	哥哥	älterer Bruder	7
gěi	给	geben; *Hilfswort zur Kennzeichnung des indirekten Objekts, vgl. die* ERLÄUTERUNGEN *zu dieser Lektion*	7
gēn	根	Wurzel	3
gēn	跟	zusammen mit, mit; folgen, hinterhergehen	6
gēn ... shuōhuà (A gēn B shuōhuà	跟 ... 说话 A 跟 B 说话	mit ... sprechen *od.* reden, sich mit ... unterhalten A spricht mit B, A unterhält sich mit B)	8
gōngbǎo jīdīng	宫保鸡丁	Hühnerfleisch in Würfel geschnitten, nach „Palastwächter"-Art, mit Chili-Schoten (*scharf*)	8
gōngchǎng	工厂	Fabrik	6
gōngchéngshī	工程师	Ingenieur	1
gōngchǐ	公尺	Meter, m (*veraltet*)	4
gōnggòng-qìchē	公共汽车	Omnibus, Bus	3, 4
gōngjiāochē	公交车	Omnibus, Bus	4
gōngsī	公司	Firma	6
gōngzuò	工作	Arbeit; arbeiten	1
guǎi	拐	abbiegen	5
guān	关	schließen, zumachen; ausschalten	4
guān / mén	关门	die Tür schließen, schließen (*Geschäft*)	4

Guǎngzhōu	广州	Guangzhou (*Hauptstadt der Provinz Guangdong*), Kanton, Canton	1, 8
guì	贵	teuer	1, 3
... guì xìng?	...贵姓？	Wie lautet ... werter (Familien-)Name?	1
Guìyǒu Shāngchǎng	贵友商场	„Wertvoller Freund" (*hier der Name eines Kaufhauses*)	4, 5, 7
gùkè	顾客	Kunde	4
gǔlǎo ròu	古老肉	Schweinefleisch süß-sauer	8
guó	国	Land, Staat	1
guò	过	(*Straße*) überqueren; (*einen Festtag*) begehen, feiern	5 7
-guo	过	*ein Verbsuffix*	8
guò shēngri	过生日	Geburtstag haben od. feiern	7

H

hái	还	noch	3, 4
hái hǎo	还好	glücklicherweise, zum Glück, Gott sei Dank	6
hǎimǎ	海马	Seepferdchen; *hier der Name einer Firma:* Hǎimǎ Gōngsī	6
háishi	还是	oder (*Auswahlfrage*)	5
háishi	还是	*kurz für:* háishi ... ba	5
háishi ... ba!	还是 ... 吧！	doch lieber, lieber (*kennzeichnet die bevorzugte Option*)	5
háizi	孩子	Kind	1
Hànyǔ	汉语	chinesische Sprache, Chinesisch	3, 4
Hànzì	汉字	chinesisches Schriftzeichen	2
hǎo	好	gut, O.K.	1, 2

-hào	号	Nummer, Nr. (*steht hinter der Zahl, also:* Nr. 3 ⇨ 三号 sān hào)	3
-hào	号	Tag *in der Datumsangabe*	7
hǎochī	好吃	wohlschmeckend, lecker	7
Hǎode!	好的！	Alles klar!, O.K.!, Einverstanden!	6
hǎokàn	好看	gut aussehen, hübsch, schön	7
…, hǎo ma?	…，好吗？	Ist das gut (so)?, Einverstanden?	2
~ hàoxiàn	~号线	(*Bus, U-Bahn usw.:*) Linie (~)	4
háoyóu niúròu	蚝油牛肉	Rindfleisch in Austernöl	8
hē	喝	trinken	3
hé	和	und (*verbindet nicht Sätze!*); zusammen mit, mit	2, 6
hēi	黑	schwarz	4
hěn	很	sehr	3
hěn duō	很多	sehr viele, viele	3
hétong	合同	Vertrag; Abkommen	6
hétong cǎo'àn	合同草案	Vertragsentwurf	6
hézuò	合作	zusammenarbeiten, kooperieren	6
hóng	红	rot	4
hónglǜdēng	红绿灯	(Verkehrs-)Ampel	5
hòumiàn (*auch:* hòumian)	后面	hinten, hinter	6
hòutiān	后天	übermorgen	6, 7
huā	花	Blume	4
huādiàn	花点	Blumengeschäft, Blumenladen	4
huàn	换	umtauschen, (um)wechseln	4

huàn + Verkehrs-mittel	换 + Verkehrs-mittel	umsteigen (+ Verkehrsmittel)	4
huàn / chē	换车	in (einen anderen Bus, eine andere U-Bahn etc.) umsteigen	4
huáng	黄	gelb	4
huàn qián	换钱	Geld umtauschen, Geld wechseln	4
huànxǐng	唤醒	siehe jiàoxǐng 叫醒	3
huānyíng	欢迎	(jemanden) willkommen heißen	7
„Huānyíng, huānyíng!" "欢迎，欢迎！"		„Herzlich willkommen!"	7
huāpíng	花瓶	Blumenvase, Vase	4
Huáqiáo	华侨	Auslandschinese, Übersee-chinese	1
huī	灰	Asche	Einführung Aussprache
huí	回	zurückkehren, zurückkommen	6, 7
huǐ	毁	zerstören	Einführung Aussprache
huì	会	*Modalverb:* können (*zur Verwendung von* huì 会 *siehe die* ERLÄUTERUNGEN *zu dieser Lektion*)	8
huì ... de	会 ... 的	*bekräftigend:* gewiß, sicher, bestimmt (*siehe die* ERLÄUTERUNGEN *zu dieser Lektion*)	8
huíguō ròu	回锅肉	(Schweine-)Fleisch mit Paprika, zweimal gebraten	8
huìhuà	会话	Konversation	2
huí jiā	回家	nach Hause gehen; nach Hause kommen	6
huílái (*auch:* huílai)	回来	zurückkommen	7

huìtán	会谈	Besprechung; Gespräch; Verhandlungsgespräch; Meeting	6
hújiāo	胡椒	Pfeffer	8
hùliánwǎng	互联网	Internet	6
huǒchē	火车	Eisenbahn, Zug	7
huòzhě	或者	oder	5
hùzhào	护照	Paß, Reisepaß	3

J

jī	鸡	Huhn	8
jǐ ?	几?	wie viele?	1
jǐ	几	einige (*unbestimmte, kleinere Stückzahl*)	8
jì	寄	(*etwas mit der Post*) schicken, abschicken	6
jiā	家	Familie, Heim, Zuhause; *auch:* ein Zähleinheistwort (ZEW)	4, 6
jiān	间	ein Zähleinheitswort (ZEW)	1, 3
jiàn	见	(sich) sehen, erblicken	2
Jiāngsū Lù	江苏路	die „Jiangsu-Straße" (*ein Straßenname*)	5
jiàngyóu	酱油	Soyasoße	8
jiàn / miàn	见面	(sich) treffen	2
jiànpán	键盘	(*Schreibmaschinen, Computer etc.:*) Tastatur, Keyboard	6
jiānshìqì	监视器	(*Computer etc.:*) Monitor	6
jiāo (+ *Objekt*)	教 (+ *Objekt*)	(*jmdn. / ein Fach*) unterrichten, lehren	1
Jiǎo	角	*formeller Ausdruck für die alltagssprachlich* Máo 毛 *genannte Währungseinheit*	4

jiào	叫	heißen; rufen	1, 3
jiàodào	叫到	(erfolgreich) bestellen (*siehe die Erläuterungen zur Lektion 6*)	6, 7
jiàohǎo	叫好	rufen, bestellen (*siehe die Erläuterungen zu dieser Lektion*)	6
jiàoxǐng	叫醒	wecken; Weckruf („morning call" *im Hotel*)	3
jiātíng	家庭	Familie, Heim, Zuhause	6
jīchǎng	机场	Flughafen, Flugplatz (*geläufige Kurzform für:* fēijīchǎng 飞机场)	6
jīdàn	鸡蛋	Hühnerei	7, 8
jǐ diǎn (zhōng)?	几点（钟）？	wieviel Uhr? um wieviel Uhr?	2
jiē	街	Straße	3
jiē (+ *Person*)	接 (+ *Person*)	(*jemanden*) in Empfang nehmen, (*jmdn.*) abholen	6, 8
jiē (+ *Telefon*)	接 (+ *Telefon*)	eine telefonische Verbindung herstellen, verbinden; ans Telefon gehen, (einen Anruf) entgegennehmen	8
jié	节	*ein Zähleinheitswort (ZEW), hier für Unterrichtsstunde*	2
jié / hūn	结婚	heiraten	2
jiéhūn le	结婚了	verheiratet sein	1
jiějie	姐姐	ältere Schwester	7
jièshào	介绍	(sich) vorstellen, bekanntmachen; *auch:* empfehlen	7, 8
jīguāng-chàngpiàn	激光唱片	CD	7
jǐ hào?	几号？	welche Nummer? ; welches Datum? , welcher Tag? (*Frage nach dem Datum*)	3, 7
jǐ lù (chē)?	几路（车）？	welche (Bus- *etc.*)Linie?	5
jìn	近	nah, nahe	4

jìng	敬	(*jemanden*) ehren; *hier*: (*jemandem*) zuprosten, auf (*jmdn.*) anstoßen	8
jīngguò	经过	entlanggehen, passieren; *auch*: durchqueren	5
jīngjì tèqū	经济特区	Wirtschaftssonderzone	1
jīnglǐ	经理	Manager; Direktor (*Firma*)	1, 6
Jīnlíng Fàndiàn	金陵饭店	das „Jinling Hotel" (*ein Hotelname*)	3
jīnnián	今年	dieses Jahr, in diesem Jahr, heuer	7
jīntiān	今天	heute	2
jīpiào	机票	Flugschein, Flugticket	5, 7
jīròu	鸡肉	Hühnerfleisch	8
jǐ suì?	几岁？	wie viele Jahre alt? (*bei Kindern*)	1
jītuǐ	鸡腿	Hühnerbein	8
jiǔ	九	neun / 9	1
jiǔ	酒	Alkohol, Schnaps, Spirituosen	7
jiù	就	*Adverb zur Hervorhebung der räumlichen, zeitlichen od. gedanklichen Nähe, etwa*: gleich; just, eben dies(er)	3, 5
jiǔdiàn	酒店	Hotel	3
jiǔshí	九十	neunzig / 90	1
jiǔyuè	九月	September	7
jǐ yuè?	几月	welcher Monat?, in welchem Monat?	7
jìzhě	记者	Journalist, Reporter	1
jìzǒu	寄走	(*mit der Post*) abschicken, wegschicken	6
jùxíng	句型	„Satzmuster" (*ein Lektionsteil*)	1

júzizhī	桔子汁, 橘子汁	Mandarinensaft	8

K

kāfēi	咖啡	Kaffee	3, 5
kāfēijiān	咖啡间	Café, Cafeteria, Coffeeshop	3
kāfēitīng	咖啡厅	Café, Cafeteria, Coffeeshop	3
kāfēiwū	咖啡屋	Café, Cafeteria, Coffeeshop	3
kāi	开	öffnen, aufmachen, eröffnen; einschalten; losfahren, abfahren	4, 5
kāi chē	开车	ein Auto fahren	8
kāi / mén	开门	die Tür öffnen, öffnen (*Geschäft*)	4
kāishǐ	开始	anfangen, beginnen	2
kàn	看	ansehen, anschauen; lesen; besuchen	2
kàn bào	看报	Zeitung lesen	5
kàndào	看报	sehen, erblicken (*siehe die Erläuterungen zu dieser Lektion*)	6
kàn diànyǐng	看电影	sich einen Film ansehen	2
kànhǎo	看好	durchlesen, gründlich ansehen (*siehe die Erläuterungen zu Lektion 6*)	6, 8
kànjiàn	看见	sehen (*siehe die Erläuterungen zu dieser Lektion*)	6
kàn péngyou	看朋友	einen Freund besuchen	2
kànshū	看书	(ein Buch) lesen	2
kǎoyā	烤鸭	Bratente, (*kurz für:*) Peking-Ente	8
kè	刻	Viertelstunde	2

kè	课	Unterrichtsstunde; Unterricht; Lektion; Unterrichtsstoff	1, 2
kèbiǎo	课表	Stundenplan (*in der Schule usw.*)	2
kèhù	客户	Firmenkunde, Kunde	6
kèqi	客气	höflich, zuvorkommend	3, 7
kèren	客人	Gast	7
kèshāng	客商	Handelsreisender, Geschäftsreisender; Firmenkunde, Kunde; *auch:* ausländischer Geschäftsmann	6
kèwén	课文	„Lektionstext" (*ein Lektionsteil*)	1
kěxī	可惜	leider, bedauerlicherweise	7
kěyi, kěyǐ (*lies:* kéyi)	可以	*Modalverb:* können; dürfen	3
kè zhōng	刻钟	Viertelstunde	2
kòng	空	(freie) Zeit, Muße	2
kōngtiáochē	空调车	klimatisierter Bus	4
Kuài	块	Kuai (*alltagssprachliche Bezeichnung für die Grundeinheit der chines. Währung, formell:* Yuán 元)	3
kuài	快	schnell	8
kuàilè	快乐	Freude, Vergnügen, vergnügt, fröhlich	7
kuài ... le	快 ... 了	in Kürze, gleich, bald, demnächst	7
kuài yào ... le	快要 ... 了	in Kürze, gleich, bald, demnächst	7
kuàizi	筷子	chinesische Eßstäbchen	4, 8

L

là	辣	scharf (*nur geschmacklich*)	6, 8
lái	来	kommen, herkommen	2
lái	来	*Stellvertreterverb für:* tun, machen; bringen, kommen lassen	8
lái diànhuà	来电话	(hier) anrufen	8
làjiāo	辣椒	Paprika, Chili	8
lán	蓝	blau	4
lánsè	蓝色	blaue Farbe, blau	5
lǎo	老	alt, (alt)ehrwürdig	1
lǎobǎn	老板	Chef, Boss	1
Lǎo Běijīng	老北京	'alter Pekinger' (*seit langem in Peking lebende ortskundige Person*)	8
„Láojià ..."	"劳驾 ..."	„Dürfte ich Sie bemühen ... " (*sehr höflich für:* bitte ...)	8
lǎo péngyou	老朋友	alter Freund, alter Bekannter	7
lǎoshī	老师	Lehrer; Dozent	1
lǎo-wài	老外	*Slang-Ausdruck für:* Ausländer	8
le	了	*eine grammatische Partikel*	1, 2, 3, 6
lěng	冷	kalt	7
lǐ	里	innen, in	6
liáng	凉	kühl	7
liǎng	两	zwei / 2	1
liàng	辆	*ein Zähleinheitswort (ZEW)*	3, 5
liángkuài	凉快	angenehm kühl	7
liànxí	练习	üben; Übung; „Übungen" (*ein Lektionsteil*)	1, 2
liǎocao	潦草	unleserlich (*Handschrift*)	8

lǐbài	礼拜	Woche	2
lǐbàiyī	礼拜一	Montag	2
lǐbài'èr	礼拜二	Dienstag	2
lǐbàisān	礼拜三	Mittwoch	2
lǐbàisì	礼拜四	Donnerstag	2
lǐbàiwǔ	礼拜五	Freitag	2
lǐbàiliù	礼拜六	Samstag	2
lǐbàirì	礼拜日	Sonntag (*schriftsprachlich*)	2
lǐbàitiān	礼拜天	Sonntag (*alltagssprachlich*)	2
lǐbàijǐ?	礼拜几？	welcher Wochentag?	2
lǐmiàn, lǐmian	里面	innen, in	6
líng	零	null, Null / 0	1
liù	六	sechs / 6	1
liùshí	六十	sechzig / 60	1
liùyuè	六月	Juni	7
lǐwù	礼物	Geschenk	7
lóu	楼	Stockwerk, Etage; *auch:* mehrstöckiges Gebäude, Hochhaus	3
lóuxià	楼下	untere Etage (*von einem höheren Stockwerk aus gesehen*)	3
lù	路	Weg; Wegstrecke; Linie (*Bus-, U-Bahn- etc.*)	3, 4
lùyīn	录音	Ton(band)aufnahme	2
lù-yīn	录音	(*auf Band o. ä.*) aufnehmen	2
lǜ	绿	grün	4
lǚguǎn	旅馆	Hotel	3

M

mā	妈	Mama, Mutter *kurz für:* māma 妈妈	Einführung Aussprache
má	麻	Hanf	Einführung Aussprache
mà	骂	beschimpfen, schimpfen	Einführung Aussprache
... ma?	... 吗?	Fragewort am Satzende	2
máfan	麻烦	lästig, mühsam	6
„Máfan nǐ ... "	"麻烦你 ... "	„Dürfte ich Sie bemühen ... ", „Könnten Sie bitte mal ... ", „Bitte ... "	6
mǎi	买	kaufen	3, 4
mài	卖	verkaufen	4
mǎidào	买到	kaufen, bekommen (*siehe die* ERLÄUTERUNGEN *zu dieser Lektion*)	6
Mǎkè	马克	Mark, Deutsche Mark	4
mǎlù	马路	(*größere*) Straße	5
māma	妈妈	Mama, Mutter	3, 7
màn	慢	langsam	8
máng	忙	viel zu tun haben, (sehr) beschäftigt sein	6
„Mànmàn chī!"	"慢慢吃！"	„Lassen Sie es sich in aller Ruhe schmecken!", „Guten Appetit!"	8
Máo	毛	*alltagssprachlicher Ausdruck für eine chin. Währungseinheit:* ein Zehntel Yuan *od.* zehn Fen (*formell:* Jiǎo 角)	4
Máotáijiǔ	茅台酒	Maotai-Schnaps	8
mápó dòufu	麻婆豆腐	Mapo-Doufu, Mapo-Tofu (*scharf*)	8

méi	没	*Verneinungswort für* yǒu 有 „haben", *für* le 了 , *für* -guo 过 ; *Kurzform für:* méiyǒu (méiyou) 没有	2, 3, 8
měi	每	jeder (*im Chinesischen meist zusammen mit einem ZEW*)	4
„Méi guānxi!"	"没关系！"	„Das macht nichts!"	5
méi ... le	没 ... 了	(*etwas*) nicht mehr haben (*kurz für:* méiyǒu ... le)	4
mèimei	妹妹	jüngere Schwester	7
měitiān	每天	jeden Tag, täglich	4
„Méi wèntí!"	"没问题！"	„Kein Problem!"	6
méiyǒu (méiyou)	没有	nicht haben; nicht vorhanden sein	2
méiyǒu ... le (méiyou ... le)	没有了	(*etwas*) nicht mehr haben	4
méiyǒu rén	没有人	niemand, niemand (ist) da	8
Měiyuán	美元	US Dollar, US $	4
mén	门	Tür, Tor	4
-men	们	*Pluralendung für Personalpronomen und gelegentlich für Personen bezeichnende Substantive*	1
ménkǎ	门卡	Türkarte	3
ménkǒu	门口	Eingang, Eingangsbereich, am Eingang; Tür, an der Tür	4
mǐ	米	(*ungekochter*) Reis; *hier phonetisch für:* Meter, m	4, 8
miàn	面	Nudeln	2
mǐfàn	米饭	(*gekochter*) Reis	8
mìmǎ	密码	Code; Paßwort	6
míngnián	明年	nächstes Jahr, kommendes Jahr	7

míngtiān	明天	morgen (*der nächste Tag*)	2
„Míngtiān jiàn!"	"明天见！"	„Wir sehen uns morgen!" „Bis morgen!"	2
Míngxiàolíng	明孝陵	Mingxiaoling (*Ming-Kaisergrab in Nanking*)	5
míngzi	名字	Name	1
mìshū	秘书	Sekretärin, Sekretär	6
mótuōchē	摩托车	Motorrad	3
mòzhī	墨汁	Tusche; Tinte	8

N

ná	拿	holen; bringen	3
nǎ?	哪？	welcher?	1
nà	那	*satzeinleitende Floskel:* na, also dann; *Demonstrativpronomen:* jener	3, 4
nǎ guó rén?	哪国人？	welcher Nationalität? aus welchem Land kommend bzw. stammend?	1
nálai	拿来	herholen, herbeibringen	6
nǎli (*lies:* náli)?	哪里？	wo? (*siehe* nǎr 哪儿)	
„Nǎli, nǎli!"	"哪里，哪里！"	„I wo!", „Aber nicht doch!" (*höflich-bescheidene Entgegnung auf ein Kompliment*)	7
nàli	那里	dort (*siehe* nàr 那儿)	3
nǎ lù (chē)?	哪路（车）？	welche (Bus- *etc.*)Linie?	5
nàme	那么	*satzeinleitende Floskel:* also dann, ja dann, tja, na, nun	2, 3
nán	南	Süden, Süd-	5
nǎ nián?	哪年？	welches Jahr?, in welchem Jahr?	7

Nánjīng Dàxué	南京大学	Nanjing Universität, Nanking-Universität	3
Nánjīng Fàndiàn	南京饭店	das „Nanking Hotel" (*ein Hotelname*)	3
Nánjīngrén	南京人	Nankinger, gebürtiger Nankinger	5
Nánjīng Shì	南京市	die Stadt Nanjing bzw. Nanking (*nicht das Umland, nicht der Landkreis*)	5
Nánjīng Zhàn	南京站	Hauptbahnhof Nanking, Nankinger Hauptbahnhof	5
nǎr?	哪儿?	wo?; wohin?	1, 2
nàr	那儿	dort	3
nà shíhou	那时候	jene Zeit, zu jener Zeit	7
nǎ tiān?	哪天?	welcher Tag?, an welchem Tag?	7
nà tiān	那天	jener Tag, an jenem Tag	7
nǎxiē?	哪些?	welche? (*Plural*)	4
nàxiē	那些	jene (*Plural*)	4
nǎ yuè?	哪月?	welcher Monat?, in welchem Monat?	7
názǒu	拿走	wegnehmen (*siehe die ERLÄUTERUNGEN zu dieser Lektion*)	6
... ne?	...呢?	*verkürzte Frageform, etwa:* und was ist mit ...?, (wie) ... denn ...?	2
... ne	...呢	*Satzschlußpartikel; zur Verwendung siehe die ERLÄUTERUNGEN zu dieser Lektion*	4
néng	能	*Modalverb:* können (*siehe die ERLÄUTERUNGEN zu dieser Lektion*)	6
nǐ	你	du; Sie (*2. Pers. Sing.*)	1

nián	年	Jahr	1, 7
niánjì	年纪	Lebensalter, Alter	1
nǐ de	你的	dein; Ihr *(Possessiv)*	3
Nǐ hǎo!	你好！	*Grußfloskel, etwa:* Guten Tag! *(wörtl.:* Es möge dir / Ihnen gut gehen!) *Hinweis:* unabhängig von der Tageszeit gebräuchlich.	1
Nǐ kàn, ...	你看，...	Sehen Sie mal, ... ; Schauen Sie mal ...	3
nǐmen	你们	ihr; Sie *(2. Pers. Plural)*	1
nín	您	Sie *(2. Pers. Sing.)*	1, 8
Nín guì xìng?	您贵姓？	Wie lautet Ihr werter (Familien-)Name?	1
niúròu	牛肉	Rindfleisch	8
nuǎnhuo	暖和	warm, angenehm warm	3, 7
nuǎnshuǐpíng	暖水瓶	Thermoskanne, Thermosflasche	3
nǚ'ér	女儿	Tochter	1
nǚshì	女士	Dame, Frau	1

O

Ōuyuán	欧元	Euro, €	4
Ōuzhōurén	欧洲人	Europäer	4

P

páizi	牌子	Schild, Brett, Zettel, (Papier-)Streifen	8
pào	泡	*(in Wasser od. eine andere Flüssigkeit)* einlegen, einweichen; marinieren	3

pào chá	泡茶	Tee aufbrühen, Tee kochen, Tee machen	3
péi	陪	(*jemanden*) begleiten	3
péngyou	朋友	Freund; Bekannter	3
piányi	便宜	billig	4
piào	票	(Fahr-, Eintritts- u. ä.)Karte	5
piàoliang	漂亮	hübsch, schön	3
píbāo	皮包	Ledertasche, Handtasche aus Leder	7
píjiǔ	啤酒	Bier	8
píng	瓶	Flasche; Vase	4, 7, 8
píngmù	屏幕	Bildschirm	6
píngzi	瓶子	Flasche; Krug; Vase	3, 4, 8
Pīnyīn	拼音	Pinyin (*chin. Umschriftsystem auf der Basis der lateinischen Buchstaben*)	Einf. Ausspr.

Q

qī	七	sieben / 7	1
qí	骑	reiten; (Fahrrad, Motorrad) fahren	3
qiān	签	unterschreiben, unterzeichnen	6
qiān	千	tausend, 1.000	1, 4
qián	钱	Geld	3
qián	前	vorn, vorne; *hier:* geradeaus	5
qiántiān	前天	vorgestern	7
qiáo	桥	Brücke	5
qí chē	骑车	mit dem Fahrrad (od.: Motorrad) fahren	3
qǐ-chuáng	起床	(vom Bett) aufstehen	2

qǐng	请	bitte; bitten; einladen	3, 6, 7
„Qǐng jìn!"	"请进！"	„Bitte ein(zu)treten!"	3
qǐng kè	请客	(sich) Gäste einladen	7
„Qǐng wèn, ..."	"请问，..."	„Dürfte ich bitte fragen, ...", „Gestatten Sie die Frage, ..."	3
qìngzhù	庆祝	feiern, einen Festtag feierlich begehen	7
qīshí	七十	siebzig / 70	1
qīyuè	七月	Juli	7
qù	去	(hin)gehen	2
Quánjùdé	全聚德	Quanjude (*Name eines berühmten Peking-Enten-Restaurants*)	8
qù chīfàn	去吃饭	essen gehen	2
qù kàn diànyǐng	去看电影	sich einen Film ansehen gehen, ins Kino gehen	2
qù kàn péngyou	去看朋友	einen Freund besuchen gehen	2
qùnián	去年	letztes Jahr, vergangenes Jahr	7
qǔ qián	取钱	Geld (*von der Bank*) abheben	4

R

ràng	让	lassen; zulassen; veranlassen	7, 8
rè	热	heiß	7
rén	人	Mensch; Person	1
rénmín	人民	Volk	4
Rénmínbì	人民币	Renminbi, RMB (*wörtl.*: Volkswährung) – *die Währung der VR China*	4
rènshi	认识	kennen, kennenlernen	5

rì	日	Sonne; (*schriftsprachlich:*) Tag *in der Datumsangabe* (*vgl.* -hào 号)	7
Rìběnrén	日本人	Japaner	1, 5
Rìwén	日文	Japanisch, japanische Sprache, Text in japanischer Sprache	2
Rìxīn Fàndiàn	日新饭店	„Rixin Hotel" (*der Name eines Hotels*)	4
Rìyuán	日元	Japanischer Yen (En 円)	4
róngyì, róngyi	容易	leicht, einfach	5
ròu	肉	Fleisch	2
ròuzhī	肉汁	Fleischsaft, Bratensaft	8
ruǎnjiàn	软件	(Computer-)Software	6
ruǎnzhá lǐji ròu	软炸里脊肉	leicht gebratenes Filet (*vom Rind, Schaf oder Schwein*)	8
Ruìshì Fǎláng	瑞士法郎	Schweizer Franken	4
Ruìshìrén	瑞士人	Schweizer	1

S

sān	三	drei / 3	1
sānkè	三刻	drei Viertelstunden, Dreiviertelstunde	2
sānshí	三十	dreißig / 30	1
sānyuè	三月	März	7
sǎomiáoyí	扫描仪	Scanner	6
shàng, shang	上	auf; über	8
shàng + *Zeitangabe* (Woche, Monat)	上 + *Zeitangabe* (Woche, Monat)	zurückliegend, letzt- (⇨ letzte Woche, letzten Monat)	7
shàng / bān	上班	zur Arbeit gehen, die Arbeit aufnehmen	6

shàngbuliǎo wǎng	上不了网	nicht ins Internet kommen	6
shàngbuqù wǎng	上不去网	nicht ins Internet kommen	6
shāngchǎng	商场	Kaufhaus, Einkaufszentrum	4
shàng / chē	上车	in einen Wagen (Bus, Bahn *etc.*) einsteigen	4
shàng cì	上次	letztes Mal, beim letzten Mal	7
shāngdiàn	商店	Geschäft, Laden	4
shàng ge xīngqī	上个星期	letzte Woche, vergangene Woche	7
shàng ge xīngqīsān	上个星期三	letzten Mittwoch, vergangenen Mittwoch	7
shàng ge yuè	上个月	letzten Monat, im vergangenen Monat	7
shàng / kè	上课	den Unterricht besuchen, Unterricht haben, Unterricht erteilen	2
shàngqu	上去	hinaufgehen; *auch:* hinauffahren	3
shàng wǎng	上网	ins Internet gehen	6
shàngwǔ	上午	Vormittag, vormittags; a.m.	2
shàng xīngqīliù	上星期六	letzten Samstag, vergangenen Samstag	7
Shàolín Sì	少林寺	das „Shaolin Kloster", *hier der Titel eines chinesischen Films*	2
shéi?	谁？	wer?	1
shéi de?	谁的？	wessen? (*Possessiv*)	3
shēng	生	gebären; geboren werden; geboren sein	7
shēngcí	生词	neue Vokabel	2
shēngri	生日	Geburtstag	7
shēngri dàn'gāo	生日蛋糕	Geburtstagstorte	7
shénme?	什么	was? was für ein ... ?	1

shénme shíhou?	什么时候？	wann?	2
shí	十	zehn / 10	1
shì	事	*häufige Kurzform für:* shìqing 事情	4
shì	市	Stadt	5
shì, shi	是	*Kopula, oft zu übersetzen als:* sein (ich bin, du bist, ...)	1
shì bu shi ?	是不是	nicht wahr? , stimmt's?	8
„Shìde!"	"是的！"	„Jawohl!", „Ja!!", „So ist es!"	4
shi ... de	是 ... 的	*siehe die* ERLÄUTERUNGEN *zur Lektion*	7
shí'èryuè	十二月	Dezember	7
shìfàn	示范	„Einführung" (*ein Lektionsteil, wörtl.:* „das Aufzeigen von Mustern od. Strukturen")	1
shīfu	师傅	Handwerksmeister, Meister	1
shíhou	时候	Zeit, Zeitpunkt	2, 5
shíjiān	时间	Zeitraum, Zeitspanne, Zeit	2
Shīnàidé	施耐德	Shinaide = Schneider (*der Name einer Firma*)	6
shìqing	事情	Angelegenheit, Anliegen, Sache	3
shìr	事儿	*Pekinger Variante für:* shìqing 事情 *bzw.* shì 事	3, 5
shítáng	食堂	Speisesaal; Mensa; Kantine	2
shíyán	食盐	Speisesalz, Salz	8
shíyīyuè	十一月	November	7
shíyuè	十月	Oktober	7
shízì-lùkǒu	十字路口	(Straßen-)Kreuzung	5
shōu	收	annehmen, entgegennehmen	4

shōudào	收到	erhalten, entgegennehmen (*siehe die* ERLÄUTERUNGEN *zu dieser Lektion*)	6
shǒujī	手机	Handy, Mobiltelefon	8
shōu qián	收钱	Geld entgegennehmen, (Geld) kassieren	4
shòuhuòyuán	售货员	Verkäufer	4
shòupiàoyuán	售票员	Kartenverkäufer (*Fahrkarten, Eintrittskarten u. ä.*)	5
shū	书	Buch	1, 3
shuāngrénjiān	双人间	Doppelzimmer (*im Hotel*)	3
shǔbiāo	鼠标	(Computer:) Maus	6
shūdiàn	书店	Buchhandlung, Buchladen	4
shuí?	谁？	wer?	1
shuǐ	水	Wasser	3
shuì	睡	*kurz für:* shuì / jiào 睡觉	2
shuì / jiào	睡觉	schlafen	2
shuō	说	sprechen, sagen, reden	5
„Shuōduì le."	"说对了。"	„Es stimmt, was du sagst.", „Du hast recht mit dem, was du sagst.", „(Das) stimmt."	7
shuō / huà	说话	sprechen, reden, sich unterhalten	8
shūshu	叔叔	Onkel	8
sì	四	vier / 4	1
sīchóu	丝绸	Seide	4
Sìchuān fàndiàn	四川饭店	Restaurant mit Sichuan-Küche	6
Sìchuān Fàndiàn	四川饭店	„Restaurant Sichuan" (*der Name eines Restaurants*)	8
„ ... sǐ jī le!"	"...死机了！"	„(Der Computer) hat sich aufgehängt!"	6

sìshí	四十	vierzig / 40	1
sìyuè	四月	April	7
sòng	送	schenken, schicken	3, 6
sòng + *Person* + *Sachobjekt*	送 + *Person* + *Sachobjekt*	*jemandem etwas* schenken	7
suānlà tāng	酸辣汤	sauer-scharfe Suppe („Peking-Suppe")	8
suì	岁	(Lebens-)Jahr (*nur bei der Altersangabe verwendet*)	1
suíbiàn	随便	(ganz) nach Belieben, ungezwungen, informell, ohne Förmlichkeiten	8
„Suíbiàn zuò!"	"随便坐！"	„Bitte nehmen Sie Platz, wo Sie möchten!"	8
Sūn Zhōngshān	孙中山	Sun Zhongshan = Sun Yat-Sen (1866–1925), *Gründer der Republik China*	3
suǒyǐ	所以	deshalb	7

T

tā	他	er (*3. Pers. Sing., m.*)	1
tā	她	sie (*3. Pers. Sing., f.*)	1
tā de	他的	sein (*Possessiv*)	3
tā de	她的	ihr (*Possessiv*)	3
tái	台	Plattform, erhöhte Terrasse; *auch: ein ZEW für Maschinen und Geräte*	6, 7
tài	太	zu (sehr) (> *zu teuer, zu weit, zu heiß*)	5
„Tài hǎo le!"	"太好了！"	„Toll!", „Prima!", „Klasse!"	7

tài kèqi (le)	太客气（了）	viel zu höflich, viel zu formell (*höfliche Floskel, etwa:* „Das ist doch nicht nötig!", „Das wäre doch nicht nötig gewesen!")	7
tàitai	太太	(Ehe-)Frau (*alltagssprachlich*)	1
tāmen	他们，她们	sie (*3. Pers. Plural*)	1
tāmen de	他们的 她们的	ihr (*Possessiv, 3. Pers. Pl.*)	3
tán	谈	besprechen, sprechen über	6
tán	弹	*hier:* ein Saiteninstrument spielen	8
tāng	汤	Suppe	8
táng	糖	Zucker	8
tán gāngqín	弹钢琴	Klavier spielen	8
tāngchí	汤匙	(Suppen-)Löffel	8
tángcù páigǔ	糖醋排骨	(Schweine-)Rippchen süß-sauer	8
tángcù yú	糖醋鱼	Fisch süß-sauer	8
tèbié	特别	(ganz) besonders; ungewöhnlich	8
tì	替	anstelle (von ...), in Vertretung (für ...)	7
tiān	天	Himmel; Tag	1, 2, 3
tián	填	ausfüllen (*Formular, Fragebogen etc.*)	3
tián biǎo	填表	ein Formular ausfüllen	3
Tiān'ānmén	天安门	das „Tor des Himmlischen Friedens" / Tian'anmen *am Südeingang des alten Kaiserpalastes in Peking*	2, 4
tiānqì	天气	Wetter	7
tiáo	条	ein Zähleinheitswort (ZEW)	5

tiáoliào	调料	Gewürze; Zutaten	8
tīng	听	hören, zuhören, hinhören	2
tīngdǒng	听懂	(über's Ohr) verstehen (*siehe die* ERLÄUTERUNGEN *zu dieser Lektion*)	6
tóng	同	gemeinsam, zusammen	7
Tóngjì Dàxué	同济大学	Tongji-Universität *(eine bekannte Universität in Shanghai)*	5
tóngxué	同学	Mitschüler; Kommilitone	1, 7
tóng yí ge yuè	同一个月	im gleichen Monat, im selben Monat	7
tóng yì nián	同一年	im selben Jahr	7
tóng yì tiān	同一天	am gleichen Tag, am selben Tag	7
tóngzhì	同志	Genosse	1

W

wài	外	außen, draußen; fremd	4, 6
wàibì	外币	ausländische Währung, Devisen	4
wàiguó	外国	Ausland	8
wàiguórén	外国人	Ausländer	8
wán	玩	spielen, sich amüsieren, sich vergnügen (*vgl.* wánr 玩儿)	5
wán	完	beenden, fertigstellen, fertig sein	6, 7
wǎn	晚	spät	2
wǎn	碗	Schale (*Reisschale, kleine Suppenschale*)	8
wàn	万	zehntausend / 10.000	4

wǎnfàn	晚饭	Abendessen	2
wǎng (*auch:* wàng)	往	in Richtung ... , nach ... , gen ...	5
wàng	忘	vergessen	6
Wángfǔ Fàndiàn	王府饭店	das „Wangfu Hotel" ⇔ das „Palace Hotel" (*ein Hotelname*)	6
Wángfǔjǐng	王府井	eine Einkaufs- und Flanierstraße in Peking	6
wǎngluò	网络	Netzwerk (*Computer*)	6
wǎngluò gùzhàng	网络故障	Netzwerkfehler	6
wánr (*lies:* wár)	玩儿	spielen, sich amüsieren, sich vergnügen (*Pekinger Aussprache von* wán 玩)	5
wǎnshang	晚上	Abend, abends	2
„Wǎnshang jiàn!"	"晚上见！"	„Wir sehens uns am Abend (*bzw.* heute abend)!", „Bis zum Abend!" (*bzw.*: „Bis heute abend!"	2
wéi, wèi	喂	hallo (*am Telefon etc.*)	8
wèi	位	*höfliches Zähleinheitswort (ZEW) für Personen*	1, 5, 8
wèishénme?	为什么？	warum?	7
wèn	问	fragen	5
wèntí	问题	Frage; Problem	6
wènxùnchù	问讯处	Information(sschalter), Auskunft(sstelle)	3
wǒ	我	ich (*1. Pers. Sing.*)	1
wǒ de	我的	mein (*Possessiv*)	3
wǒmen	我们	wir (*1. Pers. Plural*)	1
„Wǒ shàngbuliǎo wǎng!"	"我上不了网！"	„Ich komme nicht ins Internet!"	6

wú	无	nicht haben	3
wǔ	五	fünf / 5	1
wǔfàn	午饭	Mittagessen	2
wǔshí	五十	fünfzig / 50	1
wǔxiū	午休	Mittagspause, Mittagsruhe	2
wǔyuè	五月	Mai	7

X

xī	西	Westen, West-	5
xià + *Verkehrsmittel*	下 + *Verkehrsmittel*	aus einem Verkehrsmittel aussteigen	3
xià + *Zeitangabe* (*Woche, Monat*)	下 + *Zeitangabe* (*Woche, Monat*)	kommend (⇨ *kommende Woche, kommenden Monat*)	7
xià bān	下班	Feierabend haben *od.* machen	6
xià / chē	下车	aus dem Wagen (Bus, Bahn *etc.*) aussteigen	4
xià-kè	下课	den Unterricht beenden	2
xiān	先	*Adverb:* zuerst	3
xiǎng	想	*Vollverb:* (nach)denken, überlegen; vermuten; *Modalverb:* mögen (ich möchte ...)	3, 6, 7
xiàngpiàn	相片	(Personen-)Foto	7
xiāngshuǐ	香水	Parfüm	6
xiāngyān	香烟	Zigaretten	4
xiānsheng	先生	Herr; (Ehe-)Mann	1, 7
xiányán	咸盐	*regionale Variante für:* (Speise-)Salz	8
xiànzài	现在	jetzt	2
xiǎo	小	klein	7

Vokabelindex Chinesisch – Deutsch | 379

xiǎochīdiàn	小吃店	Imbißlokal	8
xiǎojie	小姐	Fräulein, Frl.; *auch:* Frau	1
xiǎomàibù	小卖部	Verkaufsstand, Verkaufsstelle, Kiosk, kleiner Laden	5
xiǎoshí	小时	Stunde	2
xiǎoshuō	小说	Roman; Erzählung	2
xiàqu	下去	hinuntergehen; *auch:* hinunterfahren	3
xiàwǔ	下午	Nachmittag, nachmittags; p. m.	2
xià xīngqītiān	下星期	der kommende Sonntag, kommenden Sonntag	7
Xībānyáwén	西班牙文	Spanisch, spanische Sprache, Text in spanischer Sprache	1
xīcāntīng	西餐厅	Speisesaal für westliches Essen	3
Xīdān Diànbào Dàlóu 西单电报大楼		das Telegraphenamt im Pekinger Stadtteil Xidan	8
xi di ⇨ CD	CD	CD	7
xiě (+ *Objekt*)	写 (+ *Objekt*)	(etwas) schreiben	2
xiěcuò	写错	falsch schreiben, sich verschreiben *(siehe die* ERLÄUTERUNGEN *zur Lektion 6)*	6
„Xièxie!"	"谢谢!"	„Danke!"	3
xiě yīmèir	写伊妹儿	ein E-Mail schreiben	6
xiě zì	写字	(Schriftzeichen) schreiben	2
xīfāng	西方	Westen *(auch Umschreibung für Europa & Amerika)*	3
xǐhuan	喜欢	*(etw.)* gerne tun *od.* haben, mögen	3
xīn	新	neu	2
xìn	信	Brief	2, 6
xíng	行	gehen; das geht, es ist möglich	4

xìng	姓	Familienname; mit Familiennamen heißen	1	
xíngli	行李	Gepäck	3	
xīngqī	星期	Woche	2	
xīngqīyī	星期一	Montag	2	
xīngqī'èr	星期二	Dienstag	2	
xīngqīsān	星期三	Mittwoch	2	
xīngqīsì	星期四	Donnerstag	2	
xīngqīwǔ	星期五	Freitag	2	
xīngqīliù	星期六	Samstag	2	
xīngqīrì	星期日	Sonntag (*schriftsprachlich*)	2	
xīngqītiān	星期天	Sonntag (*alltagssprachlich*)	2	
xīngqījǐ?	星期几?	welcher Wochentag?	2	
xíngrén	行人	Passant, Fußgänger	5	
Xīn Táibì	新台币	(New) Taiwan Dollar, NT $	4	
xiūxi	休息	sich ausruhen, eine Pause machen	2, 4	
xīwàng	希望	hoffen, erhoffen	6	
xǐ / zǎo	洗澡	baden, ein Bad nehmen	5	
xǐzǎojiān	洗澡间	Badezimmer, Bad	3	
xué	学	*kurz für:* xuéxí 学习	1	
xuěhuā	雪花	Schneeflocke	3	
xuésheng	学生	Schüler; Student	1	
xuéxí	学习	lernen; studieren	1	
xūyào	需要	benötigen, brauchen	6	

Y

yā	鸭	Ente	8
yán	盐	Salz	8

yánbā	盐巴	*regionaler Ausdruck für:* Salz	8
Yángzǐ	扬子	Yangzi (*hier der Name einer Firma*)	6
yàngpǐn	样品	Warenmuster, Muster, Probe	6
yánsè	颜色	Farbe	4
yāo	一, 幺	*Sonderlesung für die Zahl* 1 yī 一	1, 4, 8
yào	要	*als Modalverb:* wollen; müssen; *als Vollverb:* benötigen, brauchen	3, 4, 5, 6
yàoshi	钥匙	Schlüssel	3
yāzi	鸭子	Ente	8
yě	也	*Adverb:* auch	2
yè	叶	Blatt (*an Pflanze, Baum*)	3
yèli	夜里	nachts	2
yī (yí, yì)	一	eins / 1	1
yìbǎi	一百	einhundert / 100	1
yíbiàn	一遍	einmal (*einmal, zweimal ...*)	5
yícì	一次	einmal (*einmal, zweimal ...*)	5
yìdiǎndiǎn	一点点	ein bißchen	6 , 7
yìdiǎnr	一点儿	ein bißchen	6 , 7
yídìng	一定	(ganz) bestimmt, garantiert	7
yígòng	一共	insgesamt (*Summe*)	4
yīguì	衣柜	Kleiderschrank	3
... yǐhòu	... 以后	nach ... , nachdem ...	4
yìjiā	一家	die ganze Familie	8
yǐjīng (... le)	已经 (... 了)	bereits, schon	5
yíkè	一刻	eine Viertelstunde	2
yīmèir	伊妹儿	(*phonet. für:*) E-Mail	6

yīnggāi	应该	müssen, sollen, unbedingt erforderlich	5
Yīngbàng	英镑	Britisches Pfund £	4
Yīngguórén	英国人	Engländer, Brite	1
yìngjiàn	硬件	Hardware *(Computer etc.)*	6
yīngtèwǎng	英特网	Internet	6
Yīngwén	英文	Englisch, englische Sprache, Text in englischer Sprache	1
yíngyèyuán	营业员	Angestellter, Mitarbeiter	4
yínháng	银行	Bank *(Geldinstitut)*	4
yīntèwǎng	因特网	Internet	6
yīnyuè	音乐	Musik	7
yìqǐ	一起	gemeinsam, zusammen	5
yìqiān	一千	eintausend / 1.000	1, 4
... yǐqián	... 以前	vor ... , bevor ... , ehe ...	5
yīshí	一十	*in zusammengesetzten Zahlen oft wie einfaches* shí 十 : zehn / 10	1
yíwàn	一万	zehntausend / 10.000	4
yíxià	一下	mal, mal eben	3
yìxiē	一些	einige, ein paar, etwas	1
yīyè	一夜	eine (ganze) Nacht (lang), die ganze Nacht (hindurch)	3
yīyuè	一月	Januar	7
yìzhí	一直	ununterbrochen, immer, immer geradeaus	5
yòng	用	verwenden, benützen; mittels, mit	4
yǒu	有	haben; vorhanden sein, es gibt ...	1, 3
yòu	右	rechts	5

yòu	又	wieder (einmal), erneut	3, 7
yòubiān (*auch:* yòubian)	右边	rechts, rechte Seite, auf der rechten Seite	7
yǒude (rén)	有的（人）	manche, einige (Leute)	7
yóujú	邮局	Postamt	6
yǒu kè	有课	Unterricht haben	2
yǒu kòng	有空	(freie) Zeit haben, Muße haben	2
yòu ... le	又 ... 了	wieder (einmal), erneut, schon wieder	7
yǒumíng	有名	berühmt	8
yōupán	优盘, *auch:* U 盘	USB-Stick, Memory Stick	6
yóupiào	邮票	Briefmarke	6
yǒu shíjiān	有时间	Zeit haben	2
Yǒuyì Bīnguǎn	友谊宾馆	„Freundschaftshotel" (*Name einer Reihe von Hotels in China*)	8
Yǒuyì Shāngdiàn	友谊商店	„Freundschaftsladen" (*Name einer Reihe von Kaufhäusern in China*)	4
yóu / yǒng	游泳	schwimmen	2
yú	鱼	Fisch	8
Yuán	元	*formelle Bezeichnung für die Grundeinheit der chin. Währung, alltagssprachlich:* Kuài 块	4
yuǎn	远	weit	3
yuánzhuō	圆桌	runder Tisch	8
yuē	约	verabreden, sich verabreden	6
yuè	月	Mond; Monat	7
yīyuè	一月	Januar	7
èryuè	二月	Februar	7

sānyuè	三月	März	7
sìyuè	四月	April	7
wǔyuè	五月	Mai	7
liùyuè	六月	Juni	7
qīyuè	七月	Juli	7
bāyuè	八月	August	7
jiǔyuè	九月	September	7
shíyuè	十月	Oktober	7
shíyīyuè	十一月	November	7
shí'èryuè	十二月	Dezember	7
yuēhǎo	约好	sich (fest) verabreden	6
yuēhuì	约会	Verabredung, Termin; Rendezvous	6
yuē shíjiān	约时间	eine Zeit vereinbaren, einen Termin ausmachen	6
yùmǐ	玉米	Mais	8
yùmǐtāng	玉米汤	Maissuppe	8
yùshì	浴室	Badezimmer, Bad	3

Z

zāi	栽	anpflanzen, züchten	3
zài	在	sich aufhalten (in), sich (in ...) befinden; anwesend sein, da sein; *(leitet statische Ortsangabe ein:)* in, an, bei *usw.*	1, 2
zài	再	wieder, weiter, erneut; überdies, außerdem, obendrein *(futurisch)*	5
„Zàijiàn!"	"再见！"	„Auf Wiedersehen!"	2
zài nǎr?	在哪儿？	wo?	1, 2

zǎo	早	früh, frühzeitig	2
zǎofàn	早饭	Frühstück	2
„Zāogāo!"	"糟糕！"	„(So ein) Mist!"	5
zǎoshang	早上	(früher) Morgen, morgens	2
zěnme?	怎么？	wie?	3, 4, 6
zěnmeyàng?	怎么样？	wie?, Wie steht's damit? (*Auch:* Wie findest du meinen Vorschlag?)	2
zhàn	站	Haltestelle, Station	5
zhāng	张	*ein Zähleinheitswort (ZEW)*	5
zhàngfu	丈夫	Ehemann	1
zhǎo	找	suchen	6
zhǎodào	找到	finden (*vgl. auch die* ERLÄUTERUNGEN *zu dieser Lektion*)	6
zhàopiàn	照片	Foto	7
zhè	这	dies	2
zhè cì	这次	diesmal, dieses Mal	6
zhèli	这里	hier (*siehe* zhèr 这儿)	3
zhēn	真	echt, wirklich, tatsächlich	4, 5
„Zhēnde?"	"真的？"	„Echt?", „Wirklich?", „Ehrlich?"	5
„Zhēnde!"	"真的！"	„Echt!", „Wirklich!", „Ehrlich!"	5
„Zhēnde ma?"	"真的吗？"	„Echt?", „Wirklich?", „Ehrlich?"	5
zhèr	这儿	hier	3
zhèxiē (*auch:* zhèxie)	这些	diese (*Plural*)	4
zhī	枝	Ast; Zweig	3
zhī	汁	Saft	8
zhī	知	*kurz für:* zhīdao 知道	3

zhǐ	只	nur, lediglich	4
zhīdao	知道	(Bescheid) wissen, informiert sein	4
zhīpiào	支票	Scheck	6
zhíyuán	职员	Angestellter	6
zhōng	钟	Glocke; Uhr	2
zhǒng	种	Sorte, Art	4
Zhōngcān	中餐	chinesisches Essen, chinesische Küche	3
Zhōngcāntīng	中餐厅	Speisesaal für chinesisches Essen	3
zhōngdiǎnzhàn	终点站	Endstation	5
Zhōngguó	中国	China	1
Zhōngguórén	中国人	Chinese	1
Zhōngguó Yínháng	中国银行	Bank of China	4
Zhōnghuá	中华	(*alter poetischer Name für:*) China	4
'Zhōnghuá' xiāngyān '中华' 香烟		Zigaretten der Marke 'Zhonghua' (⇨ 'China')	4
Zhōngshān	中山	*häufige Namensabkürzung für* Sūn Zhōngshān *bzw.* Sun Yat-Sen	3
Zhōngshān Běilù	中山北路	der „Nordabschnitt der Sun-Yat-Sen-Straße"	5
Zhōngshānlíng	中山陵	das „Sun-Yat-Sen-Mausoleum" bei Nanking	5
Zhōngshān Lù	中山路	die „Zhongshan-Straße" (⇨ die „Sun-Yat-Sen-Straße", *ein Straßenname*)	3
Zhōngshānmén	中山门	das „Zhongshan-Tor" (*ein altes Stadttor in Nanking*)	5

Zhōngwén	中文	Chinesisch, chinesische Sprache, Text in chinesischer Sprache	1
zhōngwǔ	中午	Mittag, mittags	2
zhòngyào	重要	wichtig, bedeutend	6
zhōu	周	Woche	2
zhōumò	周末	Wochenende	2
zhù	住	wohnen	1
zhù	祝	(jemandem etwas / Glück) wünschen	7
zhuǎn'gào	转告	(*Informationen*) weitergeben, (*etwas*) ausrichten, weitersagen	8
„Zhù nǐ shēngri kuàilè!" "祝你生日快乐！"		„(Ich) wünsche dir (od.: Ihnen) alles Gute zum Geburtstag!"	7
zhuō shang	桌上	auf dem Tisch	8
zhuōzi	桌子	Tisch	8
zhūròu	猪肉	Schweinefleisch	8
zhùshì	注释	„Erläuterungen" (*zur Grammatik etc., ein Lektionsteil*)	1
zhǔxí	主席	Vorsitzender	1
zhǔyi	主意	Einfall, Idee, Rat(schlag)	7
zhù zài + *Ort*	住在 + *Ort*	wohnen in (+ *Ortsangabe*)	1
zì	字	Schriftzeichen	2, 8
zìxíngchē	自行车	Fahrrad	3
zǒngfúwùtái	总服务台	Hauptrezeption (*im Hotel*)	3
zǒngjī	总机	Telefonzentrale	8
zǒngjīnglǐ	总经理	Generaldirektor, General Manager	6
zǒngtái	总台	*Kurzform für:* zǒngfúwùtái	3
zǒu	走	gehen; weggehen	5
zǒucuò	走错	sich verlaufen	3

zǒucuò le	走错了	sich verlaufen haben	3
zǒucuò lù le	走错路了	(zu Fuß gegangen sein und) sich verlaufen haben	7
zǒujìn	走进	hineingehen, hereinkommen	8
zǒulù	走路	zu Fuß gehen	5
zū	租	mieten	3
zuì	最	*Superlativvorsilbe* (z. B.: zuì dà 最大 → am größten; zuì piányi 最便宜 → am billigsten)	3, 4
zuì hǎo	最好	*leitet einen Vorschlag ein:* am besten	3
zuì xǐhuan	最喜欢	am liebsten mögen	7
zuǒ	左	links	5
zuò	做，作	tun, machen	1
zuò	坐	sitzen, sich setzen	3
zuò + *Verkehrsmittel*	坐 + *Verkehrsmittel*	in *einem Verkehrsmittel* sitzen, (*als Fahrgast*) mit *einem Verkehrsmittel* fahren	3
zuǒbiān (*auch:* zuǒbian)	左边	links, linke Seite, auf der linken Seite	7
zuò cài	做菜 (*auch* 作菜 *geschrieben*)	Essen machen, Essen kochen, Gerichte zubereiten	7, 8
zuò chē	坐车	im Wagen (Auto, Bus, Taxi etc.) sitzen, [als Fahrgast] mit dem Wagen (Bus, Taxi etc.) fahren	5
zuòcuò	坐错	auf dem falschen Platz sitzen, (*im*) falsch(*en Bus, in der falschen U-Bahn-Linie etc.*) sitzen	5

zuò fàn	做饭 (*auch* 作饭 *geschrieben*)	Essen machen, Essen zubereiten, (Essen) kochen (*wörtl.*: Reis machen)	7
zuótiān	昨天	gestern	3

Liste aller Eigennamen (Personen, Orte etc.) im Lehrbuch GRUNDKURS CHINESISCH

Pinyin	Zeichen 汉字	Deutsch	Ort / ON, Person / PN, sonstige / S	Lektion
Àodàlìyà	澳大利亚	Australien	ON	1
Àodìlì	奥地利	Österreich	ON	1
Àomén	澳门	Aomen, Macau, Macao	ON	1
Bái	白	Bai	PN	1
Bái Démíng	白德明	Bai Deming = Thomas Bayer	PN	1
Bālí	巴黎	Paris	ON	1
Bèiduōfēn	贝多芬	Ludwig van Beethoven (1770–1827)	PN	7
Běijīng	北京	Beijing, Peking	ON	1
Bō'ēn	波恩	Bonn	ON	1
Bōhóng	波鸿	Bochum	ON	1, 2, 5
Bōlán	波兰	Polen	ON	1
Bólín	柏林	Berlin	ON	1
Cháng'ān Jiē	长安街	Chang'an-Straße	ON	3
Chángchéng	长城	die „Lange Mauer", die „Große Mauer"	ON / S	6
Chángjiāng, Chang Jiang	长江	Changjiang: der Yangzi-Fluß	ON	5
Cháoxiǎn	朝鲜	Korea (→ Nord-Korea)	ON	1
Chén	陈	Chen	PN	1
Chéngdū	成都	Chengdu	ON	8
Chén Yīng	陈英	Chen Ying	PN	7

Eigennamen

Chóngqìng	重庆	Chongqing, Tschungking	ON	Einf. Ausspr. 2, 8
Cuī Péng	崔鹏	Cui Peng	PN	7
Dàbǎn	大阪	Osaka, Ôsaka	ON	1
Dānmài	丹麦	Dänemark	ON	1
Dàxínggōng	大行宫	Daxinggong	ON	5
Déguó	德国	Deutschland	ON	1
Démíng	德明	→ Bái Démíng	PN	8
Dèng	邓	Deng	PN	1
Dōngjīng	东京	Tokyo, Tôkyô	ON	5
Dù	杜	Du	PN	6
Éguó	俄国	Rußland	ON	1
Éluósī	俄罗斯	Rußland	ON	1
Fǎguó	法国	Frankreich	ON	1
Fǎlánkèfú	法兰克福	Frankfurt am Main	ON	1
Fāng	方	Fang	PN	6
Fújiàn	福建	Fujian, Fukien, Hokkien	ON	2
Gānsù	甘肃	Gansu, Kansu	ON	2
Gāo	高	Gao	PN	1
Guǎngdōng	广东	Guangdong, Kwangtung	ON	2
Guǎngxī	广西	Guangxi, Kwangsi	ON	7
Guǎngzhōu	广州	Guangzhou, Kanton, Canton	ON	1, 8
Guìlín	桂林	Guilin	ON	7
Guìzhōu	贵州	Guizhou, Kweitschou	ON	2, 8
Guō	郭	Guo	PN	1
Hǎimǎ	海马	Haima = Seepferdchen *(hier ein Firmenname)*	S	1

Hǎinán	海南	Hainan	ON	2
Hànbǎo	汉堡	Hamburg	ON	1
Hánguó	韩国	Korea (→ Süd-Korea)	ON	1
Hángzhōu	杭州	Hangzhou	ON	4
Hé	何	He	PN	1
Héběi	河北	Hebei, Hopeh	ON	2
Hēilóngjiāng	黑龙江	Heilongjiang, Heilungkiang	ON	2
Hé'nán	河南	He'nan, Honan	ON	2
Hú	胡	Hu	PN	1
Huáng	黄	Huang	PN	1
Huáshèngdùn	华盛顿	Washington	ON	1
Húběi	湖北	Hubei, Hupeh	ON	7
Jiāngsū	江苏	Jiangsu, Kiangsu	ON	2, 5
Jiāngxī	江西	Jiangxi, Kiangsi	ON	2
Jiànkāng	建康	Jiankang (ein alter Name für Nanjing bzw. Nanking)	ON	5
Jiěfàngmén	解放门	Jiefang-Tor	ON	5
Jílín	吉林	Jilin, Kilin, Kirin	ON	2
Jǐngdézhèn	景德镇	Jingdezhen	ON	4
Jīngdū	京都	Kyoto, Kyôto	ON	1
Jīnlíng	金陵	Jinling (→ Nanjing)	ON	3
Kǒng	孔	Kong	PN	1, 6
Kǒng Dàxīng	孔大兴	Kong Daxing	PN	6
Koyama Hanako	小山花子	Koyama Hanako	PN	5
Láibǐxī	莱比锡	Leipzig	ON	1
Lāsà	拉萨	Lhasa	ON	2, 8
Lèmàn	勒曼	Lehmann	PN	6
Lhasa	拉萨	Lāsà = Lhasa	ON	2, 8

Lǐ	李	Li	PN	1
Liáoníng	辽宁	Liaoning	ON	2
Lǐ Chūnyuán	李春园	Li Chunyuan	PN	2
Lìhuá	丽华	Lihua → Yáng Lìhuá	PN	7
Lín	林	Lin	PN	1
Líndé	林德	Linde	PN	6
Liú	刘	Liu	PN	1
Lǐ Yuèlán	李月兰	Li Yuelan	PN	1
Lìyún	丽云	Liyun	PN	4
Lúndūn	伦敦	London	ON	1
Lǔ Xùn	鲁迅	Lu Xun (1881–1936)	PN	5
Mǎ	马	Ma	PN	1
Máo	毛	Mao	PN	1
Máotái	茅台	Maotai (*nach einem Ort in der Provinz Guizhou benannte Schnapssorte*)	ON / S	8
Měiguó	美国	U.S.A., Amerika	ON	1, 4
Měilì	美丽	Meili	PN	7
Mǐlè	米勒	Miller, Müller	PN	6
Míngshèng	明胜	Mingsheng	PN	8
Míngxiàolíng	明孝陵	Mingxiaoling (*Ming-Kaisergrab in Nanjing bzw. Nanking*)	ON / PN	5
Mùníhēi	慕尼黑	München	ON	1, 5
Nánjīng	南京	Nanjing, Nanking	ON	1, 3
Nèi Měnggǔ	内蒙古	Nei Menggu, Innere Mongolei	ON	2
Níngxià	宁夏	Ningxia, Ning-hsia	ON	2
Niǔyuē	纽约	New York	ON	1

Ōuluóbā	欧罗巴	Europa	ON	4
Ōuzhōu	欧洲	Europa	ON	4
Peking	北京	Peking, Běijīng	ON	1
Qián	钱	Qian	PN	6
Qīngdǎo	青岛	Qingdao, Tsingtau	ON	1
Qīnghǎi	青海	Qinghai, Tschinghai, Tsinghai	ON	2
Quánjùdé	全聚德	Quanjude (*Name eines berühmten Peking-Enten-Restaurants*)	S	8
Rìběn	日本	Japan	ON	1
Rìxīn	日新	Rixin (*ein Hotelname*)	S	4
Ruìshì	瑞士	Schweiz	ON	1
Shāndōng	山东	Shandong, Schantung	ON	2
Shànghǎi	上海	Shanghai, Schanghai	ON	1
Shàntóu	汕头	Shantou, Swatow	ON	2
Shānxī	山西	Shanxi, Schansi	ON	2
Shǎnxī	陕西	Shaanxi, Schensi	ON	2
Shàolín Sì	少林寺	Shaolin-Tempel	ON	2
Shēnzhèn	深圳	Shenzhen, Shum-chum	ON	1
Shīnàidé	施耐德	Schneider	PN	6
Shū Fǎrén	舒法仁	→ Franz Schumann	PN	8
Sìchuān	四川	Sichuan, Szetsuan, Szu-tschuan	ON	6, 8
Sītújiātè	斯图加特	Stuttgart	ON	1
Sūn	孙	Sun	PN	1
Sūn Zhōngshān	孙中山	Sun Zhongshan ↔ Sun Yat-Sen	PN	3
Táiběi	台北	Taibei, Taipei, Taipeh	ON	1
Táiwān	台湾	Taiwan, Formosa	ON	2

Tiān'ānmén	天安门	Tian'anmen (*das „Tor des Himmlischen Friedens" in Peking*)	ON / S	2, 4
Tiānjīn	天津	Tianjin, Tientsin	ON	2, 3
Tóngjì Dàxué	同济大学	die Tongji-Universität (*in Shanghai*)	ON / S	5
Wāng	汪	Wang (*beachte:* 1. Ton)	PN	1
Wáng	王	Wang (*beachte:* 2. Ton)	PN	1
Wáng Dé	王德	Wang De	PN	2, 3, 8
Wángfǔ	王府	Wangfu (*ein Hotelname*)	S	6
Wángfǔjǐng	王府井	Wangfujing	ON	6
Wáng Míng	王明	Wang Ming	PN	2
Wáng Píng	王平	Wang Ping	PN	2
Wáng Xiùjuān	王秀娟	Wang Xiujuan	PN	7, 8
Wú	吴	Wu	PN	1
Wǔhàn	武汉	Wuhan	ON	7
Xiàmén	厦门	Xiamen, Hsiamen, Amoy	ON	2
Xī'ān	西安	Xi'an, Hsi-an, Si-an	ON	1
Xiānggǎng	香港	Xianggang, Hongkong	ON	1, 2
Xiǎo Hóng	小虹	Xiao Hong	PN	7
Xiǎoshān Huāzǐ	小山花子	→ Koyama Hanako	PN	5
Xiǎo Wáng	小王	Xiao Wang	PN	7, 8
Xiǎoyún	小云	Xiaoyun	PN	1
Xībānyá	西班牙	Spanien	ON	1
Xīdān	西单	Xidan (*Stadtteil in Peking*)	ON	8
Xīnjiāng	新疆	Xinjiang, Sinkiang	ON	2
Xīnjiāpō	新加坡	Singapur, Singapore	ON	1
Xīnjiēkǒu	新街口	Xinjiekou	ON	5

Xiùjuān	秀娟	Xiujuan → Wáng Xiùjuān	PN	7, 8
Xīzàng	西藏	Xizang ↔ Tibet	ON	2
Xú	徐	Xu	PN	1, 7
Yáng	杨	Yang	PN	1
Yáng Lìhuá	杨丽华	Yang Lihua	PN	7
Yángzǐ	扬子	Yangzi	ON / S	5, 6
Yìdàlì	意大利	Italien	ON	6
Yīngguó	英国	England, Großbritannien	ON	1
Yuèlán	月兰	Yuelan → Lǐ Yuèlán	PN	1, 2, 8
Yúnnán	云南	Yunnan, Yünnan	ON	2
Zhāng	张	Zhang	PN	1
Zhāng Měihuá	张美华	Zhang Meihua	PN	2
Zhèjiāng	浙江	Zhejiang, Tschekiang	ON	2
Zhōngguó	中国	China	ON	1
Zhōnghuá	中华	China	ON	4
Zhōngshān	中山	Zhongshan	ON	5
		Zhongshan → Sūn Zhōngshān	PN	3, 5
Zhōngshānlíng	中山陵	Sun-Yat-Sen-Mausoleum (bei Nanking)	ON / S	5
Zhōngshān		Zhongshan-Tor (in Nanking)	ON / S	5
Zhōu	周	Zhou	PN	1, 2
Zhū	朱	Zhu	PN	1
Zhūhǎi	珠海	Zhuhai	ON	2

Übersicht über die Zähleinheitswörter im GRUNDKURS CHINESISCH

Im folgenden finden Sie eine Zusammenstellung aller in diesem Lehrbuch erwähnten Zähleinheitswörter (ZEW) mit Substantivbeispielen aus den Lektionen.
Eine Zusammenstellung und ausführliche Erklärung von 270 ZEW enthält das KLEINE KOLLOKATIONSLEXIKON DER ZÄHLEINHEITSWÖRTER Chinesisch-Deutsch von Manfred W. Frühauf.

01.	bǎ	把	ZEW für Gegenstände mit einem Griff, Stiel, Schaft, Henkel oder ähnlichem	chāzi 叉子, dāozi 刀子, tāngchí 汤匙, yàoshi 钥匙
02.	bāo	包	Paket, Packen, Päckchen, Schachtel	cháyè 茶叶, mǐ 米, xiāngyān 香烟 [1]
03.	bēi	杯	Tasse; Becher; Glas	chá 茶, chéngzhī 橙汁, jiǔ 酒, júzishuǐ 橘子水, kāfēi 咖啡, shuǐ 水
04.	běn	本	ZEW für Bücher, Lexika und andere geheftete Dinge	càidān 菜单, dìtú 地图, hùzhào 护照, shū 书
05.	bù	部	ZEW für voluminöse Bücher, Kinofilme und einige Maschinen	diànyǐng 电影, shū 书
06.	dùn	顿	ZEW für Mahlzeiten	fàn 饭
07.	duǒ	朵	ZEW für Blumen (Knospen, Blüten) und blütenkelchähnliche Dinge	huā 花
08.	fèn	份	ZEW im Sinne von Exemplar, Portion, Anteil	bào(zhǐ) 报(纸), biǎo(gé) 表(格), càidān 菜单, cǎo'àn 草案, chuánzhēn 传真, dìngdān 订单, fàn 饭, hétong 合同
09.	fēng	封	ZEW für Briefe und versiegelte Dinge	xìn 信

---

[1] Eine Schachtel Zigaretten.

10.	ge, gè	个	allgemeines ZEW, häufig als provisorisches, als „Ersatz"-ZEW verwendet	dàn'gāo 蛋糕, dàxué 大学, diànyǐng 电影, fángjiān 房间, háizi 孩子, rén 人, xuésheng 学生
11.	jiā	家	Familie; ZEW für Läden, Geschäfte, Restaurants, Hotels, Firmen usw.	diànyǐngyuàn 电影院, fàndiàn 饭店, gōngchǎng 工厂, gōngsī 公司, lǚguǎn 旅馆, shāngchǎng 商场, shāngdiàn 商店, xiǎochīdiàn 小吃店, yínháng 银行
12.	jià	架	ZEW für Dinge mit einem oder auf einem Gestell od. Gerüst und für manche Maschinen	fēijī 飞机
13.	jiān	间	Raum; ZEW für Räume bzw. Zimmer	cèsuǒ 厕所, fángjiān 房间, xǐshǒujiān 洗手间, xǐzǎojiān 洗澡间
14.	jiàn	件	ZEW für Angelegenheiten, Gepäck, Geschenke, (Ober-)Bekleidung etc.	shìqing 事情; xíngli 行李
15.	jié	节	ZEW für Unterricht bzw. Unterrichtseinheiten	kè 课
16.	kuài	块	ZEW für brockenförmige wie auch für kompakte Dinge	dàn'gāo 蛋糕, dòufu 豆腐, ròu 肉
17.	liàng	辆	ZEW für Fahrzeuge mit Rädern	chē 车, qìchē 汽车, zìxíngchē 自行车
18.	lù	路	Linie (bei öffentlichen Verkehrsmitteln)	diànchē 电车, gōnggòng-qìchē 公共汽车
19.	míng	名	Name; ZEW für Personen	jìzhě 记者, zhíyuán 职员
20.	pán	盘	Teller, (flache) Schüssel	cài 菜, yú 鱼
21.	píng	瓶	Flasche; Vase	jiàngyóu 酱油, jiǔ 酒, júzishuǐ 橘子水, píjiǔ 啤酒
22.	shù	束	Bündel, Bund, Strauß	huā 花
23.	shuāng	双	(ein) Paar	kuàizi 筷子

24.	tái	台	*Plattform; ZEW für Anlagen, Apparate und Maschinen*	diànnǎo 电脑, diànshìjī 电视机
25.	tào	套	*Etui, Überzug; ZEW für Dinge, die eine Gruppe, Serie, Reihe, einen Satz, ein Set bilden*	cíqì 瓷器, yóupiào 邮票, shū 书
26.	tiáo	条	*ZEW für längliche schmale, streifenförmige sowie für gewundene Dinge*	jiē 街, lù 路, mǎlù 马路, xiāngyān 香烟 [2], yú 鱼
27.	tóu	头	*Kopf; ZEW insbesondere für größere Haustiere, Vieh*	niú 牛, zhū 猪
28.	wǎn	碗	*Schüssel, Schale*	mǐfàn 米饭, tāng 汤
29.	wèi	位	*höfliches ZEW für Personen*	jīnglǐ 经理, kèrén 客人, lǎoshī 老师, péngyou 朋友, xiānsheng 先生, xiǎojie 小姐
30.	yàng	样	*Art, Typ, Sorte*	cài 菜, diǎnxin 点心
31.	zhāng	张	*ZEW für aufgefaltete, ausgebreitete, flache Gegenstände sowie für Dinge mit einer größeren flachen Oberfläche*	bàozhǐ 报纸, biǎo(gé) 表(格), chuáng 床, dìtú 地图, fēijīpiào 飞机票, yóupiào 邮票, yuánzhuō 圆桌, zhǐ 纸, zhuōzi 桌子
32.	zhī	支	*ZEW für astähnliche od. stabförmige, lange dünne Gegenstände*	bǐ 笔, dǎhuǒjī 打火机, xiāngyān 香烟 [3]
33.	zhī	枝		
34.	zhī	只	*ZEW für manche Tiere, für einige Gegenstände des alltäglichen Gebrauchs und für einen Teil eines Paares*	dòngwù 动物, jī 鸡, yāzi 鸭子, shǒu 手, xiāngzi 箱子
35.	zhǒng	种	*Art, Sorte, Typ*	cài 菜, diǎnxin 点心, rén 人, sīchóu 丝绸

---

[2] Eine Stange Zigaretten.
[3] Eine einzelne Zigarette.

Liste grammatischer und sonstiger Strukturpartikel sowie weiterer Hilfswörter im GRUNDKURS CHINESISCH

(die ausführlichen Erläuterungen finden Sie in den jeweiligen Lektionen; vgl. auch die separate Liste der Fragewörter)

Pinyin	Zeichen 汉字	Übersetzung, Anmerkung	Lektion
ā, á, à, a	啊	*eine Interjektion*	2
bǎ	把	*Hilfswort zur Voranstellung des direkten Objekts*	6
... ba!	... 吧！	*Partikel am Ende eines Aufforderungs- bzw. Befehlssatzes*	6
bāng + *Person* + *Verb*	帮 + *Person* + *Verb*	*(jemandem) behilflich sein (etwas zu tun), für (jemanden etw. tun)*	6
~ biàn	~ 遍	~ mal *(einmal, zweimal, dreimal ...)*	5
bié ... le	别 ... 了	nicht(s) mehr *(tun / Verb)* sollen	7
bù kěyǐ	不可以	*verneintes Modalverb:* nicht dürfen	3, 6
bù ... le	不 ... 了	nicht(s) mehr *(tun / sein)*	7
~ cì	~ 次	~ mal *(einmal, zweimal, dreimal ...)*	5
cóng ... dào ...	从 ... 到 ...	von ... bis ...	5
cóng ... lái	从 ... 来	von ... kommen, aus ... kommen	5
dào ...	到 ...	bis ... , nach ...	5
dào ... qù	到 ... 去	nach / zu / in ... gehen	5
de	的	*Subordinationspartikel*	3
wǒ de shū	我的书	mein Buch	3
hěn hǎo de shū	很好的书	ein sehr gutes Buch	4
xué Zhōngwén de Déguórén	学中文的德国人	Chinesisch lernende Deutsche; Deutsche, die Chinesisch lernen	5

... de shíhou	... 的时候	wenn ... , als ... , während ...	5
de	得	*Hilfswort zur Bildung einer Adverbialbestimmung („Fazit de")*	8
děi	得	*Modalverb:* müssen	2
dì ~	第 ~	*Hilfswort zur Bildung der Ordinalzahlen:* (der) ~te *(Beispiel: der erste, der zweite; dritter, vierter etc.)*	2
A duì B	A 对 B	A [steht] B zugewandt, A zu B	7
A duì B shuō	A 对 B 说	A sagt zu B	7
... duìmiàn	... 对面	gegenüber (von) ...	4, 6
... fùjìn	... 附近	in der Nähe (von) ... , nahe bei ...	4, 6
gěi	给	geben; *Hilfswort zur Kennzeichnung des indirekten Objektes (Empfänger, Nutznießer)*	7
gēn + *Person*	跟 + *Person*	mit *(jemandem)*, zusammen mit *(jemandem)*	6, 8
~ guo	~ 过	*Aspektsuffix: eine Tätigkeit wurde schon einmal ausgeführt, eine bestimmte Erfahrung wurde schon einmal gemacht*	8
hé	和	und	2
hé + *Person*	和 + *Person*	mit *(jemandem)*, zusammen mit *(jemandem)*	6
... hòumiàn	... 后面	hinter ...	6
huì	会	*Modalverb:* können	8
		Futursignalwort: werden	8
huì ... (de)	会 ... (的)	*Fügung zur Bekräftigung einer Aussage („sicherlich", „gewiß", „bestimmt")*	8
kànkàn, kànkan	看看	*Beispiel für die Verdopplung des Verbs: „Sehen Sie mal", „Schau mal"*	3
kěyǐ, kěyi	可以	*Modalverb:* können	3
bù kěyǐ	不可以	nicht dürfen	3, 6

kuài ... le	快 ... 了	bald, gleich, in Kürze	7
lái	来	kommen; *Einleitungswort in einem Aufforderungssatz*	8
le	了	*Aspekt- bzw. Modalpartikel mit unterschiedlichen Funktionen*	1, 2, 3
... lǐ(mian)	... 里（面）	in ... , innerhalb (von) ...	6
~ men	~们	*Pluralendung für Personalpronomina u. Personen bezeichnende Substantive*	1
... ménkǒu	... 门口	am Eingang von ... , am Eingang zu ...	4, 6
nà	那	*Demonstrativpronomen:* jenes, jener, das (dort)	3, 4, 7
nà + ZEW + Substantiv	那 + ZEW + Substantiv	jener + *Substantiv*; *Beispiel:* nà ge fángjiān	3
nà, nàme	那，那么	*Satzeinleitungspartikel:* na, also, tja	2, 3, 4
ne	呢	*eine Satzschlußpartikel*	2, 4
néng	能	*Modalverb:* können	6
péi	陪	begleiten, mit	3
... qiánmiàn	... 前面	vor ... (*räumliches Positionswort*)	6
... shàng(miàn)	... 上（面）	auf ... , über ... oberhalb (von) ...	6, 8
shi ... de	是 ... 的	*Fügung zur Unterstreichung bestimmter Satzteile in Sätzen mit abgeschlossener Handlung*	7
suǒyǐ	所以	deshalb	7
Verdopplung des Verbs		*Beispiele:* kànkan 看看, xiūxi xiūxi 休息休息	3
... wàimiàn	... 外面	außerhalb (von) ... , vor ...	6
wǎng + *Richtung*	往 + *Richtung*	(in) Richtung ... , nach ... , gen ...	5
... xiàmiàn	... 下面	unterhalb (von) ... , unter ...	6
xiǎng	想	*Modalverb:* mögen (*ich möchte ...*); *Vollverb:* denken, meinen; nachdenken, überlegen	3, 6, 7

yào	要	*Modalverb:* wollen; müssen; werden (*Futur*)	3; 5
		Vollverb: benötigen, brauchen, (haben) wollen	3, 4, 6
yī	一	*die Zahl* eins / 1 ; *Besonderheiten der Aussprache* (yī, yí, yì)	1, 3, 5
... yǐhòu	... 以后	nach ... , nachdem ...	4
yīnggāi	应该	*Modalverb:* müssen, sollen, erforderlich	5
... yǐqián	... 以前	vor ... , bevor ... , ehe ...	5
(*Verb +*) yíxià	(*Verb +*) 一下	(kurz) mal (*tun / Verb*)	3
yòng	用	benützen, verwenden	4
yòng + *Hilfsmittel*	用 + *Hilfsmittel*	unter Verwendung von ... , mit ... , mittels ... , mit Hilfe (von) ...	4
yǒu	有	haben; vorhanden sein, es gibt	1, 3
yòu	右	rechts	5
(...) yòubiān	(...) 右边	rechts (von) ... , auf der rechten Seite (von ...)	7
zài	在	sich aufhalten, sich befinden, anwesend sein, da sein	1, 2
zài + *Ort*	在 + *Ort*	sich in/an/bei ... aufhalten, in ... (sein)	1, 2
zài	再	wieder, weiter, erneut, noch einmal	5
zhè	这	*Demonstrativpronomen:* dieser, dies (hier)	2, 3, 4
zhè + ZEW + *Substantiv*	这 + ZEW + *Substantiv*	dies(er) + *Substantiv* ; *Beispiel:* zhè ge fángjiān	3, 4
zuǒ	左	links	5
(...) zuǒbiān	(...) 左边	links (von) ... , auf der linken Seite (von ...)	7
zuò	坐	sich setzen; sitzen	3
zuò + *Verkehrsmittel*	坐 + *Verkehrsmittel*	in *einem Verkehrsmittel* sitzen, (*als Fahrgast*) mit *einem Verkehrsmittel* fahren	3

Liste der Fragewörter bzw. Frageformen im
GRUNDKURS CHINESISCH

Pinyin	Zeichen 汉字	Übersetzung, Anmerkung	Lektion
duō dà	多大	wie alt? *Frage nach dem Alter bei Erwachsenen.*	1
duōshao	多少	wieviel, wie viele	3, 4
duōshao qián	多少钱	*wörtl.:* wieviel Geld?; Wie teuer ist ... ?; Was kostet ... ?, Wieviel kostet ... ?	3, 4
A háishi B	A 还是 B	A oder B? *Auswahlfrage.*	5
... , hǎo bu hǎo	... , 好不好	... , einverstanden?; ... , O.K.? *Variante in der sog. Wahlform für das folgende „ ... , hǎo ma?".*	8
... , hǎo ma	... , 好吗	... , einverstanden?; ... , O.K.?	2
jǐ	几	wie viele?	1
jǐ diǎn (zhōng)	几点 (钟)	(um) wieviel Uhr?	2
jǐ ge háizi	几个孩子	wie viele Kinder?	1
jǐ hào	几号	welche Nummer?	3, 5
jǐ hào	几号	der Wievielte?; am wievielten?	7
jǐ lóu	几楼	(in) welche(r) Etage?	3
jǐ lù	几路	welche Linie (*Bus, U-Bahn etc.*)	5
jǐ suì	几岁	wie alt? *Frage nach dem Alter bei Kindern.*	1
jǐ yuè	几月	welcher Monat?, in welchem Monat?	7
xīngqījǐ	星期几	welcher Wochentag?, an welchem Wochentag?	2

... lái bu lái (...)	... 来不来 (...)	kommen (Sie) (...)? *Hier exemplarisch für die sog. Wahlform.*	8
... ma	... 吗	*Fragepartikel am Satzende.*	2
... mǎi le (...) méiyǒu	... 买了 (...) 没有	Haben Sie (...) gekauft? *Hier exemplarisch für die sog. Wahlform bei abgeschlossener Handlung.*	8
nǎ	哪	welcher, welche, welches?	1
nǎ ge (huāpíng)	哪个 (花瓶)	welche (Vase)?	4
nǎ ge yuè	哪个月	welcher Monat?; in welchem Monat?	7
nǎ guó rén	哪国人	welche(r) Nationalität?	1
nǎ lù	哪路	welche Linie (*Bus, U-Bahn etc.*)	5
nǎ nián	哪年	welches Jahr?; in welchem Jahr?	7
nǎ tiān	哪天	welcher Tag?; an welchem Tag?	7
nǎ yí wèi	哪一位	Wer (ist da / am Apparat)? *Höfliche Frage beispielsweise am Telefon.*	8
nǎ yuè	哪月	welcher Monat?; in welchem Monat?	7
nǎ zhǒng	哪种	welche Sorte?, welche Art? (*Seide, Tee etc.*)	4
nǎr	哪儿	wo?; wohin?	1, 2, 3, 5
... ne	... 呢	Und (... du / Sie)? *Verkürzte Frage.*	2
Qǐng wèn, ...	请问，...	Darf ich fragen ... ? *Höfliche Einleitung einer Frage.*	3
shéi	谁	wer?; wem?; wen?	1
shéi de ...	谁的 ...	wessen ... ?	3
shénme (...)	什么 (...)	was?; was für ein ... ?	1
... jiào shénme míngzi	... 叫什么名字	Wie heißen (Sie)? *Frage nach dem Namen.*	1

... zuò shénme gōngzuò	... 做什么工作	Welchen Beruf üben (Sie) aus? *Frage nach der beruflichen Tätigkeit.*	1
shénme shíhou	什么时候	wann?	2
... , shì bu shi	... , 是不是	... , nicht wahr?; ... , stimmt's?	8
... , shì ma	... , 是吗	... , nicht wahr?; ... , stimmt's?	8
wèishénme	为什么	warum?	7
xīngqījǐ	星期几	welcher Wochentag?; an welchem Wochentag?	2
... zài nǎr	... 在哪儿	Wo befindet sich ... ?	2, 3
zài nǎr + Verb	在哪儿 + Verb	wo (*etwas tun / Verb*)?	2
zěnme	怎么	wie?; auf welche Art und Weise? *Steht vor einem Verb.*	3, 5, 6, 7
dào ... zěnme qù	到 ... 怎么去	wic kommt man nach / zu ... ?	5
zěnme shuō	怎么说	wie sagt man ... ?	4
zěnme zǒu	怎么走	wie kommt man [zu Fuß] nach / zu ... ?	5
... , zěnmeyàng	... , 怎么样	Wie wär's wenn ... ?; Wie finden Sie ... ?; Was halten Sie von ... ?	2

WEGWEISER DURCH DIE AUDIO-DATEIEN

Track	Inhalt	
	Lektion 1	
1	1.	Shìfàn (Einführung)
	1.1	Begrüßung und Vorstellung
2	1.2	Begrüßung und Vorstellung
3	1.3	Xiǎoyún & Lǐ lǎoshī
4	1.4	Mǎ xiānsheng (Herr Ma)
5	1.5	Brown nǚshì (Frau Brown)
6	2.	Jùxíng (Satzmuster)
7	4.	Kèwén (Lektionstext)
	4.1	Herr Bai (Bái xiānsheng) – *langsames Sprechtempo* Frau Li (Lǐ nǚshì) – *langsames Sprechtempo*
8	4.1	Herr Bai (Bái xiānsheng) – *normales Sprechtempo* Frau Li (Lǐ nǚshì) – *normales Sprechtempo*
9	4.2	Frl. Wang (Wáng xiǎojie) & Lehrer Li (Lǐ lǎoshī) – *langsames Sprechtempo*
10	4.2	Frl. Wang (Wáng xiǎojie) & Lehrer Li (Lǐ lǎoshī) – *normales Sprechtempo*
11	6.	Shēngcíbiǎo (Vokabelliste)
12	**Lektion 2**	
	1.	Shìfàn (Einführung)
	1.1	Frage nach der Uhrzeit
13	1.2	Ein zufälliges Wiedersehen
14	1.3	Der heutige Stundenplan
15	1.4	Verabredung
16	1.5	Die Wochentage
17	2.	Jùxíng (Satzmuster)
18	4.	Kèwén (Lektionstext)
	4.1	Bai Deming's Tagesablauf – *langsames Sprechtempo*

Track	Inhalt		
19	4.1	Bai Deming's Tagesablauf	– *normales Sprechtempo*
20	4.2	Bai Deming und Wang Ming im Gespräch	– *langsames Sprechtempo*
21	4.2	Bai Deming und Wang Ming im Gespräch	– *normales Sprechtempo*
22	6.	Shēngcíbiǎo (Vokabelliste)	
23	**Lektion 3**		
	1.	Shìfàn (Einführung)	
	1.1	Am Flughafen Peking	
24	1.2	An der Rezeption des Peking Hotels	
25	1.3	An der Rezeption des Nanking Hotels	
26	1.4	Ein Zimmer im Nanking Hotel	
27	2.	Jùxíng (Satzmuster)	
28	4.	Kèwén (Lektionstext)	
	4.1	Bai Deming reist nach Nanking	– *langsames Tempo*
29	4.1	Bai Deming reist nach Nanking	– *normales Tempo*
30	4.2	Ein Hotelbediensteter und Bai Deming	– *langsames Tempo*
31	4.2	Ein Hotelbediensteter und Bai Deming	– *normales Tempo*
32	6.	Shēngcíbiǎo (Vokabelliste)	
33	**Lektion 4**		
	1.	Shìfàn (Einführung)	
	1.1	Geldumtausch im Hotel	
34	1.2	Wang De empfiehlt Petra eine Bank	
35	1.3	Petra wechselt Geld in der Bank	
36	1.4	Petra kauft Zigaretten	
37	1.5	Herr Smith kauft im Kaufhaus ein	
38	2.	Jùxíng (Satzmuster)	
39	4.	Kèwén (Lektionstext)	– *langsames Tempo*
40	4.	Kèwén (Lektionstext)	– *normales Tempo*
41	6.	Shēngcíbiǎo (Vokabelliste)	

Track	Inhalt		
42	**Lektion 5**		
	1.	Shìfàn (Einführung)	
	1.1	Frau Specht sucht eine Bank	
43	1.2	Frau Specht fragt nach dem Weg	
44	1.3	Esther und Taiko haben sich verlaufen	
45	1.4	Stefan im Bus	
46	2.	Jùxíng (Satzmuster)	
47	4.	Kèwén (Lektionstext)	– *langsames Tempo*
48	4.	Kèwén (Lektionstext)	– *normales Tempo*
49	6.	Shēngcíbiǎo (Vokabelliste)	
50	**Lektion 6**		
	1.	Shìfàn (Einführung)	
	1.1	Herr Liu bittet Frau Qian um Hilfe	
51	1.2	Manager Fang im Gespräch mit Frau Qian	
52	1.3	Terminerinnerung	
53	2.	Jùxíng (Satzmuster)	
54	4.	Kèwén (Lektionstext)	– *langsames Tempo*
55	4.	Kèwén (Lektionstext)	– *normales Tempo*
56	6.	Shēngcíbiǎo (Vokabelliste)	
57	**Lektion 7**		
	1.	Shìfàn (Einführung)	
	1.1	Ein Familienfoto	
58	1.2	Chen Ying lädt Monika ein	
59	1.3	Ein Geburtstagsgeschenk	
60	1.4	Monika besucht Chen Ying	
61	1.5	Auf Chen Ying's Geburtstagsfeier	
62	2.	Jùxíng (Satzmuster)	
63	4.	Kèwén (Lektionstext)	– *langsames Tempo*
64	4.	Kèwén (Lektionstext)	– *normales Tempo*
65	6.	Shēngcíbiǎo (Vokabelliste)	

Track	Inhalt		
66	**Lektion 8**		
	1.	Shìfàn (Einführung)	
	1.1	Anruf im Freundschaftshotel	
67	1.2	Telefonat mit Xiujuan's Mutter	
68	1.3	Eine telefonische Verabredung	
69	1.4	Bai Deming geht mit Freunden essen	
70	2.	Jùxíng (Satzmuster)	
71	4.	Kèwén (Lektionstext)	– *langsames Tempo*
72	4.	Kèwén (Lektionstext)	– *normales Tempo*
73	6.	Shēngcíbiǎo (Vokabelliste)	

Gesamtlänge: 3 Stunden 55 Minuten